사진과 그림으로 보는

철학의 역사

사진과 그림으로 보는 철학의 역사

브라이언 매기 지음
박은미 옮김

2002년 6월 20일 초판 1쇄 발행
2016년 8월 10일 2판 1쇄 인쇄
2016년 8월 22일 2판 1쇄 발행

지은이 / 브라이언 매기
옮긴이 / 박은미
발행인 / 이원주

발행처 / (주)시공사
출판등록 / 1989년 5월 10일(제3-248호)

주소 / 서울시 서초구 사임당로 82(우편번호 06641)
전화 / 편집(02)2046-2861 · 마케팅(02)2046-2846
팩스 / 편집·마케팅(02)585-1755
홈페이지 / www.sigongsa.com

값 26,000원

ISBN 978-89-527-7609-9 04100
978-89-527-1622-4(세트)

A WORLD OF IDEAS:
SEE ALL THERE IS TO KNOW
www.dk.com

차례

서론

소크라테스(기원전 470-기원전 399년)

그리스, 그들의 세계

그리스도교와 철학

성 아우구스티누스 (354-430년)

태양계의 모델(1712년)

근대 과학의 시작

위대한 합리주의자들

르네 데카르트(1596-1650년)

존 로크(1632-1704년)

위대한 경험주의자들

혁명적인 프랑스 사상가들

귀족과 성직자들에게 짓눌린 소작농 (프랑스 혁명 1789-99년)

민주주의와 철학

존 스튜어트 밀(1806-73년)

장 폴 사르트르(1905-80년)

20세기의 철학

독일철학의 황금기

카스파르 다비드 프리드리히, "바다에서 뜨는 달을 보는 두 남자"(1817년)

철학에의 초대

우리가 당연하다고 여기는 기본적인 것에 대한 물음

우리의 삶은 날마다 이런저런 바쁜 일과 해야 할 일의 연속으로 이루어져 있다. 그러나 이따금씩 도대체 이 모든 일이 무엇을 위한 것인가 하는 의문에 주춤거리게 된다. 때때로 우리는 묻어 두고 살았던 문제에 대해 되묻게 되는 것 같다.

이러한 의문은 삶의 어떠한 문제와 연관해서도 제기될 수 있다. 이를테면 정치와 관련해 사람들은 '자유', '평등', '사회', '정의'라는 용어들을 습관적으로 거론하곤 한다. 그러나 가끔씩 누군가가 "그래요, 그런데 그 자유나 평등이 무얼 의미하는 것이지요?" 하고 묻는다면, 일상적으로 그런 말들을 입에 담곤 하던 사람들마저 난감해하기 일쑤이다. 질문을 한 사람은 이렇게 대꾸할지 모른다.

"분명히 자유와 평등은 함께 추구될 수 없어요. 우리 모두가 완전한 자유를 추구할 때 불평등한 상황에 처하게 되지 않나요? 그리고 이러한 불평등한 상황은 정부의 간섭으로만 막을 수 있지 않나요? 이것이 사실이라면 우리는 자유와 평등을 추구한다고 말하는 것에 불과할 뿐이지요. 자유와 평등 사이에는 모순이 있기 마련이에요."

사람들이 이런 방식으로 말하기 시작할 때 바로 철학적 사유가 시작되는 것이다. 이 경우 사람들은 정치철학의 문제를 건드리는 것이 된다.

사람들은 인간의 모든 행동 영역에서 근본적인 의문을 갖게 되는데 이것이 바로 철학적 물음이다. 변호사는 지속적으로 유죄, 무죄, 정의, 공정한 재판 등에 대해 언급한다. 그러나 변호사 중 누군가가 "우리가 정의라고 할 때 그 정의는, 정치가들이 사회 정의라고 할 때의 그 정의와 같은가, 다른가?" 하고 묻는다면 그 변호사는 법철학에 관심을 가지고 있는 것이다. 의사가 스스로에게 "완전한 의미의 건강이 있을 수 있는가? 그렇지 않다면 치료라는 것은 무엇을 의미하는

렘브란트, "두 철학자"(1628년)
토론, 논쟁, 논의는 철학의 결정적인 요소이다. 왜냐하면 어떤 사람이 말한 모든 것은 질문과 비판에 열려 있어야 하기 때문이다. 그래서 누군가는 철학을 하는 데에는 두 명이 필요하며, 철학은 진리의 추구를 공유하는 것이라고 말하기도 한다.

> "철학은 경이에서 시작된다"
>
> 플라톤

것인가?” 하고 스스로 묻는다면 그 의사는 의학철학을 하고 있는 것이다.

모든 인간의 행동 영역에는 그 영역의 기본 개념, 원리, 방법 등에 대한 질문과 관련된 '~의 철학'이 있다. 그래서 철학이 과학철학, 종교철학, 예술철학 등으로 나뉘어 있는 것이다. 거의 언제나 각 분야에서 최고의 전문가는 그 분야의 철학에 관심을 두고 있다. 정치철학자가 “무엇이 자유인가?”라고 물을 때 그는 단지 그 단어의 정의만을 묻고 있지 않다는 것을 깨닫는 일이 중요하다. 만약 그가 단어의 정의만을 알고자 한다면 사전을 찾아보면 될 일이다.

그의 질문은 그보다 더 나아가는 것이다. 그는 그 개념에 대한 깊이 있는 이해를 구하고자 하고, 그 개념이 우리의 사상과 삶에서 실제로 어떤 역할을 하고 있는지, 그 개념을 다르게 쓸 수도 있는지, 그 개념을 사용할 때 빠질 수 있는 위험은 어떤 것이 있는지, '평등'과 같은 다른 중요한 정치철학의 개념들과는 어떻게 연관될 수 있는지 등을 알고자 하는 것이다. 즉 우리에게 중요하고 실질적인 연관이 있지만 여전히 어려운 문제에 대해 자신과 우리의 생각을 잘 정리하고자 하는 것이다.

개념의 해명은 그 나름의 재미가 있지만 철학의 본령은 아니다. 위대한 철학자들은 개념의 해명을 넘어 우리 삶의 조건과 경험의 가장 기본적인 면들을 문제 삼는다. 우리 인간들은 세상에 태어나는 것을 스스로 선택하지 않았음에도 불구하고 세상에 태어나 있는 자기 자신을 발견한다. 세계는 3차원의 공간과 1차원의 시간으로 이루어져 있고 다양한 사물과 인간이 속해 있는 곳이다.

철학자들이 “시간이란 무엇인가?”, “인간, 사물 등이 존재하는 모든 것이고 더 이상은 없는가? 사물이 아닌 어떤 것이 실제로 존재할 수 있는가? 그렇다면 그 존재의 본성은 무엇인가?”라고 질문할 때 단지 개념에 대한 더 깊은 이해를 구하고자 하는 것만은 아니다. 철학자들은 우리 자신을 포함하여 존재하는 모든 것에 관한 근본적인 이해를 추구하는 것이다. 그리고 철학자들은 이러한 문제를 종교적 신앙의 문제와 혼동하지 않고, 누군가가 그렇게 말했다더라 하는 권위에 호소하지 않으면서 근본적인 이해를 추구한다.

철학자들은 개인적으로는 종교적 신앙을 가지고 있기도 했지만 — 대부분의 위대한 철학자들은 종교를 가졌고, 그들 중 몇은 종교를 갖지 않은 경우도 있었다 — 훌륭한 철학자는 종교를 끌어들여 자신의 철학적 논변을 정당화하지 않는다. 철학적 논변은 그 철학이 정당화될 수 있는지 없는지를 보여 주는 이성의 작업이다. 철학은 합리적 동의를 얻고자 하는 것이지 신앙이나 복종을 구하고자 하는 것은 아니다.

왜냐하면 철학은 이성의 본성, 탐구와 지식의 본성에 대해 중요한 질문을 제기하는, 가장 근본적인 문제에 대한 합리적 이해의 추구이기 때문이다. 어떻게 우리는 이러한 질문에 대한 답을 찾게 되는가? 우리는 정말 확실하게 무언가에 대해 알 수 있는가? 그렇다면 확실한 지식은 무엇인가? 안다고 할지라도 우리가 안다는 사실을 어떻게 확신할 수

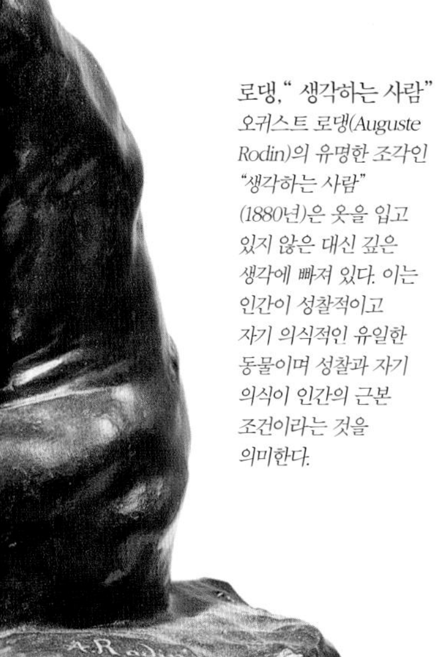

로댕, “ 생각하는 사람”
오귀스트 로댕(Auguste Rodin)의 유명한 조각인 “생각하는 사람” (1880년)은 옷을 입고 있지 않은 대신 깊은 생각에 빠져 있다. 이는 인간이 성찰적이고 자기 의식적인 유일한 동물이며 성찰과 자기 의식이 인간의 근본 조건이라는 것을 의미한다.

“철학의 임무는 규칙을 제공하는 것이 아니라, 통상적인 추론에 대한 개인적인 판단을 분석하는 것이다”

칸트

윌리엄 블레이크, “하느님”(1794년)

우리에게 알려진 우주의 모든 단계에서 규칙성은, 아주 큰 것들에서부터 아주 작은 것들에 이르기까지 대개 수학적 등식으로 표현될 수 있는 형태로 발견된다. 이는 우주 자체가 합리성을 체현하고 있다는 것을 말해 준다. 이는 누군가가 “신은 수학자이다.”라고 말한 것과 통한다.

있는가? 우리가 안다는 것을 우리가 알 수 있기는 한가? 이러한 질문들은 철학의 중심부에 놓이는 것이다.

철학자들은 우리를 둘러싼 세계에 대한 질문과 함께 인간의 지각, 경험, 이성의 본성에 대해서 질문한다. 그래서 철학은 그 중심부에 놓이는 두 가지 근본적인 질문을 축으로 해서 전개되어 왔다. 즉 “존재하는 것은 무엇이며 존재의 본성은 무엇인가?”와 “우리는 도대체 어떻게 알 수 있는가?”이다. 첫 번째 질문에 대한 탐구, 즉 무엇이 존재하며 존재의 본성은 무엇인가에 대한 탐구는 존재론이라는 철학의 분야를 구성한다. 두 번째 질문에 대한 탐구, 즉 지식의 본성은 무엇이며 우리는 무엇을 알 수 있는가에 대한 탐구는 인식론이라는 철학의 분야를 구성한다.

철학의 역사를 살펴보았을 때 주요 흐름은 모두 이 두 질문의 전개라고 할 수 있다. 다른 주변적인 흐름은 모두 이 두 질문에서 나온다. 도덕철학, 정치철학, 과학철학, 미학, 종교철학 등의 중요한 지류들이 모두 이 주요 흐름에서 나타나는 것이다. 이 모든 지류들이 전체 철학에서 각각의 위치를 가지고 있지만, 무엇이 존재하며 우리는 어떻게 알 수 있느냐고 하는 주요 질문은 지류에서 제기되는 다른 문제들보다 논리적으로 우선하는 문제이다.

인간은 삶에서 가장 중요한 문제들에 대한 답을 결코 찾을 수 없을지도 모른다. 게다가 그 문제들은 우리가 추정해 볼 수도 없는 성격의 것이다. 그래서 우리는 우리와 관련된 모든 문제와 씨름하게 된다. 그러는 와중에 개별 문제들의 답을 얻을 수 없다는 믿을 만한 이유를 찾게 되면 우리는 그 문제와 타협하는 길을 모색해야만 한다.

결론적으로 우리는 믿을 만한 타당한 이유를 원하게 된다는 것이다. 우리는 아무 생각 없이, 또는 믿음에 근거해서, 또는 우리가 그 결과에 대한 영감을 갖고 있다는 이유로 결론을 그저 받아들이지는 않는다. 인간은 그 결론을 참이라고 믿어야 하는 이유를 원하기 마련이다.

이성을 강조하는 것은 철학의 표징이다. 이성에 대한 요구는 철학을 종교나 예술과 구분시키는 특징이다. 종교에서 때때로 이성이 요구되기는 하지만 믿음, 계시, 예배,

복종이 필수불가결한 역할을 하고 이성은 부수적이다.

철학자와 마찬가지로 창조적인 예술가는 사물의 기저를 보려고 하며 인간 경험에 대해 깊이 있게 이해하려고 하면서 진리 추구에 진력한다. 그러나 예술가는 철학자와는 다른 형태, 즉 합리적 논증보다는 즉각적인 지각과 직관에 의존하는 형태로 자신의 통찰을 표현한다.

또 다른 노력이 철학과 과학의 사이를 넘나든다. 철학자나 창조적인 예술가와 마찬가지로 과학자는 세계와, 세계를 경험하는 우리 본성을 새롭게 발견하여 이론적으로 정당화하고 자신들의 발견을 공표하려고 노력하면서 진리 추구에 참여한다. 그리고 철학자와 마찬가지로 과학자는 자신이 말하는 모든 것에 대한 합리적 이유를 밝히고자 한다.

과학자와 철학자의 차이점은, 과학자는 실험이나 관찰에 따라 결정될 수 있는 문제들을 연구한다는 것이다. 그러나 세상에는 시간에 시작이 있는지 없는지에 관해 말해 주거나, '무엇이 옳은지'를 말해 주는 실험이나 관찰은 없다. 합리적 탐구는 가능하지만 과학적 방법으로는 탐구가 불가능한 이러한 문제들은 전형적으로 철학자들에게로 넘겨진다.

철학, 과학, 예술이 서로 어긋나지 않는다는 점을 깨닫는 것은 매우 중요하다. 언뜻 보기와는 달리 철학, 과학, 예술은 공통점을 많이 가지고 있다. 앞으로 살펴보겠지만 사실 과학은 철학에서 나왔다. 철학, 과학, 예술이 탐문하는 것은 바로 이 '세계'이다. 철학, 과학, 예술은 모두 세계나 인간의 문제와 직면하는 것으로, 이들 문제에 대한 깊이 있는 이해를 구하고자 한다.

철학, 과학, 예술은 영감과 비판을 끊임없이 행사한다. 이 세 영역은 각 영역에서 발견한 것을 공표하여 서로 공유할 수 있다. 그러나 각각 다른 방법을 이용하고 다른 과정을 거치기 때문에 서로 다른 특질을 보이기도 한다. 하지만 이 세 영역은 인간의 지식과 경험을 탐문하고, 숨겨진 것을 해명하며, 각 영역에서의 발견을 공개 가능한 형태로 정리한다는 공통된 목표를 가지고 있다.

철학은 과학과 예술을, 과학은 철학과 예술을, 예술은 철학과 과학을 풍부하게 만든다. 원숙한 인간은 자신이 본래 이 세 영역 모두에 관심을 가지고 있다는 것을 알게 될 것이다.

이 책에서는 이러한 세 영역 중 하나인 철학에 대해 이야기할 것이다. 다른 두 영역과 마찬가지로 철학은 문명이 가져온 가장 매력적이고 가치 있는 것에 속한다. 그리고 다른 영역의 미래와 마찬가지로 철학의 미래 역시 철학의 과거보다 더 풍요로울 것이다.

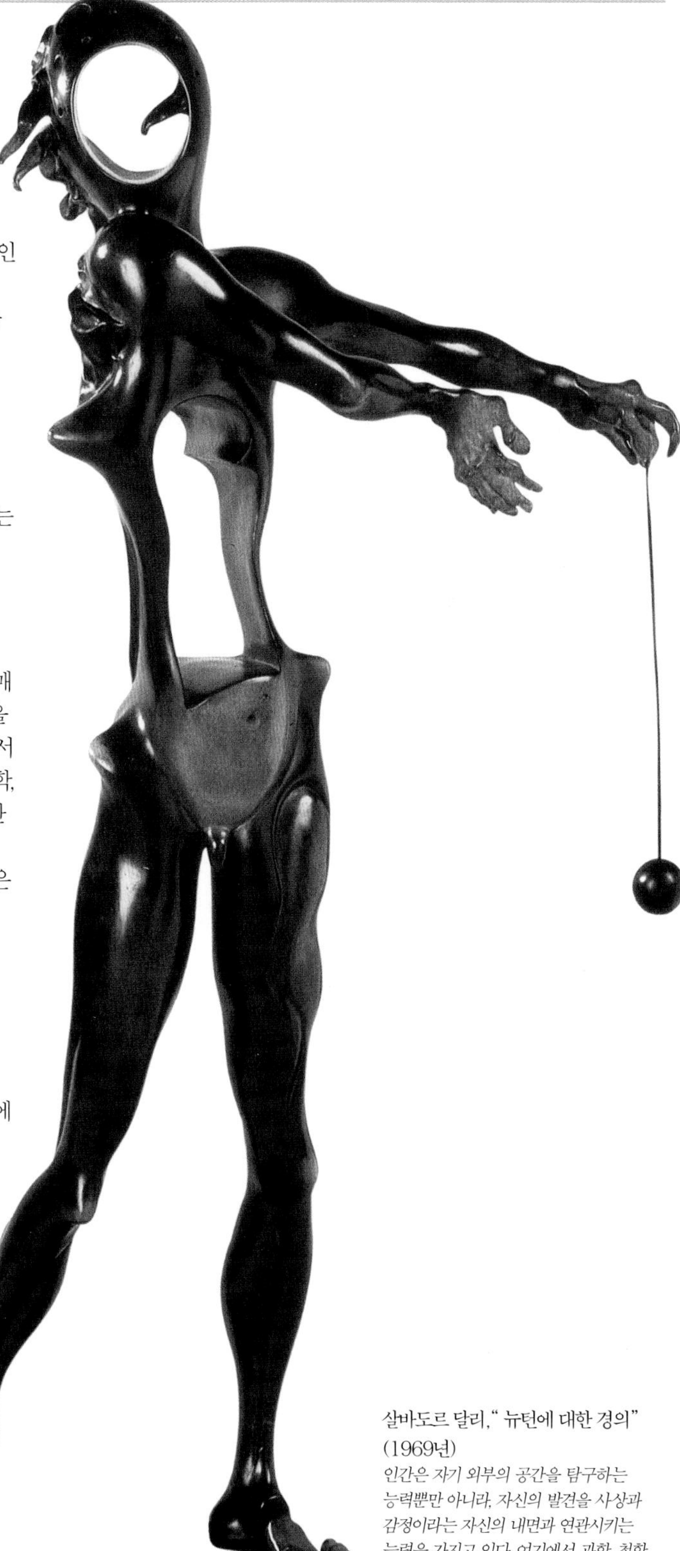

살바도르 달리, " 뉴턴에 대한 경의" (1969년)
인간은 자기 외부의 공간을 탐구하는 능력뿐만 아니라, 자신의 발견을 사상과 감정이라는 자신의 내면과 연관시키는 능력을 가지고 있다. 여기에서 과학, 철학, 예술이 만나 상승 효과를 거두게 된다.

그리스, 그들의 세계

인간이 종교에 의거하거나 권위를 받아들임으로써가 아니라 이성을 통해서 세계를 이해하려고 노력하기 시작할 때 철학은 시작된다. 이는 기원전 6세기–기원전 4세기의 초기 그리스 시대부터 시작된 것으로 보인다. 그리스인이 했던 최초의 질문은 "세계는 무엇으로 이루어져 있는가?"와 "무엇이 세계를 지탱하는가?"였다.

그 후 그리스 철학자 중에서 가장 유명한 소크라테스는 우리가 어떻게 살아야 하는지의 문제가 가장 중요하다고 지적했다. 소크라테스의 기본적인 질문은 "정의란 무엇인가?"였다. 소크라테스의 제자 플라톤은 현재까지 사람들이 읽고 있는 책들을 저술한 최초의 서양철학자이다.

플라톤의 저작들은 전 세계의 대학에서 연구되고 있다. 플라톤의 제자 아리스토텔레스 또한 그의 스승과 마찬가지로 천재였다.

아프로디테의 청동상

이 청동상은 터키의 사탈라에서 발견되었다. 이것은 기원전 2세기나 기원전 1세기쯤에 조각된 것으로 보인다. 현재 런던 대영박물관에 소장되어 있다.

소크라테스 이전

합리적 사유의 출현

소크라테스 이전의 초기 서양철학자들은 세계에 대한 거대 이론을 구축했다. 이 이론 중 일부는 상당한 오해를 받기도 했지만, 오늘날 우리에게까지 영향을 끼칠 만큼 심오했다.

주술적 사고와 합리적 사고의 연관성

기원전 4세기 그리스의 예언가 샬레나스(Chalenas)는 동물의 간을 꺼내 관찰했다. 그는 해부학을 공부하지는 않았지만 그러한 관찰을 통해 앞날을 예측하려고 했다. 주술적 사고는 늘 합리적 사고에 앞서 있었으며 때때로 합리적 사고를 이끌어 내기도 했다. 그러므로 주술적 사고와 합리적 사고가 완전히 상반된다고 여기는 것은 착각이다. 주술적 사고와 합리적 사고는 종종 이웃하는 경우가 많다.

최초의 철학자들은 두 가지 점에서 과거와 단절되었다. 첫째로 그들은 종교, 계시, 권위, 또는 전통과 무관하게 자신들의 이성으로 세계를 이해하려고 노력했다. 이는 획기적이었으며 인류 발전에 상당히 중요한 이정표가 되었다. 그들은 다른 사람들에게 이성을 사용하는 방법을 가르치는 동시에 스스로 사고하는 방법도 가르쳤다. 그래서 제자일지라도 자신에게 무조건 동의할 것을 기대하지는 않았다. 초기 철학자들은 지식을 신줏단지 모시듯 그저 전달하는 것에 그치지 않고 제자들로 하여금 토론하고 논의하고 논쟁하며 자신만의 고유한 사상을 전개하도록 격려한 최초의 스승이었다.

인류 정신사에서 이 두 가지 혁명적인 발전은 서로 연결되어 있는데, 이것이 그 둘이 동시에 나타나는 이유이다. 이러한 발전은 우리가 지금 '합리적 사고'라고 부르는 것을 형성한다. 이 두 가지 발전은 일단 한 번 세상에 알려진 뒤로는 놀라운 속도로 인류 지성사에 퍼지게 되었다.

이러한 부류의 최초의 사상가가 기원전 6세기 고대 그리스에 있었는데, 지금의 터키인 소아시아 해안의 밀레투스 지방에 살았던 그리스인 탈레스(Thales)였다. 탈레스와 그의 추종자들은 사는 지역의 이름을 따라서

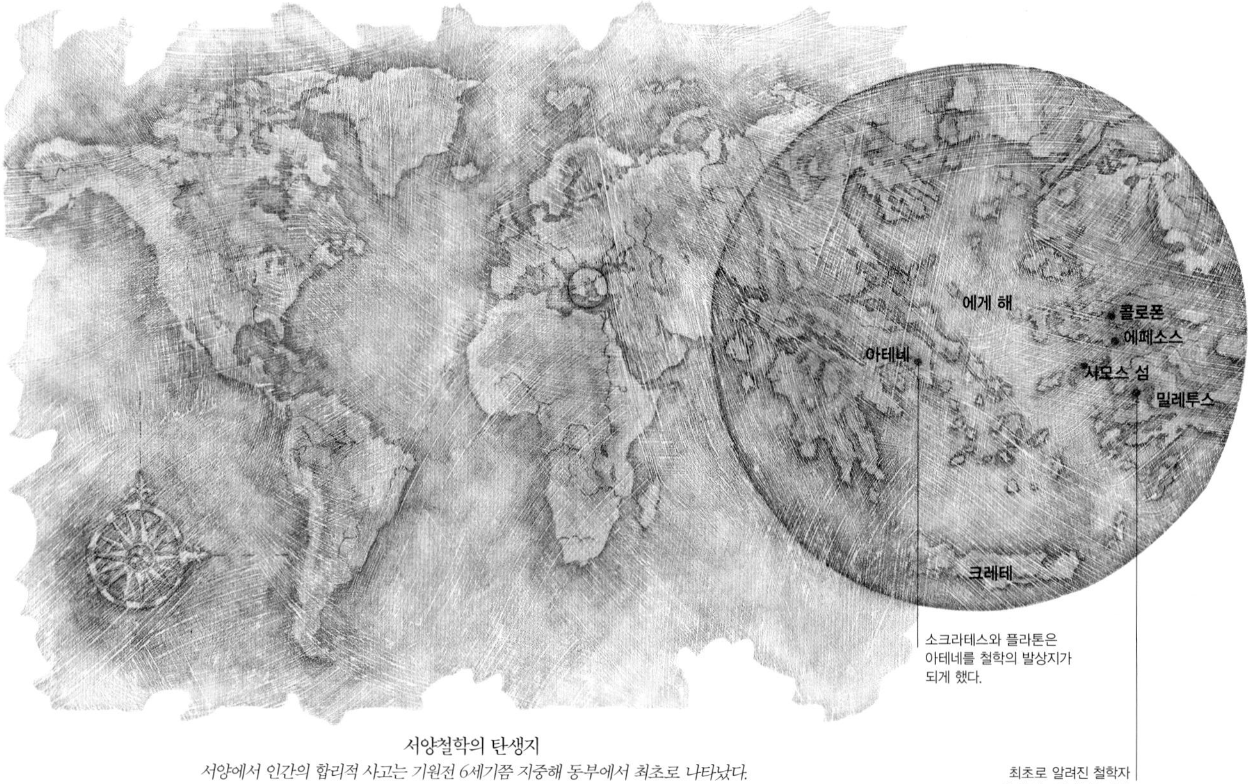

소크라테스와 플라톤은 아테네를 철학의 발상지가 되게 했다.

최초로 알려진 철학자 탈레스는 밀레투스에서 태어났다.

서양철학의 탄생지

서양에서 인간의 합리적 사고는 기원전 6세기쯤 지중해 동부에서 최초로 나타났다. 대부분의 초기 철학자들은 각 지역의 해안이나 섬에 살았다.

탈레스
탈레스는 물질 세계가 하나의 요소로 설명된다는 뛰어난 생각을 했다. 하지만 이를 물이라고 생각하는 한계를 보였다.

밀레토스 학파로 불렸다. 탈레스가 나고 죽은 때를 알 수는 없으나 기원전 585년에 일어난 일식을 정확하게 예측했던 것으로 보아 기원전 580년쯤에 활발하게 활동한 것으로 추정된다. 탈레스는 또한 토목 공사를 감독하기도 했는데, 크로이소스(Kroisos) 왕이 할라스 강을 건널 수 있도록 강물의 흐름을 바꾼 공적을 세우기도 했다.

사물은 무엇으로 이루어졌는가?

탈레스를 사로잡은 질문은 "세계는 무엇으로 만들어졌는가?"였다. 탈레스에게는 세계의 모든 사물이 궁극적으로는 한 가지 원소로 만들어져 있는 것처럼 보였다. 지금 우리는 이 생각이 사실이며, 놀라운 통찰이라는 것을 알고 있다. 우리는 현재 모든 물질적 대상들이 에너지로 환원된다는 것을 알고 있다. 그러나 그때에는 탈레스가 에너지라는 결론을 얻을 만큼 물리학이 발달되어 있지는 못했기 때문에 그는 다른 대답을 내놓았다. 탈레스는 만물이 여러 형태의 물이라는 결론을 내렸다. 그는 물이 아주 낮은 온도에서는 얼음이 되고 아주 높은 온도에서는 증기가 되는 것을 볼 수 있었다. 비가 내릴 때마다 땅에서 식물의 싹이 트므로 식물은 물의 다른 형태임이 분명했다. 모든 살아 있는 것들은 상당한 양의 물을 지속적으로 섭취해야 한다(사실 우리 몸의 60퍼센트가 물이다). 모든 대륙의 끝은 물과 맞닿아 있다. 탈레스는 이것이, 지구 전체가 물 위에 떠 있으며 물에서 나왔고 물로 구성되어 있다는 것을 의미한다고 생각했다.

탈레스에게는 아낙시만드로스(Anaximandros)라는 제자가 있었는데, 그는 기원전 610년 밀레투스에서 태어나 기원전 546년 무렵까지 살았다. 아낙시만드로스는 만일 탈레스가 말한 대로 지구가 바다의 힘으로 지탱된다면 바다는 다시 다른 무언가의 힘으로 지탱되어야 하고, 또 그 다른 무언가는 또 다른 무언가의 힘으로 지탱되어야 하며, 이 과정이 끊임없이 반복되어야 한다는 것을 깨달았다. 이는 무한 회귀의 문제이다. 아낙시만드로스는, 지구는 어떠한 것으로 지탱되는 것이 아니라는 놀라운 생각으로 이 문제를 풀었다. 지구는 그저 우주에 매달려 있는 딱딱한 물체이며, 다른 것들에서부터 같은 거리에 위치해 있다고 생각했다. 아낙시만드로스는 우리가 평평한 표면 위에 살고 있다고 확신했기 때문에 지구를 원통형이라고 생각했지 구체(球體)라고 생각하지는 않았다.

"지구는…… 무엇의 힘으로 지탱되는 것이 아니지만 다른 모든 것들에서 등거리에 놓여 있기 때문에 고정되어 있는 것이다. 지구의 형태는 북의 모양과 유사하다. 우리는 북의 평평한 두 면 중 한 면의 위를 걷고 있고 다른 사람은 반대편에 있는 것이다."

이러한 생각은, 지구가 평평하다는 것이 분명하고 무언가로 지탱되어야만 한다고 생각한 아낙시메네스(Anaximenes)에게는 놀라운 것이었다. 아낙시메네스는 끓는 냄비의 뚜껑이 증기 때문에 떠 있는 것과 마찬가지로 지구가 공기 위에 떠 있다고 믿게 되었다. 이 두 철학자의 죽음 이후에 몇 세대에 걸쳐서 아낙시메네스가 아낙시만드로스보다 더 존경받고 영향력이 있었다는 것을 알아 둘 필요가 있다. 이는 사실 다른 사상가가 아낙시메네스보다 더 진전된 생각을 보여 주었음에도 불구하고 몇 세대에 걸쳐서 아낙시메네스를 자신들의 사유의 출발점으로 삼는

올리브 수확
탈레스는 가난 때문에 종종 업신여김을 당했다. 그러자 그는 가지고 있던 돈을 털어 이듬해 수확기에 쓸, 올리브 기름을 짜는 도구를 빌리는 데에 쏟아부었다. 그 후 탈레스는 그 도구가 필요한 사람들에게 그때마다 자신이 원하는 대로 요금을 매겨 빌려 주었다. 이는 철학자들이 남들처럼 돈을 벌 수 있지만 돈이 아닌 다른 문제에 관심을 더 가지고 있을 뿐이라는 사실을 보여 준다.

최초의 지도 제작자 아낙시만드로스
세계지도를 만든 아낙시만드로스는 지구가 어떤 것에도 힘을 빌리지 않고 우주 안에 매달려 있다는 사실을 처음으로 깨달았다. 이러한 놀라운 발견이 있었지만 지구가 평평하다는 믿음은 오랫동안 지속되었다.

헤라클레이토스의 명언

그는 "숨어 있는 관련은 보이는 관련보다 더 강력하다."와, "같은 강을 두 번 건너는 것은 불가능하다."라는 명언을 남겼다. "분노를 잠재우기 위해서는 그만큼의 영혼이라는 대가를 지불해야 한다."는 말도 음미할 만하다.

널리 인용되는 최초의 철학자, 헤라클레이토스
헤라클레이토스가 남긴 말 중에는 "인간의 성격은 인간의 운명이다."라는 것이 있다. 이러한 통찰은 2,000년도 더 지나 프로이트가 뒤따른 것이다.

오르막길은 내리막길이다

오늘날 밀레투스의 철학자 가운데 가장 잘 알려진 사람은 헤라클레이토스(Herakleitos)이다. 헤라클레이토스는 밀레투스와 같은 해안에 있는 에페소스 출신으로, 기원전 6세기 초에 활발히 활동했다. 그는 특히 두 가지 생각으로 유명하다.

하나는 대립의 통일이다. 그는 산자락을 올라가든 내려가든 산자락의 길은 하나일 뿐이고, 오르막길이나 내리막길이 따로 있는 것은 아니라고 지적했다. 젊은 헤라클레이토스와 늙은 헤라클레이토스는 두 명의 다른 사람이 아니고 같은 사람이다. 친구가 술병의 반이 차 있다고 말할 때 내가 술병의 반이 비어 있다고 말한다면 그것은 모순되는 것이 아니고, 오히려 그 친구의 의견에 동의하는 것이다. 헤라클레이토스는 모든 것이 대립의 상태로 오거나, 최소한 대립의 경향을 가지고 있다고 생각했다.

이는 투쟁과 모순이 불가피하다는 것을 의미한다. 사실 이러한 경향은 세계를 만들기 위해 수반되는 것이다. 모순을 없앤다는 것은 현실을 없앤다는 의미이다. 그런데 이는 다시 현실이 내적으로 불안정하다는 것을 뜻한다. 모든 것은 늘 변화 속에 있다. 이것이 헤라클레이토스 하면 떠올리게 되는 두 번째 생각이다.

우리 세계의 어떤 것도 영원히 존재하는 것은 없다. 모든 것은 항상 바뀐다. 사물은 각기 다른 방식으로 존재하고, 존재를 지속하는 한 잠시라도 동일한 방식으로 존재하지는 않는다. 우리 자신도 이러하다. 우주의 모든 것도 그러하다. 아마도 우주 자체도 그러할 것이다. '사물'이 안정적인 대상이 아니라고 하는 것은 사물이 끊임없는 변화 속에 있다는 의미이다. 이 때문에 헤라클레이토스는 사물을 불꽃에 비유한다. 불꽃은 그 자체가 대상인 것처럼 보이지만 과정에 불과할 뿐, 대상은 아니다. 이는 심오한 사상가들이 있었다는 것을 의미한다. 이러한 일은 철학사에서 지속적으로 일어났다. 철학사는 직선적으로 발달하지 않고 두 발짝 나아가면 한 발짝 뒤로 물러서는 방식으로 발달한다. 우리가 만약 과거로 돌아가 살 수만 있다면 우리는 과거에서 많은 것을 배울 수 있을지도 모른다.

> *이 세계는 생각하는 사람에게는 희극이고 느끼는 사람에게는 비극이다. 이는 왜 데모크리토스는 웃었고 헤라클레이토스는 울었는가를 설명해 준다.*
>
> 월폴

소크라테스 이전의 단편들

소크라테스 이전 철학자들의 기록 중에서 완전한 책의 형태로 전해지는 것은 없다. 그저 몇몇 단편의 원본과, 후세 철학자들의 글에 나타난 인용과 요약 – 이 중에는 긴 것도 있지만 – 뿐이다. 자신의 언어로 책을 쓴 최초의 서양철학자는 플라톤이다.

바다를 바라보는 사고방식

고대 그리스는 모든 것이 물을 통해 이루어지는 해안과 섬의 세계였다. 따라서 그리스인들은 지구가 물 위에 떠 있다고 생각하게 되었다.

생각이다. 그러나 또한 혼란스러운 생각이기도 하다. 인간은 항상 그 존재를 믿을 만큼 안정적인 것, 그저 없어져 버리지 않고 지속되는 신뢰할 만한 것을 찾으려고 노력해 왔다. 그런데 헤라클레이토스는 우리에게 그러한 것은 없다고 말하고 있다. 변화는 삶과 우주의 법칙이다. 이 법칙에 어긋나는 것은 없다. 우리는 이 법칙을 피해 갈 수 없다.

핵심은 수학이다

소크라테스(Socrates) 이전의 철학자 중에서 헤라클레이토스보다 유명할 정도로 가장 많이 알려진 철학자는 피타고라스(Pythagoras)이다. 피타고라스는 지금까지 우리가 얘기해 온 철학자들이 살던 해안 근처의 사모스 섬에서 태어났고 기원전 570년쯤부터 기원전 497년쯤까지 살았다. 그는 다방면에서 천재적이었는데, 특히

피타고라스

그리스의 철학자이자 수학자인 피타고라스는, 우주의 만물은 수학의 형태로 표현할 수 있다고 생각한 최초의 사람이었다.

수학에 천부적인 재능을 가졌다. 21세기에 사는 우리도 학교에서 피타고라스의 정리를 배워야만 한다. 피타고라스는 수에 '사각형, 정육면체'라는 생각을 도입하고 그럼으로써 산수에 기하학적 개념을 적용했다. 그의 가르침을 통해서 '정리'라는 말이 지금과 같은 의미를 갖게 되었다. 피타고라스는 '철학'이라는 용어를 처음으로 만들어 냈고, '코스모스(cosmos)'라는 말을 우주라는 의미로 쓴 최초의 사람이다. 그는 몇 세대에 걸쳐 직접적인 영향을 미쳤다.

그는 최초로 수학을 철학에 접목시킨 뛰어난 사상가였다. 이는 그때까지 인간들이 해 온 생각 중에서 가장 유익한 것이었다. 피타고라스 이래로 수학은 철학, 과학 등과 밀접한 관계를 가지며 발전해 왔다. 따라서 어떤 위대한 철학자들은 동시에 뛰어난 수학자들이기도 했다. 예를 들면 르네 데카르트(René Decartes)는 그래프를 발명했을 뿐 아니라 해석기하학의 전체

> **"만물은 끊임없이 변화한다"**
>
> 헤라클레이토스

주제들을 창안했고, 고트프리트 라이프니츠(Gottfried Leibniz)는 미·적분법을 발명했다.

오늘날 우리는 우주를 이해하는 데에 수학의 역할이 꼭 필요하다고 생각한다. 아스라한 은하계에서 원자의 내부에 이르기까지 우주의 모든 단계가 수학적 언어로 표현될 수 있는 구조로 이루어져 있다는 사실은

동전

동전은 가치가 있을 뿐 아니라 정보를 전달하고 선전을 하는 효과도 있다. 동전은 합리적 사유가 발달한 지역에서 사용되기 시작했다. 소크라테스 이전의 철학자들이 활동했던 무렵에는, 많은 그리스 도시들에 조폐소가 있었기 때문에 자신들의 고유한 도안으로 동전을 주조할 수 있었다. 아테네는 지혜의 새로 불리는 올빼미를 선택했다.

> *"당신은 피타고라스를 고집했던 나의 믿음을 흔들리게 합니다"*
>
> 셰익스피어, 『베니스의 상인』

피타고라스의 생각

피타고라스는 플라톤 이전의 사상가 중에서 누구보다도 서양철학의 근본적인 생각의 중심이 된 사상가이다. 우리가 전생에서 알게 된 많은 것들을 기억한다는 생각, 그리고 수학적 질서가 물질 세계에 퍼져 있다는 생각 등 플라톤의 사상이라고 여겨지는 많은 부분들이, 사실 플라톤이 피타고라스에게서 받아들인 것이다.

인문교양학에 대한 풍유

르네상스 시대의 작품에서 피타고라스는 여전히 인문교양학의 정점에서 수학을 강의하면서 앉아 있는 모습이다. 그 바로 밑에 책을 들고 앉아 있는 아리스토텔레스는 논리학을 강의하고 있다.

우리에게 너무 친숙해서 그만큼 위험한 부분도 분명히 있다. 그러나 사실 그 사실은 전혀 분명하지 않으며 매우 놀라운 것이다. 이는 알베르트 아인슈타인(Albert Einstein)과 같은 뛰어난 과학자들이 우주에는 반드시 유대 · 그리스도교적 의미에서의 신이 아니더라도 어떤 완전한 지성이 있을 것이라고 믿도록 만들었다. 수학적 용어로 전체 우주를 표현할 수 있다고 생각한 최초의 사람은 피타고라스였다. 피타고라스 또한 어떤 신비주의에 사로잡히기도 했다.

피타고라스는 이러한 통찰에서 다양한 철학적 결론을 끌어냈다. 그런데 플라톤이 피타고라스의 사상을 계승했기 때문에 이에 대해서는 24쪽 "플라톤"에서 자세히 살펴보는 것이 좋겠다.

우리가 우리의 지식을 만든다

소크라테스 이전의 철학자들 중에서 가장 매력적인 사람은 기원전 6세기 후반 무렵 왕성히 활동했던 크세노파네스(Xenophanes)이다. 크세노파네스는 피타고라스와 마찬가지로 그리스 연안(이오니아의 콜로폰)에서 태어났지만 생애의 대부분을 남부 이탈리아에서 보냈다. 크세노파네스는 사물에 대한 견해가 인간이 만들어 낸 주관임을 매우 깊이 있게 이해했던 것처럼 보인다. 많이 배우면 배울수록 우리의 생각도 깊어지고 점점 더 진리에 가까워지는 것인지도 모른다. 그러나 우리의 생각은 어디까지나 우리의 생각이고, 거기에는 추론이 뒷받침되어야 한다. 크세노파네스는 다음과 같이 말했다.

"……어떤 이도 확실한 진리를 알 수 없다.

확실한 진리는 절대 알려지지 않는다.

신에 대해서도, 내가 말한 모든 것에 대해서도 마찬가지이다. 우연히 어떤 사람이 그 궁극적인 진리를 다루었다 할지라도 그 사람 스스로도 그 궁극적인 진리에 대해 모를 수 있다. 왜냐하면 모든 것은 추측으로 엮인 그물망이기 때문이다."

크세노파네스는 신이라는 주제에 대해 교묘하면서도 재치 있게 설명했다.

"에티오피아인들은 자신들의 신이 납작코에 검은 피부를 가졌다고 말한다. 반면에 트라키아인들은 자신들의 신이 파란 눈에 붉은 머리를 가졌다고 말한다.

그런데 소나 말이나 사자가 그림을 그릴 수 있다면, 그리고 인간과 마찬가지로 조각을 할 수 있다면, 말은 자신들의 신을 말처럼, 소는 자신들의 신을 소처럼, 각각 자기의 신의 형상을 저마다 고유한 모습으로 표현할 것이다."

이는 20세기 철학자 칼 포퍼(Karl Popper)가 내놓은 생각의 원형에 해당한다. 이른바 과학적 지식이라고 불리는 모든 것들이 사실은 추론에 불과하고, 지식의 원리상 진리에 좀더 가까운 것이 나타나면 언제든지 바뀔 수 있다는 생각은 포퍼 철학의 중심 사상이다.

포퍼는 크세노파네스를, 그러한 생각을 표현했던 최초의 사람으로 여겼다. 우리가 다음에 살펴볼 파르메니데스(Parmenides)는 크세노파네스의 제자였다는 설이 있다. 파르메니데스는 기원전 5세기 전반 무렵에 활발히 활동했는데, 그의 사상은 소크라테스에게 영향을 미쳤다. 플라톤(Platon)은 노년의 파르메니데스,

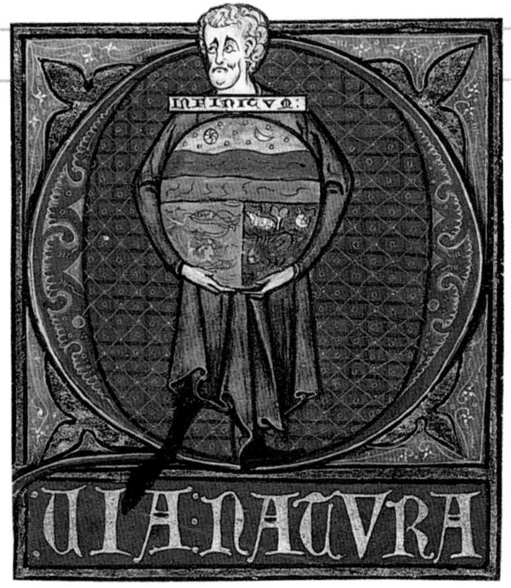

기본 원소
엠페도클레스가 세계는 땅, 물, 공기, 불로 이루어져 있다고 선언한 지 2,000년이 지났지만 그 개념은 여전히 유지된다. 이 중세 그림은 기본 원소에 대한 생각을 보여 준다.

중년의 제논(Zenon, 엘레아의 제논), 청년 소크라테스에 대한 기록을 남겼다. 소크라테스와 플라톤은 모두 파르메니데스에게서 배우고자 했다.

모든 것은 하나이다

파르메니데스는 무(無)가 존재한다고 말하는 것은 모순이라고 생각했다. 무는 존재한 일도 없고 존재할 수도 없기 때문에 어떤 것이 무에서 나온다는 조건은 참일 수 없다. 모든 것은 늘 존재해 왔음에 틀림없다. 마찬가지로 어떤 것이 무로 변한다는 추론도 가능하지 않다. 그러므로 모든 것에는 시작이 없고, 모든 것은 창조되지 않을 뿐 아니라 영원하고 불멸해야 한다.

또 마찬가지로 실재에는 어떠한 틈도 존재할 수 없다. 즉 실재에는 무가 존재할 곳이 없다. 실재는 모든 지점에서 그 자체로 연속적이어야 한다. 모든 공간은 꽉 차 있어야 한다. 이는 우주가 단일하고 불변하는 실재물이라고 생각하게 만든다. 모든 것은 하나이다. 변화하는 사물의 모습이나 운동은 완결된 불변의 체계 안에서만 일어나는 것이다.

놀랍게도 이는 17세기 아이작 뉴턴(Isaac Newton)에서 20세기 아인슈타인에 이르기까지 펼쳐진, 우주에 대한 과학적 견해와 매우 비슷한 양상을 보인다.

이 과정의 두 가지 측면이 파르메니데스의 생각과 연결된다. 첫째 우주는 결정되어 있어서 모든 것이 필연적으로 그렇게 존재할 수밖에 없고, 둘째 관찰자의 주관적인 관점에서만 '지금'이 가능하다고 여겨진다는 것이다. 객관적으로 말하면 매 순간순간 시간은 모두 똑같이 중요하다. 20세기 위대한 정신을 대표하는 아인슈타인과 포퍼는 자신들의 이러한 논의에 파르메니데스를 다시 등장시켰다. 그중에서도 특히 파르메니데스에게 주목한 사람은 포퍼였다. 포퍼는 자서전 『끝없는 탐구(*Unended Quest*)』에서 다음과 같이 말한다.

"나는 그가 세계는 4차원의 닫혀진 우주이고, 이 우주에서 변화라고 하는 것은 인간의 망상에 불과하다고 생각하게 만든 결정론을 포기하도록 설득하려 했다(포퍼는 이것이 자신의 견해임을 인정했다. 여기서 '그'는 파르메니데스를 말한다)."

파르메니데스의 사상은 오늘날의 철학자들이 꼭 짚고 넘어가야 할 대상이라는 사실을 이보다 더 생생히 전해 줄 수는 없을 것이다.

4원소

소크라테스 이전의 철학자들 가운데 가장 다채로운 인성을 가진 사람은 기원전 5세기 전반 무렵에 살았던 엠페도클레스(Empedocles)였다. 엠페도클레스는 민주적 정치가였으며 또한 대중을 사로잡는 뛰어난 웅변가였다. 사람들은 엠페도클레스가 기적을 일으키는 능력을 가지고 있다고 여겼다. 엠페도클레스는 에트나 화산의 분화구에 스스로 몸을 던졌다. 그는 유명한 철학자들 중에서 가장 극적인 최후를 맞이한 것이다.
엠페도클레스는 감각을 통한 경험의 세계가 끊임없이 변화하며 실재하고 있다는 사실을 강조했다.
그리고 파르메니데스의 통찰을 계승하기는 했지만, 파르메니데스와는 달리 이 세계의 복수성을 주장했다.

엠페도클레스는 물질이 무에서 나올 수 없으며 무로 돌아갈 수도 없다는 것을 인정했지만, 만물은 흙, 물, 공기, 불과 같은 영구한 4원소로 이루어져 있다고 주장했다(불은 태양이나 별과 같은 하늘의 불을 설명해 준다).

4원소설은 아리스토텔레스(Aristoteles)를 거쳐 르네상스 시대에 이르기까지 서구 사상사에서 중요한 역할을 했다. 실제로 서구 문학에서는 자주 등장하는 소재이기도 하다.

소크라테스 이전의 가장 통찰력 있는 철학자는 '원자론자'로 알려진 사람들이다. 그중 대표적인 두

뛰어난 사상

문장이 발달하기 전에는 시가 산문보다 먼저 나타났는데, 그 이유는 기억하기 쉽기 때문이었다. 가장 초기의 철학 중에는 시로 쓴 것이 있으며 그중에는 오랫동안 음미할 만한 작품도 있다. 고대 그리스에서 시문에 뛰어났던 사람은 크세노파네스이다. 후세의 사람 중에서는 라틴어로 시를 짓던 로마 철학자 루크레티우스가 뛰어나다.

> *사람들은 저마다 자신의 경험만을 믿는다*
>
> 엠페도클레스

고전적 질서
그리스의 철학자뿐 아니라 건축가도 수학의 아름다움을 높이 평가했다. 건축가들은 제우스 신전(기원전 164년에 시작된 코린트 양식의 기둥)에서처럼 기하학의 원리를 돌 위에 구현했다. 그 결과 예전에는 볼 수 없었던 조화와 균형미 있는 건축물이 나타났다.

"인간은 만물의 척도이다"

프로타고라스

사람은 레우키포스(Leukippos)와 데모크리토스(Demokritos)이다. 레우키포스의 중심 사상은 더 이상 나누어지지 않는 아주 작은 원자들로 모든 사물이 이루어졌다는 것이다. 아톰(atom)이라는 단어는 '쪼개지지 않는다.'는 뜻의 그리스어에서 나왔다. 레우키포스는, 존재하는 것은 원자와 공간뿐이라고 가르쳤다. 사물이 저마다 다른 이유는 공간 내에서 원자들의 배열이 다르게 구성되어 있기 때문이라는 것이다.

원자 자체는 만들어진 것이 아니기 때문에 파괴될 수도 없다. 우주에서의 모든 변화는 원자의 구성이나 자리가 바뀌기 때문에 일어난다. 레우키포스와 데모크리토스는 변화의 본질을 인과론적으로 해석한다. 이는 이 두 사상가가 자연 현상을 목적론적으로 설명하려고 하지 않았다는 점에서 주목할 만하다. 데모크리토스는 다음과 같이 말한 일이 있다.

"나는 페르시아 제국을 얻는 것보다는 한 가지 원인을 발견하고 싶다."

이들이 가르친 것은, 우주는 파르메니데스가 말한 것과 같은 연속체가 아니라 분리된 실재물로 이루어진다는 것이다. 이들은 초기 원자물리학을 적용해서 분리된 실재물들의 사이를 설명하고 있는 듯하다. 이 두 사상가는 함께 놀랄 만한 업적을 이루었다. 우리는 훗날 발전한 연구 성과를 모두 이들의 공로로 돌리는 실수를 범해서는 안 되지만, 그 통찰에는 분명히 심오한 무언가가 있다는 사실은 인정해야 할 것이다.

철학은 아테네로 향한다

지금까지 소크라테스 이전의 그리스 철학자들을 살펴보았는데, 다행히 흥미롭거나 중요한 인물들을 빠뜨리지는 않았다. 우리는 그중 영향력이 큰 사상들만 논의해 왔다. 그래도 빠진 철학자가 있다면 아테네에 철학을 싹 틔운 아낙사고라스(Anaxagoras)와, 지금까지도 자주 인용되는 "인간은 만물의 척도이다."라는 말을 한 프로타고라스(Protagoras)이다.

역사를 거슬러 올라가 이들을 전체적으로 살펴본다면 우리는 프로타고라스 이전의 철학자들은 모두 한결같은 특징이 있다는 것을 알 수 있다. 먼저 그들은 인간의 본성이 무엇인지를 이해하는 것– 인간의 본성이라는 것이 있는지는 여전히 의문이지만 –보다는 세계가 무엇인지를 이해하는 데에 주로 관심을 가졌다. 그리고 그들은 자유로운 환경에서 거대 담론의 체계화를 과감하게 시도했다. 이제 막 첫발을 내딛은 사상가들인 터에 어쩔 수 없이 그들이 내놓은 많은 견해들이 거칠고 막연한 것처럼 보일 수도 있다. 그러나 그들이 매우 합리적인 사고의 소유자라는 점은 짚고 넘어가야 하겠다. 그들의 사상은 자신이 발 딛고 살아가는 세상을 이해하기 위한 인류의 끊임없는 시도 속에서 거듭 발전하며 풍요로운 결실을 맺게 될 운명이었다.

소피스트

가르치는 일을 업으로 삼은 소피스트는 소크라테스 바로 이전에 나타났다.
그들은 젊은이들에게 공적인 생활, 특히 연설에 필요한 교양을 가르쳤다. 그러나 학생들에게 자신의 신념을 따르라고 하기보다는 가장 좋은 결과를 얻는 방법을 가르쳤기 때문에 지성인들의 비난을 사게 되었다. 그래서 소피스트라는 호칭에는 좋지 않은 선입견이 생기게 되었고 지금까지도 그러하다.
가장 유명한 소피스트는 프로타고라스였다.

고전철학의 지혜

르네상스 시대에는 고대 철학자들이 자주 회화에 나타났다. 고대 철학자들은 지혜와 학문의 세속적인 이상형을 대변했다. 종교적 맥락에서 고대 철학자들의 존재는 신앙과 이성이 적대적인 관계가 아니라 조화를 이룬다고 암시하는 것이었다.

아킬레스는 결코 거북을 따라잡지 못한다?

파르메니데스의 제자들 중에는 남달리 머리가 좋은 제논(스토아 학파의 창시자인 키티온의 제논과 구분하기 위해 엘레아의 제논이라고 부름)이 있었다. 제논은 역설을 만들어 내는 데에 뛰어난 솜씨를 보였는데, 그것들 가운데 몇몇은 지금까지도 사람들을 수수께끼에 빠뜨리고 있다.

이러한 역설 중 하나가 아킬레스와 거북의 우화이다. 아킬레스와 거북은 경주를 하기로 했다. 아킬레스는 거북보다 갑절이나 빨리 뛸 수 있기 때문에 거북의 출발선은 아킬레스보다 훨씬 앞에 마련되었다.

제논에 따르면 아킬레스가 거북의 출발선에 다다를 때면 처음 차이 나던 것의 절반에 해당하는 거리만큼 거북은 앞서 나가 있을 것이고, 다시 아킬레스가 그 차이 나는 만큼 따라잡을 동안 거북은 다시 차이 나던 거리의 절반만큼 앞서 나가 있을 것이다.

“잘못된 결론을 이끌어 내지만 절차는 논리적인 논증”

그리고 이 과정은 영원히 지속되기 때문에 아킬레스는 결코 거북을 따라잡을 수 없을 것이라고 그는 말한다. 즉 각각의 지점에서 아킬레스가 거북을 따라잡는 동안 거북은 이전의 차이 나는 거리의 절반씩 앞서 나가 있기 때문에 아킬레스는 결코 거북을 따라잡지 못한다는 것이다.

“잠깐!” 여러분은 소리칠지도 모른다. “그런데 아킬레스는 거북을 따라잡잖아! 그렇고 말고! 이건 완전히 헛소리야!” 만일 논리상 어떤 결함이 있다고 주장하려면, 이 역설의 논리를 분명히 하는 것이 중요하다. 당신은 실제로 아킬레스가 결코 거북을 따라잡지 못한다고 생각하지는 않는다.

“철학적 수수께끼의 전형”

여러분은 아킬레스가 거북을 따라잡는다는 사실을 분명히 알고 있다. 또 그 사실을 제논도 알고 있기는 마찬가지이다.

문제는 이렇게 잘못된 결론을 이끄는 완전한 논증이 있을 수 있다는 것이다. 이러한 논증을 접하고 나서 우리는 무슨 생각을 할 수 있는가?

우리가 이의를 제기할 여지가 없는 전제에서 출발해 논리적 전개과정을 밟아 나간다면, 그 각각의 논증은 아무런 문제없이 명백히 잘못된 결론에 이를 수 있다. 이는 우리가 살고 있는 세계에 대해 이성적인 추론을 하려는 모든 시도를 혼돈에 빠뜨리는 것이다.

사람들은 역설이 이성을 흐리게 만든다는 사실을 깨달았다. 분명히 논리상에 오류가 있었을 것이다. 그러나 아무도 그 논리상의 오류가 무엇인지 설명하지는 못했다.

유명한 20세기 철학자 가운데 길버트 라일(Gilbert Ryle)은 아킬레스와 거북의 우화에 대해 다음과 같은 의견을 내놓았다.

“여러 측면에서 볼 때 제논의 역설은 철학적 수수께끼의 전형이다.”

최근에 누군가가 페르마의 대정리(n이 2보다 큰 자연수일때 xn+yn=zn을 만족하는 자연수 x, y, z는 존재하지 않는다는 정리-옮긴이)를 풀어냈듯이 언젠가 이 역설의 문제도 해결될 수 있을지 모른다[대수기하학의 교묘한 방법을 사용하여 영국의 수학자 앤드루 와일스(Andrew Wiles)는 자신의 제자였던 리처드 테일러(Richard Taylor)의 도움을 받아 페르마의 대정리를 증명하는 방법을 찾아냈음-옮긴이].

매력의 원천

소크라테스는 잘생긴 용모와는 거리가 멀었다. 우리에게 알려진 그의 외모는 들창코에 뚱뚱하기까지 하다. 그러나 그는 기지 넘치는 반어적 표현을 사용할 줄 알았고, 또한 강력한 인간적인 카리스마를 가지고 있었다. 최고의 지적 능력을 가진 사람들이 소크라테스에게 매료되었고, 그를 중심으로 뛰어난 학파가 형성되었다.

소크라테스

뛰어난 논쟁가

소크라테스는 도덕철학의 실질적인 창시자였다. 또 끈질기게 질문을 제기함으로써 진리에 이르는 방법을 마련했다.

소크라테스는 아테네가 낳은 최초의 위대한 그리스 철학자였다. 그는 기원전 470년쯤에 태어나 아테네의 황금시대를 살다가 아내와 자녀 셋을 남기고 기원전 399년에 눈을 감았다. 젊은 시절 소크라테스는 현재 '소크라테스 이전의 철학'으로 불리는, 즉 자연 세계를 각기 다른 방식으로 이해했던 당시 유행하는 철학을 연구했다. 소크라테스는 당시의 철학에서 문제가 된다고 생각하는 두 가지 점을 지적했다.

먼저 그는 당시의 철학이 서로 불협화음을 일으킨다고 보았다. 즉 대립되는 이론의 소용돌이에 휘말려 어느 쪽으로도 결정지을 수 없는 것처럼 보였다. 당시의 철학자들은 세계에 대해 여러 가지 흥미로운 생각들을 개진했지만 비판적인 인식이 결여되어 있기 때문에 어느 한쪽이 맞다고 하기는 어려웠다.

그리고 소크라테스는 그중 어느 하나가 맞다고 결정할 수 있을지라도 실질적인 부분에서는 그다지 차이가 없을 것이라고 생각했다.

옴팔로스의 돌

델포이는 세계의 중심으로 여겨졌다. 그리스인은 델포이에 거대한 돌을 놓고 세계의 배꼽이라고 했다. 그리고 이 돌을 신성한 물건으로 숭배했다.

델포이 신전

델포이 신전의 신탁은 일반적으로 사물의 본성을 다룰 수 있는 지혜의 본질적인 원천으로 여겨졌다.

"아테네 학당"

바티칸에 있는, 산치오 라파엘로(Sanzio Raffaello)가 그린 이 엄숙한 프레스코화는 1508-11년까지 4년에 걸쳐 완성됐는데, 고대 그리스의 유명한 사상가들을 보여 주고 있다. 가장 중심부에는 플라톤이 왼쪽에, 아리스토텔레스가 오른쪽에 나란히 서 있다. 이들의 왼쪽에서 소크라테스가 청중을 향해 연설을 하고 있다.

태양이 지구에서 얼마나 먼지, 또는 태양의 크기가 펠로폰네소스만 한지, 아니면 전체 세계보다 큰지와 같은 문제를 아는 것이 우리의 실생활에 어떤 영향을 미치는가? 우리의 행동은 결코 그러한 지식에 좌우되지 않는다.

우리가 알아야 하는 것은 우리의 삶을, 우리 자신을 어떻게 이끌어 갈지의 문제이다. 우리에게 절실한 문제는 다음과 같은 것이다. 선이란 무엇인가? 참이란 무엇인가? 정의란 무엇인가? 우리가 이 대답을 안다면 우리의 삶은 달라질 것이다.

소크라테스는 이러한 문제들의 답을 몰랐다. 단지 어느 누구도 모른다는 사실만을 깨달았을 뿐이다. 델포이 신전의 신탁(神託)에서 소크라테스를 가장 현명한 인간이라고 했을 때, 그는 적어도 자기는 자신이 아무것도 모른다는 사실만은 알기 때문에 그런 신탁이 내려졌다고 생각했다. 당시에는 자연 세계와 인간 세상에 대한 객관적인 지식이 없었다.

따라서 소크라테스는 자신의 말에 귀 기울이는

사람이라면 누구에게나 도덕과 정치의 기본적인 문제를 제시하면서 아테네를 돌아다녔다. 그가 제시하는 주제는 매우 흥미로웠기 때문에—그는 또한 카리스마가 강했다 —가는 곳마다 사람들이 몰려왔다. 그가 논쟁하는 방식은 한결같았다.

인생의 근본적인 가치에 대해 "우정이란 무엇인가?", "용기란 무엇인가?", "신앙이란 무엇인가?" 하고 물었다. 소크라테스는 이미 답을 알고 있다고 생각하는 사람에게 이러한 질문들을 던짐으로써 스스로 자신의 대답을 돌아보도록 만들었다.

예를 들어 어떤 사람이 용기란 참아 내는 능력이라고 주장한다면, 소크라테스는 다음과 같이 되물을 것이다. "그러면 고집은 무엇인가? 고집을 부리는 사람들은 남다른 집요함, 즉 인내를 보여 준다. 이것도 용기인가? 이것도 존경할 만한가?"

이렇게 되면 그 사람은 자신의 대답을 거두거나 적어도 어떤 한계를 인정한다. 논리를 하나하나 짚어 가다 보면, 처음 대답에 결함이 있음이 드러난다. 이러한 과정은 그 사람이 — 구경꾼은 물론이고 — 용기가 무엇인지 안다고 생각했지만 실제로는 알지 못한다는 것을 일깨워 주었다.

이러한 소크라테스식 대화 방법은 곧 널리 알려졌다. 그리고 이 방식은 일거양득의 효과를 거두었다. 즉 스스로 안다고 생각하지만, 델포이 신전의 신탁에서 소크라테스에게 말했던 것처럼 실제로는 소크라테스가 아는 것 이상을 알지 못하는 사람들의 무지를 드러내 주었다.

그리고 구경꾼들이 근본적인 철학적 의문에 대해 관심을 가지게 하여 그들을 논의에 끌어들였다. 물론 소크라테스는 최종적인 대답을 내놓지는 않았다. 하지만 제기한 문제에 대한 관심을 이끌어 냄으로써 사람들이 그 대답을 찾는 과정에서 생기는 어려움을 극복하고 올바르게 생각할 수 있도록 했다.

말 속에는 무엇이 숨어 있는가?

소크라테스의 "정의란 무엇인가?"와 같은 질문은 단순히 단어의 뜻을 묻고 있는 것이 아니다. 소크라테스에 따르면 우리가 '정의'라는 용어를 개별적인 경우, 이를테면 정의로운 사람 또는 정의로운 법 등과 같이 쓸 경우에, 여기에는 '정의'라고 불리는 공통적인 속성이 들어 있다는 것이다.

말하자면 소크라테스는 '정의'라고 불리는 무언가가 존재하며, 그 존재는 물질적인 것은 아니더라도 어떤 본질로서 실재한다는 것이다. 그래서 그는 이 추상적인 실재의 참모습을 발견하고자 했다.

이러한 그의 견해는 제자 플라톤을 통해, 이

존경받은 고대인

로마의 한 마을에 소크라테스의 벽화가 그려진 기원후 1세기 무렵, 소크라테스는 로마 제국의 지성계에서 문화적 영웅이 되었다.

군중 속에 있는 위인

소크라테스의 초상화는 오늘날까지 계속 새롭게 만들어지고 있다. 소크라테스가 아테네 거리를 걷고 있는 모습의 이 그림은 1897년 작품이다.

여러분들이 나의 충고를 받아들인다면 소크라테스에 대해서는 조금 생각할 것이고 진리에 대해서는 많이 생각할 것이다

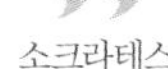

소크라테스

출세에 관심 없는 소크라테스

우리가 아는 한 소크라테스는 자신의 저서나 이름을 남기려고 하지 않았다. 그에 대한 정보는 모두 다른 사람들에게서 나왔다. 플라톤은 소크라테스를 주요 등장인물로 삼아 불멸의 "대화편" 연작을 썼다. 플라톤의 초기 "대화편"에서 우리는 역사적 인물 소크라테스에 대한 묘사를 볼 수 있다. 플라톤은 나중에 소크라테스의 입을 빌려 자신의 견해를 나타내기도 한다.

대화하고 있는 소크라테스

소크라테스의 가르침을 풍자했던 희극 작가 아리스토파네스의 연극 "구름"의 한 장면에서, 소크라테스는 사람들 머리 위에 매달린 바구니에 들어가 있는 모습으로 등장한다. 소크라테스는 연극의 상대역인 스트렙시아데스(Strepsiades)에게서 질문을 받고 있다.

불완전하고 영원하지 못한 우리 주변의 만물을 규정하는 완전하고 영구한 형상을 지닌 추상적 이데아에 대한 믿음으로 발전되었다.

> "정의란 무엇인가?"
>
> 소크라테스

소크라테스는 사람들을 설득하며 그들의 생각을 변화시켰다. 그는 사람들에게 모든 것에 대해 의문을 가지고 접근하라고 가르쳤으며, 논리적 힘으로 개개인의 무지를 일깨워 주었다. 덕분에 그는 사랑과 질시를 동시에 한몸에 받는 유명한 논쟁가가 되었다.

아테네 시의 축제에서 희극 작가 아리스토파네스(Aristophanes)가 전 시민이 관람한 연극 "구름(Nephelai)"(기원전 423년)의 무대에 소크라테스를 흉내내는 인물을 올린 일도 있다. 결국 시 당국에서는 아테네 신을 숭배하지 않고 젊은이들을 타락시켰다는 죄목으로 소크라테스를 체포했다.

결국 그는 재판에서 사형을 언도받았다. 소크라테스의 재판과 죽음에 관한 이야기는 우리의 사상사에서 가장 감동적인 비극이다.

소크라테스가 가장 널리 알려진 이유는 철학의 중요한 기본 개념에 대해 날카로운 문제를 제기하기 시작한 철학자였기 때문이다. 그는 자신이 가르칠 것이라고는 질문하는 방법뿐이라고 말하곤 했다. 그러나 이는 무지를 가장하는 것이었다.

지속적으로 논의의 처음으로 되돌아가면서 질문을 던지는 소크라테스식 논리 전개를 살펴보면 그의 마음에는 어떤 깊은 믿음이 있었음이 분명하다.

하나는 완벽하고자 하는 사람에게는 어떠한 위험도 발생하지 않는다는 믿음이다.

아리스토파네스

아리스토파네스는 고대 그리스의 가장 위대한 희극 작가였다. 아리스토파네스의 연극 중에는 소크라테스를 풍자한 작품이 있었다. 이는 소크라테스가 얼마나 대중들에게 잘 알려져 있는가를 알려 준다.

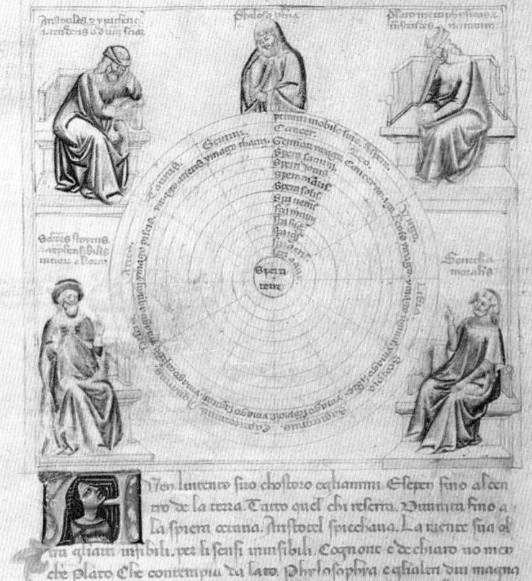

네 명의 위대한 철학자들

이 중세의 이탈리아어로 된 원고는 르네상스 시대에 존경받았던 철학자 네 사람을 보여 준다. 왼쪽 상단에는 아리스토텔레스, 오른쪽 상단에는 플라톤, 왼쪽 하단에는 소크라테스, 오른쪽 하단에는 세네카가 있다.

누구나 어느 날 갑자기 모든 재산을 잃고 부당하게 감옥에 갇히거나, 사고 또는 질병으로 다리를 못 쓰게 될 위험이 있다.

이 세상의 불확실성이 곧 그런 것이다. 그러나 이러한 위험은 곧 사라질 우연한 현상일 뿐이다. 어떤 불행이 닥쳐도 정신이 상처받지 않는다면 그 사람의 불행은 사소한 일이 될 것이다.

진짜 문제는 정신의 타락이다. 그러므로 불의를 물리치는 사람이 불의를 저지르는 사람보다 해를 덜 입는 것이다. 우리는, 불의의 희생자가 아니라 불의를 저지르는 사람을 동정해야 하는 것이다. 소크라테스가 죽고 몇 백 년 뒤에 나타난 스토아 학파는 소크라테스의 이러한 생각을 높이 평가하여, 그를 영웅처럼 여기고 나아가 성인으로 추대했다.

또 하나 소크라테스의 기본적인 생각은 아무도 자신의 행위가 잘못된 것임을 깨달을 수 없다는 것이다. 어떤 사람이 어떤 행위를 하는 것이 잘못임을 확실히 안다면, 그는 결코 그 행위를 하지 않을 것이다. 반대로 그 사람이 어떤 행위를 한다면, 그것은 그 행위가 잘못임을 확실하게 알지 못한다는 사실을 보여 주는 셈이다.

여기에서 덕은 곧 앎의 문제라는 결론이 이끌어진다. 따라서 소크라테스는 "정의란 무엇인가?"와 같은 문제들을 인내를 가지고 깊이 성찰한다. 그는 우리가 이 질문에 대한 답을 알 수 있다면 바르게 행동할 수 있다고 생각했다. 따라서 앎에 대한 추구와 덕에 대한 열망은 결국 동일한 것이다.

스스로에게 진실하라

소크라테스보다 인류에게 더 많은 영향을 끼친 철학자가 있을까? 그는 신이나 법에 관한 의무보다는 자기 자신에 대한 의무가 중요하다고 가르친 최초의 철학자였다.

이 가르침은 인류 역사에 크나큰 영향을 끼쳤다. 그는 옳다고 믿는 것에 대한 신념을 굽히지 않고 법에 따라 기꺼이 죽음을 맞이했을 뿐 아니라, 기회가 있었지만 도망가지 않고 끝내 자신의 신념에 따라 행동했다.

그 후 위대한 정신들은 — 소크라테스의 가르침을 따르지 않는 경우에도 — 이 철학적 순교를 길이 추모했다. 그리스도는 "인간이 진정한 자기 자신을 잃는다면 세계를 얻은들 무얼 하겠느냐?"라고 했고, 윌리엄 셰익스피어(William Shakespeare) 또한 "자기 자신에게 진실한 태도가 가장 중요하다."라고 말했다.

아울러 소크라테스는 모든 것은 본질적인 물음에 열려 있어야 한다는 원리를 세우기 위해 누구보다 더 힘을 쏟았다. 여기에는 지름길도, 정해진 답도 있을 수 없다. 왜냐하면 다른 모든 것과 마찬가지로 답은 그 자체로 질문에 열려 있기 때문이다. 따라서 그는 끊임없는 질문과 대답의 여정 속에서 진리를 찾는 변증법을 철학의 중심으로 삼았다.

변증법은 오늘날까지 여전히 사용되고 있으며, 소크라테스의 교육 방법으로서 가치를 지닌다. 그러나 변증법이 모든 형태의 가르침에 맞는 것은 아니다. 예를 들어 순수하게 정보를 전달해 주는 방법으로는 적합하지 않다. 그러나 사람들이 이미 알고 있다고 생각하는 것을 다시금 문제삼게 하는 방법으로는 매우 뛰어나다.

이 방법을 효과적으로 활용하기 위해서는 선생과 제자가 서로를 신뢰할 수 있는 관계, 즉 선생이 제자의 어려움을 진정으로 이해하고 제자를 옳은 방향으로 점점 이끌 수 있도록 뒷받침하는 인간적인 관계가 먼저 형성되어야 한다. 이는 곧 지금까지도 '소크라테스의 방법'이라고 불리는 것이다.

소크라테스라는 이름

소크라테스라는 이름은 정치에 관여하지는 않지만 현명하고 영향력이 큰 사람을 가리킬 때 사용된다. 예를 들어 "그는 오늘날 파리의 소크라테스이다."라고 한다면 곧 그 말이 의미하는 바를 알아차리게 된다. 다른 철학자의 이름을 이렇게 사용하는 예는 없다.

"소크라테스의 죽음"

프랑스의 화가 다비드(Jacques Louis David)가 1787년에 완성한 이 유명한 그림은 소크라테스가 독배를 마시려고 하는 모습을 담고 있다(고대 아테네에서는 사형을 언도받은 죄수들이 스스로 독배를 마시거나 아니면 죽임을 당하도록 되어 있었다). 소크라테스는 스스로 마지막 목적지라고 생각하는 더 높은 차원을 가리키고 있다.

정치가가 아닌 작가

플라톤은 여러 방면에서 뛰어난 천재였다. 그리스 산문 중에 가장 뛰어난 글인 그의 "대화편"은, 철학적 저작이면서 동시에 예술 작품이기도 하다. 그러나 플라톤이 현실 정치에 영향력을 행사하려고 했던 시도는 성공하지 못했다.

플라톤

인간과 추상 세계 사이에 다리 놓기

서양철학 전체는 플라톤의 각주에 불과하다는 유명한 말이 있다. 이는 플라톤의 저작이 도덕철학뿐 아니라 철학의 역사가 추구해 온 전반적인 문제를 포함하고 있다고 말할 수 있기 때문이다.

지금까지 살펴본 철학자들의 작품은 모두 전해지지 않는다. 따라서 우리는 이들 철학자에 대해 모두 이후의 다른 사상가들의 저작에 인용된 내용들에서 여러 지식을 얻을 수 있을 뿐이다.

그 인용과 참고 기록 중에는 자세한 것도 있지만, 불완전한 데다 누군가의 손을 거친 탓에 진정한 원작은 아닌 셈이다. 소크라테스는 책을 쓰지 않았기 때문에 그에 관한 것은 모두 다른 사람의 저작을 통해서 알 수 있다. 그렇지만 우리는 그에 대해 비교적 생생하게 알고 있다.

소크라테스에 대해 알 수 있는 것은 주로 플라톤의 저작을 통해서이다. 플라톤은 오늘날까지 온전하게 전해지는 책을 남긴 최초의 서양철학자였다. 우리는 그의 저작 중 많은 부분을 온전히 보존하고 있다는 믿을 만한 근거를 가지고 있다. 스승 소크라테스와 마찬가지로 플라톤을 역사상 가장 위대한 철학자로 생각하는 사람들이 많이 있다.

소크라테스의 플라톤과 플라톤의 소크라테스

기원전 399년 소크라테스가 처형될 때 플라톤은 서른한 살이었다. 그는 재판 내내 법정에 있었다. 그러한 일련의 사건들이 플라톤에게는 매우 충격적인 경험이 되었다. 그는 소크라테스를 모든 인간 중에서 가장 훌륭하고 정의롭고 현명한 사람으로 여겼기 때문이다.

소크라테스의 죽음 이후 플라톤은 늘 소크라테스를 중심에 놓고, 도덕과 정치의 기본 개념에 대해 토론자들에게 질문을 던지고 시험하는 내용의 일련의 철학적 "대화편(Dialogues)"을 써냈다. 여기에는 두 가지 이유가 있는 것으로 보인다.

하나는 위법이라고 선고된 스승의 가르침을 다시 쓴다는 도전적인 이유였다. 또 다른 하나는 존경하는 스승의 명예를 되찾는 과정에서 소크라테스가 젊은이들을 타락시킨 사람이 아니라 가장 존경받을 만한 훌륭한 스승임을 보여 주는 것이었다.

플라톤의 "대화편"에 나오는 사상이 세월의 흐름에 따라 바뀌었다는 사실은 학자들 사이에서 일반적으로 인정받는 것이다. 초기 "대화편"은 주로 역사적 인물 소크라테스에 대한 정확한 묘사에 비중을 두고 있다. 초기 "대화편"의 주제는 실제 소크라테스가 제기한 것들로, 플라톤이 "대화편"의 등장인물 소크라테스의 입을 빌려 다시 말하고 있다.

작품을 완성해 가면서 플라톤은 "대화편"을 통해 더 많은 것을 알고자 하는 열성적인 대중이 있음을 알게 되었다. 따라서 플라톤은 오늘날까지 전해지는, 소크라테스를 주요 등장인물로 하는 "대화편"을 출간한 것이다. 그런데 이번에는 자신의 고유한 사상을 소크라테스의 입을 빌려 말하고 있었다.

이는 어쩔 수 없이 학자들 간에 어디까지가 실제의 소크라테스 사상이고 어디서부터가 플라톤의 고유한 사상인지의 논쟁을 가져왔다. 어쩌면 이 문제는 영원히 풀릴 수 없을 것이다. 그러나 초기 "대화편"은 소크라테스의 철학을, 후기 "대화편"은 플라톤 자신의

> "수학을 모르는 자는 여기에 들이지 마라"
>
> 플라톤

주요 저작

플라톤의 철학 전체를 개관한 『국가』, 사랑에 대한 생각을 쓴 『향연』, 소크라테스의 생각을 잘 설명한 『변명』, 『파이돈』, 『크리톤』

플라톤 학파

선생의 생각을 앵무새처럼 되풀이하지 말고 학생 스스로 사유하도록, 즉 토론하고 논쟁하고 비판하도록 가르친 최초의 사회는 고대 그리스이다. 이러한 가르침에 힘입어 고대 그리스에서는 지식이 빠르게 퍼져 나갔고, 지식은 비판을 통해 늘어난다는 생각이 나타나게 되었다.

철학을 다루고 있다는 암시를 얻을 수 있기는 하다.

초기 "대화편"은 도덕철학, 정치철학의 문제에만 관심을 두었을 뿐, 자연에 대한 철학적 질문들은 소홀히 한다. 즉 이 초기 "대화편"의 철학자들이 가장 신뢰한 가치는 덕과 앎에서 비롯했다. 플라톤은 토론과 논쟁을 통해 앎을 추구했다. 이는 후기 "대화편"의 철학자들에게서는 보이지 않는다.

플라톤은 철학의 전체에 열정적인 노력을 쏟았다. 또 우리가 삶을 어떻게 영위해야 하는가와 함께 자연에 철학을 어떻게 적용할까에도 관심을 가졌다. 실재의 모든 측면이 플라톤의 관심을 끌었다. 수학이나 물리학이 자연을 이해하는 열쇠로 여겨졌다. 플라톤의 아카데메이아의 문에는 "수학을 모르는 자는 여기에 들이지 마라(ΑΓΕΩΜΕΤΗΤΟΣ ΜΗΔΕΙΣ ΕΙΣΙΤΩ)."라는 문구가 새겨져 있다.

그의 중요한 사상은, 실제의 토론이나 대화에

예술의 매혹적인 부름

개인의 시골 별장에 있는 이 로마풍 프레스코 벽화는 집 안에 있는 사람들에게 마치 벽이 존재하지 않는 것처럼 상상의 정원을 보여 준다. 플라톤은 모든 예술은 이런 방식으로 사람들을 기만하는, 한 번 빠지면 결코 헤어날 수 없는 영혼의 덫이라고 생각했다.

> 현명한 플라톤은 말했다. 그대들이 안다고 할 때 말은 행동과 일치되어야만 한다
>
> 제프리 초서

서구 문화의 요람

플라톤은 기원전 5-기원전 4세기 무렵 철학뿐 아니라 물리학, 수학, 천문학, 역사, 조각, 건축, 연극 등을 꽃피웠던 아테네에서 살았다. 또 아테네는 민주주의가 처음 싹튼 도시였다.

참여하지 않았을 인물이 등장하여 "정말 그렇군요."나 "그렇게 될 수밖에 없네요."라고 말하는 대화의 형태로 쓰여진 글에서 자세히 논술되었다.

플라톤은, 덕은 무엇이 옳은지 아느냐의 문제라는 견해를 받아들이지는 않았다. 그는 인간에게 일어날 수 있는 문제는 오직 영혼의 타락이므로, 잘못을 행하는 것보다는 누군가의 잘못 때문에 고통받는 쪽이 오히려 낫다는 소크라테스의 견해를 받아들였다. 또 어떠한 권위도 인정하지 않고 스스로 생각한다는 것은 모든 질문과 기꺼이 씨름하는 것이라고 믿었다.

이러한 믿음을 가지고 플라톤은 소크라테스의 사상을 계승해 자신의 고유한 사상을 발전시켜 나갔다. 결국 소크라테스의 방식, 즉 소크라테스가 다른 사람들을 가르친 방식으로 생각한다는 것은 어떠한 권위에도 구속되지 않고 스스로 생각한다는 의미였다. 이는 플라톤이 소크라테스에서 독립해 스스로 생각한다는 것을 뜻했다.

즉 소크라테스를 떠남으로써 그는 소크라테스를 따랐던 것이다.

향연의 한 장면

영원히 지속될 대화의 밤을 보내기 위해 정치가 알키비아데스(Alcibiades)가 시인 아가톤(Agathon)의 집에 도착한다.

최초의 교수

플라톤은 여든한 살의 나이로 생을 마감했다. 그는 소크라테스 사후 50년에 걸쳐 다양한 분량의 "대화편"을 24편 남짓 출간했다.

가장 유명한 작품은 주로 정의의 본성을 다루고 이상 국가의 청사진을 제시하려고 시도한 『국가(*Politeia*)』와, 사랑의 본성에 대해 고찰한 『향연(*Symposium*)』이다. 나머지 대부분은 소크라테스의 대화 상대의 이름을 따서 제목을 지었다.

이러한 대화 중에서 『파이돈(*Phaidon*)』, 『라케스(*Laches*)』, 『에우티프론(*Euthyphron*)』, 『테아에테투스(*Theaetetus*)』, 『파르메니데스(*Parmenides*)』, 『티마이오스(*Timaios*)』 등이 오늘날까지 전한다.

이들 "대화편"은 위대한 세계 문학에 속한다. 그때까지의 철학 중에서 가장 훌륭한 사상을 내용으로 하고 있을 뿐 아니라 아름다운 문체로 구성되어 있기 때문이다. 여러 언어권의 학자들이 그의 작품을 가장 세련된 그리스 산문으로 인정했다.

가장 감동적이고 잘 읽히는 "대화편"은 소크라테스의 재판과 죽음을 직접 다룬 『크리톤(*Kriton*)』, 『변명(*Apologia*)』, 『파이돈』이다. 『변명』에는 소크라테스의 최후 진술이 쓰여져 있는데, 이는 자신의 삶에 대한 정당화(*apologia pro vita sua*)이다.

플라톤은 철학자로서뿐 아니라 예술가로서도 인정받는다. 또 그는 대학의 원형이 되는 학교를 세웠다. '아카데메이아(Acadēmeia)'는 본디 플라톤이 살던 집의 이름이었는데, 거기서 그가 가르치게 되면서 성숙한 젊은이들이 고등교육을 받는 건물의 이름으로 쓰이게 되었다.

이상적 존재

플라톤을 유명하게 만든 이론은 이데아(Idea), 즉 형상론이다(영어에서는 이데아를 다른 일상적 표현과 구분하기 위해 첫 글자를 대문자로 쓴다).

소크라테스가 "아름다움이란 무엇인가?(What is beauty?)" 또는 "용기란 무엇인가?(What is courage?)"라고 물었을 때, 그는 단어의 정의를 내리려고 한 것이 아니라 실제로 존재하는 추상적 실재의 본성을 발견하고자 한 것이다.

소크라테스는 이러한 실재들이 특정한 시간, 특정한 장소에 존재하는 것이 아니라 시공을 초월한 보편적인 존재를 가지고 있다고 생각했다. 일상 세계에 존재하는 아름다운 사물과, 개인들의 용기 있는 행위는 언제든지 추하거나 비겁한 모습으로 바뀔 수 있지만, 진정한 아름다움과 진정한 용기라는 보편적 본질을 나눠 가지고 있기 때문에 '아름다운,' '용기 있는'이라는 표현을 할 수 있다.

플라톤은 도덕과 가치의 본성을 다루고 있는 이 이론을 받아들여 실재 전체에 적용시켰다. 시공을 초월한 영원불변하는 존재인 이상적 형상(Ideal Form, 이데아 또는 형상)을 모방한 이 세상의 만물은, 모두 순간적이고 덧없는 존재인 것이다.

플라톤은 여러 방면에서 이 주장을 펼치고 있다. 플라톤은 우리가 물리학을 연구하면 할수록 이 물질 세계의 만물 간에는 분명 수학적 관계가 성립된다고 여겼다. 전체 우주는 질서, 조화, 비율 등을 구현하고 있고, 물리학 전체는 수학의 원리로 표현될 수 있다고 —지금 우리가 그렇게 하고 있다— 생각했다. 피타고라스를 통해 플라톤은 이 원리를 일상 세계의 혼란스러운 모습이 아니라 이 어지럽고 복잡한 양상의 배후를 드러내는 것으로 여겼다. 즉 수학의 이상과 완전성을 가진 세계가 거기에 존재하는 것이다.

이 질서는 눈에 포착될 수 있는 감각적인 것이 아니다. 곧 정신이 파악할 수 있는 것이며 지성을 통해 드러나는 것이다. 가장 중요한 사실은 이러한 세계가 분명 존재하고, 이를 바탕으로 모든 실재가 구성된다는 것이다.

이 연구를 진행하면서 플라톤은 아카데메이아에 뛰어난 수학자들을 초빙했다. 플라톤의 후원에 힘입어 수학과, 오늘날 우리가 과학이라고 생각하는 분야에서

수학에서 법률에 이르는 합리적 질서

플라톤은 오늘날에 이르기까지 예술 작품에 등장하는 일이 많다. 로마 수도원에 있는 이 16세기 프레스코 벽화에는 플라톤, 수학자 피타고라스, 아테네의 개혁가이며 입법가인 솔론(Solon)이 함께 있다.

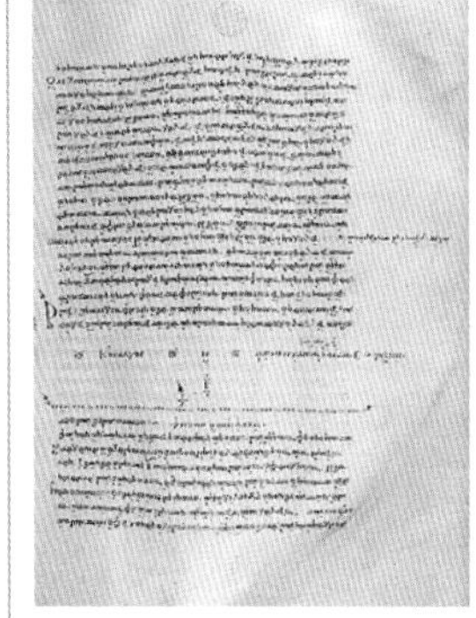

『클라크 플라톤』

인쇄술이 발달하기 전에 출판 방법은 육필로 그대로 베껴 쓰는 것이었다. 따라서 작품이 전해져 연구의 대상이 되는 것은 『클라크 플라톤(*Clarke Platon*)』(895년)의 경우처럼 필사본이 만들어지느냐의 여부에 달려 있었다. 이것은 중세 학자와 성직자들이 보관하고 있었던 책 중 하나이다. 그리스도교 이전의 문화 중 많은 부분이 근대로 전해진 것은 중세 교회의 덕분이다.

엄격한 왕국

펠로폰네소스 남쪽을 다스렸던 고대 그리스의 스파르타는 플라톤이 인생의 황금기를 보내고 또 그 몰락까지도 지켜봐야 했던 아테네에 필적할 만한 도시였다. 스파르타는 군사 도시로서 엄격한 훈육을 하며 생활 방식 또한 엄격하게 유지되었다는 점에서 민주주의의 문화가 발달한 아테네와 대조적이었다. '스파르타식'이라는 용어는 지금까지도 엄한 통치를 의미한다.

『국가』

플라톤의 저서 『국가』는 정의의 본질에 대한 탐구에서 시작해 인간의 사회적 삶을 포함한 인간의 본성에 대한 논의로 확장해 가는데, 중요한 철학적 물음을 제기하면서 끝맺는 형식으로 이루어져 있다.
그리고 이 책은 인류에게 남겨진 글 가운데 최초로 이상 사회의 청사진을 그리고 있다. 그래서 플라톤의 완숙된 사상을 개관할 수 있게 해 주는 "대화편"인 『국가』는 플라톤의 역작으로 인정받고 있다.

중요한 진전이 이루어졌다. 모든 학문은 '철학'의 일부인 것이다.

플라톤과 그리스도교

폭넓은 분야에 걸쳐진 플라톤의 이 이론은 결국 전체 실재가 두 영역으로 나뉜다는 견해로 발전했다. 먼저 보이는 세계가 있다. 이 세계는 우리의 감각에 직접 나타난 그대로의 일상 세계, 즉 그 안에서 어떤 것도 영원히 지속되지 않고, 어떤 것도 동일한 상태로 유지되지 않는 그런 세계이다.

플라톤은 이 보이는 세계는 늘 무언가 다른 것으로 변하며 어떤 것도 영구히 존재하지 않는다고 거듭 강조했다. 이는 "보이는 세계의 모든 것은 변하며 아무것도 영원히 존재하지 않는다(everything is becoming, nothing is)."는 뜻으로 일반화되었다.

모든 것은 존재했다가 사라진다. 모든 것은 불완전하고 언젠가는 썩어 없어진다. 시공 안에 있는 이 세계는 우리의 감각으로 인식할 수 있는 유일한 세계이다. 그런데 시공 안에 있지 않는 또 다른 영역이 존재한다. 이 세계는 우리의 감각으로 파악할 수 없는 세계로서 영원과 완전한 질서가 존재하는 세계이다.

이 또 하나의 세계는 영원하며 변화하지 않는 실재로서 우리에게 어렴풋하게만 알려지는 세계이다. 그러나 이 세계만 안정적이며 흔들리지 않기 때문에, 그리고 정의 그 자체이며 다른 것으로 변해 가는 과정 중에 있지 않기 때문에 진정한 실재라고 부를 수 있는 세계이다.

이 두 세계가 존재한다는 것은 우리에게는 인간과 사물이 동일하게 취급된다는 의미와 마찬가지이다.

그리스적 이상
질서와 정서를 결합시키는 뛰어난 그리스의 힘은 정치에서 예술에 이르기까지 그리스 고유의 방식을 통해 나타났다. 위의 꽃병 또한 형식과 감정의 조화를 보여 준다. 그 후 이러한 균형은 '그리스적 이상'으로 불렸는데, 그 어느 사회도 그리스적 이상에 이르는 데에는 성공하지 못했다.

> "보이는 세계의 모든 것은 변하며 아무것도 영원히 존재하지 않는다"
> 플라톤

영원한 이상
밀로(Milo)의 "비너스"(기원전 2세기)는 세계에서 가장 유명한 조각상이라고 할 수 있다. 이 조각상은 여성의 아름다움에 대한 고대 그리스적 이상을 반영한 그리스 여신 아프로디테를 보여 준다.

즉 볼 수는 없지만 정신이 그에 대해 지각할 수 있는 부분과 직접 볼 수 있는 부분이 있다. 볼 수 있는 부분은 우리 몸을 구성하고 물리학의 법칙을 구현하며, 시공에 존재하는 물질적 대상들을 구성한다.

존재했다가 사라지는 사물은 늘 불완전하며 결코 변화하지 않을 수 없기 때문에 언젠가는 꼭 없어진다.

그러나 이는 우리 자신의 참모습과, 비물질적이며

영원불멸한 어떤 것, 그리고 우리가 영혼이라고 하는 어떤 것에 대한 아주 단순하고 변화무상한 어렴풋한 느낌에 불과하다. 영혼은 우리의 본질적인 형상이다. 형상을 갖춘 존재의 질서는, 바로 궁극적 실재를 구성하는 불변의 형상들이 마련한 보편적인 질서이다.

전통적인 그리스도교 환경에서 자란 독자는 이 생각을 친숙하게 느낄 것이다. 그 이유는 그리스도교를 꽃피운 헬레니즘 시대에 중심을 이룬 철학 사조가 플라톤주의였기 때문이다. 물론 신약성서는 그리스어로 쓰였다. 초기 그리스도교인 중에는 그리스도교의 계시와 플라톤의 주요 사상을 어떻게 조화시킬 것인가에 큰 관심을 가진 사상가들이 있다.

플라톤의 주요 사상은 정통 그리스도교 교리에 흡수되었다. 사람들은 소크라테스와 플라톤을 "예수 이전의 그리스도교인(Christians before Christ)"으로 부르기도 했다. 그리스도교인 중에는 이들 그리스 사상가의 역사적 임무가 그리스도교를 위한 이론적 토대를 마련하는 것이라고 믿었던 사람들이 많았다. 그리스도교와 그리스 사상 사이의 연관성에 대한 구체적인 연구는 중세 사상가들을 통해 이루어졌다.

분명히 플라톤은 그리스도교인도 유대교도도 아니었지만, 유대·그리스도교 전통에서 그리 자유롭지 않은 상황에서 자신의 주장을 내놓게 되었다. 하지만 그는 철학적 논증을 통해 자신의 주장에 이르렀던 것이다.

플라톤의 주장은 신이나 종교적 계시에 대한 믿음을 요구하지 않는다. 따라서 그의 사상은 그다지 종교적이지 않은 사람들에게 받아들여졌다.

플라톤 자신은 이상적 형상이 완전하기 때문에 그것을 신성한 것으로 여겼다. 그리고 그는 피타고라스를 계승해 윤회를 믿었다. 플라톤 이후 사상가들은 결코 종교적이라 할 수 없는 이 두 가지 사상에서 많은 영향을 받았다.

플라톤의 예술관

플라톤은, 이성을 가진 인간의 궁극적인 삶의 목적은 사물의 겉모습에 끌리지 않고 내면의 깊은 곳에 자리한 실재를 깨닫는 것이라고 믿었다. 이는 인간의 이성적 능력에 대한 일종의 신비주의적인 믿음으로 이해될 수 있다. 왜냐하면 이는 이미 영혼이 머물고 있고 영원히 존재할 이데아의 세계에 대해 이성적으로 접근한다는 의미이기 때문이다. 그런데 이는 『파이돈』에서 소크라테스가 말한 바와 같이 죽음에 대해 밝히는 것이다.

이를 성취하기 위해 인간은 어떠한 흔들림도 없이 감각 세계가 덧없이 소멸하는 것을 꿰뚫어볼 줄 알아야 한다. 플라톤이 예술에 대해 거부감을 보인 것은 바로 이러한 요구 때문이다.

그는 예술을 단지 감각에 호소하여 어떤 본성을 드러내는 방편일 뿐이라고 생각했다. 그리고 아름다운 예술일수록 그 끌어들이는 힘이 더 강하다고 생각했다. 플라톤에 따르면 예술 작품은 이데아를 본뜬 사물을 다시 감각적으로 모사한 것이기 때문에 몇 곱절 기만적이다. 예술은 이 세계의 쉽게 변하는 사물을 매혹적으로 만들고 사물에 더 집착하게 한다. 따라서 예술은 감각 세계를 넘어서 영원하고 정신적인 실재로 나아가야 하는 우리의 진정한 삶의 소명에서 우리를 멀어지게 한다.

이처럼 예술은 우리의 영혼을 위험에 빠뜨리는 것이다. 따라서 이상 사회에서 예술은 허용되지 않아야 한다. 플라톤의 이 견해는 그 후 예술을 억압하고 통제하려는 사람들에게 이론적인 빌미를 제공해 주었다.

플라톤은 인간이 세 가지의 대립 요소인 정열(기개), 이성, 의지 등으로 이루어진다고 보았다. 그리고 이성이 의지를 통해 정열을 지배하는 것이 필수적이라고 생각했다. 그는 이 견해를 사회 전반에 걸쳐 확장시켰다.

플라톤의 이상 사회에서는 그가 보조 계층으로 생각한 폴리스의 중간 계급이, 철학자로 구성된 사회 지도층의 지휘 아래 대중의 사회 질서를 잡아 간다.

이렇게 보면 20세기 공산 사회의 모습과 비슷해진다. 플라톤의 정치사상은 20세기 좌·우익의 전체주의적인 유토피아 철학뿐만 아니라 인류 역사에 대대로 큰 영향을 끼쳤다.

상상하여 그린 초상
인쇄술이 발명되기 이전의 시대에는 원고에 그림이 사용되는 경우가 많았다. 이러한 원고들은 플라톤(위의 맨 왼쪽)의 모습과 같이 고대 철학자들의 초상화를 그릴 수 있는 중요한 근거가 된다. 그러나 보통은 원래의 인물과 그다지 유사성이 없는 모습을 하고 있다.

디오니소스 신 앞에서의 춤
플라톤이 활동하던 그리스에서는 종교적 의례가 매우 널리 퍼져 있었다. 유명한 사람이 종교적 의례의 대상인 그리스 신의 존재를 부정하면 자신의 목숨이 위태로워질 수도 있었다. 따라서 플라톤이 정말로 이 신들을 믿었는지는 지금도 확신할 수 없는 문제이다.

그리스 비극

그리스 비극은 주요 인간사를 다루었기 때문에 많은 철학자들의 관심을 모았다. 그리스 3대 비극 작가는 아이스킬로스(Aeschylos), 소포클레스(Sophocles), 에우리피데스(Euripides)인데, 이들의 작품은 오늘날에도 공연된다. 비극에서 다루는 영원한 주제는 개인적인 욕구나 관계가 사회에 대한 의무와 갈등을 일으키는 것이다. 사회와의 갈등에 적극적으로 맞서는 개인은 결국엔 파멸하는 것으로 그려진다.

성 요한

『요한복음』의 작가로 알려진 신약성서의 성 요한은 그리스 사상에 유대적 사유를 접목시켰다. 성 요한은 그리스 사상을 유대·그리스도교의 전통과 조화롭게 만들기 위한 몇 세기에 걸친 작업을 시작했다.

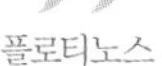

인간이 선한 삶에서부터 그것을 넘어서는 것을 구하고자 한다면 인간이 찾고 있는 것은 선한 삶이 아니다

플로티노스

플라톤과 그리스도교 전통

플라톤은 초기 그리스도교 사상의 발전에 가장 많은 영향을 끼쳤다. 그리스어는 그리스도가 태어난 곳에서도 국제적인 문화와 학술의 중심 언어였다. 따라서 그리스도 탄생지에서도 가장 잘 알려진 사상은 플라톤의 철학이었다. 신약성서도 그리스어로 씌어 있다.

영재교육

플라톤과 플라톤주의자의 저작은 그리스도교 사상이 자리를 잡기까지 약 700년에 걸쳐 유럽 철학의 흐름이 되었다.

플라톤의 계승자들 가운데 가장 뛰어난 사람은 아리스토텔레스였다. 그는 플라톤과 대별되는 철학의 주요 흐름을 창시했다. 그렇지만 아리스토텔레스는 플라톤의 제자들에 대한 기록에서 여러 차례 "우리"라는 표현을 사용한다.

아리스토텔레스와 달리 플라톤의 가르침을 직접적으로 이어받은 뛰어난 철학자는 플라톤의 철학이 이끌어 온 시대가 저물 무렵인 기원후 3세기에 등장한 플로티노스(Plotinos)이다.

플로티노스는 기원후 204년에 태어나 269년에 생을 마쳤다. 플로티노스는 이집트인이었지만, 그리스어로 책을 썼기 때문에 기원전 6세기 탈레스에서 출발한 그리스 철학의 마지막 계승자이다. 즉 그는 고대 철학의 마지막 주자로 인정받는다. 그의 사상은 플라톤의 철학에서 신비주의적인 흐름을 발전시킨 신플라톤주의로 알려져 있다.

플로티노스의 철학은 위대한 두 중세철학자, 성 아우렐리우스 아우구스티누스(St. Aurelius Augustinus, 354-430년)와 성 토마스 아퀴나스(St. Thomas Aquinas, 1225-1274년)의 사상에 밀접한 영향을 끼쳤다고 여겨진다. 하지만, 플로티노스는 그리스도교인이 아니었으며 한 번도 자신의 저작에서 그리스도교를 다룬 일이 없다. 그러나 그리스도교 철학에 그가 끼친 영향은 절대적이다.

유명한 20세기 그리스도교인인 잉(Dean Inge, 1860-1954년)은 플로티노스를 가리켜 "신비주의 철학의 대표로 인정되어야 할 위대한 사상가"라고 했다. 어떤 신비주의 사상가도 플로티노스만큼 권위, 통찰력, 깊은 영감을 갖추지 못했다.

철학자이자 신비주의자

플라톤을 제외하면 그리스도교의 이론적 발전에 가장 중심 역할을 한 것은 플로티노스의 철학이다. 그는 궁극적 실재가 플라톤의 이상적 형상으로 설명된 이래, 존재하는 것은 궁극적으로 정신적이며, 따라서 창조된 만물은 생각되어진 것이라고 가르쳤다.

그는 존재에는 세 가지 단계가 있다고 믿었다. 인간은 가장 낮은 단계인 영혼의 단계이다. 그다음은 이상적 형상이 밝혀지는 이성의 단계이다. 그리고 마지막은 선의 단계이다.

성찰적인 인간은 선과 함께 일자(Oneness, 一者)를 향한 상승의 길을 걷는다. 이를 그리스도교인은, 세계는 신의 정신이 창조했고, 인간은 완전한 선인 신과 함께 유일자를 열망한다는 자신들의 이론에 맞추어 해석한다.

인정받은 이교도 철학자

그리스도교인이 아니더라도 플로티노스가 안치된 석관이 바티칸 박물관에 소장된 것으로 볼 때 그의 사상은 상당히 인정받았음을 알 수 있다.

참모습을 보기 위한 노력, "동굴의 비유"

플라톤의 저서 중에서 『국가』에 실려 있는 "동굴의 비유(The myth of the cave)"는 사람들에게 가장 널리 알려져 있다. 그는 동굴의 비유를 통해 인간이 처해 있는 조건, 특히 전체 실재와 관련된 인간의 지식에 대한 자신의 견해를 상징적인 형태로 표현했다.

그는 큰 동굴이 있고 이 동굴은 바깥 세계와 통로로 연결되는데, 그 통로는 동굴로 들어오는 햇빛이 들어오지 못할 만큼 아주 길다고 상상해 보라고 한다. 그런데 이 동굴에는 죄수들이 한 줄로 통로를 등진 채 긴 벽을 마주보고 앉아 있다.

죄수들의 손발은 사슬에 묶여 있을 뿐 아니라 고개를 돌릴 수 없도록 목도 묶여 있다. 그래서 그들은 서로를 쳐다볼 수 없을 뿐더러 자신의 몸도 내려다볼 수 없다. 그들이 볼 수 있는 건 오직 그들 바로 앞에 있는 벽뿐이다.

> "그들이 볼 수 있는 것은 오직 그들 앞에 있는 벽뿐이다"

그들의 등 뒤는 밝은 빛이 비추고 있다. 죄수 자신들은 모르지만 불빛과 죄수들 사이에는 사람의 키만 한 높이의 성벽 같은 것이 있다. 이 벽의 다른 쪽에는 머리에 물건들을 이고 오가는 사람들이 있다. 이들의 그림자는 불빛 때문에 죄수들 앞에 있는 벽에 비치고 사람들의 목소리가 이 벽을 통해 죄수들의 귓전을 울린다.

죄수들이 자신의 온 존재를 통해 느끼고 경험하는 실재는 이 그림자와 울림뿐이다. 이러한 상황에서 죄수들이, 그림자와 울림이 실재의 전부라고 생각하는 것은 당연한 일이다. 그들은 이 '실재'와 자신들의 경험에 근거해서만 어떤 표현을 할 수 있다.

만약에 죄수들 가운데 한 명이 쇠사슬을 끊고 속박에서 벗어날 수 있다면, 평생 어두운 곳에 묶여 있던 그는 단지 뒤돌아서기만 해도 어리둥절하고 고통스러울 것이며 눈부신 불빛 때문에 어쩔 줄 몰라 할 것이다.

그는 혼란스럽고 이해되지 않는 것이 너무 많아, 자신이 그때까지 보아 온 실재의 전부인 그림자가 비치는 벽 쪽으로 다시 뒤돌아 앉으려고 할 수도 있다. 만약 그가 한 번에 동굴에서 눈부신 햇빛의 세계로 나온다면 장님이 되다시피 해서 당황하게 될 것이다. 게다가 사물을 보고 이해하는 데에도 아주 오랜 시간이 걸릴 것이다. 하지만 일단 그가 이 세계에 적응하고 나면 다시 동굴로 들어갈 때에는 어둠 때문에 일시적으로 장님처럼 앞을 더듬거릴 것이다. 그림자와 울림만을 가지고 말하고 생각하는 사람들은 동굴 밖을 경험한 사람이 하는 말을 도저히 이해할 수 없을 것이다.

이 동굴의 비유를 이해하려면 인간을, 여기에 등장하는 죄수와 같은 사람들하고만 교제하는, 즉 자신의 몸에 가두어진 존재로 볼 수 있어야 한다. 또 우리 모두가 사람들의 참모습을 알지 못하고 심지어는 자기 자신의 본래 모습도 모른다는 점을 명심해야 한다.

우리의 직접적인 경험은 실재에 대한 것이 아니라 바로 자신의 마음 안에 있을 뿐이다.

영원한 천재
아리스토텔레스는 철학사에서 오랫동안 주목해 온 중요한 철학적 문제를 제기했다. 오늘날 그의 저작 『형이상학(*Metaphysica*)』과 『윤리학(*Ethica*)』은 전 세계의 대학에서 연구되고 있다.

> 플라톤은 나에게 귀중하다. 그러나 더 귀중한 것은 진리이다
>
> 아리스토텔레스

아리스토텔레스

과학을 체계화하고 논리학을 공식화한 학자

아리스토텔레스는 추상적 사유보다 관찰과 경험을 중요시하는 연구 방법을 창시한 사람이었다.

플라톤이 소크라테스의 제자였듯이 아리스토텔레스(Aristoteles)는 플라톤의 제자였다. 그리고 아리스토텔레스는 알렉산드로스 3세(Alexandros III, 기원전 356-기원전 323년), 즉 알렉산드로스 대왕의 스승이 되었다. 이 위대한 역사적 네 인물에 걸쳐 직접적인 지적 계승이 이루어진 것이다.

아리스토텔레스의 아버지가 마케도니아 왕의 궁정의였다는 인연으로 아리스토텔레스는 필리포스 2세(Philippos II)의 아들인 알렉산드로스의 스승이 되었던 것이다.

아리스토텔레스는 기원전 384년에 스타기로스(Stagiros)에서 태어났다. 그는 일찍 아버지를 여의고 후견인의 손에 양육되었다. 그리고 열일곱 살 무렵 후견인은 그를 아테네로 보내 플라톤의 아카데메이아에서 교육받도록 했다. 그는 아카데메이아에서 무려 20년의 세월을 보냈다. 그 후 기원전 335년쯤 아리스토텔레스는 아테네에 리케이온(Lykeion)이라는 학교를 세웠다.
1996년에는 이 리케이온 유적지가 발견되어 국제적인 관심을 끈 일도 있었다.
아리스토텔레스는 기원전 322년 예순두 살의 나이로 눈을 감았다.

아리스토텔레스와 알렉산드로스
전 세계를 정복한 알렉산드로스와 그를 가르친 철학자 아리스토텔레스.

세계의 철학자

아리스토텔레스는 플라톤의 천재성을 익히 알고 있었고 자신이 플라톤에게서 많은 것을 배웠다는 사실을 인정했다. 그러나 두 세계가 있다는 플라톤 철학의 근본적인 내용은 받아들이지 않았다. 우리가 살펴본 바와 같이, 플라톤은 우리의 감각에 드러나고 끊임없이 변화하는 이 세계에는 기준으로 삼을 만한 지식이 없다고 가르쳤다. 참된 지식의 대상은 현실계와는 달리 시공에 얽매이지 않는, 오직 이성만이 파악할 수 있는 추상적인 세계에 있다고 했다.

그러나 아리스토텔레스의 생각으로는 우리가 철학의 대상으로 삼을 수 있는 세계는 우리가 살아가는 이 세상뿐이었다. 아리스토텔레스에게 이 세계는 끊임없는 관심과 경이의 대상이나. 신성 그는 인산을 철학적 사색으로 이끄는 가장 일차적인 힘이 경이로움이라고

> 존재란 무엇인가?
>
> 아리스토텔레스

믿었다. 그리고 인간이 깨닫고 이해하기를 바라는 것은 이 세계라고 믿었다.

나아가 아리스토텔레스는 우리가 딛고 서서 철학적 탐구를 할 수 있는, 이 세계 밖의 어떤 확고한 토대가 존재한다고 생각하지 않았다. 우리의 세계 바깥에 있는 것이 무엇이든 그것에 대한 경험은 가능하지 않다. 우리는 그것을 가리키거나 설명할 어떤 방법도 가지고 있지 않다. 따라서 그것을 우리의 담론에 끌어들일 만한 신뢰할 수 있는 방법이 없다. 우리가 경험에 바탕하지 않는다면 우리는 공허한 말들 속에서 방황하게 될 것이다. 이러한 입장에 있었던 아리스토텔레스는 플라톤의 이상적 형상(이데아)을

플라톤과 아리스토텔레스, 철학의 두 세계
왼쪽의 플라톤은 추상적 형이상학에 관한 저작인 『티마이오스』를 손에 들고 더 높은 차원의 무엇인가를 가리키고 있다. 아리스토텔레스는 『윤리학』을 손에 든 채 무엇을 하든 우리는 땅에 발을 붙이고 있어야 한다는 생각을 몸짓으로 표현한다. 이 대립하는 두 경향은 철학사 전체에 걸쳐 갈등 관계를 유지해 왔다.

TIMEO
ETIC A

천재의 제자, 단테
단테는 중세 말기의 뛰어난 시인이었다. 단테는 아리스토텔레스를 그리스도교 전통이 해결할 수 없는 문제들에 대한 최고의 권위자라고 생각했다.

『형이상학』

'형이상학'이라는 용어는 그리스어로 '자연학 이후'를 뜻하는데, 원래는 아리스토텔레스의 저작 중 『자연학(*Physica*)』 다음에 올 책의 제목이었다. 『형이상학』은 실재의 바탕을 이루고 있는 특징 즉 시간, 공간, 물질적 실체 등에 대한 연구이다.

중시하지 않았다. 아리스토텔레스는 우리가 이데아가 존재한다고 믿을 수 있는 타당한 근거를 가지고 있다고 생각하지 않았다. 아울러 그는 이데아가 존재한다는 사실 또한 믿지 않았다.

경험의 세계를 알고자 하는 아리스토텔레스의 바람은 결코 충족되지 않을 욕구였다. 평생 그는 불타오르는 열정과 정력을 쏟아 폭넓은 영역을 넘나들며 연구에 몰두했다. 아리스토텔레스는 최초로 학문의 기본 분야를 구체적으로 탐구했다. 따라서 이러한 연구의 결과인 그의 책 제목이 오늘날 우리가 사용하는 학문의 명칭이 되어 버린 경우가 많다. 논리학, 물리학, 정치학, 경제학, 심리학, 형이상학, 기상학, 수사학, 윤리학 등이 그러한 예이다. 이는 한 개인이 이룩했다고 하기에는 너무나 놀라운 업적이다.

이러한 분야에서 아리스토텔레스가 사용한 언어가 계속 전문 용어로 사용되는 경우도 많다. 그리스어가 아닌 용어들의 경우에는 아리스토텔레스가 사용한 그리스어나 라틴어 용어를 번역하여 그대로 받아들여 쓰고 있다. 이러한 용어들로는 에너지, 역학, 귀납, 논증, 실체, 속성, 본질, 특질, 우연, 범주, 주제, 명제, 보편 등이 있다.

아리스토텔레스는 타당한 추론과 타당하지 않은 추론의 형태를 비교 연구했다. 즉 어떤 명제에서 논리적으로 이끌어지는 명제는 무엇이며, 실제로는 논리적으로 도출되지 않는데 그처럼 보이는 명제는 무엇인지 연구했다. 그리고 저마다 다른 추론의 형태에

"지식인들의 스승"

아리스토텔레스를 향한 단테의 예찬

이름을 붙여 논리학을 체계화했다. 2,000년에 걸쳐, 논리학을 공부한다고 하면 그것은 아리스토텔레스 논리학을 공부한다는 소리였다.

이러한 지적 성취 앞에서 누구나 그저 감탄할 따름이었다. 인류는 그 후 2,000년 동안 아리스토텔레스에 버금가는 사상가를 배출하지 못했다. 진정 아리스토텔레스가 연구한 만큼을 아는 사람이 있을까 하는 의문이 들 정도이다. 로마 제국의 멸망 이후 중세 유럽에서는 아리스토텔레스의 저작에 대한 연구를 찾아볼 수 없었지만 아랍권에서는 그 명맥이 유지되고 있었다.

따라서 중세 말에는 아랍권에서 다시 유럽으로 전파되어 유럽 학계에서 과학적, 유사과학적 연구의 거대한 체계를 이루었다. 이 연구의 갈래들이 나중에 분과 과학으로 성립되었는데, 결국엔 이 분과 과학들이 아리스토텔레스의 연구뿐 아니라 아리스토텔레스의 개념과 방법을 넘어서는 발전을 이루었다.

그러나 14세기 이탈리아 시인 단테 알리기에리(Dante Alighieri, 1265~1321년)는 아리스토텔레스를 가리켜 "지식인들의 스승"이라고 예찬했다. 아리스토텔레스의 생물학과 논리학은 19세기까지 중요한 인류의 자산으로 여겨졌다. 정치철학, 도덕철학, 미학을 포함한 아리스토텔레스 철학 체계는 오늘날까지 영향력을 발휘하고 있다.

존재의 본질

아리스토텔레스가 제기한 중요한 질문은 "이 세상에서 사물은 무엇인가?", "무언가가 존재한다는 것은 무엇인가?"였다. 아리스토텔레스는 "예전에 제기된

문제는 지금도 제기되는데, 늘 어렵다고 여겨지는 문제는 '존재란 무엇인가'라는 물음이다."라고 말했다.

그가 처음 내린 결론은 주목할 만하다. 곧 사물은 물질로 이루어진 질료가 아니라는 것이다. 그는 집을 예로 들어 설명한다. 건축가에게 자기 땅에 집을 짓도록 부탁할 경우 집터에 벽돌, 타일, 목재 등을 날라와 "여기 있습니다. 이게 당신의 집이에요."라고 한다면 우리는 그가 농담을 한다고 생각하거나 나쁜 사람이라고 여길 것이다. 집을 구성하는 모든 재료가 거기에 있지만, 그것들은 집이 아니고 그저 뒤죽박죽인 건축 자재에 불과하다. 집이 되기 위해서는 모든 건축 자재가 매우 분명하고 치밀한 구조를 이루도록 축조되어야 한다.

이 구조 때문에 그것이 집이 되는 것이다. 사실 그 집이 꼭 그 건축 자재들로만 이루어져야 하는 것은 아니다. 콘크리트, 유리, 금속, 플라스틱 등 완전히 다른 건축 자재들로 지어질 수도 있다. 물론 (그리고 이것은 여전히 중요한데) 집은 특정 재료로 지어져야만 하는 경우도 있다. 그러나 집을 만드는 것은 건축 자재가 아니라 구조와 형상이다. 이에 대해 아리스토텔레스는 인간의 예를 즐겨 사용한다. 그는 소크라테스를 예로 들어 보자고 한다. 소크라테스의 몸을 구성하고 있는 물질은 날마다 바뀌어서 몇 년마다 한 번씩 몸 전체가 바뀐다. 그런데도 평생 그는 어김없이 소크라테스로서 살아간다. 그러므로 소크라테스가 그의 몸을 구성하는 물질이라는 주장은 받아들여질 수 없다.

아리스토텔레스는 이 논의를 전체 종으로 확장한다. 우리는 어떤 특정한 물질로 이루어져 있기 때문에 여러 종류의 개를 똑같이 '개'라고 부르는 것은 아니다. 개는 개들이 공유하고 있는, 다른 종의 동물과는 구분되는 조직과 구조 때문에 비로소 '개'인 것이다.

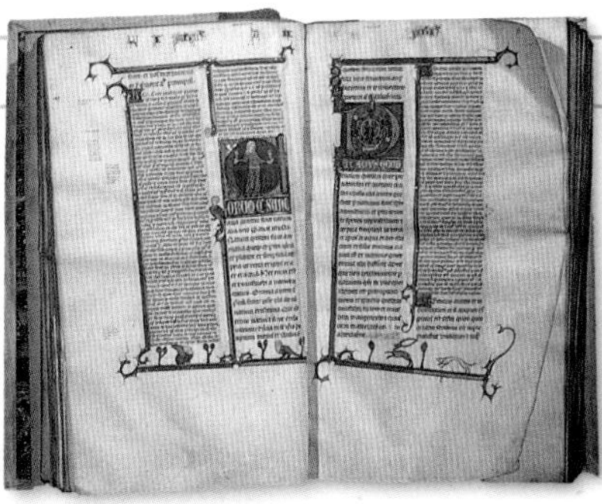

아리스토텔레스의 『자연학』
물리학이 그 이름을 얻게 된 것은 아리스토텔레스의 이 저작 덕분이다.

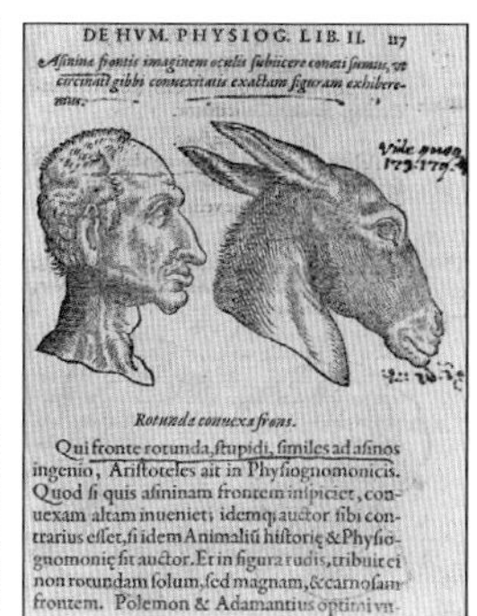

DE HVM. PHYSIOG. LIB. II. 117

Asinina frontis imaginem oculis subiicere conati sumus, ut circinati gibbi connexitatis exactam figuram exhiberemus.

Rotunda conuexa frons.

Qui fronte rotunda, stupidi, similes ad asinos ingenio, Aristoteles ait in Physiognomonicis. Quod si quis asininam frontem inspiciet, conuexam altam inueniet; idemq; auctor sibi contrarius esset, si idem Animaliũ historię & Physiognomonię sit auctor. Et in figura rudis, tribuit ei non rotundam solum, sed magnam, & carnosam frontem. Polemon & Adamantius optimi vn-

총애를 잃게 됨

아리스토텔레스의 세계관에 대한 반응은 16-17세기에 이르러서야 나타났다. 인간의 다양한 속성을 다룬 위의 책(1616년)에서 아리스토텔레스형 인간은 당나귀에 비유되었다.

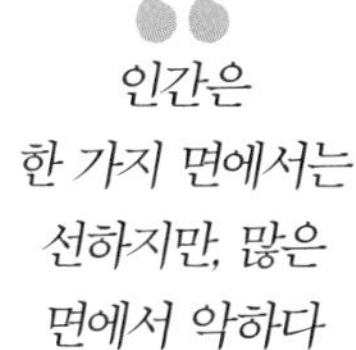

인간은 한 가지 면에서는 선하지만, 많은 면에서 악하다

아리스토텔레스

사실에 대한 면밀한 관찰
아리스토텔레스가 가장 큰 역할을 한 분야는 생물학과 생리학이다. 아리스토텔레스는 늘 사실에 대한 면밀한 관찰을 바탕으로 자신의 이론을 구축하고자 했다. 이 4세기 프레스코 벽화는 해부학 수업에서 아리스토텔레스가 제자들을 가르치고 있는 모습을 보여 준다.

주요 저작

『니코마코스 윤리학』,
『정치학』,
『시학』,
『분석론 후서(*Analytica posteriora*)』,
『자연학』,
『형이상학』,
『영혼에 관하여(*De anima*)』

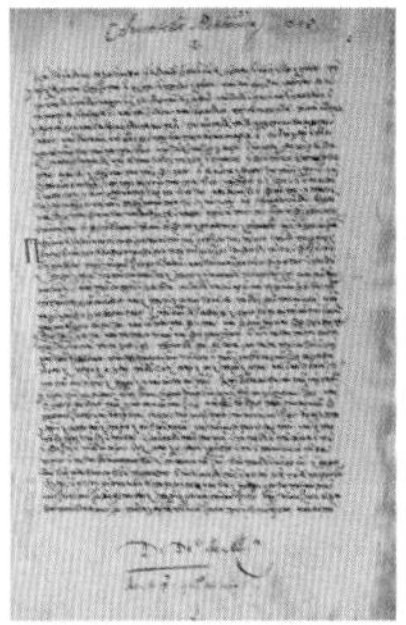

『수사학에 관하여』

『수사학에 관하여(*Rhetorica*)』에서 아리스토텔레스는 설득의 기술을 분석하고 가르치고 있다. 그런데 어떻게 연설을 구성하는지뿐 아니라 청중에게 감동을 주는 방법, 연설자를 바꾸는 기술까지도 알려 준다.

오직 물질만이 존재한다는 거칠고 경박한 유물론에 반대하는 아리스토텔레스의 이러한 주장은 오늘날까지 제대로 반박된 일이 없다. 예나 지금이나 엉성한 유물론자들이 존재해 왔다. 그런데 그들이 아리스토텔레스의 반대에 대답하려면 한 걸음 더 나아가야 할 것으로 보인다. 따라서 아리스토텔레스는 사물은 무엇이든지 간에 그 형상으로 존재한다고 주장해 왔다. 이는 "여기서 형상이라는 말의 의미가 정확히 무엇인가? 우리는 물질이 아니라고 주장해 왔는데, 그렇다면 진정 무엇인가?"라는 다음 질문으로 아리스토텔레스를 이끈다. 아리스토텔레스는 플라톤의 형상론에 반대해 왔다. 그러니까 형상이 시공 밖에 존재하는 다른 세계의 실재일 가능성을 배제해 온 것이다. 그러므로 아리스토텔레스가 만족하려면 그것은 이 세계 안에 존재해야만 한다.

4원인

아리스토텔레스에 따르면 형상은 사물이 사물이도록 하는 원인이다. 이러한 논의를 위해 아리스토텔레스는 '원인'의 개념을 깊이 고찰했는데, 결국 '형상'의 개념을 네 가지 서로 다른 원인으로 나누게 되었다. '4원인'이라고 부르는 것이 사물이 사물인 이유를 구성하기 때문에, 영어로는 포 비 코지즈(four be-causes)인데 줄여서 포 비코지즈(four becauses)라고 한다. 형상은 사물이 왜 그렇게 존재하게 되는지의 이유이다.

아리스토텔레스가 예로 든 대리석상에 대해 생각해 보자. 아리스토텔레스는 이를 '질료인(무엇으로 만들어져 있는가)'이라고 부른다. 우리는 이미 아리스토텔레스에게서 질료인만으로는 대리석상을 만들 수 없고, 세 가지 원인이 더 필요하다는 것을 배웠다. 물론 질료(재료)만으로 대리석상이 만들어지지는 않지만 질료가 필수적인 것만은 분명하다. 대리석상을 만들려면 대리석 덩어리를 망치와 끌로 다듬어야 한다. 이 조각하는 작업이 아리스토텔레스가 '작용인(그렇게 되게 만드는 것 또는 그렇게 하게 만드는 것)'이라 부르는 것이다. 그러나 대리석상이 대리석상이기 위해서는 말이든 인간이든, 어떤 모습을 본떠 와야 한다. 아무렇게나 잘린 대리석은 대리석상일 수 없기 때문이다. 아리스토텔레스는 그 본떠 오는 형태를 '형상인(무엇인가가 되도록 형태를 부여하는 것)'이라고 한다. 결국 이 모든 것은 처음에 조각가가 조상(彫像)을 만들겠다고 했기 때문에 일어나는 일이다. 다른 원인 세 가지는 의도를 실현하기

"앎에 대한 욕망, 그것은 모든 인간의 본성이다"

아리스토텔레스

"약자는 늘 정의와 평등을 바라고 강자는 이 중 어느 것에도 신경 쓰지 않는다"

아리스토텔레스

형상과 의도

미켈란젤로(Michelangelo)의 미완성 조각인 "깨닫는 노예(The Awakening Slave)"(1525-30년)의 인물은 모호함에서 나온다. 미켈란젤로의 의도, 개념, 조각술 등은 대리석만큼이나 조상(彫像)에 필수적인 요소이다.

잠언

1545년 영국의 학자 로저 애스컴은 "어느 언어로든 글을 잘 쓰고자 하는 이는 일반적으로 사람들이 말하는 방식대로 말하고, 현인이 생각하는 방식대로 생각하여, 모든 이가 자신을 이해할 수 있도록 해야 한다는 아리스토텔레스의 충고에 따라야만 한다."고 말했다.

위한 작용이라고 불러도 될 것이다. 조상이 존재하는 가장 큰 이유는 조상이 조각가가 가진 목적의 실현이기 때문이다. 아리스토텔레스는 이를 모든 것의 궁극적인 이유가 되는 '목적인'이라고 한다.

정리하면 아리스토텔레스의 4원인은 질료인, 작용인, 형상인, 목적인이다. 작용인, 형상인, 목적인은 개별적인 경우에 서로 동일한 것일 수도 있다. 목적인이 곧 형상인이거나, 형상인이 목적인인 동시에 작용인일 수도 있는 것이다. 이는 특히 생명과학과 관련된다. 도토리가 자라서 참나무가 되므로 참나무의 형상인은 목적인이다. 궁극적으로 얻어지는 형상은 그 과정의 궁극적인 목적이기 때문이다(이 경우 질료인은 나무를 구성하고 있는 나무 기둥, 나무껍질, 나뭇잎 등이고 작용인은 흙, 물, 공기, 햇빛 등 식물이 자라는 데 없어서는 안 되는 영양분이다).

이러한 분석을 통해 우리는 플라톤의 개념과 아리스토텔레스의 형상 개념이 무엇이 다른지 이해할 수 있다. 아리스토텔레스에 따르면, 사물의 형상은 물질적인 것은 아니지만 이 세계의 사물에 꼭 있어야 하는 본질적인 요소이다. 인간의 체격이 몸과 떨어질 수 없는 것처럼 형상인은 그 사물과 분리될 수 없다. 이러한 설명이 가지는 가장 중요한 의미는, 세계에 대한 이해에서 우리가 반드시 유물론적 분석과, 이 세계와 대비되는 다른 세계를 상정하는 이원론 중 하나를 선택할 필요는 없다는 것이다. 이 세계에 바탕하면서도 자유롭게 비유물론적 사고를 하는 방식으로 세계에 대한 이해를 증진시킬 수 있기 때문이다.

아리스토텔레스는, 늘 사물의 참된 본질은 무엇으로 만들어져 있는지가 아니라 그 사물이 수행하는 역할이 무엇인지에 달려 있다고 생각했다. 그는 만약 눈에 영혼이 있다면 눈의 영혼은 보는 일이 될 것이라고 말한 일도 있다. 그는 이 원리를 무생물에도 적용시켰다. 만약 도끼에 영혼이 있다면 도끼의 영혼은 자르는 일이 된다는 것이다. 아리스토텔레스에 따르면, 모든 것의 실제 효용은 그것이 무엇을 하는가, 그리고 어떤 용도인가 하는 데에 있다. 이를 이해함으로써 비로소 사물을 이해하는 방법을 터득할 수 있다. 이러한 방식으로 우리는 아리스토텔레스의 영혼, 형상, 목적인 등과 같은 개념에 이르게 된다.

이러한 분석은 아리스토텔레스에게 플라톤의 이데아론과는 다른 방식으로 사물이 무엇인가 하는 문제를 해결하는 열쇠와, 변화의 문제를 해결하는 방법을 제공해 준다. 그에 따르면 변화는 어떤 것의 일부인 물질이 변화하는 과정에서, 예전에는 갖추지 못했던 형상을 획득할 때 일어난다.

현상을 중요하게 여기기

아리스토텔레스는 우리가 이해하고자 하는 세계는 바로

논리학의 아버지
아리스토텔레스 논리학은 중세 전반에 걸쳐 그리스도교 고등 교육의 중심에 있었고 그 후에도 상당한 영향을 끼쳤다. 1502년에 완성된, 르 퓌 성당의 이 그림은 아리스토텔레스의 논리학, 키케로의 수사학, 튜발(Tubal)의 음악을 묘사하고 있다.

위험에 처한 삶

아리스토텔레스 또한 소크라테스처럼 신에 대한 불경죄로 아테네 사람들에게 기소되었다.
아테네인들이 자신을 처형해 철학에 대해 또 다시 죄를 짓는 것을 막으려고 아리스토텔레스는 기원전 323년 칼키스로 떠났다. 그리고 여기서 그 이듬해 62세의 나이로 죽었다.
철학자들이 모두 소크라테스와 달리 운이 좋았던 것은 아니다. 자신의 사상 때문에 죽음에까지 이른 가장 최근의 철학자는 브루노(Bruno)이다.

아르키메데스

발명가이자 수학자인 아르키메데스(Archimedes, 기원전 287-기원전 212년)는 과학의 영역에서 활동한, 아리스토텔레스의 가장 재능 있는 제자였다. 그는 지레의 원리를 공식화했으며 부피를 재기 어려운 물체를 물의 양적 차이로 측정하는 방법을 선보였다.

> 시는 역사보다 철학적이며 역사보다 더 진지하게 주목을 받을 만한 가치가 있다
>
> 아리스토텔레스

이 세계라는 사실을 언제나 잊어서는 안 된다고 말한다. 세계를 경외할지라도 우리가 설명하고자 하는 바로 그 경험의 타당성을 부정하는 설명을 받아들여서는 안 된다. 분명하게 우리 앞에 실제로 나타나는 경험에 따라 모든 단계에서 경험으로 돌아가야 한다. 그리고 그 경험에 바탕하는 우리의 모든 고찰에서 이를 방법의 중심으로 삼아야 한다. 왜냐하면 이는 이해하는 것, 즉 우리가 행하는 연구의 목적인이기 때문이다. 우리가 경험할 수 없는 것을 믿어야 한다는 이유로 경험에 바탕하지 않으려고 하는 자세는 구더기 무서워 장 못 담그는 격이다. 아리스토텔레스는 이 원리를 "현상 구하기"라고 불렀다. 이는 약간 어색하게 들리지만, 오늘날까지 철학자들이 이 원리의 중요성 때문에 사용하고 있는 구절이다.

플라톤과 아리스토텔레스는 철학사에 걸쳐 대립하는 두 주요 흐름의 근원이다. 한편 우리의 궁극적인 관심사는 세계의 '뒤에,' '기저에' (또는 '표면의 숨겨진 밑에') 있는 것에 관련된다고 믿으면서, 우리 감각에 나타나는 그대로 기술한 세계에 대한 지식에는 부차적인 가치만을 부여하는 철학자들이 있다.

이에 비해 이 세계는 그 자체로 우리의 관심과 철학의 가장 적절한 대상이라고 믿는 철학자들이 있다. 오늘날에 더 가까운 예를 들자면, 17-18세기의 위대한 합리주의 철학자들은 우리의 감각 경험이 주는 것으로 보이는 사물의 표면에 대한 지식은, 단지 자주 우리를 기만하는 것에 불과하다고 믿었다. 또 그 시대의 위대한 경험주의 철학자들은 믿을 만한 지식은 직접 관찰한 대상에 기초한 것이라고 생각했다. 이 두 경향의 뚜렷한 대립은 영원한 것이며 시대마다 다양한 방식, 다른 모습으로 나타난다.

중용

어떤 사람은 플라톤의 방식에, 다른 사람은 아리스토텔레스의 방식에 끌리는 것은 개인적인 기질과 관련되는 일일 수도 있다. 종교적 기질을 가진 사람들은 (결코 그들만은 아닐지라도) 플라톤의 방식을 좋아하기 마련이고, 현실적이며 상식적인 사람들은 아리스토텔레스의 방식을 좋아하는 경향이 짙다.

그런데 이 두 방식이 영원한 이유는 저마다 상대편의 방식이 중요하게 여기지 않는 진리를 강조하기 때문이다. 그러므로 바람직한 태도는 하나를 택하고 다른 하나를 버리기보다는 두 접근 방식 모두에게서 배우는 것이다. 독일 철학자 임마누엘 칸트(Immanuel Kant)의 천재성은 18세기 후반에 이 두 방식을 정합적이고 타당한 방식으로 조화롭게 융화시켰다는 점에 있다.

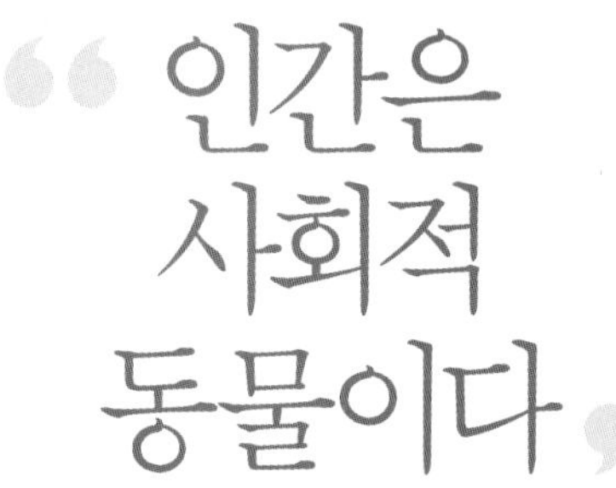

아리스토텔레스

지금까지 아리스토텔레스에 대한 우리의 논의는 그 인식론(지식에 관한 이론)에 국한된 것이었다. 따라서 아리스토텔레스 철학의 다른 영역에 대한 논의도 필요하다. 아리스토텔레스의 윤리학은 도덕철학에 커다란 영향을 끼쳤는데, 대표적인 저작은 『니코마코스 윤리학(*Ethica Nicomachea*)』이다. 20세기 도덕철학자들은 대부분 '선이란 무엇인가?', '당위란 무엇인가?'와 같은 도덕 개념의 분석에 전념하는 경향이 있다. 그러나 아리스토텔레스의 연구는 이와는 매우 다르고 훨씬 폭넓은 영역을 다룬다.

아리스토텔레스는 우리 모두가 바라는 것은 행복한 삶이라는 명제에서 출발한다. 그의 생각에 따르면 우리가 행복한 삶을 사는 길은, 사회생활을 할 수 있게 하는 우리의 능력을 잘 계발하고 연습하는 것이다.

제멋대로의 방종과 지나친 자기 주장은 타인과의 갈등을 불러일으킬 것이고, 어떻게든 우리의 인성에 나쁜 영향을 미친다. 지나친 억제 또한 나쁘기는 마찬가지이다.

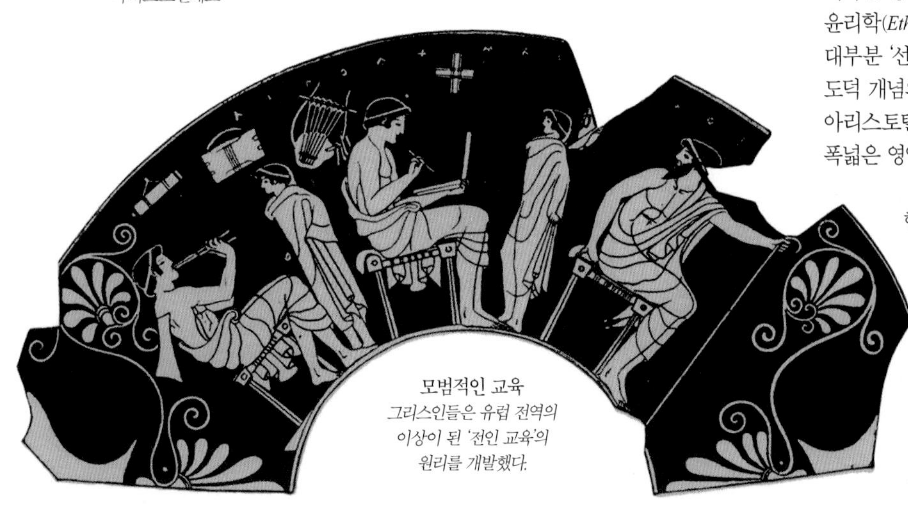

모범적인 교육

그리스인들은 유럽 전역의 이상이 된 '전인 교육'의 원리를 개발했다.

따라서 아리스토텔레스는 덕은 선과 악의 가운데라는, 그 유명한 '중용(the golden mean)' 이론을 내놓는다. 관용은 방탕과 비열함의, 용기는 무모함과 비겁의, 자기 존중은 공허와 자기 비하의, 예의는 뻔뻔스러움과 두려움의 가운데이다. 목적은 늘 균형 잡힌 인성을 유지하는 것이다. 그리고 이것이야말로 행복을 얻는 길이라고 아리스토텔레스는 생각한다.

그의 도덕철학에서 한 가지 눈에 띄는 특징은 규범화할 내용이 적다는 것이다. 아리스토텔레스 도덕철학의 목적은 본래 실천적이다. 모든 것에 대한 중용, 즉 지나치지 않음은, 젊은이들에게는 중년의 안정적인 사람들에게만큼의 호소력이 있지는 않을 것이다. 그러나 젊은이는 시간이 흐름에 따라 자연스럽게 이에 대해 좀더 생각하기 마련이다.

완전한 삶

아리스토텔레스의 『니코마코스 윤리학』은 곧장 『정치학(*politica*)』과 연결된다. 사실 이 두 저작은 한 논문의 전반부와 후반부로 쓰일 의도로 완성된 것이다. 아리스토텔레스는 윤리학에서, 정부의 진정한 목적은 시민들이 완전하고 행복한 삶을 살 수 있도록 이끄는 것임을 확인했기 때문이다.

아리스토텔레스 주장의 하나는 어느 개인이 이를 이루려면 반드시 사회의 한 구성원이 되어야만 한다는 것이었다. 행복과 자아 실현은 홀로 성취할 수 있는 것이 아니다. 이것이 바로 가장 자주 인용되는 명언 "인간은 사회적 동물이다."에 담긴 내용이다. 그는 개인의 행복한 삶에는 사회적, 정치적 차원이 존재할 수밖에 없다고 주장한다. 아리스토텔레스 정치철학에서 가장 영향력 있는 사상은 그의 국가관, 즉 국가의 역할은 개인의 발전과 행복을 가능하게 하는 것이라는 생각이다.

연민과 두려움

우리가 살펴보아야 할 아리스토텔레스의 저작으로는 이제 『정치학』이 남았다. 『정치학』은 문학과 연극에 관한 논의이다. 『정치학』의 가장 중요한 부분은 아리스토텔레스가 역사 연구보다 좀더 삶에 대한 통찰을 준다고 했던 시적인 비극을 다루고 있다. 셰익스피어 애호가들은 대부분 이 말에 동의할 것이다. 아리스토텔레스는, 우리가 비극을 볼 때 느끼는 정서적 경험은 연민과 두려움을 통한 카타르시스(catharsis), 즉 정화라고 한다. 그는 극의 구성은 '도입, 전개, 결말'의 구조를 가져야 한다고 주장했다. 그는 또 비극의 구성은 "태양이 한 바퀴 도는 범위 내에서, 또는 이를 약간 지나치는 정도에서 유지할 수 있어야 한다."고 말했다.

1570년 이탈리아 르네상스 시절에 아리스토텔레스의 『시학(*Poetica*)』을 편집했던 카스텔베트로(Castelvetro)라는 사람은 이를 시간, 장소, 행위의 3요소라는 유명한 이론으로 확장시켰다. 이는 희곡에서 "아리스토텔레스의 규칙"으로 알려져 커다란 영향을 끼쳤다. 이는 아리스토텔레스 이론을 확장시킨 결과로 보아야 할 것이다.

그러나 아리스토텔레스 이론 중 많은 내용이 오늘날의 문화에 그대로 반영되어 있기 때문에, 아리스토텔레스가 출판한 저작의 원본이 전해지지 않는 것은 무척 아쉬운 일이다. 그의 작품은 아름다운 문체로도 널리 알려졌다. 로마의 작가이자 웅변가인 마르쿠스 툴리우스 키케로(Marcus Tullius Cicero)는 아리스토텔레스의 작품을 "황금의 강"이라고 불렀다.

다른 사람들의 저작에서 많이 다루어지고 있기 때문에 우리는 아리스토텔레스의 저작에 대해 많이 알 수 있기는 하지만 원작 자체가 전해지는 것은 아니다. 오늘날까지 남아 있는 것은 아리스토텔레스나 그의 제자가 쓴 강연 노트이다. 이 노트는 플라톤의 예술적 색채와 같은 것은 엿볼 수 없고 딱딱한 내용으로 이루어져 있다. 따라서 이것은 실제로 철학을 연구하는 학생들만 접하게 되었다. 그러나 그 노트가 서양 문화에서 가지는 중요성은 진정 매우 크다고 할 수 있다.

그리스 양식의 극장
그리스인들은 시칠리아 섬 타오르미나에 있는 이 야외극장과 같은 무대에서 연극을 공연했다. 청중은 부채 모양으로 앉을 수 있었으며, 좌석의 등급이 따로 나뉘어 있지는 않았다.

그리스 희곡
훌륭한 그리스 희곡 작품의 수준은 이후의 어느 것에도 뒤지지 않는다. 아테네에서는 남성들이 주로 연극을 관람했는데, 연극에서는 많은 사람들이 중요하게 여기는 문제들을 다루었다. 배우들은 자신이 맡은 역할을 연기하기 위해 늘 가면을 썼다. 그때는 아직 분장이라는 것이 없었다.

키니코스 학파

고대 세계에서의 탈출

키니코스 학파는 모든 사회적 관습을 거부했다. 이 학파는 아테네가 몰락한 뒤 나타난 그리스 철학의 네 가지 주요 흐름 가운데 첫 번째였다.

거친 말

키니코스는 '개와 같은'이라는 뜻이다. 키니코스 학파의 디오게네스는 이렇게 말했다. "나는 내게 무언가를 준 사람에게 꼬리를 흔들고, 거절하는 사람한테는 짖으며, 나쁜 사람은 물기 때문에 개라고 불린다." '시닉(cynic)'이라는 말은 오늘날까지도 사용되는데, 다른 사람들이 무언가 하고자 할 때 늘 가장 가능성이 희박한 의견을 내놓는 사람을 뜻한다.

아리스토텔레스의 제자 알렉산드로스 대왕은 철학사의 흐름을 바꾸어 놓았다. 놀랄 만큼 짧은 시간에 그는 북부 아프리카의 광활한 영토와 지금의 중동 지역 대부분을 포함해 이탈리아에서 인도에 이르기까지, 고대 그리스 전역을 정복했다.

알렉산드로스 제국에 포함되면서 그리스 도시국가의 독립은 더 이상 유지되지 못했고 문화적 지배력 또한 잃게 되었다. 알렉산드로스 대왕은 가는 곳 어디에나 새로운 도시를 건설해 정복한 영토를 통치했고 식민화했다. 식민지 개척자들은 대부분 그 지방의 여성과 결혼해 이들이 빨리 세계 시민이 되기를 바랐다.

하지만 그리스의 지배 이념과 언어는 곳곳에 남아 있었다. 고대 세계는 그리스에 있지 않은 '그리스' 도시가 통치했고, 사람들은 다인종, 다언어의 특색을 가졌다는 점은 중요하다. 이는 헬레니즘 세계로 알려져 있었다.

헬레니즘 세계에서 가장 중요한 도시는 알렉산드로스 3세가 자신의 이름을 따서 만든 이집트의 알렉산드리아였다. 알렉산드리아는 문화와 교육의 국제적 중심지였고, 가장 훌륭한 도서관이 있었던 곳이다.

알렉산드리아는 기원전 4세기 그리스 도시국가의 몰락부터 기원전 1세기 로마 제국이 세워질 때까지 300여 년 동안 헬레니즘 문화를 꽃피운 중심지였다. 이때 고대 그리스 문화와 문명은 세계 전역에 퍼져 나갔다.

이것이 로마 공화국이 출현했던 시대, 그리고 로마 제국을 세우기 위해 분투했던 시대의 상황이다. 또 여기에서 그리스도교가 태동했다. 이러한 배경에서—팔레스타인이 로마의 식민지였지만—신약성서가 그리스어로 쓰였다.

> *진실로 내가 알렉산드로스가 아니었다면 나는 디오게네스가 되기를 원했을 것이다*
>
> 알렉산드로스 대왕

최초의 국제 도서관

알렉산드리아의 도서관은 기원전 290년에서 기원후 640년까지 거의 1,000년에 걸쳐 세계에서 가장 귀중한 것이었다.

키니코스 학파를 이끈 사람

알렉산드로스 대왕이 죽은 뒤 곧 그의 제국은 분열되었다. 따라서 알렉산드로스 대왕이 구축했던 문화적 단일체는 지속된 데 비해 정치에서는 끊임없는 투쟁과 갈등이 일어났다.

이 무렵에 유행했던 철학의 새로운 흐름인 키니코스 학파, 회의주의, 에피쿠로스 학파, 스토아 학파 등은 이러한 사실에 영향을 받았다. 이 네 학파는 모두 불안하고 위험한 이 세계에서 문명인이 어떻게 살 수 있는지의 문제에 관심을 가졌다.

그중 첫 번째 나타난 이들이 키니코스 학파였다. 이들은 이탈자라고 부를 만한 사람들이었다. 키니코스 학파의 창시자는 안티스테네스(Antisthenes)이다. 그는 소크라테스의 제자였으며 플라톤과 같은 시대를 살았던 사람이었다.

중년에 이를 때까지 안티스테네스는 철학자들 중 귀족 출신으로 관습에 젖은 삶을 살았다. 그러나 소크라테스의 죽음, 아테네의 몰락과 함께 안티스테네스의 세상도 끝이 보이게 되었다. 따라서 안티스테네스는 이 생활에서 벗어나 단순한 삶을 살기로 결심했다. 그는 여느 일꾼과 다름 없이 추레한 옷을 입고 가난한 이들과 함께 생활하기 시작했다. 그리고 정부, 사유재산, 결혼, 기성 종교 등을 원하지 않는다고 선언했다.

안티스테네스는 나중에 자신보다 더 유명해진 디오게네스(Diogenes, 기원전 404-기원전 323년)를 제자로 두었다. 디오게네스는 씻지 않고 더러운 옷을 입고, 무덤에서 살고, 이상한 음식을 먹는 등 사회적이지 않은 행동을 일삼았다.

철학자이자 과학자, 알렉산드로스
위대한 전사인 알렉산드로스 대왕은 그리스 문화를 고대 세계에 전파하는 데에도 공헌했다. 이 중세 그림은 풀로 만든 잠수종[종처럼 만든 수밀(水密) 장치로 사람이 그 속에서 수중 작업을 함–옮긴이]을 타고 해저를 탐사하는 알렉산드로스 대왕을 보여 주고 있다.

"나는 세계 시민이다"

디오게네스

그는 이러한 기행을 통해 모든 인습을 비웃었으며, 일부러 사람들에게 충격을 주었다. 곧 그는 개처럼 살았다. 이러한 이유로 사람들은 그에게 '개와 같은'을 의미하는 '키니코스(그리스어 kynikos, 영어 cynic)'라는 별명을 붙였다. 이것이 지금까지 우리가 사용하는 이 단어가 생긴 유래이다. 그러나 그 의미는 여러 차례 바뀌어 왔다.

최초의 세계 시민

디오게네스와 그의 추종자들은 오늘날 의미하는 시닉, 즉 냉소가가 아니다. 이들은 덕에 대한 믿음을 가지고 있었다.

그러나 이들은 기본적으로 참된 가치와 거짓된 가치 사이의 차이만이 의미 있는 유일한 구분이고, 다른 모든 구분은 쓸모가 없다고 믿어 왔다. 모든 사회적 인습, 이를테면 당신의 관습과 나의 관습, 공적인 것과 사적인 것, 발가벗은 것과 옷을 입은 것, 날것과 요리된 것의 구분은 모두 의미가 없다고 여겼다. 디오게네스는 그리스인과 외국인 사이의 구분에 대해서도 같은 입장을 취했다. 따라서 그가 어느 나라 사람이냐는 질문을 받을 때에는 "나는 세계 시민이다."라고 대답했다. 그리고 이 생각을 나타낸 '코스모폴리탄(cosmopolitan, 세계인)'이라는 새로운 그리스어 표현을 만들었다.

디오게네스에 대해서는 많은 이야기가 전해 온다. 가장 유명한 일화는 알렉산드로스 대왕이 더러운 토굴로 그를 방문하러 갔을 때의 일화이다. 알렉산드로스 대왕은 입구에 서서 전 세계의 지배자인 자신이 해 줄 것이 있느냐고 물었다. 그러자 디오게네스는 이렇게 대답했다고 한다.

"그렇소, 당신은 나에게 오는 햇빛을 가리지 않도록 비켜 주시오."

디오게네스가, 자신이 말한 그대로를 원한 것이든 비유적으로 말한 것이든 간에 이를 진정 바랐음은 분명하다. 이는 철학자가 전하려 했던, 세속적인 가치를 비웃는 가장 상징적인 말이다.

디오게네스의 묘비명

디오게네스를 기리기 위해 세운 아테네의 묘비에는 이렇게 써 있다.
"나는 기도하건대 말하라.
개여, 무덤에서 너를 지켜
주는 것이 무엇인가?"
"개."
"이름은?"
"디오게네스."
"멀리에서 왔는가?"
"시노페에서."
"그는 통으로 집을 만들었는가?"
"맞다. 이제 죽어서
별 중의 별이 되었다."

디오게네스를 방문한 알렉산드로스 대왕
두 가지 가치 체계가 만나는 과정에서 세계의 정복자가, 개처럼 살고 싶어 하며 세속적 가치를 거부하는 철학자를 만나다.

고대 회의주의

최초의 상대주의자들

철학으로서의 회의주의는 알렉산드로스 대왕의 병사에게서 시작되어 철학사에 상당한 영향을 끼친 오랜 논의 과정을 거치게 되었다.

카르네아데스

뛰어난 논객인 카르네아데스는 플라톤이 세웠던 아카데메이아의 원장이자 당시의 회의주의를 이끄는 주요 지도자였던 아르케실라오스를 계승했다. 카르네아데스는 에피쿠로스 학파, 스토아 학파와 경쟁하는 철학을 비판하는 데에 특히 뛰어난 능력을 보였다.

넓은 의미의 '회의주의'라는 용어에는 그리스 철학의 오랜 전통이 배어 있다. 크세노파네스는 우리가 아는 것 이상을 배울 수 있을지라도, 우리가 궁극적인 진리에 이를 수 있을지에 대해서는 확신할 수 없다고 가르쳤다. 소크라테스는 자기가 아는 유일한 것은 자기가 아무것도 모른다는 점이라고 말한 바 있다. 그러나 적어도 소크라테스는 지식이 가능하고 게다가 자신이 지식을 얻으려고 하는 경향이 있다고 믿었다. 크세노파네스는 우리가 노력을 한다면 무지의 정도를 줄일 수 있다고 여겼다. 이 두 사람 모두 탐구와 학문의 가능성에 열린 태도를 가지고 있었다.

양쪽을 모두 문제 삼다

회의주의를 자신의 주요 사상으로 삼은, 말하자면 회의주의 자체를 철학으로 받아들이고 무엇이든 믿는 것을 지속적으로 거부한 최초의 사람은 엘리스의 피론(Pyrrhon, 기원전 365-기원전 270년)이었다. 피론은 회의주의로 알려진 철학을 연구하는 학파를 만들었다. 이들의 체계적이고, 모든 것을 포괄하는 철학적 회의주의는 오늘날까지 '피론주의'라고 불린다.

피론은 알렉산드로스 대왕의 병사였는데, 알렉산드로스와 함께 인도 원정까지 다녀온 일도 있다. 그렇게 여러 나라와 민족들을 살펴보았기 때문에 피론은 사람마다 의견이 다르다는 사실에서 강한 인상을 받았다. 이곳의 사람들이 어떤 것을 믿을 때, 다른 곳에는 그 반대를 믿는 사람들이 있었다. 그리고 대체로 논쟁은 양쪽 모두가 똑같은 수준의 타당성을 가지고 주장하는 데에서 일어났다. 어쩌면 피론에게만 그렇게 보였을 수도 있다. 우리가 할 수 있는 일은 사물이 우리에게 나타나는 그대로 그냥 두는 것이다. 현상은 심하게 변화하기 때문에 우리는 이 설명보다 저 설명이 맞다고 단정하지 말아야 한다. 가장 좋은 일은 걱정하지 말고 자연스러운 흐름에 맡기는 것이다. 말하자면 우리가 처해 있는 상황에서 어떤 관습과 의례가 횡행하든지 그냥 잘 넘어가는 것이다.

권력은 사상에 영향을 끼친다

알렉산드로스 대왕은 서양철학이 발전해 가는 과정에 다른 어떤 지배자보다도 큰 영향을 끼쳤다. 그는 철학이 발전했던 그리스 도시국가를 복속시키면서도 그리스어를 보편적인 언어로 만들었다.

피론은 필로스의 티몬(Timon, 기원전 320-기원전 230년)이라는 제자를 두었는데, 그는 좀더 내용 있는 지적인 논쟁을 통해 이러한 태도를 지켜 나갔다. 특히 그는 모든 논의나 증거가 그 자체로 확고하지 않은 전제에서 나온다는 사실을 지적했다. 다른 논변이나 증거를 통해 이 전제들이 참이라는 것을 증명하려 할 때 이 논변이나 증거는 다시 또 어떤 증명되지 않은 전제에 기초하기 마련이다. 그리고 이는 계속 영원히 되풀이될 것이다.

티몬의 계승자 아르케실라오스(Arcesilaos, 기원전 315-기원전 240년)는 아카데메이아를 이끌었다. 그 후 200년 동안 아카데메이아는 회의주의자들이 운영했다. 아르케실라오스는 두 가지 주요 교수법을 가지고 있었다. 하나는 문제의 양 측면에 대해 똑같은 수준의 타당한 주장을 하도록 하는 것이고, 다른 하나는 반드시 학생으로 하여금 반론을 펼치도록 하는 것이었다.

아카데메이아의 원장을 맡은 카르네아데스(Carneades, 기원전 214-기원전 129년)는 로마에서 이러한 방식의 공개 강연을 진행해 뜨거운 관심을 불러일으켰다. 강의 첫머리에 그는 정의에 관한 플라톤과 아리스토텔레스의 견해를 강하게 긍정하다가 갈수록 자신이 말한 모든 것을 논박해 갔다.

궁극적 확실성은 없다

회의주의는 철학사에서 매우 중요한 역할을 담당해 왔다. 그 이유는 주로 확실성이 논쟁, 증명, 증거 등의 단계에서는 발견되지 않기 때문이었다. 20세기에 이르러서야 비로소 회의주의가 일반적으로 알려졌지만, 확실성의 추구는 철학의 역사적 발전에서 중심적인 역할을 맡아 왔다. 타당한 논증이 보여 주는 사실은 결론이 전제에서 이끌어진다는 것이지, 결론이 참임을 증명하는 것은 아니다. 모든 타당한 논증들은 '만약'이라는 말로 시작한다. 만약 p가 참이면 q는 참일 수밖에 없다. 그러나 이는 p가 참인지 거짓인지를 말해 주지는 않는다. 논증은 그 자체만으로는 그것이 참인지 증명할 수 없다. 논증은 전제에서 결론이 나오는 것을 보여 줄 뿐 전제가 참임을 증명하는 것은 아니기 때문이다.

따라서 전제가 참임을 확인하려면 다른 논변을 필요로 하게 되고, 이는 영원히 진행된다. 모든 '증거'는 증명되지 않은 전제에 의존하게 된다. 이는 일상 생활에서도, 논리학, 수학, 과학에서도 마찬가지이다. 그렇다고 여기에서 우리가 어떤 믿음 체계를 다른 믿음 체계보다 더 믿을 근거나 토대를 가지고 있다는 결론이 나오는 것은 아니다. 이에 대한 논의는 철학사 전반에 걸쳐 계속되었다.

근대의 가장 유명한 회의주의 철학자는 스코틀랜드의 데이비드 흄(David Hume)이다. 흄은 삶을 영위하려면 선택과 결정을 해야 하고, 선택과 결정을 하려면 좋든 싫든 간에 사물이 존재하는 방식에 대한 판단을 먼저 해야만 한다는 것을 지적한다. 우리가 확실성을 확보하지 못하기 때문에 우리는 마주한 현실에 대해 될 수 있으면 가장 타당한 판단을 해야 한다. 그런데 이는 회의주의에 대한 대답으로서는 적합하지 않다. 그러므로 흄이 주장하듯 회의주의는

완화되어야 할 필요가 있다. 진정 누군가가 완전한 회의주의의 바탕 위에서 살 수 있는가, 설사 그렇다 하더라도 그러한 삶이 살 만한 가치가 있는 것인가 하는 문제는 여전히 의심스럽다. 그런데 회의주의에 대한 이러한 논박은 논리적이지 않다.

실제의 삶에서 우리는 한 번도 확보해 보지 못한 확실성을 요구하는 것과, 모든 가능성을 고려하는 것 사이의 중용을 지켜 가야 한다. 이 두 가지가 똑같이 중요하지 않을 때라도 똑같이 중요한 것처럼 그 사잇길을 나아가야 하는 것이다.

> "회의주의 때문에
> 우리는 먼저 판단중지에
> 이르게 되고,
> 나중에는 불안에서
> 자유로워지게 된다"
>
> 섹스토스 엠페이리코스

지구의 종말

알렉산드로스 대왕의 제국은 마치 전선에 둘러싸인 것과 같은 형태를 띠었는데, 문명을 깨친 자들이 사는 곳까지를 그 경계로 삼았다. 이 제국은 몇 백 년 동안 지속되었으며 그리스어를 중심 언어로 사용한 —그래서 신약성서는 그리스어로 쓰여졌다 — 헬레니즘 문화를 꽃 피웠다.

주요 저작

섹스토스 엠페이리코스의 세 작품은 고대 회의주의에 대하여 알려 주는 주요 원천이다.
『피론주의 개관(*Outlines of Pyrrhonism*)』,
『독단론자들에 반대하여(*Against the Dogmatists*)』, 『학자들에 반대하여(*Against the Professors*)』.

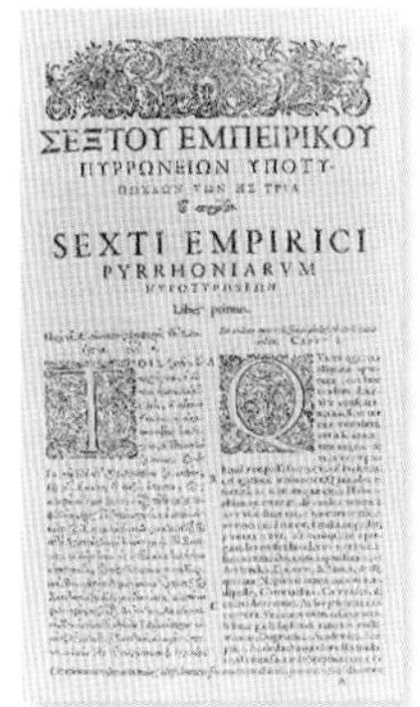

ΣΕΞΤΟΥ ΕΜΠΕΙΡΙΚΟΥ
ΠΥΡΡΩΝΕΙΩΝ ΥΠΟΤΥ-
SEXTI EMPIRICI
PYRRHONIARVM

섹스토스 엠페이리코스의 『피론주의 개관』

섹스토스 엠페이리코스(Sextos Empiricus)는 회의주의의 창시자 피론의 저작에 대한 충분한 설명을 해 나갔다. 그의 저작은 다른 사람들의 논쟁을 상당히 잘 정리했기 때문에 큰 영향력을 행사했다. 기원후 4세기 성 그레고리우스(St. Gregorius)는 사람들에게 회의주의라는 '나쁜 악성 질병'을 퍼뜨렸다는 이유로 피론과 함께 섹스토스 엠페이리코스를 공개적으로 비난했다.

에피쿠로스

18세기 흄은 "에피쿠로스의 물음들은 아직까지도 제대로 답변되지 않고 있다. 신은 악이 나타나지 않도록 하려고 하는데 그럴 능력이 없는가? 그렇다면 신은 무능하다. 신은 악이 나타나지 않도록 할 수 있는데도 그렇게 하지 않는가? 그렇다면 신은 악의적이다. 신은 악이 나타나지 않도록 할 수 있고 그럴 의사가 있는가? 그렇다면 악은 왜 있는가?"라고 했다. 이와 비슷한 문구는 볼테르의 저작에서도 발견된다. 에피쿠로스의 물음들은 여전히 답변되지 않고 있는 듯하다.

에피쿠로스 학파

최초의 과학적이고 자유주의적인 휴머니스트

20세기에 나타난 여러 사조와 마찬가지로 에피쿠로스의 철학은 쾌락을 추구하며 유물론적이고 비종교적이다. 에피쿠로스의 철학은 지적으로 아주 세련된 최초의 철학이었다.

헬레니즘 시대에 새롭게 떠오른 중요하고도 영향력 있는 사상적 흐름은 에피쿠로스 학파와 스토아 학파의 철학이다.

에피쿠로스 학파는 에피쿠로스(Epicouros, 기원전 341-기원전 270년)에게서 비롯된 철학이다. 에피쿠로스 철학의 목적은 죽음에 대한 두려움뿐 아니라 삶이 주는 불안에서 사람들을 해방시키는 것이었다. 수많은 정치 체제가 난립하는 어지러운 시대에 에피쿠로스 철학은 사람들에게 자신의 삶에서 행복과, 정신의 충만을 찾도록 가르쳤다.

"초야에 묻혀 살아라."라는 명제는 에피쿠로스 쾌락주의의 주요 행동 지침이었다. 이는 명예와 영광을 추구하거나 자신을 높여 주는 의식주 수준이 유지되기를 바랐던 예전의 생각들과는 매우 다른 것이었다. 그런데 에피쿠로스의 쾌락주의는 모든 종류의 존재를 폭넓게 다루는 매우 수준 높은 철학이었다. 에피쿠로스 철학은 자연학에 대한 견해에서 출발한다.

먼저 에피쿠로스는 데모크리토스의 원자론을 받아들였다. 그는 물질적 우주를 채우고 있는 것은 원자와 공간이고 그 밖에 다른 것은 없다고 믿었다.

원자는 무에서 나올 수 없고 또 무로 될 수도 없기 때문에 영원불멸한 것이다. 그러나 원자의 운동은 예측할 수 없으며 원자의 결합이 영원히 유지되는 것은 아니다. 따라서 원자의 결합으로 이루어진 사물은 덧없이 변화하는 것이다. 사물은 원자들이 이합집산을 되풀이하면서 변화하고 결국은 흩어지고 만다. 우주의 모든 변화는 이 영원히 되풀이되는 과정이나 우주에서 운동을 일으키는 사물로 이루어졌다.

바코스 신과 그의 시녀

바코스나 디오니소스는 취하게 하는 힘을 가지고 있는 신이다. 그들은 방탕한 쾌락과 관련이 있다. 에피쿠로스가 이 방탕한 쾌락을 추구했다고도 전해지지만, 실제로는 오히려 방탕한 쾌락을 인정하지 않았다.

여성과 노예에게 열려 있다

우리 자신은 이런 방식으로 형성된 대상 중에 있다. 특히 좋은 원자의 집합은 모여서 단일한 실재의 형태를 띠다가 결국에는 흩어지고 말 인간의 육체와 정신을 형성한다. 그러나 이러한 흩어짐은 두려움의 대상이 되어야 하는 것은 아니다.

그러한 인간의 흩어짐은, 우리는 죽을 때 단지 존재함을 그치는 실재라는 것을 의미한다. 그래서 어느 누구도 죽음을 경험할 수는 없다. 우리가 존재하는 한 죽음은 없고, 죽음이 있으면 우리는 존재하지 않기 때문이다. 에피쿠로스는 "죽음은 우리에게 아무것도 아니다."라고 말한다. 참된 진리를 깨달은 사람은 죽음에 대한 두려움에서 자유롭다는 것이다.

에피쿠로스는 또 신은 너무 멀리 있으며, 신도 인간사의 끝없는 진탕과 혼란에 말려들고 싶지 않을 것이라고 주장한다. 따라서 그는 신의 존재를 부정하지는 않지만 중요하게 다루지도 않는다 (에피쿠로스의 이러한 행위는 위험한 일이었을 터이다). 그래서 우리가 관심을 두는 한 신들은 활동하지 못할 것이며 신에게서 "우리는 희망할 것도 두려워할 것도 없다." 즉 우리에게는 신이 존재하지 않는 것과 마찬가지이다.

존재하지 않게 되는 것(비존재)은 우리의 피할 수 없는 운명이기 때문에 우리는 그저 현재의 삶을 잘 가꾸어 나가는 길밖에는 없다. 이러한 삶에서는 잘 사는 삶이, 그리고 이러한 세상에서는 행복이 우리의 목적이 되어야 한다.

공적인 삶에서는 폭력과 불확실성 때문에 행복을 이룰 수 없고, 같은 생각을 가진 사람들끼리의 사적인 공동체에서 행복을 느낄 수 있다. 그리고 우리의 신체적 건강과, 좋은 인간 관계를 유지하는 것 모두가 이를 요구하기 때문에, 해가 되지 않는 행위라면 마음껏 할 수 있다고 해도 우리는 절제를 통해 쾌락을 즐겨야 한다.

이러한 목적을 위해 에피쿠로스 학파가 형성한

> "죽음은 우리에게 아무것도 아니다"
>
> 에피쿠로스

공동체는 원칙적으로 여성과 노예를 포함해서 누구에게나 열려 있다. 이러한 점이, 사회가 에피쿠로스 학파를 반대하게 만든 요인이다. 특히 그리스도교인의 입장에서 보면 에피쿠로스 학파는 신의 저주와도 같았다. 왜냐하면 에피쿠로스 학파는 자비로운 신의 존재나 불멸성을 부정하고 세속적인 가치를 긍정했기 때문이다.

시적인 걸작

이 철학은 20세기의 과학적이고 자유주의적인 휴머니즘과 구체적인 내용까지 너무나 비슷하다는 점에서 놀랍다. 에피쿠로스 철학은 오늘날에도 폭넓게 받아들일 수 있는 삶의 태도에 대한 철학으로서 가장 오래된 것이다.

루크레티우스(Lucretius, 기원전 95-기원전 52년)가 쓴 시를 기원전 1세기에 라틴어로 옮긴 "사물의 본성에 관하여(De Rerum Natura)"는 가장 극적이며, 널리 읽혔다. 이는 라틴 문학의 정수라 할 수 있는데, 이 작품의 목적은 에피쿠로스의 철학을 로마 문화에 접목시키는 것이었다. 시인은 자신이 그렇게 열정적으로 껴안은 철학에서 구원을 찾으려고 한 것으로 보인다. 왜냐하면 그 스스로 늘 광기의 공포에 휩싸였으며 결국은 자살했기 때문이다.

에피쿠로스 쾌락주의는 평범하지 않은 한 사상가가 구축한 것이기 때문에 오랜 역사 속에서도 놀라우리만큼 변화되지 않고 남아 있었을 것이다. 중세에 에피쿠로스 철학은 무정부주의로 낙인찍혔고 급기야는 축출되기에 이르렀다. 그런데 16-17세기에 이르러 다시금 새롭게 떠올랐으며 근대 과학과 휴머니즘의 기틀을 다지는 데 커다란 영향을 끼쳤다.

메멘토 모리, 죽음을 기억하라
에피쿠로스 학파 사람들도 해골을 죽어야 할 운명의 상징으로 사용했다. 해골은 "살아 있을 때 삶을 즐겨라."라는 의미이다.

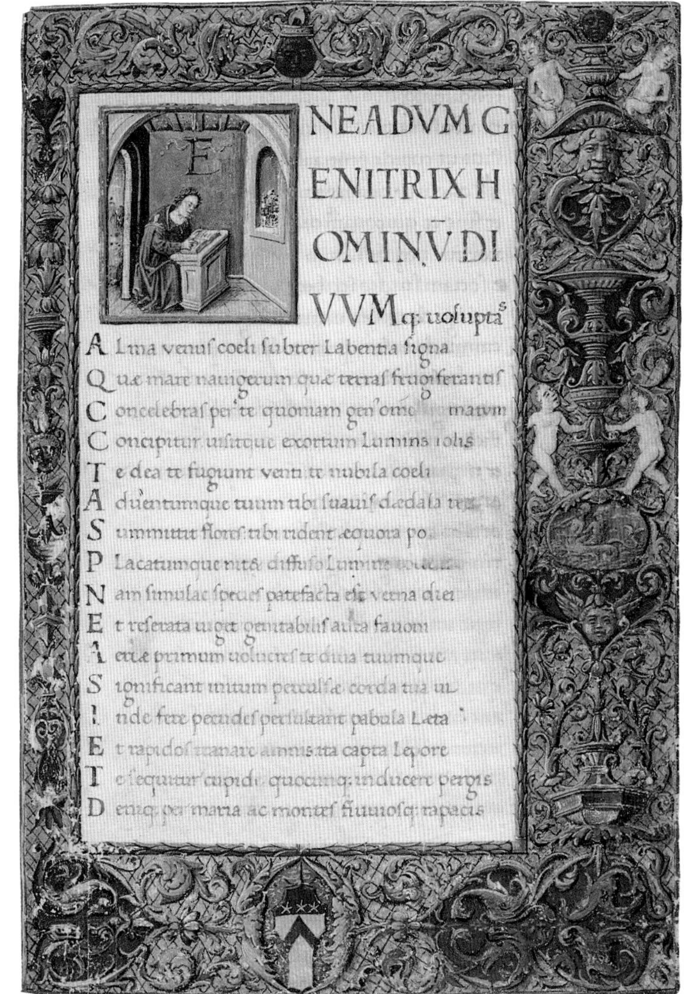

"사물의 본성에 관하여"

에피쿠로스 학파의 최고 시인인 루크레티우스가, 자신의 이교도 저작의 그리스도교 판본인 이 책의 표지에서 책상에 앉아 시를 쓰고 있는 모습으로 그려져 있다. 표지에 있는 글의 내용은 사랑의 여신인 비너스에 대한 루크레티우스의 찬가이다.

스토아 철학

로마 제국의 통치 철학

죽음과 역경은 어쩔 수 없이
우리 모두에게 다가오기 때문에
우리는 존중하는
태도로 그것을 맞이해야 한다.

키티온의 제논

스토아 학파의 창시자 제논은 상당히 찬탄을 받은 『국가』를 썼는데, 이 책에서 법규범과 정치 기관의 보편 타당성에 대해 의견을 제시한다. 그의 저작은 여기저기 인용되기는 했지만 전해지지는 않는다.

주요 저작

세네카의 『편지』, 세네카의 『강의』, 에픽테토스의 『어록(*Discourses*)』, 마르쿠스 아우렐리우스의 『명상록(*Tōn eis heauton diblia*)』, 고대 세계에서는 키케로, 디오게네스, 라에르티우스, 섹스토스 엠페이리코스 등이 스토아 학파의 역사를 썼다.

마르쿠스 아우렐리우스

기원후 161년에서 180년까지 로마를 다스렸던 아우렐리우스 황제는 몇 세대에 걸쳐 로마 제국의 황금기를 상징해 왔다. 스토아 철학자이자 철학적 글을 쓰는 저술가로서 아우렐리우스는 권력의 최정상에 있는 사람이 철학자일 때 어떠했는지 보여 준다.

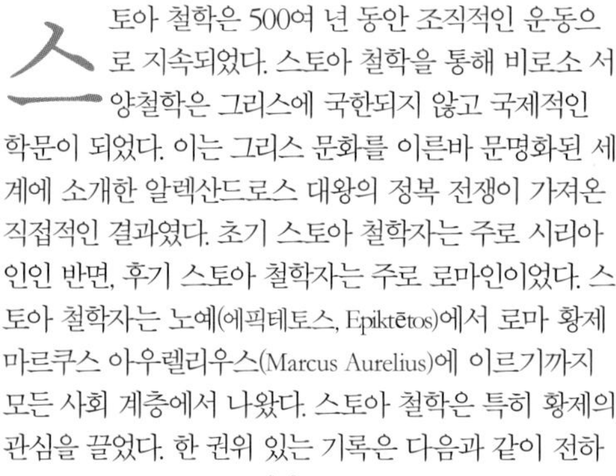

스토아 철학은 500여 년 동안 조직적인 운동으로 지속되었다. 스토아 철학을 통해 비로소 서양철학은 그리스에 국한되지 않고 국제적인 학문이 되었다. 이는 그리스 문화를 이른바 문명화된 세계에 소개한 알렉산드로스 대왕의 정복 전쟁이 가져온 직접적인 결과였다. 초기 스토아 철학자는 주로 시리아인인 반면, 후기 스토아 철학자는 주로 로마인이었다. 스토아 철학자는 노예(에픽테토스, Epiktētos)에서 로마 황제 마르쿠스 아우렐리우스(Marcus Aurelius)에 이르기까지 모든 사회 계층에서 나왔다. 스토아 철학은 특히 황제의 관심을 끌었다. 한 권위 있는 기록은 다음과 같이 전하고 있다.

"알렉산드로스 대왕의 계승자들, 즉 제논 이후 세대에서 중요한 왕들은 대부분 모두 스스로를 스토아 학파라고 공언했다."

철학자이자 정치가, 세네카

후기 스토아 학파 철학자로서 네로 황제의 스승이었던 세네카는 기원후 54년부터 기원후 62년까지 로마 제국의 주요 행정가였다.

키프로스에서 살았던 키티온의 제논(Zenon, 기원전 334-기원전 262년, 소크라테스 이전 철학자인 엘레아의 제논과 다른 사람)은 스토아 철학의 창시자였다. 스토아 철학의 핵심은 이성보다 더 높은 권위를 가진 것은 없다는 견해에 있다. 이러한 믿음을 따라가면 우리는 스토아 철학의 가장 중요한 신조에 이르게 된다. 첫째, 이성이 우리에게 보여 주는 그대로의 세계인 자연의 세계는 실제로 존재하는 실재의 전부라는 것이다. 다시 말해 '더 높은 것'은 없다는 뜻이다. 자연 그 자체는 합리적으로 이해할 수 있는 원칙들이 지배한다. 그리고 우리는 자연의 일부이다. 우리 자신과 자연, 즉 모든 것에 반영된 합리적인 정신은 신이 뜻하는 바이다. 따라서 신은 세계의 바깥에 있거나 세계와 분리된 존재가 아니라, 세계에 편재하는 존재이다. 말하자면 신은 세계의 정신이고 세계의 자의식이다.

감정은 판단이다

우리는 자연과 일치하고, 자연보다 높은 영역은 없기 때문에, 우리가 죽을 때 어떤 '다른 곳'으로 간다는 사실에 대해서는 의문의 여지가 없게 되었다. 즉 우리는 자연으로 되돌아간다. 스토아 철학이 각광 받은 이유는 이러한 믿음을 가지고 윤리학을 발전시켜 나갔기 때문이다.

자연은 이성적 원리를 통해 지배되기 때문에 이것은 왜 이렇고 저것은 왜 저런가 하는 이유가 모든 사물에 내재해 있기 마련이다. 우리는 이 원리를 변화시킬 수도 없고 변화시키려고 해서도 안 된다. 우리의 유한성이나 비극적인 상황을 우리는 흔들림 없는 태도로 받아들여야 한다. 받아들이지 않고 거역하면 우리의 감정은 적절하지 않은 상태에 있게 된다. 스토아 철학자들은 감정은 판단이기 때문에 인지적인, 즉 참이든 거짓이든 간에 일정한 지식의 형태를 띠고 있다고 믿었다.

예를 들어 탐욕은, 돈은 매우 좋은 것이고 가능한 수단을 모두 동원해 획득해야 한다는 판단으로서 거짓 판단이라는 것이다. 우리의 모든 감정이 이성에 종속된다면 감정은 참인 판단으로만 이루어질 것이고, 따라서 우리는 실제로 존재하는 그대로의 사물과 일치될 것이다.

스토아 철학을 받아들이는 사람들은 평온하고 품위 있는 태도로 인생의 부침(浮沈)을 참아 낼 수 있게 되었다. 그러나 이 사람들에게조차 더 이상 살고 싶지 않은 때가 올 수도 있다. 예를 들어 파산하거나 모욕을 받거나 시한부 질병 때문에 괴로워하는 상황이 그러하다. 스토아 철학자들은 이러한 상황에서 해야 하는 합리적인 행위는 자신의 삶을 고통 없이 마감하는 것이라고 믿었는데, 실제로 이렇게 한 경우가 많았다. 그래서 잘 알려진 스토아 철학자 중에는 자신의 삶을 자살로 마감한 경우가 상당히 많았다.

스토아 철학의 주장 가운데 가장 강력하고 사람의 마음을 뒤흔드는 것은 라틴어로 쓰인 후기 저작에서 발견된다. 여기서 두각을 나타냈던 인물은 루키우스 안나이우스 세네카(Lucius Annaeus Seneca, 기원전 2-기원후 65년)와 아우렐리우스이다. 이들은 기존 스토아 철학의 사상적 발전에 지대한 공헌을 했고, 지금까지 연구자뿐 아니라 일반인들 사이에서도 널리 읽힌 훌륭한 저작을 내놓은 저술가이다. 스토아 철학을 공부하고 싶은 사람은 누구나 먼저 방향 전환을 해야 한다는 것이 이들의 주장이다.

> "모든 스토아 철학자는 과거에도 스토아 철학자였지만, 그리스도교에서 그리스도교인은 지금 어디에 있는가"
>
> 에머슨

스토아 학파의 윤리학은 스토아 철학에 완전히 찬성하는 사람이 아니더라도 감탄할 만큼 널리 퍼졌다. 스토아 철학에서 말하는 윤리는 지켜지기 어려운 것이었는데, 실천하기 까다로운 윤리학의 덕목들이 있었던 듯하다. 스토아 학파의 윤리학은 그리스도교 윤리에 큰 영향을 끼쳤는데, 그리스도교 윤리는 세네카, 에픽토투스, 아우렐리우스 등이 저작 활동을 하던 무렵에 퍼져 나가기 시작했다. 그리고 물론 오늘날까지 '스토아적'과 '스토아 철학'이라는 표현은 거리낌 없이 존경한다는 뉘앙스를 지닌, '묵묵히 역경을 견뎌 냄'을 의미하는데, 영어에서도 비슷한 용법으로 쓰인다. 오늘날에도 스토아적인 윤리와 본질적으로 동일한 윤리학의 이상을 추구하며 살고 있는 사람들이 분명 많은 것이다. 스스로 자신들이 스토아적인 윤리를 지키고 있다는 사실을 미처 깨닫지 못한다 할지라도 말이다.

최근 유럽의 가장 유용한 학교 교육이 라틴 문학 연구에 바탕을 둔 결과, 유럽인들 몇 세대가 이 스토아주의의 강령을 효과적으로 받아들이게 되었다. 공교육을 받은 영국인의 그 유명한 '꿋꿋함'은 부분적으로 전통적인 교육에 뿌리를 둔 실천과 행위에서의 스토아주의의 영향을 받은 한 예이다.

세계관

스토아 철학은 도덕철학으로만 이루어진 것이 아니었다. 스토아 철학은 논리학이나 인식론적인 면에서 진전을 보였는데, 실제로 이들은 인간의 경험 전체를 위한 철학을 개진했다.

삶을 넘어 죽음을 선택하다
스토아 학파는 자살을 금기로 여기지 않았다. 스토아 학파 사람들은 자기 자신의 삶을 선택하는 것과 마찬가지로 죽음 또한 인간의 권리라고 믿었다.

IC

그리스도교와 철학

5세기 로마제국 멸망 이후 15세기 르네상스의 여명기까지 1,000년 동안 서구유럽이 내건 문명화의 횃불은 주로 그리스도교 교회가 밝히고 있었다. 그리스도교가 어떤 사상이나 발견을 받아들이기 앞서 그리스도교인들은 이 사상이나 발견이 그리스도교 교리에 어긋나는지의 여부를 확인할 필요가 있었다. 따라서 위대한 고대 철학자들의 글은 그 사상이 그리스도교와 조화를 이루는지에 대한 면밀한 검토를 받았다. 종말에 대한 최고의 결론은, 당시 중요한 사유 체계와 조화를 이루는 폭넓은 세계관을 구축했던 아우구스티누스가 내놓았다.

비잔틴의 제단 장식
베네치아에 있는 산 마르코 성당 제단의 장식은 보석, 진주, 에나멜, 금, 은 등으로 만들어진 것이다.

성 아우구스티누스

플라톤주의와 그리스도교의 융합

아우구스티누스는 아리스토텔레스에서 아퀴나스에 이르기까지 1,600여 년 동안의 철학사에서 가장 두드러진 인물이다.

키케로

키케로는 연설가이자 정치가이며 철학적 산문가였다. 율리우스 카이사르(Julius Caesar)가 권력을 장악하면서 키케로는 정치에서 물러나 저술 작업에 몰두했다. 기원전 43년 그는 카이사르가 암살된 뒤 마르쿠스 안토니우스(Marcus Antonius)를 탄핵했고 카이사르의 양자인 옥타비아누스(Octavianus)의 부하에게 암살되었다.

기원후 354년 아우렐리우스 아우구스티누스(Aurelius Augustinus)는 지금의 알제리 땅인 북아프리카의 히포라는 마을에서 태어났다. 아우구스티누스는 고향을 떠나 멀리 지중해에서 살았지만 430년 결국 이곳에 돌아와 묻혔다.

그의 아버지는 이교도였지만, 아우구스티누스를 지극히 사랑한 어머니는 독실한 그리스도교 신자였다. 아우구스티누스는 10대 시절에 그리스도교에 등을 돌렸다. 그리고 열아홉 살 무렵 키케로를 읽고 나서 철학적 탐구를 포기했다. 그러나 결국 아우구스티누스는 몇몇 다양한 지적 흐름을 섭렵하면서, 그동안 접어 두었던 철학적 탐구를 다시 시작할 수 있었다. 그리고 이러한 탐구에 힘입어 나중에 자신이 가톨릭 교회라고 부르는 데에로 귀의할 수 있게 되었다.

아우구스티누스는 기원후 3세기 무렵 페르시아의 선지자 마니(Mani)의 교리인 마니교를 받아들였다. 마니교는, 우주는 선과 악, 밝음과 어두움이 서로 맞대결을 하는 전쟁터라고 주장했다. 물질은 악이지만 정신은 선이고, 인간은 육체라는 천한 물질에서 해방되기를 열망하는 영혼의 불꽃을 가진 선과 악의 혼합이라고 했다. 그러나 아우구스티누스는 마니교의 건전하지 못한 이론들에 대해 회의를 품게 되었고, 결국 플라톤이 설립한 아카데메이아에서 지배적이었던 일종의 완숙한 철학적 회의주의자가 되었다. 이러한 배경이 아우구스티누스를 플라톤과 플로티노스의 저서에 나타난 신플라톤주의에 대한 연구로 이끈 것처럼 보인다. 한때 아우구스티누스는 완전히 플라톤의 사상과 신플라톤주의에 사로잡혔다. 서른두 살의 나이에 그리스도교로 돌아왔을 때 그는 자신이 연구한 플라톤주의와 신플라톤주의를 그리스도교와 융합시켰다. 이러한 일은 그리스도교에 막대하고 중요한 영향을 끼친 것이었다.

성 아우구스티누스
"왜 당신의 신은 임의의 시점에 우주를 창조했는가?"라는 이교도의 거센 물음에 성 아우구스티누스는 "바로 그때가 신이 시간을 창조한 때였다."라고 대답했다.

아우구스티누스는 현대적 의미에서의 최초의 자서전인 놀라운 책 『고백록(*Confessiones*)』에서 자신의 사상적 흐름에 대해 쓴다. 『고백록』에서는 어린 시절과 자신의 어머니의 품성에 대해 쓰고 젊은 시절 자신의 성적 방종에 대해 솔직히 고백한다. 그리고 성의 노예인 상태에서 벗어나고 싶으면서도 한편으로는 벗어나지 않고 싶은 심경 때문에 "하느님, 저를 정화시켜 주소서, 그러나 나중에 정화시켜 주소서."라는 기도를 했다고 참회한다.

선취

거의 자서전이라 할 수 있는 『고백록』에서 가장 흥미로운 철학적인 내용은 시간의 본질에 관한 것이다.

"아무도 시간이 무엇인지를 묻지 않을 때 나는 시간이 무엇인지 아는 듯한데, 누군가가 시간이 무엇이냐고 물어서 내가 대답하고자 할 때 나는 시간이 무엇인지 모르는 듯하다."

아우구스티누스는 시간의 흐름이 피조물을 위한 것이지 하느님을 위한 것은 아니라고 믿었다. 그리고 시간의 흐름은 경험을 특징짓는 어떤 것이지 경험과 무관하게 그 자체로 존재하는 것이 아니라는 결론에 이른다. 여기서 그는 칸트의 철학을 선취(先取)한다. 시간론에서 아우구스티누스는, 현재는 모든 존재의 불가피한 양식이라는 아르투르 쇼펜하우어(Arthur Schopenhauer)의 철학을 선취한다. 그는 또 지성을 포함해서 우리의 모든 현실적인 대상은 우리의 의지에 지배된다는 견해를 통해 쇼펜하우어를 다시 한 번 선취한다. 또 다른 인상적인 아우구스티누스의 선취는 데카르트에게서 나타난다. 아우구스티누스는, 회의주의자는 모든 것을 의심하기 때문에 그들의 주장은 틀릴 수밖에 없다고 생각했다. 나는 존재해야만

하기 때문에 나의 존재를 내가 의심할 수는 없다. 내가 존재한다는 사실이 내가 절대적 확실성을 가지고 아는 참이기 때문에, 우리가 아무것도 알 수 없다거나 우리는 모든 것을 의심할 수 있다 – 이것은 회의주의의 기본 입장이다 – 고 말하는 것은 그르다. 그래서 내가 절대적 확실성을 가지고 아는 것이 가능한, 다른 어떤 것이 있을 수 있다.

성공한 결혼

아우구스티누스가 철학의 플라톤 전통과 그리스도교를 융합할 수 있었던 것은 그리스도교가 철학이 아니었기 때문에 가능했다. 그리스도교의 근본적인 믿음은 철학적이라기보다는 역사적이었다.

예를 들어 하느님이 이 세상을 만드신 다음 자신이 창조한 세계에 살기 위해 팔레스타인이라는 특정한 지역에서 특정한 시간에 역사적 기록에 있는 바로 그 삶을 살았던 그리스도라고 부르는 사람으로 이 땅에 왔다는 것은 역사적이지, 철학적이지는 않다. 그리스도교도가 되는 것은 이와 같은 것을 믿는 일, 즉 우리를 창조한 하느님이 우리에게 준 말씀–그중 일부는 그리스도의 입을 통해 전달되었다–대로 살려고 노력하는 것과 관련된다. 그리스도는 매우 많은 도덕적 교훈을 우리에게 주었지만 철학적 문제들을 논의하지는 않았다.

그러므로 한편으로는 플라톤 철학이 있고 다른 한편으로는 플라톤 철학의 변형인 그리스도교 철학이 있어 아우구스티누스가 이 둘을 결합시키게 된 것은 아니라는 말이다.

그는 오히려 불교와는 달리 그리스도교가 본래 철학적이지 않은 종교이고, 플라톤 철학은 성경이 별로 관심을 두지 않은 실재의 모습에 대한 중요한 진리를 구현하고 있다고 믿었다.

따라서 플라톤주의를 그리스도교의 세계관에 흡수되도록 하고자 힘썼던 것이다. 이것이 가능하기 위해서는 그리스도교에 배치되는(아마도 당장 받아들여지기 힘든) 논리적 결론을 끌어낼 수 있는 플라톤주의의 어떤 특정한 측면을 부각시키지 않는 것이 중요했다. 왜냐하면 그리스도교는 신의 자기 현현이고, 다른 모든 주장에 대해 우위를 지켜야 하기 때문이다.

그리스도교인이라도 그리스도교와 모순되는 것을 믿으면 이교도가 된다. 이 때문에 아우구스티누스는 자신의 주제에 철학적 이론의 상세한 분석을 들여왔다. 그는 늘 철학을 종교적 계시에 부차적인 역할을 하는 것으로만 생각했다. 그러나 아우구스티누스는 훌륭한 철학을 구축했다. 이런 방식으로 그는 플라톤주의와 신플라톤주의를 실재의 본질에 대한 교회의 견해와 융합하는 데에 성공했다. 참된 지식은 영원하고 완전한 비물질적 실재–실재와의 접촉 또한 비감각적인–의

> “하느님, 저를 정화시켜 주소서, 그러나 나중에 정화시켜 주소서”
>
> 아우구스티누스

세례를 받는 그리스도
그리스도교의 믿음은 철학적이라기보다는 역사적이다. 이 5세기 모자이크화는 하느님께서 그리스도를 자신의 아들이라고 선언하는 듯한 느낌이 들도록 그리스도가 성 요한에게서 세례받는 장면에 성령의 현현인 비둘기를 그려 넣었다.

주요 저작

한 사람이 세계의 가장 위대한 책으로 여겨지는 두 권의 책을 쓴 것은 아주 드문 일이다. 먼저 세계 최초의 자서전이면서 지금까지 가장 뛰어난 것으로 손꼽히는 『고백록』이 있다. 또 하나는 『신국론』으로, 이 책은 오늘날까지도 대학 종교 연구 분야에서 필독서가 되고 있다.

은총에서 타락으로

4세기의 많은 사상가들은 성적 재생산(2세 출산)이 타락의 결과라고 생각했다. 아우구스티누스는 성(性)이 하느님이 뜻하신 인간 본성의 아주 기본적인 부분이지만 아담의 원죄 때문에 왜곡되었다고 믿었다. 인간은 자신의 의지 행위로 말미암아 타락하게 된다.

영역에 대한 것이다. 그리고 우리의 몸은 감각 세계를 떠돌며 쇠잔하는 물질적 대상이지만 우리에게는 이미 이 영역에 속하는 영원하고 비물질적인 것이 있다.

따라서 모든 감각 대상은 결국 소멸하기 때문에 감각 세계에 대해 영원히 참인 지식은 없다는 플라톤의 사상과 여타의 플라톤주의는, 비록 구세주가 실제로 말한 일이 없고 그리스도교인 대부분이 이 사상을 받아들이는 것은 아니라고 해도 많은 것이 그리스도교와 유사해서 그리스도교의 자연스러운 일부라고 생각할 수 있을 정도가 되었다.

지옥에 있는 영혼

교회가 한 번도 공식적으로 받아들인 일은 없지만 나중에 비극적인 결과를 가져온 성 아우구스티누스의 사상은 예정조화설이다. 이는 우리가 하느님과 무관하게 우리의 의지만으로는 구원받을 수 없고, 하느님의 개입과 은총이 구원의 필수 요소라는 견해에서 출발한다. 지옥으로 가는 영혼은 하느님이 개입하지 않은 영혼이다.

따라서 지옥에 떨어진 사람은 하느님이 그렇게 선택하셨기 때문에 지옥에 가게 되었다는 것이다. 그 후 몇 백 년간 이 사상은 이교도들이 지옥의 불구덩이와 같은 고통을 겪는 일-너희들은 지옥에 떨어지도록 되어 있다는 태도로 이교도들을 대하는 것-과 이러한 이유로 몇 천 명이 끔찍한 죽음을 맞이하는 일을 정당화하는 데에 이용되었다.

이는 추상적 사상에서 나올 수 있는 실천적

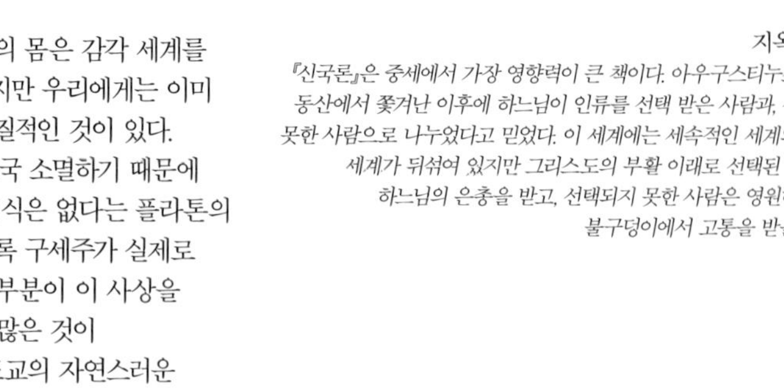

지옥의 고통

『신국론』은 중세에서 가장 영향력이 큰 책이다. 아우구스티누스는 에덴 동산에서 쫓겨난 이후에 하느님이 인류를 선택 받은 사람과, 선택 받지 못한 사람으로 나누었다고 믿었다. 이 세계에는 세속적인 세계와 하늘의 세계가 뒤섞여 있지만 그리스도의 부활 이래로 선택된 사람만이 하느님의 은총을 받고, 선택되지 못한 사람은 영원히 지옥의 불구덩이에서 고통을 받을 것이다.

함축이 얼마나 막대한 영향력을 가질 수 있는지를 보여 준다. 그 후 1,000년에 걸쳐 아우구스티누스의 이 사상은 주요 종교 사상가, 즉 가톨릭만이 아니라 마르틴 루터(Martin Luther), 장 칼뱅(Jean Calvin), 코넬리우스 오토 얀센(Cornelius Otto Jansen) 등과 같은 수요 프로테스탄트 교회 개혁자들에게까지 여전히 많은 영향을 끼쳤다.

문명의 몰락

아우구스티누스는 로마 제국의 멸망기에 살았다. 당시는 그가 알았던 문명화된 세계의 전부인 로마 제국이 야만적인 유목민의 손에 천천히 무너지고 있을 때였다. 아우구스티누스가 자신의 탄생지인 히포에서 죽는 바로 그 순간에, 히포는 반달족에게 포위되어 있었고 아우구스티누스가 죽은 뒤에는 반달족의 지배를 받았다.

그 후 우리가 흔히 암흑 시대라고 부르는 시대의 멸망이 있었다. 이러한 상황의 배경에는 인간 본성은 타락했고, 우리가 살아야 하는 세상은 죄로 가득하다는 아우구스티누스의 비관적인 견해에 부분적으로 책임이 있다는 사실에는 의심의 여지가 없다.

아우구스티누스의 위대한 책 『신국론(*De civitate Dei*)』은 인간이 상반된 두 세계에 동시에 속한다고 주장한다. 한쪽은 영원불변하는 참된 가치에 바탕한 하느님의 나라이고, 다른 한쪽은 거짓된 가치에 바탕한, 당황스러울 만큼 쉽게 변하는 불안정한 이 세계이다. 우리는 이 두 세계 모두에서 살고 있다. 여기서 여러분은 『신국론』과 플라톤의 이데아론 사이에 비슷한 점이 있다고 느낄 것이다.

아우구스티누스는 라틴 문명의 마지막 위대한 철학자였다. 많은 사람들이 그를 라틴 문명이 낳은 최고의 철학자라고 생각할 것이다. 아우구스티누스는 또한 자기 외부의 실재나 자기 주변의 사회에 대한 탐구보다는 철학적 탐구로 자신의 정신적 생활을 파고들었던 최초의 철학자였다. 그리고 그는 세계적인 작품이라고 할 수 있는 두 권의 매우 훌륭한 책 『고백록』(약 400년)과 『신국론』(413-26년)을 저술함으로써 인류에 공헌했다.

스페인 박해

아우구스티누스는 신교도에 대항하기 위해 무력을 사용해야 한다고 믿었다. 그의 이러한 견해는 교회법으로 받아들여졌다. 1478년에 일어난 스페인 박해는 1492년 교회법이 통과된 이후 점점 더 심해졌고, 이슬람교도와 유대교도를 그리스도교로 개종시킬 것을 요구하게 되었다.

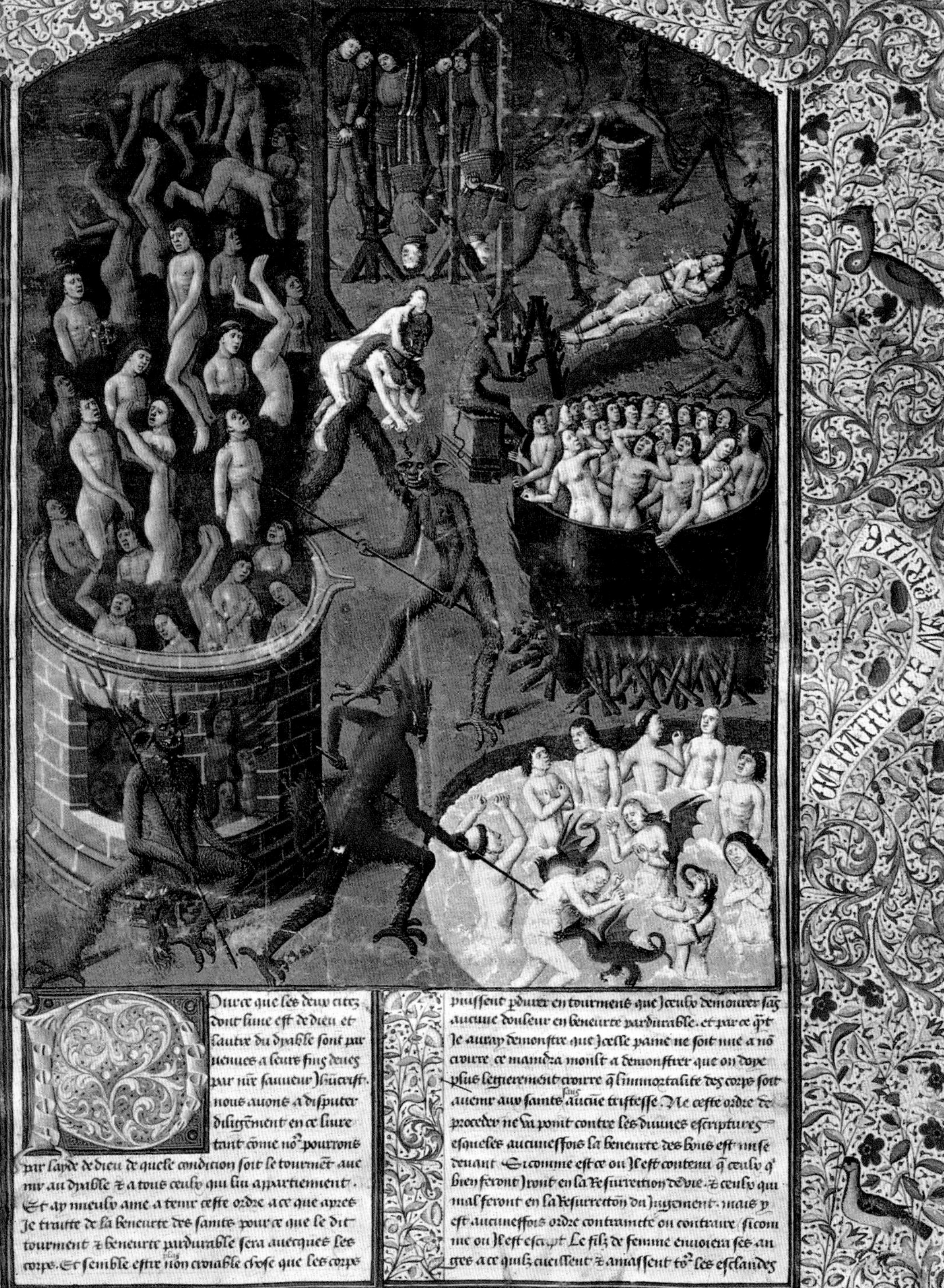
Ource que les deux citez
dont lune est de dieu et
lautre du dyable sont par
uenues a leurs fins deues
par nre sauueur Jhucrist.
nous auons a disputer
diligēment en ce liure
tant cōme no⁹ pourrons
par laide de dieu de quele condicion soit le tourmēt aue
nir au dyable ⁊ a tous ceulx qui luy appartienent.
Et ay mieulx ame a tenir ceste ordre a ce que apres
Je traicte de la beneurte des sains pour ce que le dit
tourment ⁊ beneurte pardurable sera auecques les
corps. Et semble estre plus non croiable chose que les corps
puissent pduirer en tourmens que iceulx demourer sās
aucune douleur en beneurte pardurable. et par ce q̄t
Je auray demonstre que icelle paine ne soit mie a nō
croire ce mandra moult a demonstrer que on doye
plus legierement croire q̄ limmortalite des corps soit
auenir aux saints sans aucune tristesse. Ne ceste ordre de
proceder ne va point contre les diuines escriptures
esqueles aucuneffois la beneurte des bons est mise
deuant. Si comme est ce ou il est contenu q̄ ceulx q̄
bien feront iront en la resurrection de vie. ⁊ ceulx qui
mal feront en la resurrection du iugement. mais y
est aucuneffois ordre contrairiete ou contraire sicom
me ou il est escript Le filz de femme enuoiera ses an
ges a ce quilz cueillent ⁊ amassent to⁹ les esclandres

무어인의 건축 양식

무어인의 스페인 정복은 711년부터 8세기에 걸쳐 지속되었다. 알람브라에 요새와 궁전(1238-1358년)이 지어질 무렵 무어인들의 전통은 절정에 이르렀다. 알람브라 궁전의 기둥들과 정원은 유럽의 고딕 건축 양식의 그리스도교적 전통과, 이슬람 문화의 유산이 결합된 대표적인 본보기이다. 알람브라 궁전의 모습을 담은 이 사진은 사자들의 정원을 보여 준다.

> "행복이 불행으로 바뀌는 데에서 가장 불행한 요소는 바로 행복했었다는 것이다"
>
> 보이티우스

이슬람 세계

632년 무함마드가 죽은 이후 이슬람 문화는 아라비아 지역에 폭넓게 전파되었다. 751년 이래 이슬람 제국은 프랑스 접경 지역에서 거의 중국에까지 걸쳐 있었다.
이슬람은 철학, 수학, 천문학, 의학 등의 분야에서 위대한 발전을 이룩했다. 예술적인 영역에서는 위대한 건축술과 서예, 도예와 직물 작품 등을 남겼다.

중세철학

플라톤과 아리스토텔레스, 그리고 그리스도교를 하나의 흐름으로 조화시키려는 장구한 시도

과학이 지속적으로 발전함에 따라 중세철학은 몇몇 로마의 가톨릭 신학자들만이 관심을 기울였을 뿐, 몇 세기에 걸쳐 부당하게 경시되어 왔다.

광활한 영토를 지배했던 로마 제국은 여러 이민족들의 세력 앞에 결국 무릎을 꿇고 말았는데, 그러한 이민족들 대부분은 종종 서로 전쟁을 벌였던 이교도 유목민들이었다. 이제 그리스와 헬레니즘과 로마의 문화 유산들로 이루어진 빛나는 고대 문명은 폐허 속으로 사라져 버렸다. 그리고 이른바 우리가 암흑기라고 부르는 시대가 이어졌다. 유럽인들이 문명 그 자체를 자신들의 문화와 그토록 오랫동안 동일하게 여긴 까닭은, 유럽 문화가 대략 600년에서 1,000년에 이르는 이 암흑기를 거치는 동안 아무런 가치도 지니지 못했기 때문이다. 속 이 무렵에는 고도로 발달한 또 다른 문명들이 유입되었다. 당시는 알렉산드로스 제국의 일원으로 중동 전역에 걸쳐 융성했던 이슬람 문명의 황금기였고, 그들이 뻗어 나간 모든 길은 북부 아프리카를 가로질러 스페인에까지 이르고 있었다. 그리고 중국 문명은 당나라(618-907년)에 이르러 절정을 이루고 있었다. 특히 이때 나타난 한시(漢詩)는 가장 위대한 작품들로 평가된다.

이 무렵 새롭게 생겨난 독특한 일본의 고전 문화는

『철학의 위안』
여기서 우리는 철학의 여신이 '사색에 잠긴 매춘부'로 전락하여 보이티우스를 설득하는 장면을 볼 수 있다. 행운의 여신이 인물 넷이 오르락내리락 하는 바퀴를 돌리고 있다.

> "개인은 합리적 자연의 개별적 실체이다"
>
> 보이티우스

급격하게 발전해 나갔다. 그 후 500여 년이 지나서야 비로소 유럽은 세계 곳곳에 스스로의 힘과 문화를 전파할 수 있게 되었다. 암흑기라고 불리던 중세 시대에 누군가가 이렇게 야만스럽고 미개한 대륙이 나중에 세계를 지배하게 될 것이라고 말했다면 아마도 황당한 이야기로 들렸을 것이다.

그 기간 동안 고대 문화의 대부분을 물려받은 것은 이슬람 세계였다. 철학적으로는 아리스토텔레스의 저작들이 바로 이러한 경우에 해당한다. 그의 많은 저작들은 유럽에서 사라졌지만 오히려 아랍 지역에서는 대부분 보존되었다. 그리고 13세기에 이르기 전까지는 유럽에 다시 알려지지도 않았다. 아리스토텔레스와의

로마인과 야만족 사이의 전투

4-5세기 무렵 야만족들이 서로마 제국의 국경을 넘나들기 시작했다. 고트족이나 반달족과 같은 가난한 야만족들의 목표는 새로운 땅과 풍요를 얻는 것이었다. 410년 알라리크 2세(Alaric II)가 이끄는 서고트 왕국의 군대가 로마를 포위 공격했다. 그리고 455년에는 반달족이 다시 로마 공격에 나섰다. 476년 서로마 제국은 멸망했고 이탈리아는 야만족 왕들에 의해 통치되었다.

접촉 외에도 12세기와 13세기에 이루어진 아랍권과의 문화적 교류는 유럽인들의 지적 발전에 커다란 영향을 끼쳤다.

중세의 암흑기 동안 유럽에서 살아남은 유일한 아리스토텔레스의 저작은 논리학에 관한 저작들이었다. 이는 보이티우스(Boethius, 480-524년)가 그 책들을 라틴어로 번역했기 때문이다. 그는 이탈리아를 지배했던 동고트의 통치자 테오도리쿠스(Theodoricus)의 신임을 얻어 몇 년 동안 재상의 자리를 맡았다. 그러나 보이티우스의 정적들은 그를 모함했고, 따라서 그는 감옥에 갇힌 후 결국 처형되었다. 감옥에서 죽음을 기다리는 동안 그는 『철학의 위안(*De Consolatione Philosophiae*)』을 집필했다. 이 책은 오늘날까지 전해지고 있다. 그는 그리도교인이었지만 그가 표현한 '위안'이라고 하는 의미는 딱히 그리도교적이라기보다는 오히려 스토아주의적이거나 신플라톤주의에 가까운 것이었다. 그의 책은 중세 전체를 통해 가장 보편적인 설득력을 가진 책 중의 하나로 꼽히고 있다.

등대로서의 아일랜드

유럽이 야만으로 되돌아가는 데에는 보이티우스 이후로도 몇 백 년이 걸렸다. 이 시기에 문명의 유물들을 지키려는 개인과 단체의 노력은 매우 수세에 몰렸다. 가장 중요한 연구 기관 중 하나는 바로 교회였으며, 초기에는 그러한 노력들이 목숨을 담보로 할 만큼 매우 위험한 일이었다. 따라서 이 무렵에는 공평하고 지적 신기원을 이룰 만한 저작이 많이 나오리라 기대하기 힘들었으며, 실제로 그런 저작이 거의 나오지도 않았다.

북유럽에서 로마의 통치를 종식시킨 게르만족은 영국을 점령했으나, 아일랜드 해에서 멈추고 말았다. 따라서 아일랜드는 야만화되지 않은 채로 남아 있었다. 그곳에는 영국과 대륙에서 교육을 받은 박식한 사람들이 많았다. 그 결과 아일랜드 역사상 매우 주목할 만한 시기가 형성되었다. 즉 대략 6세기부터 8세기까지 아일랜드는 야만적인 유럽의 끝자락에서 유일하게 문명화의 가능성을 지닌 전초 지역이었다. 이는 중세의 암흑기 동안 어떻게 뛰어난 철학자가 아일랜드에서 나올 수 있었는지를 보여 준다. 그의 이름은 요한네스 스코투스 에리우게나(Johnnes Scotus Eriugena)이다. 그는 정확하지는 않지만 810년 무렵에 태어나 877년쯤에 죽은 것으로 추측된다.

당왕조

중국의 당나라(618-907년)는 수나라(581-618년)의 뒤를 이었다. 당나라 시대는 중국 문화의 황금기였고, 예술 분야에서는 위대한 문학, 조각, 자기와 도기 등을 완성했다. 당의 자기는 유럽보다 1,000년이나 앞서는 것이었는데, 오늘날까지 특히 다채로운유약을 사용한 것으로 널리 알려져 있다. 또 당나라는 뛰어난 귀금속 세공 기술을 가지고 있었다.

켈틱 아일랜드

5세기 아일랜드는 그리스도교와 접촉하기 시작했다. 600년쯤부터 아일랜드는 지속적으로, 책 장식의 발전을 이끈 고유한 문체를 가졌다. 왕의 후원은 이 시기의 금속 세공술과 필사본들이 나오게 된 결정적인 힘이었다. 8세기에서 9세기 초에 이르기까지 아일랜드 수도사들이 만든 『켈스서(*Book of Kells*)』는 훗날 아일랜드에 있는 켈스 수도원으로 옮겨졌다. 이는 아마도 이 당시에 만들어진 예술적 업적 중에서 가장 뛰어난 필사본일 것이다.

기사도

기사도는 원래 중세기사들을 설명하기 위해 사용되었던 집합적 용어이다. 나중에 이 표현은 기사 한 명에게 기대되는 명예롭고, 충성스럽고, 예의바른 습성을 의미하는 것으로 바뀌었다. 기사도는 12세기에서 13세기까지 절정을 이루었고, 예루살렘의 성 요한 병원의 규율과 같은 최초의 기사도 정신의 길을 이끌었던 십자군을 통해 강화되었다.

신의 자기 인식

에리우게나는 올바른 추론을 통해서는 잘못된 결론에 이를 수 없기 때문에 이성과, 신의 계시 사이에는 결코 어떠한 갈등도 존재할 수 없다고 주장했다. 그는 이성과 신의 계시를 모두 진리에 이르기 위한 타당한 방법으로 여겼다. 따라서 그는 그리스도교적 신앙의 모든 진리를 합리적으로 증명하고자 노력했다. 만약 그가 옳다면 신앙과 계시를 모두 불필요한 것으로 만들 수도 있다는 사람들의 의심을 피할 수 없었다.

아일랜드의 '십자가 고난' 장식
켈트에 있는 수도원들은 새로운 후원과 기술을 제공하는 가장 위대한 초기 그리스도교 예술 작품들을 만들어 냈다. '십자가고난'을 장식한 8세기의 이 작품은 아마도 아일랜드에서 '십자가의 고난'을 재현한 작품들 가운데 가장 오래되었을 것이다.

그러나 그의 이러한 시도는 모두 그의 저작에 반영되었다. 그의 철학적 접근은 신플라톤주의에 대한 것이었고, 마찬가지로 성 아우구스티누스의 전통에도 가까웠다. 그러나 에리우게나는 아우구스티누스보다도 더 엄격한 사상가였다. 논증을 위한 기술적인 자질도 더 뛰어났고, 지적 통찰도 더 깊이가 있었다. 가장 잘 알려진 그의 논증 가운데 하나는 신은 알려질 수 없기 때문에 영향력이 있다는 것이다. 여기서 알려질 수 없다는 것은 신이 지식의 대상이 될 수 있을 만한 어떤 실체로 존재하지 않는다는 의미이다. 신의 존재 그 자체와 그의 본성을 이해하는 것은 불가능하다. 몇 세기가 지난 후 이러한 통찰은 칸트를 통해 일반화되었다. 칸트는 어떠한 의식적 존재, 곧 신뿐만 아니라 이를테면 인간 존재에 대해서도 그 본성을 이해하기란 불가능하다고 강조한다.

에리우게나는 한편으로는 아우구스티누스와 보이티우스, 다른 한편으로는 11세기 안셀무스(Anselmus)에 이르기까지 약 600년에 걸쳐 방대한 사상 체계를 세운 유일한 서양철학자였다. 그러나 우리는 곧 안셀무스와 만나게 된다. 그리고 뛰어난 철학자들을 차례차례 만날 수 있다. 12세기에는 페테르 아벨라르(Peter Abelard), 13세기에는 로저 베이컨(Roger Bacon)과 토마스 아퀴나스, 그 뒤를 이어 요한네스 둔스 스코투스(Johannes Duns Scotus)와 오컴(William of Ockham)이 등장한다.

아벨라르와 엘로이즈
아벨라르는 신학자이면서 논리학자이고 도덕철학자였다. 그의 가장 중요한 저작들은 보편자의 문제를 다루고 있다. 그는 엘로이즈와의 사랑 때문에 그녀의 숙부인 노트르담 사원의 수사 퓔베르에게 거세를 당하게 된다. 이 그림은 아벨라르가 엘로이즈에게 베일을 건네주는 장면이다.

아벨라르의 사랑 이야기

사유의 역사상 안셀무스의 가장 큰 업적은 신에 대한 존재론적 논증이다. 그것에 대해서는 다음에서 설명하기로 하고 여기에서는 아벨라르로 넘어가겠다. 그는 1079년 무렵에 태어나 1142년에 생을 마친 것으로 알려졌는데 대부분 파리와 그 주변에서 지냈다. 아벨라르와 엘로이즈(Héloise)의 비극적인 이야기는 트리스탄(Tristan)과 이졸데(Isolde), 로미오와 줄리엣과 더불어 세계에서 가장 위대한 사랑 이야기 중 하나로 알려져 있다.

엘로이즈는 노트르담 수도회의 수사(修士) 퓔베르(Fullbert)의 조카이다. 그녀는 아벨라르의 숨겨진 연인이었다. 그녀는 아직 어렸기 때문에 그들은 비밀리에 결혼을 해야만 했다. 그녀의 남자 형제들은 이 일을 알고는 복수를 하기로 결심하고 어느 날 아벨라르의 방에 쳐들어가 그를 강제로 거세해 버렸다. 이 이야기는 그가 수도사가 되고 엘로이즈가 수녀가 되어 서로 편지를 주고받는 것으로 끝맺으며, 그 편지들은 이제 세계적인 문학 유산으로 전해지고 있다.

가장 흥미로운 아벨라르의 철학적 저술들은 보편자들에 관한 기록이다. 보편자들이란 수없이 많은 개별 대상들에 동일한 방식으로 적용될 수 있는 '붉음' 또는 '나무'와 같은 용어들을 말한다.

이러한 용어가 지칭하는 것이 그 자체로 존재한다고 할 수 있는가? 붉음 자체, 나무 자체가 있는가? 플라톤은 붉음의 이데아가 있다고 말했다. 그리고 붉은 대상들의 개별적인 붉음은, 붉음의 이데아를 모사 또는 반영한 것이라고 한다. 하지만 이러한 설명은 불충분하다. 아리스토텔레스는 이러한 견해에 동의하지 않았다. 그는 붉은 대상들이 당연히 있다고 주장한다. 하지만 붉음은 실제 붉은 대상들에서 떨어져 나와

신의 존재는 증명될 수 있는가?

초기 철학의 역사에서는 신의 존재에 대한 다양한 논증 가운데 세 가지가 중요하게 두드러진다.
그것들은 여전히 많은 변화를 거치며 나타나고 있다.

목적론적 논증

우주가 의도와 목적을 보여 준다는 논증이다. 예를 들면 도토리가 참나무가 되고 별들은 예정된 경로를 따라 운행하고, 모든 것은 어떤 목적이나 계획에 따라 움직인다.

이러한 것을 목적론적인 논증이라고 한다. 왜냐하면 목적론적인 논증은 어떤 것에 대해 그것의 목적이나 목표의 측면에서 설명하기 때문이다.

이 논증이 가지는 설득력은 근대 과학이 등장하면서 뚜렷하게 약화되었다. 근대 과학은 자연 현상을 인과성 또는 임의성으로 설명한다. 그리고 무의식적인 현상으로 다룰 수 있는 것은 모두 그 안에서 목적이라는 관점을 불필요한 것으로 만들기 때문이다.

또 우주에는 분명 수없이 많은 질서가 있지만 아울러 뚜렷한 혼돈도 존재한다. 그리고 아마도 우주의 질서에는 과장된 측면이 없지 않을 것이다.

더구나 목적을 지닌 것으로서 모든 것의 총합에 대한 설명이 유의미한지에 대한 문제가 진지하게 제기되어 왔다.

우주론적 논증

누군가가 창조하지 않고는 이런 우주가 존재할 수 없다는 논증으로, 우주의 모든 것은 무에서부터 스스로 생겨날 수 없다는 주장을 말한다. 이것을 우주론적 논증이라 한다. 우주론적 논증의 치명적인 결점은 무한 퇴행에 빠진다는 것이다.

만약 우주가 자신의 존재를 설명하기 위해 다른 어떤 것을 필요로 하는 그토록 놀라운 것이라면, 그 존재를 설명하는 다른 어떤 것이 더 놀라운 것이 되고 만다. 또 그렇게 되면 우리는 어떻게 그것을 설명해야 하는가?

참으로 우리가 하나의 설명을 떠올린다면, 우리는 그 설명에 대한 설명을 제공해야만 한다. 그리고 이러한 과정은 영원히 계속된다.

존재론적 논증

신의 존재에 대한 세 번째 중요한 견해는 존재론적 논증이다. 존재론은 존재의 본성을 다루는 일련의 논의들을 가리키는 표현이다.

이러한 논증은, 16년에 걸쳐 캔터베리의 대주교를 지낸 성 안셀무스(1033-1109년)의 것으로 여겨진다. 그는 가장 완전하고 위대한 존재를 떠올려 보라고 한다.

만약 우리가 생각하는 존재가 현존을 제외하고는 모든 바람직한 속성을 가지고 있다면, 그것은 가장 위대하고 완전한 존재는 아니다. 왜냐하면 현존하는 존재는 그렇지 않은 것보다 더 완전하고 더 위대한 것이 분명하기 때문이다.

따라서 가능한 한 가장 위대하고 가장 완전한 존재는 반드시 현존함에 틀림없다. 대부분의 신중한 사람은 이러한 논증이 마치 아킬레스와 거북의 경주(19쪽 글상자 참조)처럼 적절하지 않다고 느끼겠지만 당황스럽게도 그 논증 안에 들어 있는 잘못이 무엇인지 이해하기란 쉽지 않은 일이다.

18세기 후반 칸트는 이 문제에 대해 만족할 만한 답을 주었다. 그러나 그 문제는 여전히 논쟁의 여지가 있고, 최근 몇 년 동안 존재론적인 논증은 철학에서 중요한 쟁점으로 다시 떠오르게 되었다.

오늘날 철학자들은 신의 존재는 증명될 수 없다는 데에 합의한다.
물론 이는 신이 존재하지 않는다는 의미가 아니라,
다만 신의 존재가 합리적으로 논증될 수 있는 성질의 것이 아니라는 말이다.

삼위일체

하나의 실체이지만 성부, 성자, 성령으로서의 신, 곧 삼위일체의 교리는 그리스도교의 중심 사상이다. 삼위일체의 본질은 중세철학의 격렬한 논의 속에 들어 있다. 여기서 성부는 십자가에 매달린 성자의 뒤에 그려져 있다. 성령은 비둘기로 재현되었다.

> 죄는 여자를 바라는 것에 있는 것이 아니라 욕망을 따르는 것에 있다
>
> 아벨라르

고딕 회화

고딕 양식은 중세 후기의 건축술에서 처음 나타났다. 13세기 후반 치마부에(Cimabue, 약 1240-1302년)와 조토(Giotto, 약 1267-1337년) 같은 이탈리아 화가들의 작품과 더불어 회화에서는 새로운 양식이 나타나기 시작했다. 이 시기의 예술에서 가장 주목할 만한 특징은 자연주의적 경향이 활발해졌다는 점이다. 그 후 15세기 후반까지 고딕 양식은 유럽 회화의 지배적인 흐름이 되었다.

독립적으로 존재하는 것은 아니라고 한다.

이러한 두 가지 입장 중에서 플라톤에 가까운 첫째 입장은 보편자들이 현존한다고 주장하므로 '실재론'이라고 불린다. 아리스토텔레스에 가까운 두 번째 입장은 보편자들이란 어떤 성질들을 위한 유용한 이름일 뿐이지, 그 자체로 존재하는 사물은 아니라고 주장하기 때문에 '유명론'이라 불린다. 실재론자와 유명론자들 사이의 논쟁은 중세철학의 지속적인 대립 가운데 하나가 되었다. 이는 한편으로는 매우 곤란한 문제이고, 또 한편으로는 삼위일체의 본성과 같은 신학적으로 진지한 함의들을 가지고 있는 문제이기 때문이다.

아벨라르는 뛰어난 유명론자였다. 그러나 그 문제에 대해서는 여전히 만족할 만한 답을 얻지 못했다. 비록 우리가 더 이상 중세의 용어를 사용하지는 않지만 우리는 여전히 동일한 문제와 씨름하고 있다.

중세의 르네상스

13세기는 로마 제국의 몰락 이후 처음으로 진정한 유럽적인 사고와 문명의 획기적인 흐름을 보여 준다. 이 시기에는 그리스도교와 이슬람 문화의 활발한 교류가 이루어졌다. 아리스토텔레스의 철학도 아랍 세계에서 유럽으로 다시 들어왔다. 아서(Arthur) 왕의 전설과 같은 놀라운 낭만적 이야기와 샤를마뉴(Charlemagne) 대제나 니벨룽겐을 소재로 하는 작품들이 속속 나타났다. 프랑스에서는 고딕 양식에 바탕한 거대한 성당들이 세워졌다. 영국에서는 옥스퍼드와 케임브리지 등 대학들이 설립되었으며, 대헌장(Magna Carta)과 하원을 갖춘 입헌 정부가 출범했다.

옥스퍼드대학의 초창기 교수들 중에는 로저 베이컨

아서 왕의 검을 빼앗기 위해 호수에서 올라온 손

아서 왕의 전설은 13세기에 생겨났다. 아서 왕의 이야기는 1485년 토머스 맬러리(Thomas Malory)의 『아서 왕의 죽음(Le Morte D'arthur)』이 출판됨으로써 집대성되었다.

천상의 빛

13세기 위대한 고딕 양식의 성당들은 중세 암흑기에서 유럽이 벗어났음을 보여 주는 뚜렷한 상징이다. 고딕 건축의 가장 뛰어난 예 중 하나는 고딕식 창의 격자를 통해 장식 효과와 수직적 상승감을 주도록 배치되어 있는 파리의 상트 샤펠(1243-48년)이다. 수직 기둥과 끝이 뾰족한 아치는 우리의 시선과 영혼이 천상을 향하도록 한다.

(1220-92년)도 있었다. 베이컨이 주목받는 까닭은 그의 학문적 업적뿐 아니라 과학의 가능성에 대한 그의 빛나는 인식 때문이기도 하다. 그는 수학에 기초를 두지만 추상적인 추론뿐 아니라 관찰과 실험을 통해 이루어지는 통일된 과학이 있어야만 한다고 믿었다. 또 그는 스스로 광학을 창시했다. 그는 경험적인 진리를 추구하는 과정에서 개별적 관찰의 중요성을 깨닫기 시작한 몇 사람들 가운데 하나였다.

그러나 13세기에 나타난 철학자 중 단연 돋보이는 사람은 토마스 아퀴나스(1225-74년)이다. 그는 아우구스티누스 이후 800년 만에 나타난 가장 위대한 철학자이다. 토마스 아퀴나스는 오랜 세월 로마 가톨릭 정신에서 매우 특별한 위치를 차지하고 있는데, 1879년 교황 레오 8세(Leo XIII)가 그의 철학을 가톨릭적 사유의 이상형으로 공표했기 때문이다.

가톨릭 교회의 공식 철학자로 인정된 후 100여 년에 걸쳐 그는 가톨릭 사상가 중 가장 절대적인 존경을 받아 왔다. 그러나 1962년에서 1964년 사이에 있었던 제2차 바티칸 종교 회의 이후 이러한 경향은 쇠퇴하기

시작했고, 가톨릭 사상가들은 이제 좀더 편안한 환경에서 토마스 아퀴나스를 비판할 수 있게 되었다.

토마스 아퀴나스

토마스 아퀴나스의 위대한 업적은, 서양 사상에서 자신의 시대까지 중요하게 논의되어 왔던 모든 것을 폭넓게 망라했다는 것이다. 그리고 그러한 사상이 그리스도교 신앙과 양립할 수 있음을 보여 주었다. 그는 심지어 유대적인 사유와 이슬람적인 사유의 특징들을 포함하는 이교 문화의 자료들에서도 많은 도움을 얻었다. 우리가 이미 살펴보았듯이 그리스도교 철학은 처음부터 플라톤주의와 신플라톤주의의 높은 이상들과 함께 발전했다. 그러나 이제 아리스토텔레스의 철학이 그리스도교를 통해 복원되었고, 나아가 플라톤주의와 마찬가지로 그리스도교 사상으로 흡수될 수밖에 없었다.

토마스 아퀴나스가 열어 놓은 철학 사상인

> "영혼은 인간의 행위에 따라 결정된다"
>
> 토마스 아퀴나스

토마스주의는, 대부분 이미 전체적으로 플라톤주의에 기울어진 그리스도교와 아리스토텔레스 철학의 매우 성공적인 결합으로 이루어졌다. 그리고 여기에서 토마스 아퀴나스는 철학과 종교 또는 이성과 신앙의 철저한 구별을 주장했다. 이를테면 그는 합리적인 사유로는 세계의 시초가 있는지, 그리고 그 끝이 있는지에 대한 물음에 답할 수 없다고 말했다. 신앙에서 진리인 것이 이성에서는 거짓일 수 있고 이성에서 진리인 것이 신앙에서는 거짓일 수 있다. 토마스 아퀴나스는 자신은 그리스도교인으로서 비록 합리적으로 표현할 수는 없어도 세계에는 시초가 있고, 그것은 신을 통해 창조되어 왔고, 그리고 언젠가는 종말을 맞이할 것이라고 믿는다고 말했다.

아리스토텔레스의 철학을 바탕으로 토마스 아퀴나스는, 세계에 대한 우리의 모든 합리적 지식은 감각적 경험을 통해 획득되고, 나아가 우리의 정신에 반영된다고 주장했다. 먼저 감각을 통하지 않으면 아무것도 지성에 존재할 수 없다. 아이가 처음 태어났을 때 그 마음은 아직 아무것도 새겨져 있지 않는 깨끗한 상태와 같다. 토마스 아퀴나스는 이를 깨끗한 상태(라틴어 tabula rasa)라고 말하는데, 그 후 존 로크(John Locke)가 이를 종종 사용하기도 했다. 이러한 견해를 바탕으로 토마스 아퀴나스는, 오늘날 사람들이 보기에는 종교적인 믿음을 난처하게 만들었다고 생각할 수 있을 만큼 매우 완고하게 경험주의적인 지식론을 발전시켰다. 그러나 물론 아퀴나스는 우리가 지식을 얻는 세계는 오직 신의 창조물이며, 따라서 종교적 계시와 충돌하면서

성 토마스 아퀴나스

토마스 아퀴나스는 아리스토텔레스의 연구 성과를 그리스도교적 사유에 반영한 최초의 철학자이다. 14세기 화가 프란체스코 트라이니(Francesco Traini)의 "토마스 아퀴나스의 위대한 업적"에서 토마스 아퀴나스는 아리스토텔레스(왼쪽)와 플라톤(오른쪽) 사이에 그려져 있다.

주요 저작

토마스 아퀴나스의 유명한 저작은 『신학 대전(*Summa Theologiae*)』과 『이단 논박 대전(*Summa Contra Gentiles*)』이다. 이 두 책은 지금까지도 읽히고 있다. 그러나 아우구스티누스의 저작과는 달리 이 저작들은 일반 독자가 읽기에는 너무 어렵다.

천지를 창조하는 하느님
12세기에 만들어진 이 아름다운 스페인 벽걸이 융단은 창조주로서의 하느님을 보여 준다. 하느님은 (왼쪽부터) 아담에게서 하와를 창조하는 장면과 아담이 동물들의 이름을 짓는 장면에 둘러싸여 있다.

길드

중세 유럽에서 길드는 직업적인 이익을 증진시키기 위해 결성된 조합이었다. 수공업 길드들은 제품이나 공정의 표준과 이익을 유지하기 위해 서로 돕는 특정한 업계에 종사하는 사람들의 결사이다. 장인과 숙련공들은 대부분 길드에 속해 있었다. 오늘날 영국에서는 길드가 런던 시의 동업 조합 형태로 남아 있다.

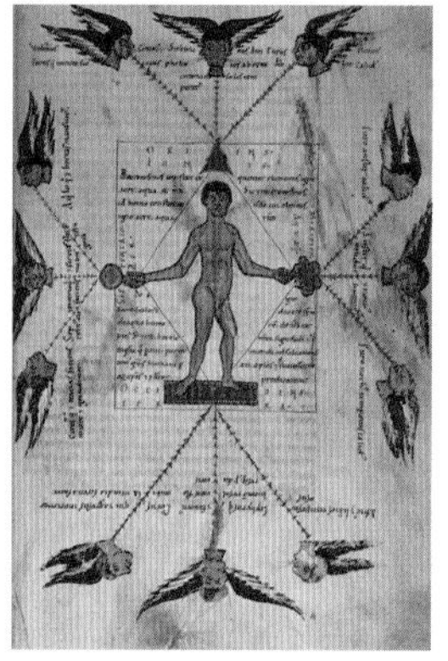

소우주

서양철학에서 소우주에 대한 개념은 소크라테스 시대에서 출발한다. 위의 그림에서 보는 것처럼 소우주는 하나의 작은 세계로서 존재하는 인간을 묘사하는 용어이다. 그 안에 소우주 또는 우주가 반영된다.

획득되는 지식이란 있을 수 없다고 주장한다.

본질과 존재

철학에서 줄곧 토마스 아퀴나스를 통해 발전된 흐름 중 하나는 본질과 존재에 관한 구분이다. 어떤 사물의 본질은 그 사물이 무엇인가 하는 것이며, 이는 그것이 존재하는지의 여부에 대한 물음과는 차원이 다른 문제이다. 이는 간단한 예로도 알 수 있다. 만약 아이가 여러분에게 "유니콘이 무엇이죠?"라고 묻는다면 여러분은 "그것은 상당히 품위가 있는 말[馬]로, 대개는 흰색이며 머리에는 곧거나 나선형의 긴 뿔이 나 있어." 하고 말할 것이다. 그 아이가 다시 "유니콘이 존재하나요?"라고 묻는다면 여러분은 "아니, 유니콘은 존재하지 않아."라고 답해야 할 것이다. 이 예에서 여러분의 두 가지 답변 중 하나는 본질에 관한 것이고 다른 하나는 존재에 관한 것이다. 계속해서 그 아이가 여러분에게 호랑이에 대해 묻는다면 여러분이 제아무리 호랑이에 대해 생생하게 설명한다고 해도 그 아이는 여전히 "호랑이가 존재하나요?"라고 질문할 것이다. 왜냐하면 그러한 설명만을 가지고 그 아이는 호랑이가 존재하는지, 존재하지 않는지 알 도리가 없기 때문이다.

그것이 존재하는지 아닌지는 본질에 대한 설명과는 다른 차원의 물음이다. 이러한 구분은 신의 존재에 관한 안셀무스의 존재론적 논증에 대한 토마스 아퀴나스의 반론을 뒷받침하고 있다. 안셀무스의 정의는 우리에게 신의 본질을 제시하는 것이었지만, 본질의 속성들을 보여 주지는 않는다. 또 그것을 낱낱이 규명할지라도 이는 존재를 보증하는 것에 그치고 만다.

토마스 아퀴나스는 어떤 것이 존재한다고 하는 것이 무엇인지의 물음에 대해 뛰어난 통찰을 가지고 스스로에게 답했다. 하나의 사물이 오직 본질이라면 그것의 존재는 단지 잠재적일 뿐 아직 현실적인 것은 아니다. 신이 자신의 뜻에 따라 세계를 만들었다고 가정하면, 세계의 본질은 그 존재를 앞서 왔음에 틀림없다. 그러나 신 자신의 본질은 자신의 존재에 앞설 수는 없다. 따라서 신은 말하자면 순수 존재임에 틀림없다.

철학자들의 출현은 본질과 존재 중에서 무엇이 먼저인가 하는 물음에 얽힌 논쟁과 연관이 있다. 철학의 역사에서 자주 살펴볼 수 있듯이, 이러한 논쟁의 한편은 플라톤과 친밀하고 다른 한편은 아리스토텔레스와 친숙한 모습으로 드러난다. 본질이 늘 존재에 우선한다는 관점은 플라톤의 이데아론(27쪽 참조)에서 명백한 지지를 끌어오는 반면, 오직 이미 존재하는 대상들에 대한 지식을 통해서만 우리는 늘 본질이 어떤 개념을 이끌어 올 수 있다는 주장과, 개별적 대상들이 모두 지적인 주체를 통해 어떤 속성들을 지니려면 무엇보다 먼저 존재를 필요로 한다는 주장은, 아리스토텔레스적인 접근과 연결된다. 여러분들은 앞으로도 보편자의 본성에 관한 이러한 논쟁 사이의 팽팽한 대립을 살펴볼 수 있을 것이다.

오컴의 면도날

둔스 스코투스(약 1266-1308년)는 아퀴나스의 견해를 비판했다. 그는 논쟁에 관한 한 중세 스콜라 철학자들 중 가장 뛰어난 사람이었다. 매력 넘치는 그의 설명이나

“불필요한 요소들을 끌어들여서는 안 된다”

오컴

둔스 스코투스

스코틀랜드의 스콜라 철학자이자 신학자인 둔스 스코투스는 프란체스코 학파에 참여했으며, 옥스퍼드와 파리 등지에서 연구와 강의를 했다. 노년에는 쾰른에서 머물다 그곳에서 생을 마감했다. 그의 철학은 아리스토텔레스와 토마스 아퀴나스에 대한 반작용을 보여 준다.

분석은 매우 꼼꼼해서 그를 연구한 사람들은 그 영향에서 벗어나기 힘들다. 그는 늘 이성과 신앙 사이의 구분을 솔직하게 받아들이자고 했다. 예를 들면 비록 그가 영혼의 불멸을 믿었다고 해도 그는 사실상 영혼의 불멸을 성공적으로 증명하는 이른바 사변적인 ‘증거’들은 전혀 없다고 주장한다. 미국의 뛰어난 철학자 찰스 샌더스 퍼스(Charles Sanders Peirce, 186-87쪽 참조)는 그를 “영원불멸한 형이상학자 중 한 사람”으로 평가했다. 그러나 그가 죽은 뒤 그를 험담하는 사람들을 통해 영어의 ‘던스(dunce, 열등생이나 저능아)’라는 표현이 그의 이름 앞에 붙여진 것은 참으로 역설적인 일이다.

둔스 스코투스의 비판 중 몇몇은 나중에 오컴(1285-1347년)을 통해 반박되었다. 오컴은 철학의 흐름에 오랜 영향을 미친 경험주의적 접근론을 발전시켰다. 돌이켜 보면 그는 거의 로크, 조지 버클리(George Berkeley), 흄으로 이어진 영국 경험론 철학의 모든 학파들 가운데 가장 유명한 선구자라 할 수 있다.

오컴은 논리적으로 필연적인 사물과 같은 것이 자연의 질서에는 존재하지 않는다고 한다. 심지어 본질상 깨질 수 없는 법칙들마저도 우연적이라고 했다. 따라서 그런 법칙들이 꼭 있어야만 하는 것은 아니며, 다른 방식으로 존재할 수도 있다. 이는 우리가 순전히 논리적인 논증과 사변만을 가지고는 세계에 대한 어떠한 지식에도 이를 수 없다는 의미이다. 그 대신 우리는 사물이 어떻게 실제로 존재하는지 살펴야 한다. 그리고 물론 추론도 중요하지만 무엇보다 우리에게 자연 세계에 대한 지식의 신뢰할 만한 기초를 마련해 주는 것은 오직 관찰과 실험뿐이다.

오컴에 이르러 비로소 인간 지식에 대해 새롭게 접근할 수 있는 길이 열리게 되었다. 그 후 우리의 접근 방법은 과학적인 모습을 갖추었다. 따라서 하나의 원리가 그의 이름과 결부되어 ‘오컴의 면도날’이라는 표현으로 오늘날까지 전해져 사용되고 있다. ‘오컴의 면도날’은 동일한 현상에 대한 두 가지 서로 다른 설명 중 좀더 복잡한 것이 잘못된 무엇을 가지고 있을 가능성이 더 높고, 다른 모든 조건이 같다면 좀더 단순한 것이 더 정확하리라고 말한다. 이는 어떤 것을 설명하려고 할 때 우리가 추론을 사용하는 것을 최소화한다. 즉 불필요한 요소들을 끌어들여서는 안 된다는 것이다. 얼핏 보면 좀더 단순한 설명들이 복잡한 설명들보다 더 정확하리라는 주장은 직관에 어긋나는 것처럼 보이며, 사실 그러하다. 여기서 ‘다른 조건이 모두 같다면’이라는 조건이 결정적인 작용을 한다. 아인슈타인은 “모든 것은 될 수 있는 한 단순화시켜야 하지만 지나치게 단순화해서는 안 된다.”라는 뛰어난 주장을 통해 이를 정확하게 지적했다.

여신과 유니콘

우리의 언어가, 유니콘과 같이 존재하지 않는 사물에 대해서 설명한다면 그 말은 어떻게 의미를 가질 수 있는가? 여기에서 그러한 사례 자체는 중요하지 않다. 하지만 그것은 철학자들이 아주 오랫동안 씨름해 온 본질과 존재에 대한 근본적인 문제를 표현하고 있다.

근대 과학의 시작

과학은, 인간의 문제와 같이 우리에게 아주 가까운 것에서 출발하지도 않았고, 그렇다고 저 하늘의 별들과 같이 아스라히 멀리 있는 것에 대한 연구에만 한정된 것도 아니었다. 과학은 우주에 대한 관찰과 함께 그에 따른 법칙을 연구했다.
그리고 인간의 역사는 과학적 관찰의 마지막 대상이 되었다.
근대 과학은 이론이 실재와의 대면을 통해서 구축되고, 자료에 대한 관찰과 측정이라는 방법이 그를 뒷받침한다는 데 그 새로움이 있다.
그 이전에는 주로 토론과 논쟁을 통해 이론이 구축되었다.

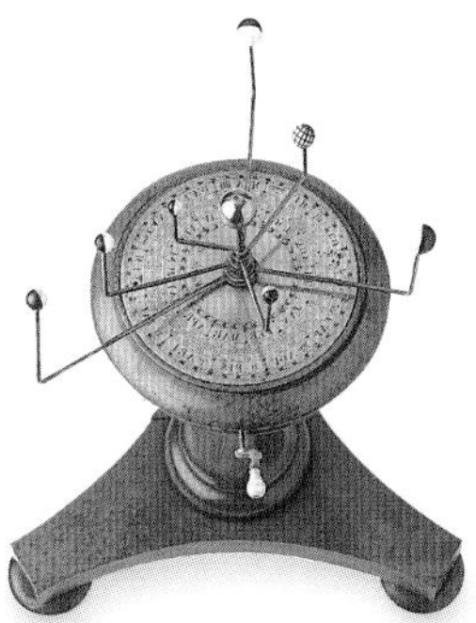

태양계의 모델

이 모델은 19세기 초 지구가 속한 태양계의 행성 궤도를 표시하기 위해 만들어진 태양계의(太陽系儀)이다.

코페르니쿠스

니콜라우스 코페르니쿠스는 지구가 날마다 지축을 중심으로 자전하고, 고정된 태양을 중심으로 1년에 한 번씩 공전한다고 생각했다. 이와 같은 그의 생각은 근대 과학 발전의 토대를 마련했다.

코페르니쿠스에서 뉴턴까지

베일을 벗는 우주

16세기와 17세기에는 새로운 과학이 영원히 생성되는 우주에 대한 인간의 생각에 가장 거대한 변화를 불러일으켰다.

너희 세상은 고정되어 있어 움직이지 않고 견고하리라

『시편』 "93편"에 나온 하느님의 언명

고대 그리스인들에 따라 여러 세대에 걸쳐 발전해 온 천문학 체계의 기원은 클라우디오스 프톨레마이오스(Klaudios Ptolemaeos)로 알려져 왔다. 기원후 2세기 그는 알렉산드리아에서 활동했으며 당시까지 발전했던 천문학을 체계적으로 설명한 최초의 천문학자였다. 그의 견해는 16세기까지 유럽 천문학의 기초로 자리했다. 프톨레마이오스는 지구가 우주 공간에 스스로 매달려 있는 하나의 구(球)이며, 우주의 중심이고, 다른 행성들과 별들이 그 주위를 거대한 원을 그리며 회전한다고 가르쳤다.

권위의 실추

중세 가톨릭 교회는 고대의 지혜와 학문을 그리스도교와 조화시키려는 일반적인 계획의 일환으로, 세계에 대한 그리스도교적 견해에 프톨레마이오스의 체계를 결합시켰다. 이러한 관점에 따라 하느님은 세계를 모든 것의 중심에 두었다. 그리고 하느님 스스로는 이 세계의 주인이 되었고 자신의 형상대로 인간을 창조했다. 그리고 하느님은 인간의 육체가 죽고 난 후 영혼이 가야 할 천국을 만들었다.

심리학적으로 이 설정은 꽤 명료하다. 비록 수학적으로는 매우 복잡한 절차를 거쳐 설명할 필요가 있지만 겉모습은 다소 분명해 보였다. 하지만 16세기에 이르러 폴란드의 니콜라우스 코페르니쿠스(Nicolaus Copernicus, 1473-1543년) 신부는 지구가 우주의 중심에 있다고 주장하는 대신, 태양이 우주의 중심에 있다고 한다면 가장 어려운 수학적 문제들 중 많은 부분이 풀릴 것이라고 지적했다. 그의 주장을 받아들이면 설명하기 곤란한 행성의 운동에 관한 문제가 돌연 명확해진다. 하지만 코페르니쿠스는 자신의 이러한 생각을 오직 가설로만 주장했다. 그가 가진 몇몇 생각들은 종교적으로 곤란한 문제를 불러올 수 있었다. 따라서 그는 자신이 죽은 해인 1543년까지 출판을 미루었다. 그래도 그는 자신의 책을 로마 교황에게 헌정했다.

새로운 생각의 운명이 늘 그렇듯이 그의 개념이 받아들여지기까지는 일정한 시간이 걸렸다. 막상 사람들이 그의 개념을 받아들였을 때 어떤 사람은 '대혼란에 빠졌다!'라고 표현하기도 했다. 왜냐하면 코페르니쿠스의 가설은 지구가 태양 주위를 돌고, 그 반대는 아니라는 것을 의미했기 때문이다. 또 그의 가설은 몇 천 년 동안 교회가 가르쳐 온 진리들을 부정하는 것이며, 이는 성경 자체에 정면으로 위배되는 것이었다. 『시편』 "93편"에 이르기를 "(여호와가 답하기를) 너희 세상은 고정되어 있어 움직이지 않고 견고하리라." 라고 했다. 코페르니쿠스의 이론이 교회에서 공식적으로 단죄되었다는 사실은, 그의 가설이 공표된 다음 세기에는 그리 놀랄 만한 것은 아니었다.

그러나 가톨릭 교회만 격분했던 것은 아니었다. 개신교 지도자들도 분개하기는 마찬가지였다. 루터는

프톨레마이오스

알렉산드리아의 수학자이자 천문학자인 프톨레마이오스는 기원후 2세기에 활동했다. 그의 가장 유명한 저작인 『알마게스트(*Almagest*)』에서 그는 지구를 우주의 중심에 두었다. 16세기 이래로 이러한 견해는 태양을 우주의 중심에 놓은 천동설에 따라 점차 폐기되었다.

코페르니쿠스의 태양계

근대 천문학의 선구자인 폴란드의 천문학자 코페르니쿠스는 지구가 아니라 태양이 우리 태양계의 중심이라는 생각을 제시했다. 이 그림에서는 여섯 개의 행성에 둘러싸인 태양을 묘사한 코페르니쿠스의 태양계를 볼 수 있다.

"사람들이여, 태양이나 달과 같은 천체가 도는 것이 아니라 지구가 회전한다는 것을 보여 주려고 안달이 난 건방진 점성가의 말을 들어 보시오. 이 바보는 천문학을 송두리째 뒤엎으려 하고 있다오. 그러나 거룩한 성서는 우리에게 여호수아가 지구가 아니라 태양으로 하여금 멈춰 서 있으라고 명령했던 바를 말해 주고 있소."라고 선언했다. 칼뱅도 이와 비슷한 취지에서 "누가 감히 성령의 권위 위에 코페르니쿠스의 권위를 놓을 것인가?"라고 말했다.

모든 격정적인 사건의 중심에는 늘 권위에 대한 의문이 자리하고 있었다. 물론 코페르니쿠스는 우리에게 우주의 본성에 대한 근본적인 통찰을 제공하고 있다. 그의 통찰이 안고 있는 발전과 함축은 역사적으로 매우 중요한 것이었다.

그러나 그의 이념에 대한 비판의 아우성은 진리에 대한 순수한 관심이라고 할 수 없었다. 사람들은 만약 코페르니쿠스 이론이 옳다면 성서와 교회, 그리고 고대 세계의 가장 현명했던 사람들과 같이 기존의 모든 권위들이 잘못된 것으로 받아들여진다는 사실을 더 많이 의식하고 있었다. 그리고 만약 그러한 권위들을 통해 지지된 천동설이 잘못된 견해로 드러나면 세계와 자연에 대한 그들의 다른 이론들도 모두 잘못된 것이 될 터였다. 권위 그 자체에 대한 이념을 포함하여 기존의 모든 질서가 그 밑바탕부터 위협을 받았던 것이다.

> "누가 감히 성령의 권위 위에 코페르니쿠스의 권위를 놓을 것인가?"
>
> 칼뱅

잘못된 궤도에서의 운동

큰 지각 변동을 일으킬 만한 영향력을 가진 코페르니쿠스의 철학을 담은 이념의 또 다른 결과는, 우주 안에서 누린 인간의 지배적인 지위를 무효화시켰다는 것이다. 인류는 더 이상 모든 것의 중심이 아니다. 우리 이외의 모든 것이 우리의 주위를 회전한다고 여길 수 없다. 이러한 깨달음이 널리 퍼진다면 종교에 대한 몇몇 사람들의 입장이 변할 뿐 아니라 인류의 보편적인 태도를 위한 지각 변화와 같은 대 변동이 일어날 수 있었다.

만약 어떠한 권위도 무조건적으로 받아들여질 수 없다면 코페르니쿠스 또한 예외일 수 없다. 그 후 출현한 천문학자들은 그의 이론을 비판하고 가시적 실제에 대해 검토했다. 덴마크의 천문학자 튀코 브라헤(Tycho Brahe, 1546-

망원경

멀리 있는 대상을 볼 때 사용되는, 한 쌍의 렌즈로 이루어진 물건을 누가 처음 만들었는지는 확실하지 않다. 1608년 세 사람이 특허 신청을 위해 각축을 벌였다. 그런데 이들은 모두 과학 기술이 발달하지 않은 나라의 사람들이었다. 최초의 진보적인 망원경은 빛을 굴절시키도록 렌즈를 사용한 '굴절망원경'이었다. 1668년 뉴턴은 렌즈 대신 거울을 사용하여 색의 분산을 막고 더 정교한 상을 보여 주는 '반사망원경'을 고안했다.

코페르니쿠스의 주요 저작

교회의 분노와 비난을 두려워한 나머지 코페르니쿠스는 『천체의 회전에 관하여(*De revolutionibus orbium coelestium*)』의 출판을 그가 생을 마친 해인 1543년까지 미루었다. 이 책에서 그는 태양을 둘러싼 행성들의 궤도를 제시했다.

니콜라우스 코페르니쿠스

크라쿠프대학에서 수학과 고전을 열심히 공부하는 동안 코페르니쿠스는 처음 천문학에 대한 관심을 가졌다.

케플러의 주요 저작

1609년에 출판한 『신천문학(*Astronomia Nova*)』에서 케플러는 화성의 궤도가 타원이라는 점을 밝혔다. 1619년에 발표한 『우주의 조화』라는 책에서는 행성의 공전주기와, 공전 궤도의 반지름과의 관계를 설명한 행성 운동의 제3법칙을 발표했다.

행성들의 음악

케플러는 공전 궤도 안에서의 행성들의 속도와 음악적 화성(和聲) 사이에 상관성을 발견했다. 그리고 나서 그는 행성들이 태양과 가장 근접했을 때와 가장 멀리 있을 때 그들의 속도에서 음계를 계산해 냈다. 위의 예는 그의 『우주의 조화(*Harmonice Mundi*)』에 실려 있다.

요한네스 케플러

독일의 수학자이자 천문학자인 요한네스 케플러는 천문학에 관심을 가지기 전에는 신학을 공부했다. 그는 화성의 궤도를 연구하면서 행성의 운동 법칙을 발견했고, 행성들이 코페르니쿠스가 생각한 것처럼 원을 그리는 것이 아니라 타원의 궤도를 돈다고 주장했다.

자신의 천문대에 있는 브라헤

덴마크의 왕 프레데릭 2세가 망원경이 발명되기 이전의 위대한 천문학자인 튀코 브라헤에게 벤 섬(島)을 주었을 때 그는 그곳에 별들을 정확하게 측정하기 위한 천문대를 세웠다. 별을 관측하기 위해 사용된 기구들은 커다란 금속 육분의(六分儀)와 상한의(象限儀)였다.

1601년)는 망원경이 발명되기 이전의 관찰 대상 중에서 가장 크고 정확한 천체를 발견했다. 그의 연구 성과들은 독일의 천재적인 천문학자인 요한네스 케플러(Johannes Kepler, 1571-1630년)에게 이어졌다.

코페르니쿠스는 모든 천체들은 원운동을 하며 한결같다고 하는 입장을 취했지만, 케플러는 이러한 두 가정을 모두 거부했다. 그는 행성들이 원이 아니라 타원으로 움직인다는 점을 증명했다. 그리고 그것들은 자신의 궤도 중 어떤 부분에서는 다른 부분보다 빠르게 움직인다는 점도 보여 주었다. 이는 천체의 운동은 반드시 대칭적인 양상을 이룬다고 하는 뿌리 깊은 가설을 차례로 무너뜨렸다. 이 가설은 고대 그리스 시대에서는 미학적인 바탕 위에서 출발했고, 그 후 중세에는 종교적인 기반을 획득했다. 이는 우주에 대한 오래된 관념과 여러 권위들을 무너뜨리는 또 다른 계기가 되었다.

피사의 거인 갈릴레이

최초로 근대 과학의 기틀을 다진 선구자는 당시의 주도적인 권위들과 갈등을 빚은 갈릴레오 갈릴레이(Galileo Galilei, 1564-1642년)였다. 그는 로마 가톨릭이 이단을 적발하고 처벌하기 위해 만든 종교 재판소에 회부되었다. 처음 1616년에는 비공개적인 재판이었으나 1633년에는 공개 재판에 회부되었다. 그의 죄는 지구가 그 축을 중심으로는 자전을 하고, 태양을 중심으로는 공전을 한다고 주장한 것이었다. 이러한 생각은 100년 전 코페르니쿠스에서 케플러를 거쳐 갈릴레이에게까지 이른 것이다. 그런 생각들은 갈릴레이의 목숨을 위태롭게 했다. 그러나 그는 자신의 이론을 철회하고 지구가 움직인다고 하는 불경스러운 견해를 다시는 결코 말하지 않겠다고 약속했다. 그러나 그는 법정을 빠져 나오면서 혼잣말로 나직이 다음과 같이 중얼거렸다.

"그래도 여전히 지구는 돈다."

갈릴레이는 놀라운 과학자인 동시에 과학자 이상의 사람이었다. 망원경을 그가 발명했는지에 대해서는 의견이 분분하지만, 그가 망원경을 사용하여 최초로 별들을 관측했다는 사실은 분명하다. 그리고 이러한 발전은 천문학 전체를 획기적으로 변화시켰다. 그는 진자의 원리를 발견했고, 이 원리는 정밀한 시계 제조 기술을 발전시켰다. 또 그는 온도계를 고안하기도

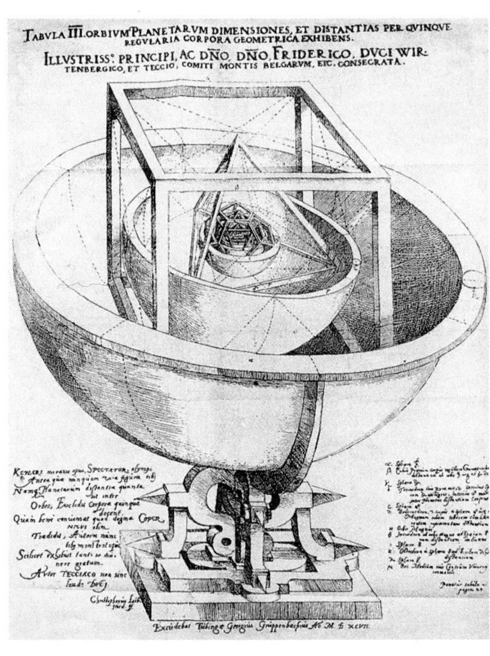

행성들에 대한 케플러의 설명

케플러는 수학을 행성들의 궤도에 대한 연구에 응용했으며, 오직 관찰에 따라 행성들에 관한 자신의 법칙을 확립했다.

"갈릴레이의 재판"

1632년 새로운 우주론에 대해 다룬 갈릴레이의 『프톨레마이오스와 코페르니쿠스의 2대 세계 체제에 관한 대화(Dialogo sopra i due massimi sistemi delmondo, tolemaico e copernicaon)』가 출간되었다. 그 결과 갈릴레이는 종교 재판소에서 왜 그가 전통적인 믿음에 의문을 표했는지 정확히 해명하라는 명령을 받았다. 결국 갈릴레이는 강제로 지구가 고정된 우주의 중심이라고 말하고 말았다.

했다.

당시에는 누구나 좀더 무거운 물체가 좀더 빠르게 떨어질 것이라고 믿었지만, 그는 다른 어떠한 압력에 따른 간섭이 없다고 한다면 모든 물체가 무게와 상관없이 동일한 속도로 낙하한다는 것을 발견했다. 더 나아가 그는 낙하 속도가 초당 975센티미터의 일정한 비율로 가속이 붙는다는 사실도 발견했다. 또 그는 모든 발사체는 포물선을 그리며 날아간다는 점을 발견함으로써 포술학의 바탕을 마련하기도 했다. 그리고 그는 자연물이 움직이는 동안 그것에 작용했던 어떤 다른 힘을 제외하면 직선으로 움직이려고 한다는 것을 보여 주었다. 물론 자연물이라도 원 또는 타원으로 움직이는 천체들 또는 다른 물체들의 경우는 여기에 해당하지 않는다.

그는 만약 하나의 움직이는 물체에 동시에 다른 몇몇 힘들이 작용한다면, 그 운동에 미치는 효과는 그 힘들이 독립적이면서 연속적으로 움직여진 것과 마찬가지라는 점을 발견했다. 이 중요한 발견은 새로운 역학의 문을 열었다. 갈릴레이는 의식적으로 과학에서 객관성의 원리를 최초로 공식화했다. 객관성의 이념이란 색이나 냄새와 같은 가장 직접적이고 즉각적인 물리적 경험들조차도 관찰자에게는 개인적으로 존재하는 것으로서 과학자들의 기록된 관찰을 통해 체계적으로 놓여야만 한다는 것이다.

비록 완전하지는 않지만 갈릴레이의 업적을 이렇게 피상적으로만 나열해도 그가 인류 역사상 가장 창의적이고 독창적인 천재들 중 한 사람이었다는 사실을 알 수 있다. 세계에 대한 인간의 이해, 즉 인간의 사유 과정에 그의 연구가 미친 영향은 이루 헤아릴 수 없다. 자신이 처한 상황이 위험했음에도 갈릴레이는, 그리스도교의 권력과 권위들은 과학의 진리를 추구하는

> "그래도 여전히 지구는 돈다"
>
> 갈릴레오 갈릴레이

이탈리아의 아카데미

16세기 후반 이탈리아 도시 중심부에는 문학, 철학, 과학 등을 탐구했던 많은 수의 아카데미들이 있었다.
가장 유명한 것 중 하나가 1657년 갈릴레이의 제자인 빈첸초 비비아니(Vicenzo Viviani, 1662-1703년)가 피렌체에 세운 '실험학원(Accademia del Cimento)'이다. 이 학원의 구성원들은 생물학이나 물리학 같은 주제들에 관한 실험을 폭넓게 수행했다.

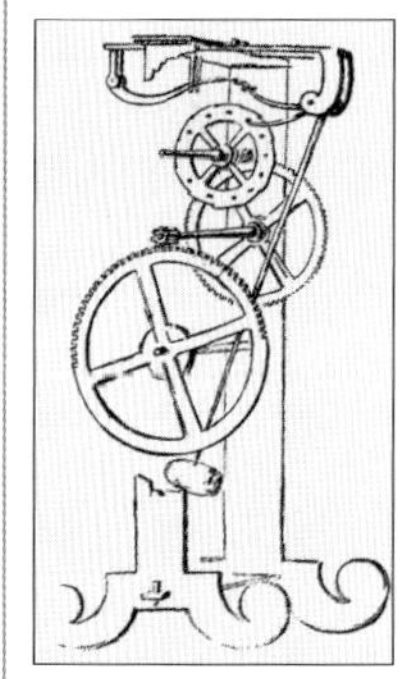

진자 시계

갈릴레이는 진자가 앞뒤로 왕복하는 데 같은 시간이 걸린다는 점을 관찰했다. 그는 나중에 이러한 원리에 따라 작동되는 시계를 고안했다. 이 도면은 그의 제자인 빈첸초 비비아니가 그렸는데, 19세기까지는 실제로 만들어지지 못했다. 진자 시계는 예전의 시계들보다 훨씬 정확했다.

갈릴레이의 주요 저작

『프톨레마이오스와 코페르니쿠스의 2대 세계 체제에 관한 대화』에서 갈릴레이는 태양이 중심이 되는 우주론에 대해 다루었다.
『두 개의 신과학에 관한 수학적 논증과 증명』(1638년)은 기계학의 원리에 대해

왕립 천문대

크리스토퍼 렌(Christopher Wren)이 설계하고 1675년에 찰스 2세(Charles II)가 설립한 영국 그리니치에 위치한 왕립 천문대의 설립 목적은 항해술에 필요한 천체들에 대한 지식을 입증하는 것이었다.

활동들을 간섭할 아무런 권리도 갖고 있지 않다고 당당하게 선언했다. 그는 "절대 군주가 단지 스스로 자유롭게 명령을 내릴 수 있다는 것만 알고 행동하듯이, 의사도 건축가도 아니면서 목숨이 경각에 달린 환자에게 마음대로 약을 처방하고, 급속히 무너져 가는 건물을 두고 건물을 짓는 일을 담당하는 것처럼 굴어야 하는 것인가?"라고 말했다. "나가 있으라!" 이것이 권위에 대한 그의 입장이다. 점점 널리 퍼져 나간 이러한 태도는 유럽의 지적이고 사회적인 삶에 혁명적인 변화를 불러일으켰다.

최고의 과학자 뉴턴

여기서 펼치는 이야기 중 가장 위대한 천재, 실로 모든 시대를 통틀어 가장 위대한 과학자라고 할 수 있는 사람은 아이작 뉴턴(Isaac Newton, 1642~1727년)이다. 학자로서 발을 들여놓을 무렵인 20대 초반에 그는 빛을 구성하는 성질들을 정확하게 분석해 냈고, 미·적분법을 창시했으며, 중력의 개념을 공식화했을 뿐 아니라 중력의 법칙을 확립했다. 그는 케플러와 갈릴레이의 연구를 발전시켜 나갔다. 예를 들면, 그는 행성의 운동에 관한 케플러의 세 가지 법칙을 나중에 뉴턴의 운동

뉴턴이 중력 법칙을 발견하게 된 계기

뉴턴은 자신의 정원에 있는 사과나무에서 사과가 떨어지는 것을 관찰했던 1666년에 중력이 예전에 생각했던 것보다 훨씬 중요하다는 사실을 깨달았다. 떨어지는 사과를 보고 뉴턴은, 사과를 떨어뜨리는 지구의 힘이 달이 지구 궤도를 벗어나지 않고 지구 중심으로 타원형의 궤도를 그리며 돌도록 하는 힘과 동일한지 의문을 갖게 되었다.

> "내가 더 멀리 본다고 한다면, 그것은 내가 예전의 거장들 어깨 위에서 보고 있기 때문이다"
>
> 뉴턴

법칙으로 알려지게 된 것으로 재정립했다. 그리고 그는 행성 체계의 완전하고 정확한 그림을 그릴 수 있는 수학적 물리학의 체계를 점차적으로 구축했다. 1687년 뉴턴은 이러한 내용을 담은 책을 출간했다. 이것이 바로 일반적으로 『프린키피아(*Principia*)』라고 알려진 책이다. 이는 원래 『자연철학의 수학적 원리(*Philosophiae Naturalis Principia Mathematica*)』라고 하는 긴 제목을 가진 책이다. 이 책에 담긴 지적인 업적은 경외심마저 불러일으킨다. 54년 전 교황은 지구가 돈다고 주장했다는 이유로 갈릴레이를 공식적으로 단죄했지만, 이제 뉴턴은 행성의 체계에 대한 정확한 연구 모델을 인류에게 제시했던 것이다.

이러한 종류의 연구는 자연의 작용을 이해하려는 시도이기 때문에 '자연철학'이라 불린다. 사실 그 당시뿐 아니라 그 다음 세기에 이르러서도 여전히 철학과 과학 사이의 구분은 모호했다. 어쨌든 자연철학은 그 동안의 일반적인 사유에 혁명적인 변화를 불러일으켰다. 물질적 우주 전체는 수학적인 용어로 설명이 가능하다는 피타고라스의 통찰은 2,000년이 지난 뒤에야 마침내 그에 대한 증명과 정당화가 이루어진 셈이다.

이제 물리적 우주의 작용들은 실제 법칙들에 따르고, 그러한 법칙들은 인간에게 인식 가능하고, 수학적 공식들로 표현될 수 있음이 증명되었다. 영원성을 지닌 이 공식들은 처음으로 과학적 예언의 힘을 인간에게 제공했다. 뉴턴의 법칙들을 통해 우리는 현재 어떤 물리적 체계의 상태가 앞으로 어떻게 변화할 것인지 정확하게 나타낼 수 있게 되었다. 이는 자신들이 이해한 바를 통해 어떻게든 우주를 지배했다고 생각하면서 새로운 과학을 새로운 통제력의 의미로 이해했던 많은 사람들에게 차례로 전해졌다. 이러한 느낌은 한층 강화되어 다음 세대에게 이어져 산업 혁명을 가능하게 했던 역학의 발전을 촉진하게 되었다. 이제 진정 인간이 자연의 주인이 되고 있는 것처럼 보인다. 하지만 이는 단지 인간의 이론적인 이행의 차원에서만이 아니라 지배와 착취의 가장 직접적인 실천의 측면에서 그렇다는 것이다. 그러나 지구는 더 이상 우주의 중심이 아니라 다만 아주 작은 행성에 불과한 것으로 여겨진다. 이제 우주의 현존은 인간과 연관된 목적을 갖고 있음이 분명하다는 믿음은, 더 이상 받아들이기 어렵게 되었다. 서구 세계를 뚜렷하게 특징화했던 신에 대한 불신은, 이후 3세기에 걸쳐 빠르게 퍼져 나가기 시작했으며, 사람들은 점점 더 인간이 알려진 우주의 주인이라고 생각하기에 이르렀다.

태엽 장치와 같은 우주

1712년 존 롤리(John Rowley)는 중심에 태양이 있고 그 주변부를 지구와 달이 공전하는 태엽 장치와 같은 것으로 태양계를 표현했다. 오러리(Orerry) 백작의 이름을 따서 만든 최초의 이 모델은 우주를 거대한 기계로 보는 뉴턴의 우주관을 반영하고 있다.

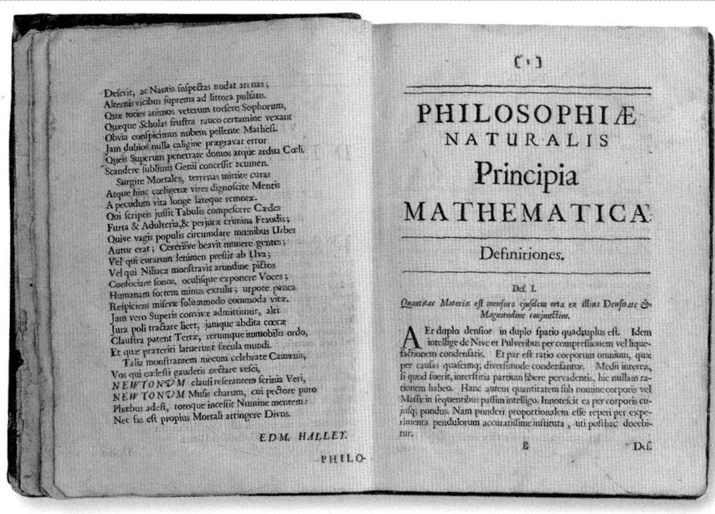

뉴턴의 『프린키피아』

뉴턴의 가장 중요한 저작인 『프린키피아』는 만유인력에 따라 행성이 태양의 주위를 돌고 있다는 사실을 보여 준다. 아울러 뉴턴의 3대 운동 법칙과 만유인력 이론을 설명한다.

> 뉴턴의 동상이 고요한 얼굴로 프리즘을 들고 서 있는 곳에 끝없이 사유의 바다를 항해하는 정신의 놀랍고 진기한 지표가 있다
>
> 윌리엄 워즈워스

새로운 세계관

전통적 사유 구조와 권위에게는 이 모든 과학적 성과들은 혁명과도 같았다. 진리를 추구하는 문제에서 전통은 걸림돌이고 권위는 아무런 역할도 하지 못한다는 믿음이 폭넓게 퍼져 나갔다. 'x는 진리이다.' 라는 형식의 어떠한 진술은 이제 '무슨 권위에 기대어 그렇게 말하는가?'에서 벗어나, 오히려 '그렇게 말하는 너의 증거가 무엇인가?' 또는 '너의 증거가 어디 있는가?' 라는 물음과 만나게 되었다. 그리고 기존의 권위들도 결국에는 과학적 이론처럼 설명할 수 있고 비판적인 물음에 열려 있다고 할 것이다.

이러한 위대한 지적 변화들은 그 자체를 연구할 기회를 가지게 되었고, 당연히 근대를 앞당기는 데 중심적인 역할을 했다. 가톨릭 교회는 유럽의 지적이고 문화적인 생활을 조절할 능력을 상실했으며, 개신교로

뉴턴의 주요 저작

『프린키피아』(1687년)에서 뉴턴은 만유인력의 법칙을 정립하고 3대 운동법칙에 대해 기술했다.
뉴턴은 『광학(*Opticks*)』(1704년)에서 백색광이 빨강에서 보라까지의 가시 광선의 복합이라는 사실을 밝혀냈다.

형식의 장려함

앙드레 르 노트르(André Le Nôtre)가 만든 보르비콩트(Vaux-le Vicomte, 1656-61년) 정원은 강한 축선을 가지고 있다. 절제된 세부 장식과 기하학적 디자인은 수학에서 영향을 받은 것인데, 17세기 철학 사상을 보여 주고 있다.

이행한 나라들에서는 그러한 경향이 더 뚜렷하게 나타났다. 그러나 가톨릭이 유지된 나라들에서조차 시간이 흐를수록 기존의 권위들이 대부분 사라지게 되었다. 과학적인 차원에서 볼 때 이러한 세계관은 아리스토텔레스주의를 뒤집는 것이었다.

우리는 토마스 아퀴나스를 정점으로 중세 후기에 나타난 여러 사상가들이 아리스토텔레스의 철학을 가톨릭적인 세계관과 조화시키려고 어떻게 분투했는지를 살펴보았다. 그에 따른 필연적인 결과 중 하나는 유럽의 지적이고 문화적인 삶을 이끄는 많은 사람들이 교회의 권위를 무시하고 거기에서 점점 벗어난다는 것이다. 이는 교회와 성서의 권위만이 아니라 아리스토텔레스의 권위도 거부하는 것을 의미한다. 그러한 최초의 결과는 르네상스였고, 뒤를 이어 종교 개혁이 일어났다. 이렇게 새로운 과학적 세계관은 여러 세대에 걸쳐 아리스토텔레스의 세계관을 대체하기 위한 투쟁을 벌여야만 했다.

앙드레 르 노트르

정원사의 왕, 르 노트르(1613-1700년)는 정원의 기하학적 양식을 완성했다. 베르사유와 보르비콩트에 있는 그가 만든 정원은 당시의 프랑스 정원 양식의 정점이라고 할 수 있다. 그는 넓은 테라스에 중앙 출입구를 가로지르는 축선으로 균형 잡힌 기하학적 양식을 연출했다. 또 테라스의 세련된 난간이나 분수대와 조상(彫像) 등은 비례감 있는 대칭 구조를 보여 준다.

> “중세라고 하는 그 최후의 마법”
>
> 매슈 아널드

새로운 학문

중세 말엽에 이르러 가톨릭 교회는 유럽 지성계의 태도와 가치를 지배하던 권위를 잃었다. 따라서 인간은 스스로 자신의 운명을 책임지게 되었다.

신이 말했다. "뉴턴을 내버려 두라!"

아이작 뉴턴은 일반적으로 아인슈타인과 함께 가장 위대한 과학자라고 평가받는다. 그는 우주 공간 속에서의 지구의 운행과 태양계의 작용에 대한 정확한 설명을 처음으로 제시했다.

인류가, 자신들이 살고 있는 지구의 본성도 모르는 채 살아온 지 몇 만 년이 흘러서야 비로소 뉴턴이 그것을 밝혀낸 것이다. 이는 인류 역사상 매우 획기적인 새로운 사실의 발견이었다. 이를 두고 시인 알렉산더 포프(Alexander Pope)는 다음과 같이 노래했다.

자연과 자연의 법칙들은
어둠 속에 숨겨져 있었다.
신은 말했다. 뉴턴을 내버려 두라!
그리고 모든 것이 밝혀졌다.

그러나 뉴턴이 밝혀낸 것은 우주와 같은 거대한 차원에 관한 것만은 아니다. 그의 법칙은 지표면에 살고 있는 모든 대상들의 움직임에 두루 적용되는 것이다. 그는 정역학과 동역학을 완성시켰다. 그리고 이를 기술에 적용함으로써 산업 혁명이 가능해졌으며, 그에 따라 모든 것이 변하게 되었다.

철학에 대해 뉴턴의 연구가 끼친 영향은 이루 헤아릴 수 없다. 뉴턴 이후 철학자들은 모두 새로운 과학의 설명을 충분히 이해해야만 했다.
그 안에서 실제에 대한 모든 설명은, 과학에 따라 드러난 실제와 타당한 방식으로 조화를 이루어야만 했다.

그것만이 아니다. 지식 그 자체의 본성, 지식에 접근하는 방식, 그리고 지식의 기초에 대한 모든 설명을 위해 신뢰할 만한 과학이 요청될 수밖에 없었다.

과학이 적용될 수 있는 영역에서는 교회와 국가의 전통적인 권위가 그리 높지 않았다. 진리라고 하는 것은 그러한 권위들이 말하는 바에 조금도 의존하지 않았다. 진리는 이제 그러한 권위들과 독립적으로 움직이는 방법에 따라 구축된다. 따라서 기존의 권위들은 사회의 지적인 삶에서 그 역할을 상실했다.

> "신에 대한 믿음과, 과학이 밝혀낸 사실을 어떻게 조화할 것인가?"

사람들은 자신들이 가진 신앙의 기초적인 부분에 대해 의문을 품기 시작했다. 우주 공간에서의 모든 물질의 운동이 과학적 법칙들에 따른다면 우리 자신의 육체는 어떠한가? 육체의 모든 운동도 과학적 법칙에 따르는가? 만일 그렇다면 자유 의지와 같은 것은 존재하지 않는다는 의미인가?

우리는 스스로 우리 자신의 육체를 관리할 수 없다는 말인가? 자유 의지와 같은 것이 없다면 도덕은 존재하지 않는다는 말인가? 그리고 또 모든 물리적 현상들에 대한 철저하고 정확한 설명이 과학에 따라 제공될 수 있다면 이제 신을 믿어야 하는 이유는 무엇인가?

뉴턴 이후 100여 년에 걸쳐 몇몇 위대한 철학자들이 이러한 질문을 제기했다. 신에 대한 믿음과, 과학이 밝혀낸 사실을 어떻게 조화할 것인가? 과학적 법칙이 지배하는 세계에서 도덕은 어떤 기능을 할 것인가? 결정적인 우주에서 자유 의지는 어떻게 존재할 수 있는가? 뉴턴의 연구는 이처럼 과학뿐 아니라 철학에 대해서도 의미 있는 과제를 던져 준 것이었다.

마키아벨리의 주요 저작

『군주론』은 어떻게 자신의 힘으로 새로운 군주를 세울 수 있는지를 다루고 있다. 이는 경험 과학의 방법을 정치학에 적용한 것이다.
『전술론』에서 마키아벨리는 여러 정부 형태에 따른 장점과 단점들을 다루었다.

마키아벨리

군주의 스승

마키아벨리는 현실에서 실행되는 정치와 정부에 대해 과학적 태도를 가지고 객관적으로 연구한 최초의 인물이다.

코페르니쿠스에서 케플러와 갈릴레이를 거쳐 뉴턴에 와서 절정에 이른, 근대 과학의 출현이라고 하는 흥미진진한 이야기는 패러다임의 전환과 같은 효과를 발휘했다. 따라서 우리는 이를 모든 영역에 적용하게 되었고 다른 여러 분야에서도 동반 상승 효과를 누리게 되었다. 그러므로 이제 다른 영역에서 과학에 상응하는 발전이 어떻게 이루어졌는지 살펴보도록 하자. 그중에서도 가장 중요한 영역은 정치철학이다.

르네상스는 정치철학의 영역에서 니콜로 마키아벨리(Niccolò Machiavelli, 1469-1527년)라고 하는 걸출한 천재를 배출했다. 그가 코페르니쿠스보다 꼭 4년 전에 태어났다는 점은 주목할 만한 사실이다.

비록 과학과는 다른 영역이었지만 마키아벨리는 새로운 과학자들처럼 정치에 접근하는 기존 방법들은 모두 거부하고, 있는 그대로의 정치를 정면으로 바라보려고 시도했다. 1513년에 출간된 그의 가장 유명한 저작인 『군주론(*Il Principe*)』에서 그는 말한다. "나의 의도는 탐구자가 실제로 사용하게 될 어떤 것을 말하기 위한 것이다. 따라서 나는 사물을 상상된 것으로서가 아니라 있는 그대로 묘사하는 일이 적절하다고 생각해 왔다."

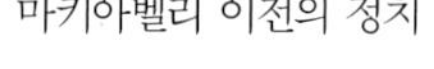

마키아벨리 이전의 정치 이론가들은 통치자의 의무에 대해, 그리고 어떠한 종류의 사람이 이상적인 군주인지, 그리고 가장 바람직한 사회의 형태는 무엇인지에 대해 다루었다. 그러나 그러한 저작들이 아무리 뛰어나다 할지라도 정치의 현실적인 모습을 다룬 것은 아니었다. 반면에 마키아벨리는 정치의 현실 그대로를 다룰 것을 주장했다. 그 후 오늘날까지 어떤 사람들은 그의 책에서 충격적인 발언을 발견해 왔다. 따라서 늘 '마키아벨리적'이라는 표현은 약삭빠르고, 비도덕적이고, 기회주의적이고, 무엇보다도 교활한 것을 뜻하는 용어로 널리 사용되어 왔다.

그러나 마키아벨리는 단지 정치적 현실에 스며들어 있는 것을 솔직하게 말하려 했을 뿐이다. 마치 새로운 과학자들이 그리스도교적 전통의 모든 세력에 맞서 의식적으로 과학의 가치 중립성을 발전시키려고 했던 것처럼, 마키아벨리도 가치 중립적인 정치적 이해를 발전시키려 했던 것이다.

진리를 말하려 한 위대한 사상가

그는 인간이 권력을 차지하고 지키려 하거나, 권력을 잃어버리게 되는 다양한 과정을 뛰어난 통찰력과 성실성을 바탕으로 서술했다. 마키아벨리는 아주 솔직하게 모든 힘의 정치, 또는 권력의 위협을 정치의 중심적인 역할로 다루었다. 그는 국민들 앞에 보이는 것 즉 이미지 관리의 중요성, 정치인이 자신의 말을 지키는 것이 유리할 때와 불리할 때에 대한 물음, 그리고 어떤 종류의 정략이 성공하고 또 실패를 가져오는지의 문제들을 다루었다.

『군주론』은 현실 정치의 경전으로 평가되어 왔다.

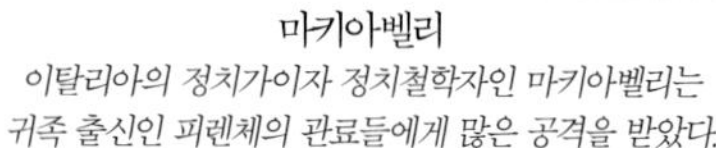

마키아벨리
이탈리아의 정치가이자 정치철학자인 마키아벨리는 귀족 출신인 피렌체의 관료들에게 많은 공격을 받았다.

> "국민들에게 사랑을 받는 것보다는 두려움의 대상이 되는 것이 군주에게는 더 안전하다"
>
> 마키아벨리

이 책 제8장의 첫머리는 "범죄를 통해 권력을 잡은 군주에 관하여"로 시작한다. 마키아벨리는 결코 사람들이 지켜야 하는 당위적인 것이 무엇인가에 관한 논쟁에 관심을 갖지도 않았고, 그리스도교적이거나 성서의 권위에 바탕을 둔 것은 더욱 아니었다. 그는 실제로 일어난 일에 대해 정확하게 관찰하고 훌륭하게 기술했다. 그의 통찰이 현대에도 통용된다고 생각했던 사람은, 히틀러와 스탈린과 같은 독재자를 옹호하려 했던 이들만은 아니다. 따라서 정치적인 영역만이 아니라 모든 종류의 직업적인 결사, 기업이나 서비스 조직 등과 같이 인간이 지위와 승진을 꾀하는 영역이면 어디에서든지 통용된다는 점에서 그의 위대한 통찰은 보편성과 타당성을 가진다. 심지어 이러한 통찰은 교회와, 각종 모임과, 자발적인 단체들에서도 통용된다.

마키아벨리의 또 다른 주저인 『전술론(*Dellarte della guerra*)』은 『군주론』과 거의 같은 시기에 집필되었다. 이 책에서 그는 다양한 정부 형태의 장점과 단점들을 깊이 있는 안목으로 적나라하게 비교했다. 그리고 그는 참된 국민적 지지를 얻은 공화국이 최선의, 그리고 최상의 안정을 이룬다는 견해를 밝혔다.

물론 정치에서 무슨 일이 벌어지고 있는지에 대한 마키아벨리의 솔직한 기술은 충격적이다. 그중 어떤 내용은 오늘날에도 해당된다. 그러나 마키아벨리를, 사악한 정치적 관행을 옹호한 사람이라고 비난하는 것은 그릇된 인식이다. 그가, 만일 통치자가 위기에서 국가를 구하거나 자신의 권력을 유지하고자 한다면 이러저러한 도덕 원칙에 반해서 행동할 준비가 되어 있어야만 한다고 말한 것은 사실이다. 그러나 이러한 주장도 그가 진정으로 원한 것은 아니다. 적어도 르네상스 시기의 이탈리아라는 시대적, 정치적 환경에서는 불가피한 것이었다고 보아야 한다.

마키아벨리의 주장은 처음부터 큰 반향을 불러일으켰는데, 사람들은 그를 가리켜 세기의 위선자들을 논파하는 사람으로 평가했다. 그는 곧 국제적 명성을 얻었다. 셰익스피어는 자신의 연극에서 마키아벨리를 염두에 둔 배역을 설정했고, 유명한 영국의 대법관이었던 프랜시스 베이컨(Francis Bacon)은 다음과 같이 썼다. "우리는 인간이 해야 할 일과 하지 말아야 할 일을 쓴 마키아벨리를 포함한 여러 사람들에게 많은 신세를 졌다."

피렌체의 정치인
마키아벨리는 유럽의 정치적 질서가 무너지고 있는 시기에 피렌체 공화국의 외교관으로 임명되었다.

NICOLAI
MACHIAVELLI
PRINCEPS.
EX
SYLVESTRI TELII
FVLGINATIS TRADVCTIONE
diligenter emendata.

BASILEAE
Ex officina Petri Pernæ.
M D XXC.

군주론

통치자들을 위한 지침서라 할 수 있는 『군주론』은, 정치적 성공을 거두기 위해서는 무엇을 하고 무엇을 말해야 하는지에 대한 조언을 담고 있다. 많은 사람들이 마키아벨리의 이상적인 군주의 모델은 교활하고 사악한 보르자였다고 믿었다.

보르자가(家)

원래 스페인의 귀족인 보르자 가문은 1443년에 처음 이탈리아로 건너와서 15세기에 큰 번영을 구가했다. 나중에 교황 알렉산데르 6세(Alexander VI)가 된 로드리고(Rodrigo)는 자신의 권력과 후손들의 이익을 늘리고 싶어 했다. 그의 사생아인 체사레(1475-1507년)와 루크레시아(1480-1507년)는 수많은 범죄와 도덕적인 무절제로 유명했다.

바티칸을 떠나는 보르자
체사레 보르자(Cesare Borgia)는 정치 권력에 매달렸던, 교활하고 야심 많고 사악한 기회주의자였다. 그러나 그는 통치자가 될 수 있었고, 마키아벨리는 그를 이상적인 군주의 모델로 예시했다.

주요 저작

『수필집』(1597년)은 인간이 어떻게 살아야 하는가, 즉 무엇을 하고 무엇을 당연히 해야 하는가를 다루고 있다. 『학문의 진보』(1605년)에서 베이컨은 당대의 지식 환경을 고찰했다. 그리고 『노붐 오르가눔』(1620년)에서 베이컨은 자신의 과학적 방법을 설명했다.

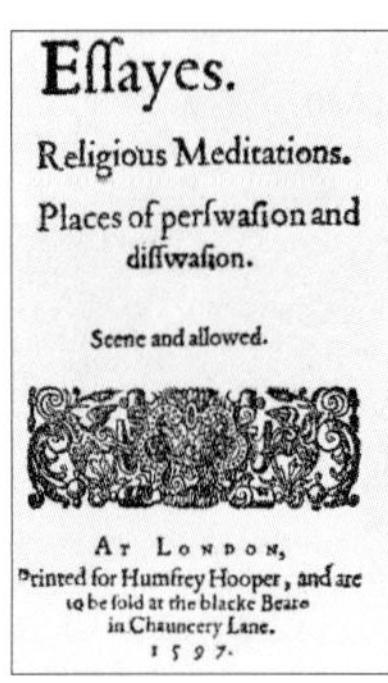
Essayes.
Religious Meditations.
Places of perswasion and disswasion.
Seene and allowed.
At London,
Printed for Humfrey Hooper, and are to be sold at the blacke Beare in Chauncery Lane.
1597.

베이컨의 『수필집』

자신의 『수필집(*Essayes*)』에서 베이컨은 정치적이고 개인적인 여러 주제들에 대한 견해를 밝혔다. 그는 자신의 지혜로운 산문에 야망, 복수, 사랑 등의 본성에 대한 탐구를 반영했다.

프랜시스 베이컨

새로운 과학을 위한 새로운 방법

베이컨은 새롭게 나타난 과학의 커다란 가능성에 주목했으며, 이론에서 제도에까지 이르는 모든 차원에서의 발전 계획을 주창했다.

프랜시스 베이컨(Francis Bacon, 1561-1626년)은 정치, 법률, 문학, 철학, 과학 등의 영역에서 진정 박식한 사람이었다. 그의 생애는 대부분 엘리자베스 1세(Elizabeth I)와 제임스 1세(James I) 치하의 영국에서 사법부의 주요 요직을 두루 거친 공직 생활이었다. 그의 아버지인 니콜라스 베이컨(Nicholas Bacon) 경은 엘리자베스 1세의 옥새를 담당하는 국새상서(國璽尙書)였다. 베이컨은 케임브리지에서 교육을 받으면서 아리스토텔레스에 대해 영원한 거부감을 갖게 되었고, 법학도 공부했다. 그는 스물세 살에 하원 의원으로 정치에 입문한 다음 법무차관 및 법무장관을 거쳐 그의 아버지처럼 국새상서가 되었다. 그리고 마침내 대법관에 올랐으며, 남작과 자작의 지위를 수여받았다.

서른여섯 살에 그는 그 동안 써 온 대중적인 글들을 묶어 수필집을 출간했다. 그는 서양의 과학과 철학에 직접적인 역사적 영향을 끼친 많은 저술들을 남겼다. 잘 알려져 있듯이 그의 공직 경력은 많은 업적으로 가득하다. 아울러 그는 당시의 위대한 극작가였던 셰익스피어에 견줄 만한 문장력을 지니고 있었다.

과학의 대부

베이컨은 자신의 정치적 영향력을 과학의 진보를 위해 사용하려고 했다. 그는 제임스 1세를 설득하여 과학 발전을 이끌기 위한 왕립 연구소와 실험 과학을 연구할 대학 설립에 노력했다. 그는 또 옥스퍼드와 케임브리지에 마련된 신과학의 교수직을 희망했다. 안타깝게도 이러한 그의 꿈들은 끝내 이루어지지 않았다. 하지만 제임스 1세의 손자인 찰스 2세는 1662년 왕립 영국 학술원을 세우고, 베이컨의

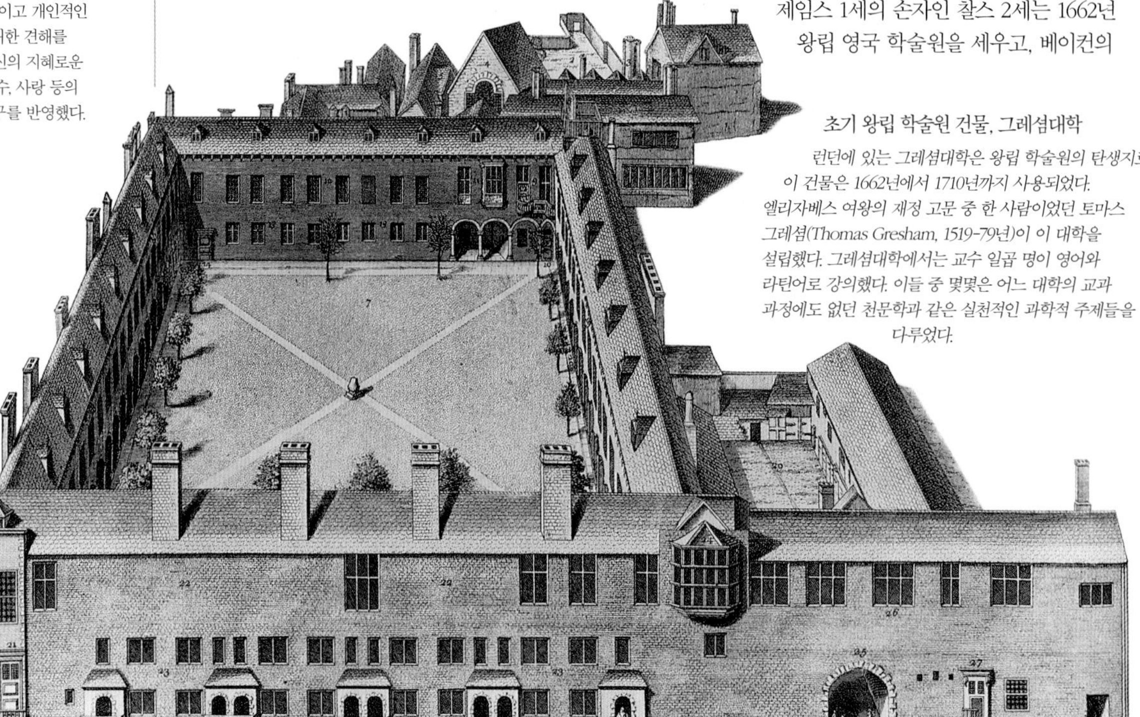

초기 왕립 학술원 건물, 그레셤대학

런던에 있는 그레셤대학은 왕립 학술원의 탄생지로, 이 건물은 1662년에서 1710년까지 사용되었다. 엘리자베스 여왕의 재정 고문 중 한 사람이었던 토마스 그레셤(Thomas Gresham, 1519-79년)이 이 대학을 설립했다. 그레셤대학에서는 교수 일곱 명이 영어와 라틴어로 강의했다. 이들 중 몇몇은 어느 대학의 교과 과정에도 없던 천문학과 같은 실천적인 과학적 주제들을 다루었다.

베이컨

베이컨은 영국의 대법관에까지 올랐다. 하지만 그는 법적이고 정치적인 성취보다 철학자이자 문필가로서 더 많이 알려져 있다.

과학적 접근을 따르고 그를 지적인 대부로 생각하는 사람들을 받아들였다. 따라서 뉴턴이나 찰스 다윈(Charles Darwin)과 같은 영국의 가장 중요한 과학자들은 베이컨에게 신세를 진 셈이다. 그리고 영국뿐 아니라 프랑스에서도 그의 영향은 적지 않았다.

베이컨은 예순 살이 되던 해에 대법관에 올랐다. 그때 그는 뇌물 수수 혐의를 받았다. 결국 그는 재판에 회부되어 유죄를 선고받고 왕이 임명하는 모든 공직에서 불명예스럽게 해임되었다. 베이컨은 남은 생애를 철학적 저술 작업과 과학 발전에 대한 계획을 세우며 보냈다. 그는 평생에 걸쳐 이론적인 문제들에서는 최고의 천재성을 나타냈지만, 동시에 실천적인 면에서는 취약성을 드러냈다. 시인 포프는 그를 "가장 현명하고, 가장 총명하며, 가장 야비한 사람."이라고 기술했다.

과학적 방법

베이컨은 과학적 지식이 인간에게 자연에 대한 지배력을 줄 수 있으며, 따라서 과학의 진보는 인간의 계획과 번영을 상상 이상으로 발전시킬 수 있다고 생각한 사람 중 하나였다. 그러나 그는 아직까지는 아무도 이에 대한 바른 길을 제시할 수 없다고 여겼다. 합리적인 사상가들은 몸 안에 감춰진 물질로 자신의 집을 짓는 거미와 같다.

그 거미집의 구조는 인상적이지만 거기에서 나오는 모든 것은 외부 실재와의 충분한 접촉을 결여하고 있다. 반면에 경험적인 사상가들은 묵묵히 자료를 수집하지만 그것을 가지고 무엇을 해야 할지에 대해서는 제한된 관념들만 가진 개미와 같다.

> "가장 현명하고, 가장 총명하며, 가장 야비한 사람"
>
> 포프가 베이컨을 가리켜서 한 말

아리스토텔레스의 전통적인 논리학은 발견을 위한 도구로서는 쓸모가 없다. 왜냐하면 그것은 새로운 것을 드러내기보다는 사실에 동의하도록 강요하기 때문이다. 베이컨은 정의(定義)에 대해서도 마찬가지라고 생각했다. 정의가 지식을 발전시킨다고 하는 생각은 착각이다.

"단어들은 단지 질료에 대한 이미지에 불과하다."라고 베이컨은 말한다. "단어와 사랑에 빠지는 것은 그림과 사랑에 빠지는 것이다."

베이컨은 자연 세계에 대한 우리의 지식을 발전시키려면 조화롭고 체계적인 절차를 따라야 한다고 주장했다. 첫째 우리는 가능한 한 좀더 많이, 그리고 좀더 정확하게 사실을 관찰해야만 한다. 또 우리의 관찰을 기록해야만 하고, 믿을 만한 자료들을 축적해야만 한다. 이는 한 사람이 홀로 작업을 하는 것보다 많은 사람들이 서로 의견을 나누면서 함께 할 때 한결 효과적이다. 즉 과학적인 연구를 위한 모임이나 대학이 필요한 것이다. 이때 우리는 사실에 우리의 생각을 덧씌우지 말고, 다만 스스로 말하도록 사실들을 내버려 두어야만 한다. 우리가 사실을 충분히 축적했을

왕립 학술원

유럽에서 가장 오래된 과학 연구 기관으로 자연적 지식의 진보를 위해 세워진 런던의 왕립 학술원은 1662년 몇몇 학자들이 왕실의 설립 승인을 받아 만들어졌다. 설립을 주도한 사람들 중에는 건축가인 크리스토퍼 렌(Christopher Wren) 경과 물리학자인 로버트 훅(Robert Hooke)도 있었다.

엘리자베스 1세

엘리자베스 1세는 자신이 총애한 에식스(Essex) 백작의 조언자였던 베이컨을 좋아하지 않았다. 그러나 에식스가 여왕에 대한 음모를 꾸며 체포되었을 때는 베이컨이 여왕의 법률 고문으로 일했으며 그를 기소하는 데에 참여했다.

베이컨 일가

베이컨은 엘리자베스 1세의 국새상서이자 지조 있는 반가톨릭주의자였다. 그는 스코틀랜드 메리(Mary) 여왕의 반대파였던 니콜라스 베이컨 경의 둘째 아들이다. 1606년 베이컨은 앨리스 바남(Alice Barhnam)과 결혼했지만 슬하에 자녀는 없었다.

윌리엄 하비

영국 의사인 윌리엄 하비(William Harvey)는 혈액 순환의 발견자이다. 하비는 케임브리지와 이탈리아 파도바대학의 파브리키우스(Fabricius, 아콰펜덴테 출생) 밑에서 의학을 공부했다. 하비의 책 『심장의 운동에 대하여』(1628년)는 해부학과 생리학 분야에서 큰 진전을 일구어 냈다. 하비는 베이컨의 주치의였다.

때 그것은 말하기 시작할 것이다. 그런 다음 규칙과 양상들이 드러나고, 인과적인 연관성도 나타나기 시작할 것이다.

그리고 우리는 개별적인 사례들을 연구하면서 점점 자연의 법칙을 깨닫게 될 것이다. 그러나 이때 우리에게 가장 중요한 점은 반대 사례에 대한 경계를 늦추지 말아야 한다는 것이다. 우리는 단지 몇몇 유력한 증거만을 가지고 껑충 뛰어 결론에 이르려는 경향이 있다. 예를 들어 꿈에서 본 일이 실제로 일어난 경험을 한 사람이 있다고 가정하자. 그러면 그는 꿈이 현실을 예측한다고 공공연하게 떠들고 다닐 것이다. 그러면서 그는 현실과 일치하지 않는 무수히 많은 꿈들은 간단하게 무시할 것이다. 부정적인 사례들은 우리로 하여금 옳은 결론에 이르도록 하는 데, 긍정적인 사례들만큼이나 중요하다.

그러나 만약 우리가 이러한 측면에 세심하게 주의를 기울인다면, 우리는 개별적인 사례들에서 예시된 법칙들을 받아들이기 시작할 것이다. 그리고 이처럼 기초가 튼튼한 가설들을 형성하게 되면, 우리는 진지한 실험을 통해 그 가설을 검증해야 한다. 그리고 만일 실험이 가설을 승인한다면 우리는 진정 자연의 법칙을 발견하게 될 것이다.

그리고 일단 그렇게 할 수 있다면 우리는 그것으로부터 자신 있게 개별적 사례들을 연역할 수 있다. 즉 정확한 예측을 할 수 있다는 것이다. 따라서 과학적인 법칙을 발견하는 과정에서 우리는 개별적인 것에서 보편적인 것으로 옮겨 가는데, 이는 귀납적인 과정이다. 이와는 반대로 법칙을 적용하면서 보편적인 것에서 개별적인 것으로 옮겨 가는 방식을 연역법이라 한다[셜록 홈스(Sherlock Holmes) 이야기의 독자들은, 이 뛰어난 탐정의 대표적인 추리 방식을 그 자신은 늘 연역적인 방법이라고 하지만 사실 귀납법이라는 것을 알 수 있을 것이다].

이러한 과학적 방법의 객관화는 17세기에서 20세기에 이르기까지 막대한 영향을 끼쳤다. 세대를 거듭하면서 과학자들은 베이컨의 안내를 받았다. 수많은 철학자들이 베이컨을, 인류에게 과학적 지식과

> "단어들은 단지 질료에 대한 이미지에 불과하다. 단어와 사랑에 빠지는 것은 그림과 사랑에 빠지는 것이다"
>
> 베이컨

다른 지식을 구분하는 올바른 길을 제시한 사람으로 여겼다. 특히 칸트는 자신의 『순수 이성 비판(*Kritik der reinen Vernunft*)』 개정판 서두에 베이컨의 말을 인용했다. 18세기 철학자 볼테르(Voltaire)와 백과전서파는 그를 비판적이고 과학적인 사유의 문을 열었던 인물로 생각했다. 이러한 그의 역할은 20세기 과학에 대한 새로운 태도를 이끌었던 아인슈타인과 포퍼에 이르기까지 영향을 끼쳤다.

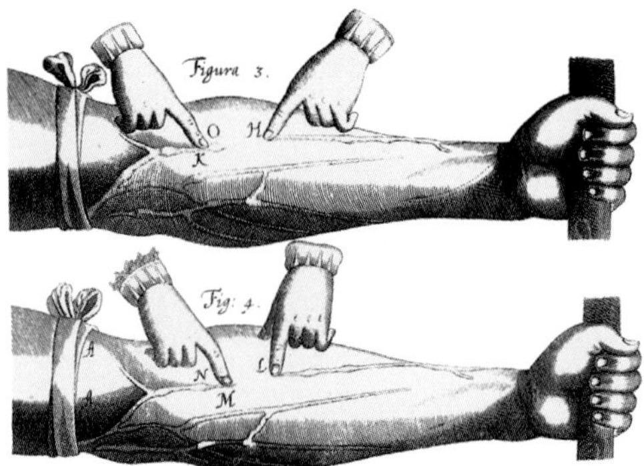

순환계

혈액 순환의 발견은 베이컨과 관련된 과학적 경험주의에서 나온 최초의 의학적 발전이었다. 하비의 책 『심장의 운동에 대하여(De Motu Cordis et Sanguinis)』에 실린 이 그림은 정맥 혈관이 존재한다는 사실을 보여 준다.

잘못된 우상들

믿을 만한 지식을 획득할 수 있는 강력하고 매우 세련된 방법을 제시했던 베이컨은, 우리의 생각을 잘못 이끄는 유혹에서 벗어나라고 경고했다. 왜냐하면 이는 우리가 너무도 쉽게 열광하는 잘못된 견해들이기 때문이다.

베이컨은 이를 '우상'이라고 불렀으며, 특히 위험한

연설의 힘

사람과 사람 사이의 소통은 주로 언어로 이루어진다. 똑같은 말이 여러 사람에게는 여러 가지를 의미하는 것일 수 있다. 따라서 인간은 언어와 실재를 혼동하는 경우(베이컨의 '시장의 우상')가 많다. 언어의 혼동과 기만이 난무하는 곳으로는 에그베르트 반 헴스케르크(Egbert van Heemskerk)의 그림 "옥스퍼드 시청에서의 선거"(1637년)에서 볼 수 있듯이 정치판보다 더한 곳이 없을 것이다.

네 가지 우상을 제시했다. 첫째는 '종족의 우상'이다. 왜냐하면 이 우상은 인류 모두에게 공통적이기 때문이다. 이는 인간의 본성 안에 처음부터 내재하는 그릇된 요소들이다. 이는 우리 감각의 기만적인 증거를 믿고, 느낌에 따라 꾸며진 판단을 승인하고, 우리 자신의 관념에 기초한 설명과, 우리가 받아들인 것에 대한 기대를 강요하는 인간의 경향이다. 둘째는 플라톤의 동굴의 비유(31쪽 글상자 참조)를 본뜬 '동굴의 우상'이다.

즉 인간은 저마다 자신의 '고유하고 유별난 경향'을 따르면서 "자연의 빛을 차단하고 채색된 자신만의 사적인 동굴을 갖고 있다."는 것이다. 셋째는 인간의 상호 교류에서 생겨나고 주로 언어를 통해 매개되는 '시장의 우상'이다. 언어의 오해에는 두 가지 특별한 방식이 있다. 먼저 동일한 언어가 서로 다른 사람들에게 서로 다른 사물을 의미한다는 것이다. 그리고 인간들이 실재와 언어를 혼동하는 뚜렷한 경향을 갖고 있다는 것이다. 마지막으로 '극장의 우상'이 있다. 이는 사실상 전혀 실재가 아니라 실재를 체계적으로 재현한 것이다. 여기서 베이컨이 주목한 것은 주로 사람들이 실재를 잘못 파악함으로써 형성된, 철학의 다양한 체계들이다. 특히 허위 의식을 조장하는, 오늘날 우리가 이데올로기라고 부르는 것을 염두에 두었는지도 모르겠다.

정신의 품격

베이컨은 놀라운 사상가이다. 그는 형이상학(우리가 과학적인 생각을 하기에 앞서 가정해야 했던 조건들)에서 과학을 체계적으로 분리시켰다. 그리고 과학적 설명이란 목표 또는 목적이 있는 것이 아니라 본질적으로 인과적인 것이라는 점을 분명하게 인식했다. 그의 업적이 지닌 특별하고 항구적인 가치로는 세계에 대한 지식을 얻으려면 관찰과 실험이 필수적이고, 아울러 결론을 내릴 때 부정적인 사례의 중요성을 반드시 명심해야 한다는 주장을 대표적으로 꼽을 수 있다.

> *깊이 없는 철학은 사람들의 마음을 무신론으로 이끌지만, 깊이 있는 철학은 종교로 이끈다*
>
> 베이컨

월터 롤리 경

영국의 군인, 뱃사람, 작가, 탐험가이면서 여왕 엘리자베스 1세의 총애를 받은 월터 롤리(Walter Raleigh)는 당대의 가장 흥미로운 사람 중 하나이다. 모험과 학문을 좋아하는 것은 엘리자베스 시대의 영국을 상징한다. 롤리는 베이컨에 동의하면서 그의 견해를 자신의 책 『세계사(*The History of the World*)』에서 인용했다. 롤리는 엘리자베스의 후계자인 제임스 1세에 대한 반역죄로 기소되었고 마침내 처형되었다.

주요 저작

홉스는 『법의 원리(*The Elements of Law, Natural and Politic*)』(1650년)에서 자신의 정치 이론을 전개했다. 그의 걸작인 『리바이어던』에서 홉스는 형이상학, 심리학, 정치철학 등에 대한 자신의 견해를 밝히고 있다.

홉스

최초의 근대 유물론자

홉스는 물리적 물질이 존재하는 모든 것이며, 모든 것이 운동 중에 있는 물질로 설명될 수 있다는 결과를 보여 주었다.

홉스

홉스는 엘리자베스 1세에서 찰스 2세에 이르는 시대에 활동했다. 이는 영국이 종교 개혁과 시민 전쟁에 따라 생긴 수많은 도전에 직면했던 시기였다.

토머스 홉스(Thomas Hobbes, 1588-1679년)는 조산아로 태어났는데, 그 이유는 스페인 함대가 쳐들어온다는 말을 듣고 그의 어머니가 몹시 전전긍긍했기 때문이다. 그래서인지 홉스는 자신의 불안한 정서에 대해 "두려움과 나는 쌍둥이이다."라고 말했다고 한다. 하지만 그는 날카롭고 공격적인 저술가였으며, 유달리 독자적인 사상가였다.

그가 성장한 시기의 영국은 엘리자베스 1세가 통치했고, 여왕이 죽은 뒤 그의 생애는 스튜어트 왕조의 지배와 영국의 시민 전쟁으로 점철되었다. 그는 옥스퍼드대학에서 교육을 받은 이후 나중에 데번셔 백작의 아들의 가정 교사로 일했다. 이 경험은 그의 지적인 발전을 크게 증진시키는 세 가지 계기를 제공해 주었다. 그는 먼저 일류 도서관에 출입할 수 있는 기회를 얻고, 폭넓은 외국 여행을 할 수 있었으며, 여러 흥미로운 사람들을 만날 기회를 가졌다. 그는 인격적으로나 지적으로 수준 높은 사람들과 폭넓게 교류할 수 있었던 것이다. 홉스는 칩거하고 있는 베이컨을 종종 방문했다. 프랑스에서는 데카르트 등과 철학적인 교류를 가졌으며, 수학자 피에르 가상디(Pierre Gassendi)와도 친분을 나누었다. 그리고 이탈리아에서는 갈릴레이를 방문하기도 했다. 나중에는 찰스 2세가 아직 황태자였던 시절 2년에 걸쳐 그의 가정 교사가 되어 수학을 가르치기도 했다. 아마도 그의 성격은 소심했던 것 같다. 하지만 지적인 자기 확신의 측면에서는 어떠한 결함도 보여 주지 않았다.

한 인간의 가치 또는 진가는 모든 사물의 가치와 마찬가지로 그의 값어치다

홉스

"시종과 함께 있는 영국 황태자 찰스 2세"

홉스는 나중에 찰스 2세(1630-85년)가 된 영국의 황태자에게 수학을 가르친 가정 교사였다. 찰스 2세는 의회파가 왕정의 복고를 받아들인 1660년 왕위에 올랐다.

영국의 시민 전쟁

영국의 시민전쟁(1642-51년)이라 함은 찰스 1세와 그를 지지하는 왕당파와 의회파 사이의 대립을 말하는 것이다. 결국 시민 전쟁은 의회주의자의 승리로 막을 내렸다. 새로운 모델의 군대에 따라 지지된 성공적인 의회파의 힘은, 1649년 왕의 처형과 그의 후계자인 찰스 2세의 국외 추방, 그리고 올리버 크롬웰이 이끄는 공화국 설립을 가능하게 했다.

기계로서의 정신

신에 대한 믿음을 부정하는 것이 법에 저촉받고 한 사람의 인생을 위태롭게 할 수 있는 종교와 종교적 정파에 지배되던 시대에 대담하게도 홉스는 완전한 유물론 철학에로 빠져들었다.

"존재하는 것들의 전체인 우주는 물질적인 것이다. 말하자면 물체이다. 그리고 길이, 폭, 깊이 등과 같은 크기를 가지고 있다. 또 물체의 모든 부분도 물체와 마찬가지이고, 물체와 똑같은 특질을 가진다. 그리고 결과적으로 우주의 모든 부분은 물체이며, 물체가 아닌 것은 우주의 부분이 아니다. 그리고 우주는 전체이기 때문에 우주의 부분은 어딘가에 있을 수밖에 없다."

그는, '무형의 실체'를 말하는 철학자와 신학자의 개념들은 자기 모순이며 아무런 의미도 없다고 주장했다. 이 모든 점에 비추어 신에 대한 그의 생각이 도전을 받았을 때 그는 단지 인간의 모든 능력은 신 또는 신의 속성들에 대한 개념을 형성하는 것과는 거리가 멀다고 대답했다.

이는 자유롭게 말하기 위해 스스로를 보호하는 전형적인 홉스의 전략이다. 그는 결코 자신의 견해를 온건하게 펼치지는 않았다. 하지만 그 견해들이 당대의 사회에서 수용될 만한 것들과 어떻게 조화될 수 있는지 설명하라는 도전에 맞서 그는, 그러한 가능성을 부정하는 반대자들을 난처하게 만드는 답변을 제시했다. 흥미로운 그의 전략 중 하나는 질문에 대한 결정은 주권자에게 달려 있다고 말하는 것이다. 그리고 그는 이러한 것이 형이상학적이고 종교적인 문제들과 마찬가지로 정치와 법의 영역에서도 당황스럽게 만든다고 주장했다. 그다지 놀랄 만한 일은 아니지만 홉스는 이러한 태도 때문에 그에게 호감을 가지고

> "말이란 현명한 사람의 화폐이지만 또한 바보들의 돈이기도 하다"
>
> 홉스

친분을 나누었던 찰스 2세의 총애를 받았다. 따라서 그의 안전도 보장되었다. 우리는 분명 이러한 태도를 적어도 부분적으로는 영리하고 냉소적인 전략으로 생각할 수 있다. 또 당대 사람들 중 일부에게도 그렇게 보였을 것이다. 그 결과 그의 초기 저작들은 실로 그의 삶을 위태롭게 했고, 그 때문에 그는 유럽 대륙으로 몸을 피해야 했다. 그리고 그의 저작들은 금서가 되기도 했다. 그는 이러한 위협을 극복하며 아흔한 살이라는 나이에 이르기까지 저술 활동에 힘썼다.

오직 물질만이 존재한다는 주장을 발전시키면서

홉스는 인간을 포함한 모든 움직이는 대상을, 실로 우주 전체를 이루고 있는 여러 기계와 같은 것이라고 생각하게 되었다. 따라서 그는 근대 형이상학적 유물론의 창시자일 뿐 아니라, 자연에 대한 기계론적 관점을 철저하게 지켜 나간 최초의 철학자라 할 수 있다. 이러한 입장에 따라 홉스는 기계론적인 심리학을 발전시켰다. 이는 물론 인간의 정신을 일종의 기계로 여긴다는 점에서 전혀 새로운 것이었다.

홉스의 관점에 따르면 모든 정신적 과정은 개인의 두개골 내부에 있는 물질의 운동으로 이루어지는 것으로 이해된다. 유물론적이고 기계론적이며 순수 물리학적인 심리학과 같은 이 모든 생각들은 이후 3세기에 걸쳐 많은 사상가들에 따라 발전되었으며 큰 영향력을 발휘했다. 이러한 생각에 동의하지 않는 사람은 홉스의 견해가 얼마나 독창적인지 인정하기가 쉽지 않을 것이다. 그러나 비록 궁극적으로는 잘못된 것이라 하더라도 그런 생각들은 인간을 이해하기 위한 중요한 단서들을 발전시키는 데 도움을 주었다는 점이 중요하다. 예를 들어 정신적 과정에 대한 명백한 물리학적 기초가 있으며, 이는 물리학적 차원에 대한 고려 없이는 이해될 수 없다. 그리고 홉스는 정신을 순전히 추상적인 어떤 것이라고 하는 사람들의 생각을 바꾸려고 노력했다.

홉스는 갈릴레이를 만난 이후 특별히 운동의 문제에 매료되었다. 당시 갈릴레이가 적극적으로 개혁하고자 했던, 낡은 아리스토텔레스적인 세계관에

종교가 지배하던 시대

홉스의 완전한 유물론적 철학은 신을 두려워하던 당대의 정신과 충돌할 수밖에 없었다. 세인트 피터스 교회는 1666년 9월에 발생한 런던 대화재로 도시가 파괴된 후 크리스토퍼 렌이 런던에 세운 교회 52곳 중 하나이다.

크리스토퍼 렌 경

영국의 건축가 크리스토퍼 렌(1632-1723년)은 1660년 이래로 옥스퍼드대학의 천문학 교수를 지냈으며 영국 왕립 학술원의 발기인이었다. 그러나 그는 주로 건축가로서 널리 알려졌다. 특히 세인트 폴 성당(1675-1710년)의 건축과, 1670년부터 1711년 사이에 런던의 교회 52곳을 재건축한 것으로도 유명하다.

공리주의자들에게 끼친 영향

사회계약설의 유행이 지나가자 홉스에 대한 관심도 차츰 수그러들었다. 그러나 19세기에 이르러 제러미 벤담(1748-1832년)의 추종자들인 공리주의자들이 그의 사상을 새롭게 조명했다. 특히 뛰어난 법 철학자 존 오스틴(1790-1832년)이 홉스에 관심을 가진 덕분에 그는 위대한 정치 사상가 중 한 사람으로 인정받았다.

안전과 자유

헨드릭 스틴윅(Herdrik Steenwyck, 1550-1603년)의 "시장의 풍경"에서 우리는 평화로운 사회를 본다. 홉스는 인간이 죽음에 대한 두려움 때문에 사회를 형성한다고 믿었다. 사회가 없으면 인간은 지배도 없고 질서도 없는 '자연 상태'에 있게 된다. 그는 누구도 법을 어기지 않고 싶어 하는 상황을 만들기 위해 우리가 중앙 권위에 권력을 이양하는 데 동의해야만 한다고 주장했다.

정치철학은 그의 사상 중에서 가장 오랫동안 영향을 미치게 된다.

따르면 정지는 자명하게 물리적인 물체들의 자연적 상태를 의미한다. 그러나 갈릴레이에 따르면 지구 자체를 포함한 모든 물리적 물체들(지구 상에 존재하는 모든 것)은 예외 없이 운동과 무관할 수 없다. 그리고 자연물은 외부적인 힘이 가해지지 않으면 늘 직선으로 움직인다고 한다. 홉스는 갈릴레이의 이러한 생각에서 벗어날 수 없었다고 털어놓는다. 갈릴레이를 따르는 홉스는 모든 실재가 운동하는 물질을 구성한다고 생각했으며, 이는 그의 전체적인 개념이 되었다. 만일 사물에 대한 이러한 견해에서 홉스에게 가장 큰 비중을 차지했던 요소를 누군가가 분리시키려 했다면, 그것은 물질이 아니라 운동이다. 그는 운동에 도취한 사람으로 불려 왔다. 그의 견해에 따르면 물질적이고 기계적인 세계 안에 있는 모든 인과성은 추진성의 형태를 갖는다. 그리고 그는 이것이 모든 변화가 어떻게 일어나는가에 대한 설명이라고 믿었다.

그는 이러한 생각을 자신의 심리학에까지 확장시켰다. 그에게 모든 심리학적 동기는 그것이 전진하는 동기이든 아니면 반발하는 동기이든 간에 추진성의 일종으로 여겨졌다. 동기의 이러한 두 방향은 욕구와 혐오라고 표현할 수도 있다. 이와 비슷한 대립 쌍들은 그 밖에도 많이 있다. 좋아함과 싫어함, 사랑과 증오, 기쁨과 슬픔 등이 이에 해당한다. 그러한 쌍들의 앞부분은 본질적으로 채워질 수 없기 때문에 끝이 없다. 따라서 이는 삶 그 자체가 중단되기 전까지는 지속되는 인간의 필요와 욕구이다. 이와 반대되는 항, 즉 반발에 해당하는 것 가운데 가장 강력한 혐오는 바로 죽음에 대한 공포이다. 죽음은 저마다 조금씩 차이는 있지만 대부분의 인간이 회피하려고 하는 어떤 것이다.

인간 심리에 대한 홉스의 이와 같은 기본적인 관점은 계속해서 그의 정치철학으로 이어진다.

힘과 기만

홉스는 인간이 사회를 형성하는 이유는 죽음에 대한 두려움 때문이라고 믿었다. 그가 말하는 자연 상태란 사회가 없는 상태이다. 사회가 없는, 즉 지배도 없고 질서도 없으며 정의도 없는 상태에서 삶은 '만인에 대한 만인의 투쟁'이다. 이 모든 결과물은 폭력과 교활한 술수 또는 그가 기술한 대로 "힘과 기만"에 따라 결정된다. 홉스는 자신의 가장 유명한 저작인 『리바이어던(*Leviathan*)』(1651년) 에서 다음과 같은 말로 그러한 국면에 대해 소름끼치는 묘사를 했다.

"가장 나쁜 것은 지속적인 공포, 즉 폭력에 따른 죽음에 대한 공포이며, 인간의 삶은 고독하고, 가난하며, 추잡하고, 야만적이며, 덧없는 것이다."

각 개인은 서로 계약과 동맹을 맺음으로써 이러한 상태에서 벗어나고자 시도할 수 있다. 하지만 홉스는 다음과 같이 말했다.

"무력이 없는 계약은 단지 말뿐이다. 따라서 이는 궁극적으로 인간을 보호하기 위한 힘을 가지고 있지 않다."

왜냐하면 누구든지 계약을 깨는 편이 더 유리하다고 생각되면 그렇게 할 것이기 때문이다. 이러한 딜레마에서 벗어날 수 있는 유일한 방법은 계약을 깨는 행동이 누구에게도 이익이 되지 않는 상황을 만드는 것이다.

홉스에 따르면 이렇게 하기 위해서는 법을 강제하고, 법을 어기는 사람을 단호하게 처벌하는 일을 수행할 중심적인 권위에 권력을 인계하는 일에 모든 사람이 동의해야 한다. 그러한 권위가 효과를 발휘하기 위해서는 어떠한 개인 또는 개인들의 결사보다도 더 많은 권력을 가져야 하며, 그 안에서 사회는 저항할 엄두를 낼 수 없는 상태, 즉 절대적인 권력을 가지는

『리바이어던』

자신의 걸작 『리바이어던』에서 홉스는 질서를 유지하기 위한 유일한 수단으로서 전제적인 정부를 주장하고 있다. 『리바이어던』의 이 표지그림에서 국가는 모든 공동체의 구성원들로 이루어져 있다. 아래에 있는 것들은 교회와 시민의 규칙들을 상징한다.

상태에 도달할 수 있다. 이는 사회를 구성하는 개인들의 자유와 안정을 모두 극대화할 수 있는 유일한 길이다. 그러나 이는 또 사람들이 '자기 자신에 대하여 다른 사람들의 자유를 허용하는 것처럼, 다른 사람들에 대하여 내 자유가 허용되는 것에 만족해야만 한다.'는 것을 의미한다.

홉스는 늘 최고의 권력이 개인 또는 집단과 평형을 잘 이룰 수 있고, 어느 경우에나 권력이 신에게서 나오는 것도 아니고, 어떠한 고대의 더 높은 권위에서 나오는 것도 아니라고 생각했다. 그는 단지 사람들 그 자체, 즉 국민에게서 권력이 나온다는 것을 명백히 하는 데 심혈을 기울였다. 그리고 사람들은 특히 자신들의 개인적 자유와 안전의 측면에서 자신들의 이익을 극대화시킬 수 있다고 여기기 때문에 그 권위에 권력을 인계한다는 것을 분명히 했다. 절대 권력은 주권자를 만족시키기 위한 것이 아니라 모든 사람들의 선을 위해 주권자에게 주어지는 것이다.

가혹한 형벌
법을 어기는 사람에 대한 엄격한 처벌은 중앙 권력의 책임이라는 것이 홉스의 견해이다. 이 목판화는 1660년 찰스 2세의 왕정 복귀 이후 찰스 1세의 죽음이 가혹한 형벌 때문이었다는 점을 보여 준다.

> 나는 어둠 속에서 크게 내딛는 대단히 무모한 마지막 여행을 떠나려 한다
>
> 홉스

전제 정치보다 더 나쁜 혼돈

홉스는 기본적으로 그 어떤 것보다, 심지어 가장 매서운 독재 정치보다도 더 군중들을 공포스럽게 하는 것은 사회적 혼란이라고 생각했다. 따라서 군중들은 혼란보다는 전제 정치를 더 선호하게 되고 거의 모든 전제 정치에 복종한다는 것이다. 우리는 홉스가 활동했던 시대에는 시민 전쟁이 일어났고, 왕권신수설을 신봉했던 왕이 처형당했으며, 국가는 폭력적인 무질서 상태로 추락하고, 평화는 오직 군사적인 독재를 통해서만 회복되었다는 사실에 주목할 필요가 있다. 그리고 홉스는 개인적으로 이러한 사건들 속에서 몇몇 중요한 인물들을 만났다. 『리바이어던』을 집필했을 당시 그는 프랑스에 정치적인 망명 상태로 머물러 있었다. 1651년 이 책이 출판되었을 때 올리버 크롬웰(Oliver Cromwell)은 영국의 독재자로서 최고의 권력에 올라 있었다. 같은 해 홉스는 자신의 공개된 입장을 유지하면서 크롬웰과 화해를 했고 영국으로 돌아왔다. 그러나 1660년에 회복된 군주제는 그에게 큰 행운을 안겨다 주었다. 즉 과거 그의 제자였던 찰스 2세가 군주의 자리에 올랐던 것이다.

크롬웰

영국 시민 전쟁 중에 의회파 군대를 이끈 올리버 크롬웰 장군은 새로운 공화국의 평의회 의장이 되었다. 최초로 의회를 해산시킨 후 1653년 이래로 크롬웰은 영국, 스코틀랜드, 아일랜드의 호국경이 되었다. 이는 사실상 그를 영국의 독재자로 만들었다.

마스턴 무어 전투

1682년 홉스는 영국의 시민 전쟁의 기원을 다룬 『비히머스(*Behemoth*)』를 출간했다. 1644년 7월 2일의 마스턴 무어 전투는 영국 시민 전쟁에서 결정적인 분수령이 되었으며, 이를 계기로 의회파는 영국의 북부를 장악했다.

위대한 합리주의자들

사상 위에 군림하던 교회의 권위가 드디어 약화되었을 때 많은 사람들은 이성만을 사용해 세계에 대한 지식을 얻을 수 있다고 믿게 되었다. 철학에서 이러한 사상은 합리주의로 불렸다. 합리주의는 데카르트에서 시작되어 스피노자와 라이프니츠 등과 같은 주요 사상가들로 이어졌다. 데카르트와 라이프니츠는 매우 뛰어난 수학자였는데, 이들에게 수학은 참이라고 신뢰할 수 있는 지식의 이상적인 모델을 제공하는 것으로 여겨졌다. 이들은 세계를 이해하는 데 필요한 새로운 발견과 지식을 획득한다면 자신들과 같은 수학자들이 사용하는 방법을 통해 세계는 완전히 설명될 수 있다고 믿었다.

초기의 계산기

1644년 프랑스 철학자이자 수학자인 블레즈 파스칼(Blaise Pascal)은 아버지의 세금 계산을 돕기 위해 이 계산기를 발명했다.

분석기하학

1637년 데카르트는 기하학의 한 갈래인 분석기하학을 창시했다. 분석기하학의 기본 개념은 공간상의 한 점은 그 위치를 숫자로 나타낼 수 있다는 것이다. 데카르트는 기하학적 도형의 차원을 구성하는 것뿐 아니라 등식으로 선과 각도를 표현할 때도 대수학을 기하학에 적용했다.

데카르트

엄밀한 것으로의 회귀

데카르트는 300년 동안 서양철학의 중심에 서서 "나는 무엇을 알 수 있는가?" 하는 물음을 통해 확실한 깨달음에 이르고자 노력을 기울였다.

르네 데카르트(René Descartes)는 1596년 프랑스에서 태어났다. 데카르트는 예수회에서 수준 높은 철학과 수학 교육을 받았다. 그리고 고향에 있는 푸이티에대학에서 법학을 전공했다. 총명한 학생이었던 데카르트는 권위에 기대어 주창되는 많은 논변들이 타당하지 않다는 사실을 깨달았고, 따라서 종종 무엇을 믿어야 할지 모르게 되었다.

그는 새로운 경험을 위해 군인의 신분으로 유럽 여기저기를 여행했다. 여행을 통해 데카르트는 현실이 책 속의 세계보다 훨씬 더 다양하고 상호 모순적이라는 사실을 깨달았다. 그는 우리가 확실히 믿을 수 있는 것, 우리가 확실하게 알 수 있는 것은 진정 무엇인가 하는 사색에 사로잡히게 되었다.

데카르트는 유럽에서 가장 표현의 자유가 있는 네덜란드에 정착한 다음, 인간 사상의 토대를 성찰하고 철학, 수학, 과학의 접근 방법을 가지고 연구를 진행했다. 그리고 1629-49년까지 대략 20년에 걸쳐 매우 수준 높은 저작을 내놓았다.

데카르트의 철학적 저작으로 1637년에 출간된 『방법서설(*Discours de la méhode*)』과 1641년에 출간된 『제일철학에 관한 성찰(*Meditationes de prima philosophia*)』이 있다. 1649년 스웨덴의 크리스티나(Kristina, 1626-89년) 여왕이 데카르트를 스톡홀름으로 초청해 철학 강연을 부탁했다. 스웨덴의 매서운 겨울 날씨 때문에 데카르트는 폐렴에 걸렸고 결국 1650년에 생을 마감했다.

"데카르트"

데카르트는 생전에 몇 차례 자신의 초상화를 그리도록 했다. 이 초상화는 네덜란드 태생 화가 프란스 할스(Frans Hals, 1580-1666년)가 그린 것이다. 그런데 데카르트는 할스의 모델이 된 일이 없었던 것이 거의 확실하다.

> *나는 유년 시절에 참으로 받아들였던 수많은 거짓에 맞닥뜨렸다*
>
> 데카르트

데카르트적 회의

데카르트는 수학의 천재였다. 그는 대수학을 기하학에 응용하는 수학의 한 분야, 곧 분석기하학(analytic geometry) 또는 좌표기하학(co-ordinate geometry)이라고도 일컫는 분야를 개척했다. 그래프상의 두 선은 그의 이름을 따서 데카르트 좌표라고 부른다.

분명하고 완전하게 신뢰할 수 있는 수학의 확실성은 데카르트를 사로잡기에 충분했다. 그는 이러한 수학의 확실성이 지식의 다른 영역에 적용될 수 있는지 궁금해지기 시작했다. 만약 그럴 수 있다면 확실성을 가지고 알 수 있는 것은 없다고 주장하는 회의주의자들을 논박할 수 있게 될 것이다.

그러나 이보다 더 중요한 점은 세계에 대한 확실한 지식을 획득하는 방법, 즉 근대적 의미의 과학을 구축할 수 있는 기초 방법을 우리 손으로 열어 갈 수 있게 된다는 것이었다. 데카르트는 수학이 그 추론의 체계에서 확실성을 가진다는 결론에 이르렀다. 수학적 논증은 극도의 단순함—직선이 두 점 사이의 최단 거리라는 것과 같은 아주 기초적이고 분명해서 이를 의심하는 것이 불가능한—을 지닌 가장 기본적인 전제에서 시작하는

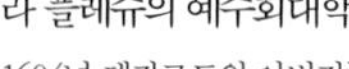

라 플레슈의 예수회대학

1604년 데카르트의 아버지는 투렌 북쪽의 라 플레슈라는 작은 마을에 있는 왕립학교에 그를 입학시켰다. 이 학교는 앙리 4세(Henri IV)가 설립해서 예수회에 운영을 맡긴 것이다. 이 학교는 유럽에서 매우 유명했다. 데카르트는 1612년까지 학교에 남아 있었고 상급반에서 논리학, 철학, 수학 등을 배웠다.

스웨덴의 크리스티나 여왕과 데카르트

피에르 루이 뒤메닐(Pierre Louis Dumesnil)의 이 그림은 크리스티나 여왕과 신하들이, 데카르트가 철학 강의를 하는 것을 듣고 있는 모습을 담고 있다. 여왕은 일주일에 세 번씩 새벽 다섯 시에 강의를 들을 것을 고집했는데, 이 강의는 다섯 시간에 걸쳐 이루어지곤 했다. 아침 일찍 일어나는 데다가 유난히 추운 스웨덴의 겨울 날씨 때문에 데카르트는 심하게 앓게 되었고 1650년 2월 11일 마침내 폐렴으로 생을 마쳤다.

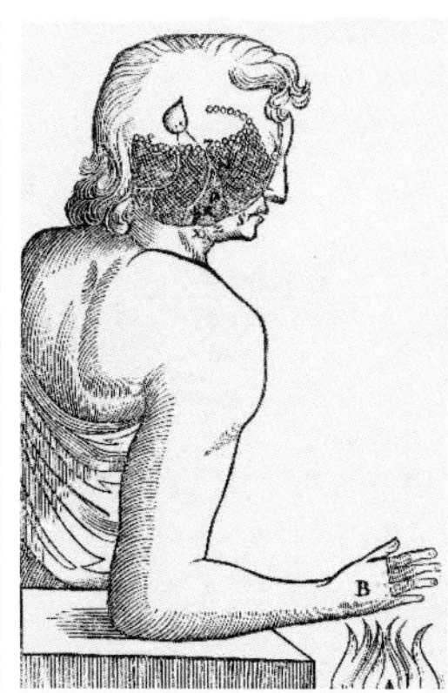

『인간, 태아발생론』

1664년에 출간된 『인간, 태아발생론(*L'homme, et un Traité de la formation du foetus*)』은 인간의 신체를 기계로 여기고 미립자의 움직임이라는 관점에서 생리학적인 과정을 설명하려고 했다. 이 그림은 열과 고통의 관계를 조사하는 것이다.

크리스티나 여왕

스웨덴의 크리스티나 여왕은, 구스타프 2세 아돌프와 브란덴부르크의 마리아 엘레오노라 공주의 유일한 후손으로서 1644-54년에 스웨덴을 통치했다. 독립적이고 지적이었던 여왕은 데카르트, 작곡가 알레산드로 스카를라티, 건축가 조반니 로렌초 베르니니 등의 후원자였다. 1652년 로마 가톨릭으로 개종했으며 1654년 자신의 신앙 때문에 여왕 자리에서 물러났다.

관찰 경험
데카르트는 우리가 사물을 가까이 들여다본다고 할지라도 사물이 드러나는 그대로 존재하는지는 확신하지 못한다고 주장했다.
루앙 교회를 묘사한 이 그림은 클로드 모네(Claude Monet)가 1892-94년에 그린 연작화 중 일부이다.
이는 빛의 효과가 사물의 겉모습을 어떻게 변화시키는가를 보여 준다.

것이었다.

수학적 논증의 각 단계는 논박이 불가능하며 또한 매우 단순하고 분명한 논리적 단계를 연역적으로 밟아 나간다. 그 과정에서 사람들을 사로잡는 어떤 수학적 법칙을 발견하게 된다.
즉 어떤 분명한 전제에서 전혀 분명하지 않은 결론에 이르게 된다. 뜻밖에도 이러한 발견들은 실로 놀랍고 유용한 것들로 가득하며, 나아가 모두 믿을 수 있는 참이었다. 이러한 세계에는 끝이 없는 것으로 보였다. 데카르트 자신이 그랬던 것처럼 수학자들은 예기치 않은 새로운 것으로 나아가게 되는 길을 여는 역할을 했다.

이제 데카르트를 통해 이러한 방법을 비수학적인 지식에 정확하게 적용하는 것이 가능한지의 문제가 남아 있다. 우리가 그 참과 거짓을 의심하는 것이 완전히 불가능하고 연역 논증의 전제로 사용할 수 있는, 수학 외부에 있는 어떤 명제를 발견할 수 있다면, 우리가 이로부터 논리적으로 추론하는 것은 참임에 틀림없다. 이는 우리에게, 완전하게 신뢰할 수 있는 발견에 대한 지식에 접근할 수 있는 방법론적 토대를 제공할 것이다. 그런데 이러한 전제가 있기는 한가? 또는 당시의 많은 사람들이 말하던 것처럼 수학과 과학의 외부에서 전혀 아무것도 확실하게 알 수 없는가?

의심할 수 없는 전제에 이르기 위해 데카르트는 세 단계를 거친다. 첫째, 직접적이고 즉각적인 관찰의 경험을 중시한다. 만약 내가 교회의 탑이나 물 속에 잠겨 있는 나무와 정면 충돌하면 나는 확실히 내 감각이 느끼는 즉각적인 증거를 신뢰할 수 있는가? 그런데 조사한 결과 직접적인 관찰이 우리를 자주 기만한다는 사실이 밝혀지는 일이 있다.

정오 무렵엔 햇빛에 반짝거리고 해질 무렵엔

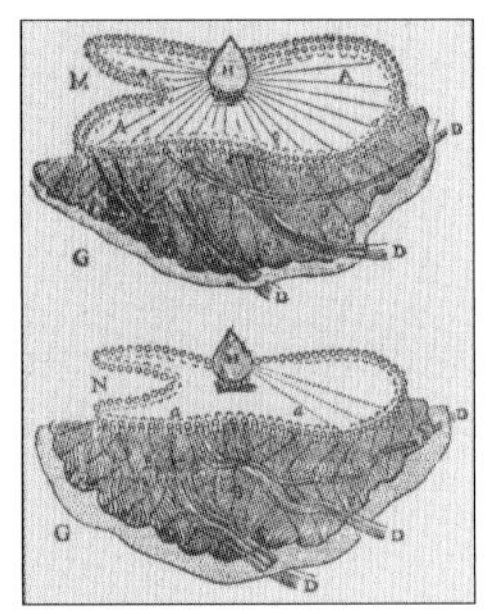

인간의 뇌
데카르트의 『인간, 태아발생론』(1664년)은 17-18세기에 폭넓게 읽힌 글이다. 이 책은 인간 신체의 생리학적 과정을 기계적으로 설명하려고 했다. 이 그림은 인간의 뇌가 깨어 있는 상태와 잠들어 있는 상태를 보여 준다.

"나는 생각한다. 그러므로 나는 존재한다"
데카르트

빨갛게 타듯이, 빛나던 교회 탑은 다른 시간에는 회색으로 보인다. 물에 들어가서는 굽어 보이던 나뭇가지를 물에서 꺼내면 곧다는 것을 알 수 있다.

따라서 사물을 제대로 관찰할 수 있고, 정신이 충분히 깨어 있어도 나는 사물들이 진정 나에게 나타나는 대로 존재한다는 것을 결코 확신할 수 없다.

악의에 찬 악마

이는 데카르트의 사색을 다음 단계로 이끈다. 데카르트는 자기가 어떤 행위를 하고 있다는 것을 확실하게 믿었다가 그게 꿈이었음을 알게 되는 순간이 많았다고 말한다. 그는 자신의 일상 생활이 반영된 꿈을 종종 꾸었던 것이다. 선잠을 자다 난롯가에 앉아 책을 읽거나 서재에서 글을 쓰는 꿈을 꾼다.

그런데 지금 이 순간에 그가 꿈을 꾸고 있지 않다는 것을 어떻게 확신할 수 있는가? 그는 자기가 지금 꿈을 꾸고 있지 않다거나 무언가에 홀려 있지 않다는 것을 결코 확신할 수 없다.

의심할 수 없는 확실성에 대한 자신의 연구에서 이렇게 절망하게 되는 순간 데카르트는 또 한 가지를 추가하여 문제를 악의적으로 꼬아 버리는데, 이것이 곧 그의 세 번째 단계이다. 데카르트는 가령 나에게 알려지지 않았지만 나를 기만하려는 목적을 가진, 나를 넘어서는 초인적인 능력을 가진, 나를 잠들게 하고는 내가 깨어 있고 생생하게 꿈꾸도록 할 수 있는, 내가 보고 있는 모든 것을 나에게 다른 것으로 보이게 만드는, 나로 하여금 2 더하기 2가 5라고 믿게 하는 고차원의 영혼이 존재하기 때문에 나의 모든 실수와 망상이 생긴다고 가정해 보자고 말한다. 도대체 그러한 악의적인 영혼이 나를 속일 수 없는 것이 있기는 한가?

그리고 데카르트는 나의 의식이 가져다주는 것이 무엇이든지 간에 그것이 있다는 사실만은 변함 없다는 결론에 이른다. 나는 언제든지 나의 의식에 있는 것으로부터 거짓된 추론을 할 수 있다. 나는 난로가 없는 공간에서 꿈을 꾸고 있을 때라도 내가 난로 곁에 앉아 있다고 가정할 수 있다. 그런데 내가 난로 곁에 앉아 있다는 그 가정만큼은 피할 수 없는 사실이다.

따라서 모든 경우에서 내가 흔들림 없이 믿을 수 있는 한 가지는 그 경험을 내가 가지고 있다는 것이다. 여기에서 내가 절대적인 확실성을 가지고 추론할 수 있는 것이 생긴다. 무엇보다도 이는 나 자신이 스스로 현존하는 존재임을 안다는 것을 의미한다. 나는 나의 본성을 모를 수도 있지만, 나아가 나의 본성에 대해 완전히 잘못된 견해를 가질 수도 있지만, 내가 존재한다는 그 사실만은 의심할 수 없다. 더욱이 나는 절대적 확실성을 가지고 다른 것은 몰라도 최소한 의식적인 경험, 내가 가진 개별적인 의식 경험을 가지고 있는 존재임을 안다.

데카르트는 이러한 결론을 매우 유명해진 라틴 인용구 '내가 사유하는 한 나는 존재한다(Cogito ergo sum)'로 표현했는데, 이는 조금 다르게 "나는 생각한다, 그러므로 나는 존재한다."로 번역되었다.

확실성의 추구

따라서 데카르트는 절대적 확실성을 가지고 알 수 있는, 수학이나 논리학 외부의 것이면서 사실의 세계에 대한 것이 있다고 말한다. 그런데 동일한 수준의 확실성을 가지고 그러한 것들에서 이끌어질 수 있는 것이 있는가?

이 지점에서 데카르트는 오래된 논변, 즉 신에 대한 존재론적 논변(57쪽 글상자 참조)을 새롭게 고쳐 제시한다. 나는 내가 매우 불완전한 존재이며 덧없이 소멸해 갈 유한한 존재임을 알고 있다. 하지만 나는 여전히 내 마음에 유한하지 않은 존재, 즉 영원불멸하고 모든 면에서 완전한 존재의 개념을 가지고 있다. 어떤 존재도 자신에게서 자신보다 더 큰 것을 만들어 낼 수는 없다. 그러므로 이 완전한 존재는 존재해야만 하며 자신의 작품에 서명을 하듯 나에게 완전한 존재 자신에 대한 각성을 심어 주어야 한다.

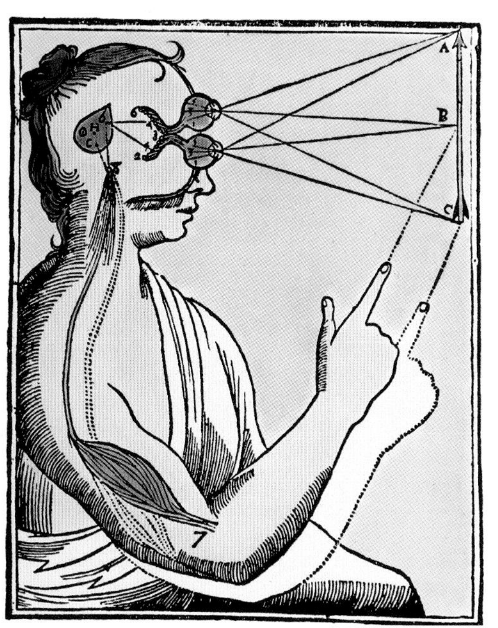

생리학 교과서

데카르트의 『인간, 태아발생론』은 최초의 생리학 교과서로 여겨진다. 이 그림은 이미지에 대한 감각 지각과 근육 활동 사이의 가정된 관계를 보여 준다. 이미지는 눈에서부터 송과선으로 전달된다. 이미지와 송과선 사이의 반응은 운동의 작용을 일으킨다.

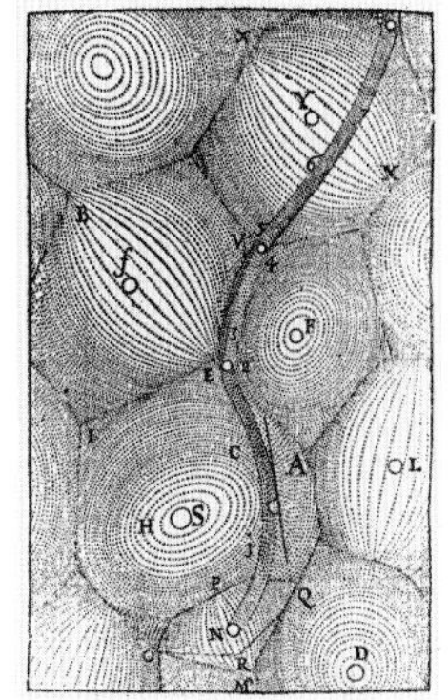

데카르트의 우주

『세계(*Le Monde*)』(1633년)에서 데카르트는 '새로운 세상'에 대한 가설을 세운다. 위의 도해에서 데카르트는 우주를 무한정한 수의 연속적인 소용돌이로 표현했다. 데카르트는, 각각의 중심에 별과 궤도를 도는 행성을 가지고 있는 소용돌이에서 어떻게 우주를 채우고 있는 물질이 모이는지 보여 주었다.

합리주의

철학에서 합리주의는 이성을 통해 연역된 자명한 명제가 모든 지식의 유일한 기초라는 입장을 취한다. 반면 경험주의는 모든 지식이 결국 감각에서 이끌어진다고 주장한다. 데카르트는 최초의 근대 합리주의자였다. 데카르트의 방법론은 스피노자, 라이프니츠, 칸트 등 많은 철학자들에게 영향을 끼쳤다.

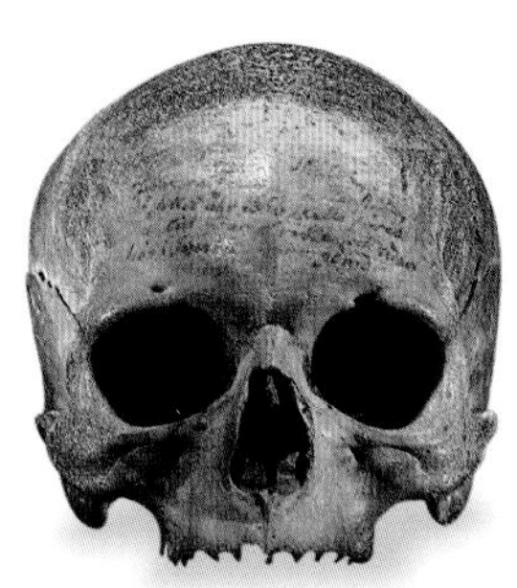

데카르트의 해골?

데카르트는 스톡홀름에 묻혔다가 나중에 파리로 이장되었다. 파리에 있는 생 제르맹 데 프레 교회에 데카르트의 유품과 함께 안치된 해골은 데카르트의 것이 아님이 거의 확실하다. 최초의 발굴에 참석했던 스웨덴 경비대 대장이 데카르트의 해골을 빼낸 다음 다른 것으로 바꿔 놓은 것으로 보인다. 데카르트의 해골은 샤요 궁의 인류 박물관에서 발견되기 전까지 몇 차례나 팔려 나갔다.

메르센

프랑스의 신학자이자 수학자이며 철학자인 마랭 메르센(Marin Mersenne, 1588-1648년)은 유럽 전역에 걸쳐 홉스, 가상디, 갈릴레이 등 유명한 철학자, 과학자들과 교류를 했다. 따라서 데카르트의 저작을 이들에게 소개하고 다시 그에 대한 이들의 반응을 전해 주는 역할을 했다. 메르센 또한 모든 소수를 표현할 수 있는 '메르센의 수'라고 불리는 공식을 발견했다.

내가 신이 존재하고 완전하다는 것을 안다는 사실은 내가 신을 신뢰할 수 있음을 의미한다. 신은 악의에 찬 악마와는 달리 나를 기만하지는 않을 것이다. 내가 나의 이성을 온전히 사용하고 필요한 주의를 기울이고 나에게 필요한 모든 사유의 훈련을 한다면, 나는 무엇이든지 분명하고 명백하게 참으로 보이는 것이 참임을 확신할 수 있다. 이미 기만한다는 것을 아는 나의 감각을 통해서가 아니라 신을 느끼고 수학을 아는 —감각으로는 할 수 없는 수학을 아는— 나의 일부인 나의 정신, 즉 나의 공약수라 할 나의 정신에 따라서 말이다.

합리주의의 탄생

이러한 결론에서 세상에 대한 지식이 이성을 통해 획득된다. 그리고 감각이 받아들이는 인식은 본질적으로 신뢰할 수 없으며 지식이 아니라 오류의 원천이라는 믿음에 바탕한, 합리주의라는 철학 사조가 나타난다. 합리주의는 그 이래로 서양철학의 영구한 전통이 된다. 합리주의가 가장 발달했던 시기는 17-18세기이고 대표적인 철학자는 데카르트에서 베네딕트 스피노자(Benedict Spinoza), 라이프니츠(Leibniz)에 이른다. 서양 사상사에서 합리주의가 소홀히 다루어졌던 일은 없었다.

데카르트 이후의 위대한 철학자들 중 몇몇은 신의 존재를 의심할 수 없다는 데카르트의 견해를 받아들인다. 그런데 데카르트는 몇 가지 중요한 것을 서양 사상에 도입했다. 연역적 추론의 과정에서 과학적 탐구의 논리가 의심할 수 없는 사실에서부터 논리적 결론을 이끌 것을 요구한다는 데카르트의 믿음은 서양 과학의 토대가 되었다.

그 후의 사상가들은 대부분 이성을 통해 통제되고 훈련된 관찰(즉 우리의 감각을 사용하는 것)이 그러한 명백한 사실들을 구축하는 데에 필수불가결한 전제가 된다는 것을 믿게 되었다.

그러나 여전히 데카르트는 올바른, 즉 믿을 수 있는 사실에서 출발해 이러한 사실에 논리를 적용하고 조금이라도 의심할 수 있는 것—그 의심이 얼마나 억측인가와는 상관없이—은 개입하지 않게 하는 기초 방법이 있다고 생각했다. 데카르트는 이 방법이, 인간에게 세계에 대한 믿을 수 있는 지식을 주는 수학적 원리에 바탕한 과학을 가능하게 한다고 생각했다. 그리고 진정 이것이야말로 절대적 확실성을 가지고 세계에 대해 무언가를 발견할 수 있는 유일한 방법이라고 확신시켰다.

정신과 물질

데카르트는 인간이 곧 정신이라는 결론을 통해 세계가 궁극적으로 다른 두 종류의 실체, 즉 정신과 물질로 이루어져 있다는 견해에 이르게 되었다. 그는 인간을, 자신들이 관찰하는 물질적 대상으로 이루어진 세계를 객관적으로 경험하는 주체로 생각했다.

자연을 두 종류의 실재, 즉 정신과 물질, 주체와 객체, 관찰자와 관찰 대상으로 나누는 이러한 이분법적 접근이 세계를 바라보는 서구인의 보편적인 인식이 되었다.

오늘날까지 철학자들은 이를 '데카르트식 이원론(cartesian dualism)'이라는 말로 표현한다. 지금껏 데카르트식 이원론과 의견을 달리하는 주요 철학자는 그다지 많지 않았다. 아마도 의견을 달리하던 철학자 중에 가장 강력한 반론을 제시한 철학자는 스피노자와 쇼펜하우어일 것이다.

20세기에 이르러서야 데카르트식 이원론을 비판하는 철학이 널리 퍼지게 되었지만 보편적인 현상은 아니다. 몇몇 주요 철학자들은 변함 없이

> "상식은 세계에서 가장 잘 팔려 나가는 상품이다. 왜냐하면 모든 인간은 스스로를 상식이 잘 갖춰진 사람이라고 확신하기 때문이다"
>
> 데카르트

데카르트의 삶의 장면들
이 부조는 자신의 생애에서 중요한 사건이 일어난 장면들에 둘러싸여 있는 데카르트를 표현하고 있다. 왼쪽 위에 있는 장면은 1640년 9월 7일 데카르트의 딸 프랑신(Francine)의 죽음을 보여 주고 있다. 오른쪽 위는 스웨덴 여왕 크리스티나의 스승으로서의 데카르트를 그리고 있다. 데카르트는 1650년 2월 11일 죽을 때까지 여왕의 스승 노릇을 했다.

주요 저작

『방법서설』에서 데카르트는 단순한 용어로 자신의 방법을 보여 주었고 자신의 과학적 견해와 형이상학적 체계를 정리했다. 『제일철학에 관한 성찰』이라는 저작에서 데카르트는 자신의 형이상학 이론을 발전시켰다. 『철학의 원리(*Pricipia philosophiae*)』(1644년)는 기계적 원리라는 하나의 단순한 체계로 모든 자연현상을 설명하려는 시도였다.

데카르트식 이원론을 지지한다.

데카르트는, 세계에 대한 지식에서 확실성이 가능하다고 주장했던 또 다른 철학자인 프랜시스 베이컨과 갈릴레이보다 훨씬 더 중요한 인물이다. 확실성을 얻기 위해서는 올바른 방법을 따라야만 한다. 그리고 만약 올바른 방법을 따랐다면 확실하고 믿을 만한 지식을 제공해 주는 견고한 과학을 구축할 수밖에 없다. 그는 이른바 지식인에게 다른 사람보다도 더 많이 과학을 '팔았다.' 확실성의 추구가 서구의 지적 흐름을 이끌게 되었던 것과, 방법에 대한 연구가 이러한 움직임의 중심에 서게 된 것은 다름 아닌 데카르트의 영향이다. 왜냐하면 그는 스스로를, 우리에게 확실성을 가진 지식을 제공해 주려고 한 것이 아니라 우리로 하여금 확실성을 가진 지식을 어떻게 얻어야 하는가를 보여 주는 사람으로 생각했기 때문이다.

소피스트들이 "무엇이 있는가(존재하는가)?" 또는 "세계는 무엇으로 구성되었는가?"와 같이 질문했던 사실을 기억할 것이다. 소크라테스는 이러한 질문을 "우리는 어떻게 살아야 하는가?"로 바꾸었다. 이러한 질문들과 여기서 비롯된 문제들이 몇 백 년 동안 철학을 이끌어 왔다. 그러나 데카르트가 등장한 이후 이 질문들은 "내가 무엇을 알 수 있는가?"의 문제로 다시 바뀌게 되었다. 이 화두는 300년에 걸쳐 수없이 많은 철학자들이 존재에 대한 것으로 생각해 오던 철학의 중심에, 새로운 지식을 반영한 인식론을 제기하는 것이다.

따라서 데카르트는 흔히 최초의 근대 철학자로 여겨지고 그의 저작을 통해 철학에 입문하는 학생들이 매우 많다. 여기에는 또 다른 이유가 있다. 의심을 방법으로 사용함으로써 데카르트는 우리를 엄밀한 것으로 돌아가게 하고 다시 맨 처음부터 시작하게 한다. "무엇이 우리 인간으로 하여금 아는 것을 가능하게 하는가?"가 아닌 "내가 무엇을 알 수 있는가?" 하고 자기 자신에게 던지는 질문은 날카롭기 마련이다. 이러한 질문은 젊은이들을 사로잡을 수밖에 없었다.

읽는 기쁨

데카르트는 자기만의 어려운 용어를 쓰지 않으면서 매우 분명하게 글을 쓰는 뛰어난 저술가였다. 그는 프랑스어로 책을 쓴 두 훌륭한 철학자 중 하나였다.

다른 이는 바로 라이프니츠였다. 그러나 라이프니츠는 데카르트처럼 뚜렷한 문체로 자신의 생각을 나타내지는 못했다. 따라서 데카르트는 프랑스의 가장 위대한 문화 유산이 되었고, 리세 즉 프랑스의 중·고등학교에서는 그의 저작을 의무적으로 교육하고 있다. 이는, 프랑스의 지식인들은 모두 데카르트의 저작을 읽었다는 것을 의미한다.

위대한 철학자들의 사상에 입문할 때 『제일철학에 관한 성찰』과 『방법서설』을 읽는 것이 가장 좋은 방법이다.

RENATI
DES CARTES,
MEDITATIONES
DE PRIMA
PHILOSOPHIA,
IN QVA DEI EXISTENTIA
ET ANIMÆ IMMORTALITAS
DEMONSTRATVR.

PARISIIS,
Apud MICHAELEM SOLY, via Iacobeâ, sub signo Phœnicis.
M. DC. XLI.
Cum Priuilegio, & Approbatione Doctorum.

『제일철학에 관한 성찰』

1641년에 출간되기 전에 『제일철학에 관한 성찰』의 원고는 홉스, 가상디 등 그에 대한 사람들의 비평을 모으는 책무를 맡았던 메르센에게 보내졌다. 이 책의 출간은 데카르트를 유명하게 만들었지만 논쟁에 휘말리게 하기도 했다. 네덜란드의 위트레흐트대학교 총장이 그를 무신론자로 고소해 데카르트는 유죄를 선고받았다.

세파르디

스페인과, 포르투갈의 유대인 후손인 세파르디(Sephardi)는 북유럽과 동유럽의 유대인 후손인 아슈케나지(Ashkenazi)와는 구분된다. 스피노자를 파문했던 세파르디 유대인들은 1492년 축출될 때까지 스페인에서 살았다. 그 후 북아프리카, 중앙아시아에 정착했고 나중에는 암스테르담을 비롯한 유럽과 아메리카 대륙의 다른 도시들에서 살았다.

스피노자

모든 것은 일자이고 일자는 신성하다!

신이 존재하고 그 안에 모든 것이 들어 있다고 하더라도, 이 전체성 또한 수학적 물리학의 체계와 동일한 방식으로 이해할 수 있다.

스피노자

스피노자는 암스테르담에서 태어났는데 포르투갈의 가톨릭 박해를 피해 국외로 망명한 집안의 아들이었다. 개인적으로 수학이나 언어학과 같은, 히브리 전통에서 벗어난 과목을 공부했다.

"위대한 철학자들 중에서 가장 귀하고 사랑받을 만하다"

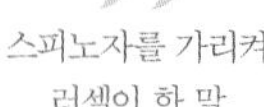

스피노자를 가리켜 러셀이 한 말

스피노자(Spinoza)는 주요 사상가들 중에서 카를 마르크스(Karl Marx) 이전에 활동한 유일한 유대인이었다. 1632년 그는 암스테르담에서 태어나 정통 유대교 교육을 받았다. 그러나 정통 유대교에 어긋나는 의견을 가지고 있었기 때문에 스물네 살의 나이에 유대인 공동체에서 쫓겨났다.

이때 스피노자는 자신의 이름을 히브리어 바루크(Baruch)에서 라틴어 베네딕트(Benedict)로 바꾸었다. 그는 고독한 삶을 살면서 안경, 현미경, 망원경 등에 사용되는 렌즈를 팔아 생계를 유지했는데, 이는 그 당시로서는 첨단 직종이었다. 스피노자의 글은 그를 매우 유명하게 만들었다. 그런데 스피노자는 1673년 하이델베르크대학의 철학부에서 제의한 교수직을 거절했다. 그 이유는 자신의 철학을 '스스로 마음과 일치하게' 하기 위해 혼자이기를 바랐기 때문이었다.

철학 이외에도 스피노자는 역사적 문서의 작가가 누구인가 하는 문제를 다루고, 당시의 지적 한계를 점검하기 위해 주석을 단 최초의 학자였다. 이런 작업을 통해 그는 19-20세기에 수준 높은 비평 문화를 꽃피웠다. 스피노자는 렌즈를 갈 때 나오는 유리 가루 때문에 생긴 폐질환을 앓고 있었다고 알려져 있다. 이 숙환으로 1677년 눈을 감을 무렵까지, 스피노자는 신약성서를 네델란드어로 번역하는 작업을 하고 있었다. 그리고 그가 죽은 해에 그를 지금까지 유명하게 만든 책이 발간되었다. 책 제목은 그냥 『기하학적 방식으로 다룬 윤리학(*Ethica in Ordine Geometrico Demonstrata*)』이지만, 단순히 윤리적인 차원에 그치지 않고 기본적인 철학 문제 전반을 다루고 있다.

다른 유명한 철학자들과 마찬가지로 스피노자는 매우 박식했다. 혈통상의 이유로 스피노자는 네덜란드어와 히브리어는 물론 스페인어와 포르투갈어에도 능통했다. 그런데 책은 라틴어로 썼다. 또 그는 뛰어난 성경학자였으며, 특히 코페르니쿠스, 케플러, 갈릴레이, 홉스, 데카르트 등의 저작을 연구하면서 사람들이 '새로운

유대교식 교육

렘브란트의 이 에칭 판화 "유대교의 유대교도"(1648년)는 17세기 암스테르담에서 생활하는 유대인의 전형적인 모습을 담고 있다.

암스테르담에서, 엄격한 유대교 신앙을 가진 부모 밑에서 태어난 스피노자는 정통 유대교 교육을 받았지만, 유대교에서 파문당하고 1656년 스물네 살의 나이에 이교도의 견해를 가졌다는 이유로 유대 공동체에서 쫓겨났다.

학문'이라고 부르는 것과 수학을 배웠다. 스피노자는 망원경과 현미경에 대한 전문적인 지식을 통해 새로운 과학이 열어 갈 신기술의 미래를 앞서 알 수 있었다. 그의 철학은 이 모든 것과 여기서 비롯된 성찰을 통합적이고 질서 있는 체계로 만들려고 시도한 것이라고 말할 수 있다.

스피노자는 과학에서 커다란 지적 충격을 받았다. 그리고 데카르트에게서 과학적 지식의 체계를 구축하는 올바른 방법은 의심할 수 없는 전제에서 시작해 논리적 추론을 통해 결론을 연역해 가는 것이라는 견해를 받아들였다. 그러나 동시에 스피노자는 데카르트가 어떤 철학의 근본적인 문제를 풀지 않고 남겨 두었음을 깨달았다. 만약 전체 실재가 궁극적으로 구분되는 두 가지 다른 종류의 실체, 즉 정신적 실체와 물질적 실체 또는 정신과 물질로 구성된다면 우주에서 정신이 어떻게 물질을 움직이는가? 이에 대한 데카르트의 답변이 미약해서 아무도 그것을 받아들이지 않았고 데카르트의 계승자들은 이에 대해 논의할 필요성조차 그다지 느끼지 않았다.

그러나 스피노자에게는 같은 지점에서 풀리지 않는 다른 문제가 있었다. 그는 매우 도덕적, 종교적인 인간이었기 때문에 새로운 과학을 연구하는 데에 온갖 어려움에 부딪쳤다. 전체 실재가, 그 안에서 존재하거나 발생하는 모든 것이 분명한 전제에서 논리적 필연성을 통해 연역될 수 있는 체계의 사례가 된다면, 도덕적 선택의 여지나 자유 의지라는 것이 있기는 한가? 모든 것이 과학적으로 결정되어 있다면 어떻게 자유 의지가 있을 수 있는가?

그런데 이러한 체계에서 신은 어떤 위치를 차지할 수 있는가? 우주에서 일어나는 모든 것이 과학 법칙과

> " 신은 모든 것의 원인인데, 모든 것은 신 안에 있다 "
>
> 스피노자

수학 등식으로 설명될 수 있다면 여기에는 신이 끼여들 자리가 없는 것처럼 보인다. 말하자면 신은 이 체계에 속하지 않는 것, 우연의 것, 잉여 가치가 되고 만다.

17세기에서 20세기까지 많은 사람들이 이 문제 때문에 당황스러워 했다. 뉴턴에 따르면 처음 세계 전체를 창조한 존재가 신인데, 신은 창조 이후 세계

하이델베르크대학

1673년 스피노자는 하이델베르크대학에서 교수직을 제안받았으나 거절했다. 독일에서 가장 역사가 깊은 하이델베르크대학은 루페르트 1세(Rupert I)가 설립하고 1386년 교황 우르바누스 6세(Urbanus VI)가 인가한 대학이다. 스피노자는 당시 유럽에서 가장 명문인 대학에서 교수직을 제안받은 것이었다.

광학

스피노자는 광학과 새로운 천문학에 깊은 관심을 가지고 있었고, 렌즈 제조에서는 수준급의 전문가였다. 그는 안경, 현미경, 망원경용 렌즈를 판매하며 생계를 꾸렸다. 이 그림은 로버트 훅(Robert Hooke)의 책 『미크로그라피아(*Micrographia*)』(1665년)에 나오는 현미경과 집광 렌즈를 보여 주고 있다.

성경 비평

'상위의 비평'으로 알려진 성경에 대한 문예적, 역사적 비평은 성서가 나오게 된 역사적 상황을 다루고 있다. 이는 글의 구조, 시기, 그리고 누구의 글인가 하는 세 가지 문제와 관련된다. 스피노자는 성경을 객관적으로 연구하면서 성경 비평의 선구자로 떠올랐다.

주요 저작

『신학 정치론』은 1670년 익명으로 출판되었고, 1674년 성경과 그리스도교 신학에 대한 반대 의견 때문에 출판이 금지되었다. 스피노자의 위대한 저작인 『기하학적 방식으로 다룬 윤리학』은 범신론적 입장에 서면서 데카르트식 이원론을 거부한다.

외부에 있으면서 만유인력의 법칙에 따라 세계가 그 자체로 움직이도록 내버려 둔다는 것이었다. 그러나 이는 늘 있고 모든 것에 두루 존재하는 신을 필요로 하는 스피노자에게는 소용 없는 것이었다. 그러나 그런 신을 원하는 스피노자에게 던져진 문제가 있다. 연역적이고 결정된 체계 안에 모든 것에 편재하는 그러한 신을 위한 공간이 있겠는가?

이원론에 맞서

이러한 문제들에 대한 스피노자의 해결책은, 기본 전제인 정신과 물질 간의 근본적인 구분을 받아들이지 않는 과감한 파격에서 시작했다. 우리는 그가 데카르트가 제시한 이유 때문에 신이 존재하고 무한하며 완전한 존재라고 말했음을 안다. 그러나 신이 무한하다면 그는 어떤 경계와 한계도 가지지 않을 것이다. 만일 그러하다면 신은 유한한 존재이기 때문이다. 그러므로 신이 아닌 어떤 것은 있을 수 없다. 따라서 신은 하나의 실재이고 세계는 그와 완전히 독립된 실재일 수는 없는 것이다. 왜냐하면 이는 신의 존재에 한계를 부여하는 것이기 때문이다. 그래서 신은 존재하는 모든 것과 동일한 연장(extension)을

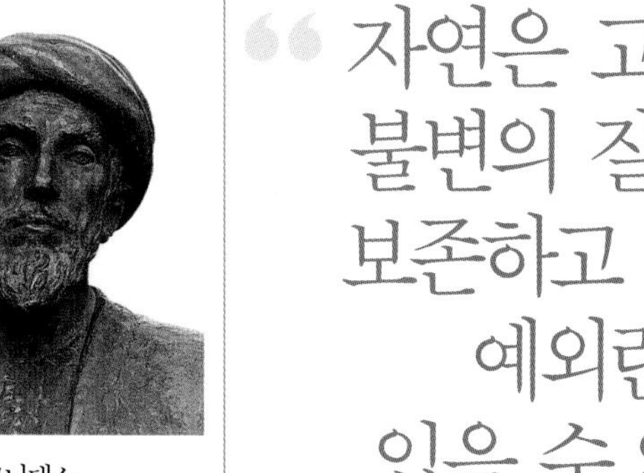

"자연은 고정된 불변의 질서를 보존하고 있고, 예외란 있을 수 없다"

스피노자

가져야만 한다.

이렇게 되어야만 하는 또 다른 데카르트적인 이유가 있다. 데카르트는 실체를 그 자체로 존재하는 것, 존재하는 데에 다른 것을 필요로 하지 않는 것으로 정의했다. 그러나 스피노자는 모든 것의 총체는 외부의 것을 전혀 갖지 않는 유일한 것임을 지적했다. 이러한 총체 안에서 우리가 인식하고자 하는 모든 것은 최소한 부분적으로라도 다른 것을 통해 이해되어야만 한다. 우리의 설명은 늘 최소한 어느 정도라도 어떤 것을 다른

모제스 마이모니데스

중세 유대교에서 가장 지적인 인물인 모제스 마이모니데스(Moses Maimonides, 1135-1204년)는 스페인의 코르도바에서 태어났다. 마이모니데스는 철학자이자 법률가이며 과학자였고, 그의 철학적 저작은 라틴어로 번역된 이후 중세 학자들에게 영향을끼쳤다. 『혼란에빠진 자들을 위한 길잡이(*Dal à lat al-ha'irin*)』라는 그의 가장 유명한 저서는 아리스토텔레스의 이론을 중세철학에 들여오는 역할을 하였다. 시간이 흐르면서 스피노자는 마이모니데스의 저작이 자신이 가진 사상의 원천임을 깨달았다.

것과 연결하는 형태를 띤다. 따라서 연결되지 않고, 연결되지 않아도 되는 유일한 실재는 모든 것의 총체이다. 이는 다른 것을 통해 설명되지 않고, 다른 것과 연결되지 않으면서 그 자체로 존재해야 하며 또 스스로 존재해야 한다. 왜냐하면 이밖에는 다른 아무것도 존재하지 않기 때문이다. 이는 모든 것의 총체가 유일한 참된 실체, 다른 것을 통해 불러 일으켜지지 않는 것, 하나의 유일한 존재 그 자체라는 것을 의미한다. 그러나 이러한 것들은 모두 신의 뜻이다. 그러므로—다시, 그러나 다른 이유 때문에—신은 모든 것과 동일한 가치를 지녀야만 한다.

이는 우리가 우주를 종교적 개념으로 기술하는지, 아니면 행성과 다른 물질적 대상들이라는 관점에서 기술하는지를 말한다. 전자는 추상적이거나 정신적이고 후자는 물질적이지만, 이는 단지 동일한 실재를 표현하는 서로 다른 두 방식일 뿐이다. 동일한 실재는

자연의 힘

독일의 화가 카스파 다피트 프리드리히(Caspar David Friedrich)의 "라이젠게비르게의 유적"(1815-20년)은 광활하게 버려진 땅을 그리고 있다. 그리고 이 그림에서 프리드리히는 자연의 경외적이고 숭고한 힘을 보여 주고 있다. 그는 여기서 자연과 인간의 일체, 스피노자의 저작에서 발견되는 합리주의적 범신론을 격정적으로 표현한다.

두 가지 서로 다른 국면에서 나타난다. 따라서 신은 세계의 바깥에 있지 않다. 그렇다고 세계 내에 있는 것도 아니다. 신이 곧 세계이다. 물리적 우주는 곧 신의 몸이다. 이는 세계를 인식하는 하나의 관점에 지나지 않는다. 그리고 신을 영적으로 인식하는 것은 동일한 존재를 다르게 파악하는 방식이다.

우리 자신은 비록 유한한 존재이지만 그 안에 두 성질을 모두 가지고 있다. 우리는 물리적 신체이면서 또한 정신이기도 하다. 그렇다고 다른 두 사람은 아니고 동일한 한 사람이다. 고대 유대교의 가르침처럼 신체는 외적인 형태로 표현된 정신이다.

이는 매우 중요한 견해이고 스피노자 이후의 많은 뛰어난 사람들이 여기에 사로잡혀 있다. 자연에 신성을 부여하는 스피노자의 사상은 18세기 후반에서 19세기 초에 낭만주의 운동에서 커다란 주목을 받았다. 낭만주의 운동의 지적 흐름은 스피노자를 하나의 배경으로 삼았다. 그런데 낭만주의자와는 달리 스피노자는 인간의 행위가, 비록 어떤 경박한 기계적인 방식에서는 아니지만 자신의 통제를 넘어서는 요인에 따라 결정된다고 여겼다.

지그문트 프로이트(Sigmund Freud)보다도 훨씬 앞선 선견지명을 지닌 통찰로 스피노자는, 스스로를 자유로운 행위자로 여기는 우리의 일상 감각이 대부분 사실에 기초한 망상이라고 주장한다. 그리고 성찰을

> 나는 인간의 행위에 웃거나 울지 않으며, 또한 증오하지도 않는다. 다만 이해하려고 노력할 뿐이다
>
> 스피노자

범신론

범신론의 사전적인 의미는 '모든 것이 신이다.'라는 것인데, 이는 신을 자연이나 우주와 마찬가지로 여기는 생각의 한 양식이다. 범신론은, 모든 실재는 단일성을 갖추고 있으며, 이 단일성은 신성을 가지고 있다고 한다. 종교적 범신론자는 직관적으로 신을 경험할 것을 주장하는 등 신비주의적인 색채가 짙다. 스피노자는 합리주의자였고, 신, 인간, 물리 세계가 하나의 실체를 구성하고, 신체적이고 정신적인 것 모두는 신의 연장이라고 믿었다. 그 밖에 다른 범신론적 철학자로 피히테, 셸링, 헤겔이 있다.

표현의 자유
스피노자 당시의 네덜란드는 자유 사상가들의 안식처였다. 이들 중에서 특히 데카르트는 스피노자에게 중요한 영향을 끼쳤다. 스피노자 또한 다른 나라에 있었더라면 철학책을 펴내지 못했을 것이다. 얀 스텐(Jan Steen, 1625-79년)의 그림 "음악적 사교"는 이러한 상대적인 자유의 분위기를 전해 준다.

> 인간이 스스로를 자유롭다고 생각한다면, 그것은 기만당한 것이다
>
> 스피노자

통해 이러한 깨달음을 얻게 된다면 우리는 해방될 수 있다. 이것은 우리를 자유로운 행위자로 만든다는 것이 아니라, 우리에게 이해와 통찰을 제공해서 있는 그대로의 사물을 받아들일 수 있게 한다는 의미에서 해방시킬 수 있다는 말이다. 스피노자는 유럽에서 이러한 생각을 처음으로 개진한 사람이었다. 그러나 동시에 프로이트와는 달리 개인이 자신의 사적인 문제로 강박 관념에 사로잡히는 것은 타당하지 않다고 주장했다. 우리는 자신의 문제를 사물의 총체에서 있어야만 하는 것으로 보도록 노력해야 한다. 그러면 우리는 그 문제를 중요한 문제로 여기게 될 것이다. 그리고 이는 우리가 그 문제들을 극복하는 데 큰 도움을 줄 것이다. 스피노자는 우리의 삶을 영원의 눈으로 보아야 한다는 인상적인 주장을 한다. 스피노자가 사용하는 라틴어구 "영원의 관점에서(sub specie aeternitatis)"는 오늘날에도 자주 인용된다.

인간적인 전망

조화, 균형, 관용 등은 스피노자 철학의 사회적 측면에서 나오는 결과이다. 그리고 이는 그의 정치철학의 확실한 바탕을 이룬다. 그가 출판한 책 중 『신학 정치론(*Tractatus Theologico-Politicus*)』의 경우 20세기 철학자 비트겐슈타인(Wittgenstein)이 이를 모방해 『논리철학론(*Tractatus Logico-Philosophicus*)』이라는 책을 썼는데, 자유로운 표현의 옹호를 주요 내용으로 삼고 있다. 스피노자는, 언론의 자유는 정치 질서를 보호하기 위해 필수적으로 요구된다고 주장했다.

이러한 견해는 자유로운 정신의 표준인데, 스피노자는 근대적인 용어로 이를 주장한 최초의 사람이었다. 그는 합리적으로 통치되는 사회에서는 "모든 사람이 자기가 좋아하는 것을 생각하고 자기가 생각하는 것을 말한다."고 주장한다. 그의 생각은 "평화를 정말로 교란하는 것은 자신들이 압제할 수 없다는 이유로 판단의 자유를 빼앗고자 하는 사람들이다."라고 하는 데까지 이르렀다.

스피노자의 걸작 『기하학적 방식으로 다룬 윤리학』은 기하학 교과서와 같은 양식으로 쓰여진 책이다. 개개의 증명은 적절한 정의와 공리로 시작해서 보통 "QED"라는 글자가 인쇄되어 있는 끝부분에 결정적인 주장을 제시함으로써 완성된다. QED는 '증명되어야 했던(quod erat demonstrandum)'이라는 말의 약자이고, 기원전 3세기 에우클레이데스(Eucleides)의 불멸의 기하학 저서 『기하학 원본(*Stoicheia*)』의 모든 증명 끝부분에 쓰여 있던 것이다.

논쟁을 불러일으키는 인물

논쟁의 대상이 될지라도 그리스도교 신학 문제에 대해 자신이 믿는 것을 말하겠다는 스피노자의 결심은, 동시대인들로 하여금 그를 비신성(ungodliness)의 현현으로 생각하도록 하는 결과를 낳았다.

이 모든 것은 데카르트와의 연결선상에 있는, 세계에 대해 이해하는 방법은 실재에 수학의 원리를 적용하는 것이라는 스피노자의 견해와 일치된다. 이 책은 상호 연관된 단일한 사상 체계의 관점에서 모든 것을 이해하려는 철학적인 시도의 가장 뛰어난 범례로 자주 등장한다. 그러나 그러한 영역의 저작에서 에우클레이데스의 기본 생각은 사뭇 지루하다. 그리고 독자가 우리의 시대에는 형성되지 않은, 예를 들어 신의 존재가 자명하다는 등 스피노자의 시대에 공통적으로 형성된 가정을 할 때에만 논리적인 결론을 따라갈 수 있다는 것이 진리이다. 그러므로 21세기의 기준에서 볼 때 이는 전혀 논리적인 증명이 아니다. 이 책에서 얻을 수 있는 것은 증명에 대한 세세한 작업에 있는 것이 아니라 전반적인 견해인 결론에 있는 것이다.

좋은 영향

스피노자는 서양철학자 중에서 최고의 범신론자이다. 스피노자의 저작이 그의 죽음 이후 100여 년 동안 관심의 대상이 되지 않았다 해도, 그의 철학은 낭만주의자들을 통해 다시 새롭게 조명받고 또 그들의 숭배의 대상이 되었다. 그 후 스피노자의 철학을 따르는 사람들이 생겨났는데, 특히 존재하는 것의 총체에 대한 그의 종교적인 태도를 숭배했다.

스피노자는 데카르트를 따르는 최초의 위대한 철학자였지만 데카르트의 이원론을 받아들이지는 않았다. 데카르트의 이원론을 받아들이지 않는 것은 20세기에 이르러 보편적인 현상이 되었지만 당시에는 그렇지 않았다. 스피노자는 또 언론의 자유를 보여 준 최초의 철학자였는데, 이는 로크보다 한 세대 앞서서 한 일이었다. 그리고 사물의 전반적인 구도에서 우리의 사적인 문제는 그다지 중요하지 않다는 그의 소박하지만 당당하고 거의 신비적이기까지 한 태도는, 세파에 시달리는 사람들에게 위로와 도움을 주었다.

스피노자의 철학 체계는 매우 폭넓은 분야에 걸쳐 이루어졌기 때문에 많은 사람들이 그의 영향을 받았다. 스피노자를 따르고 계승한 철학자들에는 프리드리히 헤겔(G. W. Friedrich Hegel), 쇼펜하우어, 프리드리히 빌헬름 니체(Friedrich Wilhelm Nietzsche), 버트런드 러셀(Bertrand Russell) 등이 있다. 러셀은 스피노자를 가리켜 "위대한 철학자들 중에서 가장 고귀하고 가장 사랑받을 만하다. 어떤 사람들은 스피노자보다 지적이지만 윤리적으로 그는 최고의 위치에 있다."고 쓴 바 있다. 철학자들만 스피노자에게 매료된 것은 아니었다. 아인슈타인이나 프로이트 같은 다른 분야의 위대한 사상가와 요한 볼프강 폰 괴테(Johann Wolfgang von Goethe), 조지 엘리엇(George Eliot) 등과 같은 창조적인 예술가들도 자신들이 스피노자의 철학에서 영감을 얻는 것을 알고 있었다. 스피노자는 비단 철학뿐 아니라 서양 문화사에서 중요한 인물이다.

이는 위대한 철학자들이 무엇을 가장 중요하게 여기는지 보여 준다. 위대한 철학자들의 중심 사상은 곧 전체 실재에 대한 시각이다.

> "정부의 진정한 목적은 자유이다"
>
> 스피노자

철학자는 타당한 논변을 통해 이러한 견해를 우리에게 전해 주고자 한다. 스피노자는 늘 좀더 나은 논변으로 자신에 대한 비판을 논박하려고 노력했다. 이에 관한 상세한 논의는 매우 복잡하고 전문적이어서 따라가기 어려울 수 있고 심지어 너무 자세하여 지루할 수도 있다. 중요한 것은 스피노자의 시각이다.

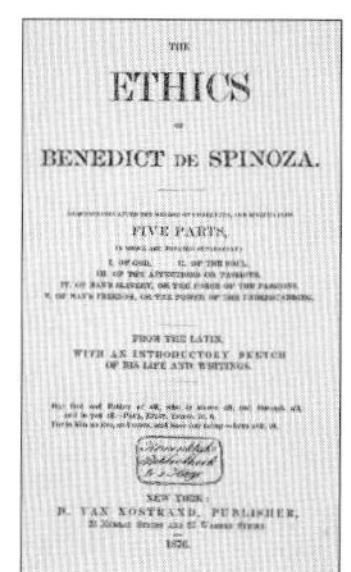

THE
ETHICS
OF
BENEDICT DE SPINOZA.
FIVE PARTS,
FROM THE LATIN.
WITH AN INTRODUCTORY SKETCH OF HIS LIFE AND WRITINGS.
NEW YORK:
D. VAN NOSTRAND, PUBLISHER,
1876.

『기하학적 방식으로 다룬 윤리학』의 영어판 표지

스피노자의 주요 저작인 이 책은 그의 유고집이다. 이 책은 윤리학뿐 아니라 철학의 전 분야를 다루고 있다. 에우클레이데스 기하학과 같은 형태로 이루어진 그의 체계는, 모든 것은 증명될 수 있어야 한다는 전제에서 출발한다.

스피노자에 대한 비평

18세기 독일의 작가와 비평가인 고트홀트 에프라임 레싱(Goptthold Ephraim Lessing), 괴테, 그리고 19세기 영시 작가 콜리지 등은 묻혀 있던 스피노자의 지적 중요성을 발굴했다. 레싱은 괴테의 시 "프로메테우스(Prometheus)"를 읽은 후 스피노자의 범신론적 철학에 대한 자신의 믿음을 표현했다.

조지 엘리엇

영국 소설가 엘리엇-본명은 메리 앤 에반스(Mary Ann Evans, 1819~80년)-은 근대 소설의 특징인 심리학적 분석 방법을 개발했다. 그의 『미들 마치(*Middlemarch*)』는 19세기 위대한 소설 중 하나이다.

주요 저작

라이프니츠는 다양한 분야에 대해 글을 썼으나 오직 짧은 논문 하나만을 출판했을 뿐이다. 『변신론』(1710년)은 계몽과 이성에 대한 신뢰를 표현하고 있는데, 볼테르는 소설 『캉디드』에서 라이프니츠의 생각을 신랄하게 풍자했다. 『단자론』(1714년)에서 라이프니츠는 모든 것은 단자라는 단일체로 구성된다고 주장했다.

라이프니츠

다재다능함의 으뜸

라이프니츠는 논리적으로 모든 진리를 이성의 진리와, 사실의 진리로 나누었다. 이 구분은 철학에서 지속적으로 중요한 역할을 한다.

고트프리트 빌헬름 라이프니츠(Gottfried Wilhelm Leibniz, 1646-1716년)는 위대한 철학자 중에서도 폭넓은 영역에서 뛰어나게 활동한 천재이다. 그는 뉴턴과는 상관없이 독자적으로 미분법을 발명했다. 즉 만든 것은 뉴턴이 먼저, 발표는 라이프니츠가 먼저였다. 그리고 오늘날 수학자들이 사용하는 표기법은 뉴턴이 아니라 라이프니츠를 따른 것이다.

라이프니츠는 운동 에너지의 개념도 발명했다. 또 수학과 관련된 논리학도 발명했는데 이를 발표하지는 않았다. 만약에 발표했더라면 이 영역은 지금보다 150년의 세월을 앞당겨 발전했을 것이다. 라이프니츠는 위대한 수학자일 뿐 아니라 영향력 있는 위대한 철학자이기도 하다.

가장 중요하고 잘 입증된 나의 원칙 중 하나는 자연에는 비약이 없다는 것이다. 이 원칙을 나는 연속성의 법칙이라고 부른다

라이프니츠

라이프니츠

1646년 라이프니츠는 라이프치히에서 태어났고 1716년 하노버에서 생을 마쳤다. 그는 철학자일 뿐 아니라 유능한 수학자였으며 수학적 논리학의 선구자였다.

프로이센의 조피 샤를로테 여왕과 함께 있는 라이프니츠

라이프니츠의 책 『변신론(Théodicée)』은 프로이센의 조피 샤를로테(Sophia Charlotte, 1688-1705) 여왕에게 헌정되었다. 그녀의 도움으로 1700년 7월 베를린에 독일 과학 아카데미가 설립되었다.

라이프니츠의 아버지는 라이프치히대학 도덕철학 교수였다. 라이프니츠는 학생으로서 워낙 뛰어나 스물한 살의 나이에 교수직을 제안받았으나 거절했다. 그 이유는 이 세상의 사람이 되고 싶기 때문이었다. 그는 공직 생활의 대부분을 하노버에서 궁정 관리, 외교관, 도서관 사서, 가족사 기록가 등의 일로 보냈다. 그는 우연히 영국 왕 조지 1세(George I)의 가족사를 기록하기도 했다.

이렇게 다양한 일을 하면서 라이프니츠는 두루 여행을 다녔고, 이러한 경험과 발표한 글 덕분에 그는 젊은 시절부터 공인으로서 존경을 받았다. 말년에는 사람들의 관심에서 한 걸음 물러나 있기는 했지만 말이다.

그러나 라이프니츠는 개인적으로 연구를 할 때 출판을 목적으로 하지 않은 글을 쓰면서 고독한 지적 작업을 계속 했다. 이러한 무질서한 글쓰기에 대한

독일어

라이프니츠는 철학적인 글은 라틴어로, 편지는 프랑스어로 썼다. 민족주의자로서 언어적 순수성을 지향하는 18세기 운동 정신에 입각한 라이프니츠는, 독일어를 발전시키기 위해 독일어 아카데미를 제안했다.

라이프니츠의 묘사는 감동적이다.

"내가 무언가를 했을 때 나는 몇 달도 채 지나지 않아 거의 다 잊어버린다. 내가 정리하고 목록화할 시간을 한 번도 가지지 못했던 그 어지러운 메모들을 찾느라고 돌아다니느니 차라리 그 연구를 처음부터 다시 하는 것이 나았다."

그 결과 스피노자와 같은 철학자가 독자들에게 자신의 사상 체계를 신중하게 계획하고 정리해서 보여 주는 것과는 달리, 라이프니츠의 독자들은 스스로 라이프니츠 생각의 조각들을 맞추어 나가야 하는 매우 다른 입장에 서게 된다.

기본적인 구분

누군가가 우리에게 "우리 옆집에는 빨간 머리의 남자와 그의 뚱뚱한 아내가 살고 있다."라고 말한다고 해 보자. 이는 완벽하게 참일 수도 있지만 또 완벽하게 거짓일 수도 있다. 이를 입증하는 확실한 길은 옆집에 사는 사람이 빨간 머리의 남자인지(아니면 검은 머리인지, 금발인지, 대머리인지), 또는 이 두 사람만이 옆집에 사는지에 대해 면밀한 관찰을 하는 것이다.

그러나 어떤 사람이 "우리 옆집에는 총각 한 명과 그의 뚱뚱한 아내가 살고 있다."라고 말한다면 우리는 더 관찰할 필요도 없이 이 진술이 거짓임을 알게 된다. 우리는 이 진술을 확인하기 위해 관찰할 필요가 없다. 왜냐하면 '총각'은 결혼하지 않은 남자이므로 옆집 사람이 총각이면서 아내가 있을 수는 없기 때문이다. 이 진술은 자기모순적이기 때문에 참일 가능성이 없다.

라이프니츠는 모든 진리가 이 두 가지 논리적 유형에 속한다고 주장했다. 개별 진술이 참인지 거짓인지 알아내려면 반드시 사실을 확인하든가, 아니면 사실을 점검할 필요 없이 그 용어의 쓰임상 참이거나 거짓일 수밖에 없는 경우이어야 한다는 것이다. 후자와 같은 경우 외부의 사실을 점검하지 않고 내용을 분석함으로써 참인지 거짓인지를 결정할 수 있기 때문에 이후 철학의 역사에서 이 유형의 진술을 '분석 명제(analytic statements)'라 한다. 반면 전자의 유형은 '종합 명제(synthetic statements)'라 한다. 이 두 용어는 지금도 일반적으로 사용한다.

이러한 구분은 300여 년에 걸쳐서 체계화되고

> "두 가지 진리가 있다. 추론의 진리와 사실의 진리이다"
>
> 라이프니츠

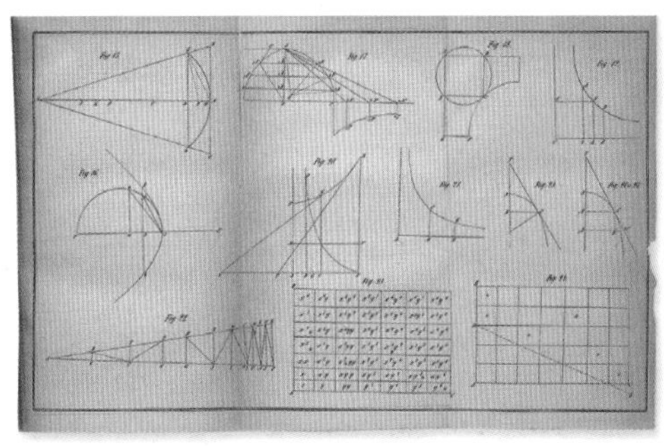

작업하고 있는 천재
수학에서 라이프니츠의 가장 중요한 업적은 1676년 미분법을 발명한 것이다.

조피 샤를로테 여왕

조피 샤를로테는 1701년 프리드리히 1세(Friedrich I)의 아내로서 프로이센의 초대 여왕이 되었다. 그녀는 하노버의 최초 선거후였던 에른스트 아우구스투스와 보헤미아의 여왕 엘리자베스의 딸이었다. 1684년 프리드리히 왕자와 결혼해 왕자가 학문을 지원하는 것을 성심껏 도와주었다.

수학적 논리학

라이프니츠가 수학적 논리학 분야에서 한 작업의 결과물이 출판되었더라면 매우 중요한 가치를 가졌을 것이다. 왜냐하면 이 업적이 라이프니츠를 실제의 역사보다 150년이나 앞선 수학적 논리학의 창시자임을 확인해 주었기 때문이다. 그러나 이 분야에서 라이프니츠의 개척이 인정된 것은 프레게(Frege)와 러셀의 저작이 나온 다음이다.

안스바흐의 캐럴라인

영국 왕 조지 2세의 부인인 아름답고 지성적인 캐럴라인(Caroline, 1683-1737년) 여왕은 미분법을 발명한 사람이 뉴턴인지 라이프니츠인지의 논쟁에서 라이프니츠를 지지했다. 뉴턴과의 논쟁 때문에 라이프니츠는 영국에서 인기가 거의 없었고, 캐럴라인 여왕의 호의에도 불구하고 그는 주목받지 못했다.

힘을 가지게 되었다. 이는 라이프니츠에서 칸트에 이르기까지 철학의 경험주의적 전통에서 중요한 위치를 가졌으며 칸트 철학에서도 중심적인 내용이 되었다. 20세기에는 논리 실증주의의 중심 내용이 되었다.

철학을 공부하는 학생이 이러한 구분을 명확하게 이해할 수 있다면 그는 커다란 성취감을 맛볼 수 있을 것이다. 경험을 중요시하는 지식은 모두 종합적이라고 여겨지는 반면에, 논리학과 수학 전체는 분석 명제들로 이루어지는 것으로 여겨졌다. 이는 개별적인 지식이 기획, 추구되는 방식에 큰 영향을 끼쳤다.

이 구분의 소극적인 결과 또한 중요하다. 분석적으로 참인 명제를 부정하면 자기 모순에 빠지므로 분석 명제를 부정한 명제는 참일 수 없다. 반면에 종합적으로 참인 명제를 부정하면 자기 모순에 빠지지는 않는다. 참일 수 있지만 참이 아닌 명제는 또 하나의 종합 명제가 된다. 따라서 전자는 불가능하고 후자는 가능하다.

여기에서 점점 나아가 라이프니츠는 대안적으로 가능한 세계라는 개념을 근대 철학에 도입했다. 우리 인간에게는 손가락을 여섯 개 또는 세 개를 가지는 일이 사실 가능하다. 그러나 손가락을 여섯 개 가지는 동시에 손가락을 세 개 가질 수 있는 가능 세계는 없다.

따라서 비록 두 가지 모두 가능하다고 하더라도 한 가지 가능성이 현실화되면 다른 가능성은 현실화될 수 없다. 이는 양립할 수 있는 가능성이라는 의미의 '공가능성(共可能性, compossibilities)'이라는 개념을 이끈다.

공가능성의 전체는 무한한 수의 가능 세계를 구성할 수 있다. 라이프니츠는, 신은 스스로의 선택에 따라 모든 가능한 세계를 창조할 수 있다고 믿었다. 그런데 완전한 존재로서 신은 스스로 가장 좋은 가능한 세계의 창조를 선택했다는 것이다. 이러한 자유 의지를 포함하고 있기 때문에 결과적으로 잘못과 악을 가지게 되는 세상이, 자유 의지가 존재하지 않는 세상보다 더 낫다. 그리고 이는 왜 완전한 신이 이렇게 악이 많은 세상을 창조했는지에 대한 설명이다.

> "영혼은 불멸하는 우주의 거울이다"
>
> 라이프니츠

볼테르는 소설 『캉디드(*Candide*)』(1759년)에서, 모든 것은 가능한 세계 중의 최고 세계에서도 최고를 위해 존재한다고 주장하는 어리석을 만큼 낙관적인 철학자인 팡글로스(Pangloss)를 통해 라이프니츠를 풍자했다. 『캉디드』는 라이프니츠가 말하고 있는 배후에 진지한 주장이 숨어 있다는 것을 보여 주지 않았기 때문에 다른 풍자들과 마찬가지로 풍자 대상 그 자체를 희생양으로 삼았다고 할 수 있다.

미분법

1676년 라이프니츠는 런던을 방문했다. 여기서 라이프니츠는 뉴턴학파의 수학자들과 토론을 했다. 이들은 나중에 미분법의 발명자가 뉴턴인가 라이프니츠인가를 두고 논쟁을 벌였다.
1684년 라이프니츠는 자신의 미분법을 발표했다. 뉴턴은 예전의 작업과 연결시켜 발표할 수 있었지만 1687년에 발표했다. 왕립학회는 1711년 뉴턴의 손을 들어주었는데, 이에 대한 논쟁이 완전히 해결된 적은 없었다.

팡글로스 박사

신은 가능한 한 가장 좋은 세계를 창조하려고 했다는 라이프니츠의 견해를 볼테르는 소설 『캉디드』에서 격렬하게 풍자했다. 팡글로스 박사라는 등장인물은 다양한 불행에 대해 "모든 것은 모든 가능한 세계의 최고 중의 최고를 위한 것이다."라고 대답한다.

충족이유율

철학에서 지금까지 사용하고 있는 라이프니츠의 개념 중 널리 알려진 것은 충족이유율(sufficient reason)이다. 모든 것이 그러한 데에는 마땅히 그러하게 된 이유가 있어야만 한다는 것이다. 만약 참인지 거짓인지 문제되고 있는 명제가 분석적이라면, 외부 실재를 살펴보지 않고도 논리적, 수학적 논증이나 또 다른 형태의 연역 논증에 따라 진위 여부가 드러날 것이다. 또는 그 문제가 의미와 관련된 것이라면 개념의 정의를 살펴봄으로써, 그 문제가 게임의 규칙을 지켜야 하는 일과 같은 규칙 지배적인 행위라면 그 규칙이나 규약을 살펴봄으로써 참인지 거짓인지를 알 수 있을 것이다.

만약 그 진리가 사건의 사실적 상태와 관련된 종합적인 것이라면, 사건의 이러한 특수한 상태를

라이프니츠 하우스

1676년 라이프니츠는 브라운슈바이크(Braunschweig) 공작 가문의 도서관 사서로 일했다. 1679년에 그 도서관은 헤렌하우젠 궁에서 하노버로 이전했고, 2년 후에는 더 많은 방을 가진, 건물의 뒤편으로 이사했다. 1698년부터 도서관은 사서들이 생활할 공간을 가진, 분리되어 있는 건물에 위치하게 되었다. 라이프니츠 하우스로 알려진 이 건물은 제2차 세계대전 때 파괴되었는데, 1983년 복제한 건물이 개장되었다.

가져오는, 필연적인 결과를 가진 물리적 원인이 충분한 조건이 될 것이다. 어떤 것에 대해 적합한 설명을 하는 것은 그에 대한 충분한 이유를 판별해 내는 일이다. 따라서 개별 경우에 우리는 먼저 다른 종류의 진리를 구축한 다음 그 영역에서 그러한 진리에 적합한 충분한 이유를 찾아야 한다. 이러한 방법은 연구자들에게 새로운 원리를 제공한다.

라이프니츠는 여러 면에서 정말 놀라운 근대 사상가이다. 예전의 사상가들은 움직이지 않는 물질이 일종의 충격에 따라 움직여지는 것이 운동이라고 생각한 데 비해, 라이프니츠는 운동—즉 활동이나 활동하려는 성향—을 물질의 속성에 내재되어 있는 것으로 보았다. 사실상 그는 물질의 궁극적인 구성 요소는 물질 자체가 아니라 운동의 비물질적 중심이라고 확신했다.

물론 우리는 지금 모든 물질이 에너지로 환원된다는 것을 알게 되었고, 이러한 점에서 라이프니츠의 생각이 놀라운 선견지명이었다는 것을 안다. 그러나 17세기에 사람들이 활동의 비물질적 중심에 대해 가지고 있던 유일한 단어는 정신, 즉 영혼 (mind, spirit, soul)이었고, 라이프니츠도 이 용어로 자신의 생각을 표현했다.

그는 물질을 구성하는, 활동하려는 성향의 점을 공간상의 지점들을 차지하는 의식의 점과 같은 존재라고 보았다. 그는 이를 '모나드(monad, 단자)'라고 불렀는데, 모든 것이 이 단자들로 이루어져 있다고 믿었다. 그는 이 단자들이 모두 그 내부에 공간을 가지고 있지 않은 것으로 보았다.

그러나 그는 가장 낮은 척도에 있는 비유기적 물질을 구성하는 단자에서 인간의 정신, 나아가 신에 이르기까지 그 각각을 밀도 (密度) 면에서 매우 다른 단자로 보았다. 개별적인 단자는 실재의 나머지, 즉 그 고유의 세계와 관계되어 있는 관점이다. 이러한 면에서 단자들은 상호 작용하지 않는다.

이를테면 우리 인간은 다른 사람의 의식을 나누어 갖지 않는다. 라이프니츠는 우리를 창 없는 단자라고 생각한다. 그러나 우리 단자들은 모두 신에 따라 창조되어 같은 세계에 함께 존재하게 되었다. 따라서 모든 사람들의 행동과 모든 것이 함께 존재할 수 있도록 신이 우리를 위해 그 기능상의 조화를 결정하였다. '예정 조화'라는 말은 라이프니츠의 이론에서 가장 일반적으로 사용된 표현이다.

라이프니츠는 철학자 중의 철학자라고 할 수 있다. 그의 저작은 입문자들이 읽기에는 너무 어렵지만 다른 철학자들에 대한 라이프니츠의 영향은 진정 막대한 것이었다.

운동 에너지

움직이는 모든 것은 운동 에너지를 가지고 있다. 물체가 빨리 움직일수록 그 물체는 더 많은 질량을 가지게 된다. 1686년 초 이 발견이 이루어지기 100여 년도 전 라이프니츠는 '살아 있는 힘(vis viva)'이라는 뜻의 용어를 사용했다. 한 물체의 비스 비바는 그 물체의 질량 및 속도와 관련이 있다. 이 생각은 1700년대에 이르러 논쟁을 불러 일으켰다.

왜 아무것도 없지 않고 무엇인가가 있는가

라이프니츠

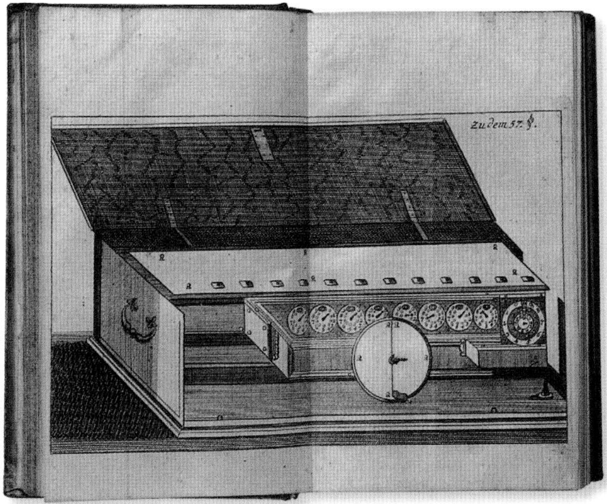

라이프니츠의 계산기

1673년 라이프니츠는 계산기를 고안해 냈다. 그의 발명품은 프랑스의 과학자이자 저술가인 파스칼이 발명했던 계산기에 기초한 것이었다. 라이프니츠는 1673년 런던을 처음 방문했을 때 왕립학회에 자신의 계산기를 보여 주었다.

위대한 경험주의자들

철학에서 합리주의에 대한 주요 반응은 영국에서 나왔는데, 이것이 곧 경험주의이다. 합리주의자들은 유일하게 신뢰할 수 있는 지식은 이성의 사용을 통해 나온다고 주장하면서, 지식의 원천으로서의 감각 경험을 폄하했다. 그러나 경험주의자들은 이를 부정했다. 그들은 외부 세계에 대한 정보는 우리의 감각을 통해서만 주어진다고 주장했다. 따라서 정신은 이 정보를 평가하고 조직하는 데에, 그리고 이 정보에서 결론을 이끌어내고 다른 것과 정보를 결합시키는 데에 결정적인 역할을 하고 있다. 그러나 오직 감각 경험만이 정보 자체의 원천이 될 수 있다. 그 후 영 · 미의 철학에서는 줄곧 이 원리가 지켜져 왔다.

사랑의 비올라

1774년에 만들어진 이 악기의 낭만적인 이름은 음계의 수와 일치하는 일곱 개의 현을 의미한다.

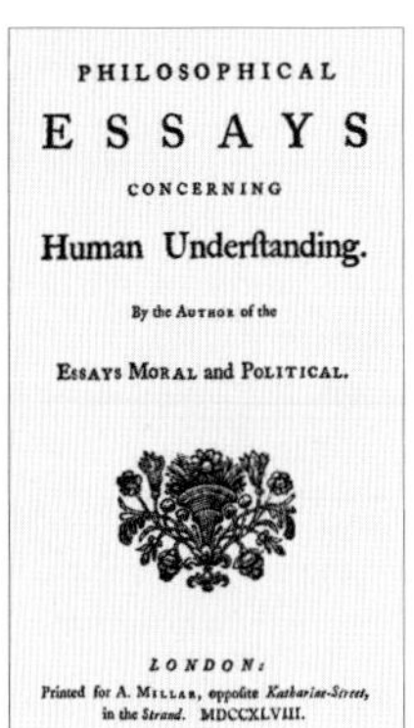
PHILOSOPHICAL ESSAYS CONCERNING Human Underſtanding. By the AUTHOR of the ESSAYS MORAL and POLITICAL. LONDON: Printed for A. MILLAR, opposite Katharine-Street, in the Strand. MDCCXLVIII.

『인간 오성론』

로크의 주요 철학적 저작은 1689년에 출판되었지만 그 이전에 20년 동안 연구해 왔던 것이다. 이 책은 인간 이성의 본성과 범위에 대한 체계적 탐구이다.

주요 저작

『인간 오성론』(1689년),
『종교 관용에 관한 서한』(1689년),
『통치이론』(1690년),
『교육에 대한 몇 가지 견해』(1693년)

윌리엄 3세

왕비 메리 2세와 함께 오라녜 공 빌렘이라 알려져 있는 윌리엄3세는 영국과 아일랜드를 1689년에서 1702년까지 다스렸다. 그들은 오랜 정치적 불안 이후 안정을 가져왔으나, 윌리엄 3세는 결코 민중의 왕은 아니었다.

로크

영국의 대표적인 자유주의자

로크는 최초의 경험주의자는 아니었지만 경험주의의 장을 연 중요한 개척자로 여겨진다. 따라서 그의 철학에서 경험주의가 출발한 것으로 인정된다.

존 로크(John Locke, 1632-1704년)는 영국 시민 전쟁에서 왕을 반대하는 의원들과 신념을 같이 한, 이른바 서부파의 한 사람이었던 변호사의 아들로 태어났다. 1646년 로크는 당시 가장 명문인 웨스트민스터 학교에 입학해 고전 과목뿐 아니라 히브리어와 아랍어도 배웠다.

그 후 옥스퍼드대학에 진학해 새로운 철학과 과학에 눈을 떴고 의학사 학위를 받게 되었다. 로크는 공공 기관의 비서와 자문위원 등으로 일하기 시작했다. 1667년 그는 찰스 2세를 반대하는 의회파의 지도자 샤프츠버리(Anthony Ashley Cooper, 1st Earl of Shaftesbury, 1621-83년) 경의 가정의(家庭醫)가 되었다. 그는 의사로서의 역할보다도 뛰어난 정치적 능력으로 샤프츠버리 경을 보좌했다.

그 후 로크는 1675-79년까지 프랑스에서 생활하면서 데카르트의 철학을 연구하고 당시의 위대한 정신들과 교류했다. 1681년 샤프츠버리 경은 반역죄로 기소되었다가 곧 풀려났지만, 신변의 위협을 느끼고 영국을 떠나 네덜란드에 정착했다. 1683년 로크 또한 영국을 떠나 네덜란드로 갔다. 거기서 1671년에 쓰기 시작했던 걸작 『인간 오성론(*Essay Concerning Human Understanding*)』을 거의 마무리할 수 있었다. 이 책은 1689년에 출판되었다.

네덜란드에서 로크는 영국을 떠난 정치 망명객들의 사건에 연루되었다. 즉 로크는 네덜란드 사람인 오라녜(Oranje) 공 빌렘(Willem)을 영국 왕으로 옹립하려는 계획의 직접적인 고문 역할을 했다. 그리고 이 계획은 성공했다. 1688년 명예혁명이 끝나고 제임스 2세(James Ⅱ, 1633-1701년)가 외국으로 도망가자, 이듬해 2월

로크

로크의 주요 업적은 17세기 영국의 혼란 속에서 나타난 사회적, 정치적 원리와 인간 지식에 대한 설명을 분명하게 공식화한 데에 있다.

로크는 개인 비서의 자격으로 오라녜 공주를 영국으로 수행했다. 그 후 오라녜 공주는 윌리엄 3세(William III, 1650-1702년)의 부인이자 메리(Mary) 여왕이 되었다.

같은 해 로크는 최초의 중요한 정치 연구 결과인 『종교 관용에 관한 서한(*A Letter concerning Toleration*)』을 출판했다. 그리고 1690년 『통치이론(*Two Treatises of Government*)』, 1693년에는 『교육에 대한 몇 가지 견해(*Some Thoughts concerning Education*)』가 출판되었다.

로크는 일흔두 살의 나이로 생을 마감했지만 그의 가장 중요한 저작은 모두 5년도 채 안 되는 세월 동안 쓰인 것이었다.

로크는 이론뿐만 아니라 그것을 실천하는 일에도 뛰어난 능력을 보였다. 그는

> “자연은, 아무 소용없거나 귀하지 않은 것을 결코 만들지 않는다”
>
> 로크

결혼한 일이 없었다. 하지만 그에게 사랑을 느낀 여자들과 호감을 가진 친구가 많았다. 로크는 따스하고 매력적이며 정중하기까지 했다. 모든 분야에서 그가 가장 애정을 쏟은 내상은 상식과 관련된 것들이었다.

로크는 스스로 분명한 진리라고 여기고 순수한 사실이라고 말했던 것을 부정하기보다는 차라리 모순을 받아들이는 사람이었다. 이런 모습에서 로크는 전형적인 영국인이었는데, 이는 프랑스인의 기질이나 데카르트의 성향과는 대비되는 것이었다. 그는 사물에 대한 일관된 태도를 유지하는 과정에서 우리가 어떻게 실재와는 거리가 먼 견해를 가지게 되는지 날카롭게 꿰뚫어 보고 있었다.

우리의 한계

로크는 지식에 관한 이론(인식론)과 정치철학이라는 두 영역에서 남다른 감각을 보인 사상가였다. 그는 오늘날까지도 인식론의 가장 중요한 기획으로 여겨지는 것, 즉 인간에게 인식 가능한 대상의 한계는 무엇인가 하는 문제에 대해 깊이 탐구했다. 그때까지 사람들은 알려질 수 있는 대상의 한계는 있는 것의 한계에 따라 정해진다고 생각하거나, 우리는 알아내야 할 것이 남아 있지 않을 때까지 실재에 대해 많은 것을 알아 갈 수 있다고 생각하는 경향이 있었다.

다른 종류의 한계, 즉 인간이 이해할 수 있는 것의 한계, 그리고 또한 인간이 결코 이해할 수 없는 실재의 측면도 있을 수 있다고 생각한 철학자들은 예전에도 있었다. 이러한 깨달음은 중세철학자들 사이에 거의 보편적인 흐름이었다. 그러나 로크는 이를 현실 속에서 한 걸음 더 밀고 나아갔다.

그는 정신이 무엇을 할 수 있고 할 수 없는가를 파악할 수 있다면 우리의 바깥에 무엇이 존재하는가와 상관없이 우리가 알 수 있는 대상의 한계를 발견할 수 있다고 생각했다. 즉 파악할 수 없는 존재들에 대해서는 그 어떤 것도 우리로서는 이해할 방법이 없다는 것이다.

이는 로크가 자신의 주요 저작을 『인간 오성론』이라고 부르는 이유이며, 따라서 이 책의 서문에 "우리의 능력을 고찰하고 우리의 능력을 방해하는 것이 무엇인지 아는 데에 필수적"이라고 스스로 밝히고 있다. 이로써 그는 훗날 이 분야에서 두각을 나타내는 철학자들이 했던, 즉 18세기에는 흄과 칸트, 19세기에는 쇼펜하우어, 20세기에는 러셀, 비트겐슈타인, 포퍼가 했던 탐구를 시작했다.

이 철학자들은 이제는 전통이 된 이러한 연구의 흐름에서 예전의 다른 철학자들에게 특별히 빚진 듯한 느낌을 가지고 있었다.

프로테스탄트의 계승에 대한 비유
영국의 제임스 손힐(James Thornhill, 1635-1734년)은 새 왕조에서 가장 좋아했던 바로크풍 화가였다. 윌리엄 3세와 메리 여왕에 대한 그의 자유로운 묘사는 그리니치의 해군 병원에 있는 페인티드 홀의 천장에서 발견되었다.

우리는 어떻게 배우는가?

로크는 우리가 직접적인 경험을 가지는 것은 우리 의식의 내용, 곧 막대한 양의 감각 이미지, 사상, 감정, 기억 등이라고 말했다. 그는 이러한 의식의 내용에 대해 그것이 지적이든, 감각적이든, 정서적이든 상관없이 '관념(idea)'이라는 이름을 붙였다. 이 '관념'이란 직접적으로 의식에 나타나는 어떤 것이다.

로크는 외부 세계에 대한 지식을 생각해 보면 기본적인 자료와 정보는 감각을 통해 얻는다고

제1대 샤프츠버리 백작

영국 정치인 앤서니 애슐리 쿠퍼는 제1대 샤프츠버리 백작으로서 군주제의 복권을 지지했다. 그는 요크의 로마 가톨릭 공작인 미래의 제임스 2세를 축출하는 운동을 이끌었다. 그는 반역죄로 기소되었다가 석방되었으나 암스테르담으로 망명했다.

주장한다. 우리는 빛이나 어둠, 빨강, 노랑이나 파랑, 뜨거움이나 차가움, 거침이나 부드러움, 딱딱함이나 부드러움 등에서 받는 인상을 점점 더 잘 받아들이게 된다. 하지만 의식의 초기 단계에서는 거기에 대해 이름조차 붙일 수 없다.

그런데 우리는 그에 대해 일반적인 개념을 형성할 때까지 이를 마음에 새기고, 기억하고, 다른 것과 결합시키기 시작한다. 이로써 우리는 이러한 인상을 주는 외부의 대상인 사물들에 대한 일반적인 관념을 얻기 시작한다. 그러고 나서 어떤 하나를 다른 것과 구분하는 배움의 과정을 밟는다.

우리는 주변을 맴돌고, 네 다리로 움직이며, 특정한 종류의 소음을 내고, 털이 있는 대상을 인식하기 시작한다. 우리는 결국 그것을 개라고 부르게 된다. 처음부터 이러한 정신과 기억들은 감각이 투입된 궁극적인 바탕 위에 좀더 복합적이고 교묘한 관념을 구축하고, 점차적으로 우리는 세계에 대한 지적인 이해를 넓히게 된다. 그리고 나아가 그에 대해 생각할 수 있는 능력을 발전시킨다.

로크가 강조하는 한 가지는 우리의 감각만이 우리와 외부의 실재 간에 유일한 직접적인 통로가 된다는 것이다. 우리가 인지한 어떤 것이 외부에서 우리에게로 들어오려면 우리의 감각을 통해야 한다. 우리는 이러한 자료들을 가지고 머리 속의 모든 놀랍고 복잡한 것을 분류할 수 있는 능력을 발전시킨다.

그러나 우리가 감각으로 얻을 수 없는 자료에 대해 이 능력을 작동시키기 시작한다면, 우리는 외부 실재와 정신 간의 유일한 통로를 잃게 될 것이다. 그런 경우 정신의 작용은 외부 세계의 존재와 연결되지 않는다. 물론 정신은 주어진 자료를 가지고 외부 세계의 존재와 대응되지 않는 꿈과 다양한 허구를 만들어 낼 수 있다. 진정 정신 작용이 그럴 수 있는 여지는 많다.

그러나 로크는 실재와 외부 세계에 대한 우리의 이해가 늘 궁극적으로 감각을 통해 경험하는 것에서 도출되어야만 한다는, 아니면 결국 그러한 경험에서 도출되는 요인들로 이루어져야만 한다는 결론에 이르렀다.

이는 경험주의의 핵심이다. 다른 철학적 이론과

명예 혁명

1688년의 영국 혁명은 평화로운 무혈 혁명으로, 명예혁명으로 잘 알려져 있다. 이는 제임스 2세가 대영 제국에 가톨릭을 부활시키려 하자, 일곱 귀족들이 윌리엄에게 초청장을 보내 그의 아내 메리의 이름으로 왕권을 갖도록 할 때 일어난 혁명이다. 윌리엄은 1688년 11월에 영국에 상륙했으며, 제임스 2세가 프랑스로 도피하자 1689년 2월 아내 메리와 함께 왕위에 올랐다.

> *인간에게 자신이 오류에 빠져 있다는 사실을 알려 주는 것이 첫째이고, 진리를 가지도록 하는 것이 둘째이다*
>
> 로크

로크의 사상이 교육에 끼친 영향

영국 신사는 오래도록 영국 지식인들의 이상형이었다. 로크는 이 이상형에 민주주의적, 청교도적, 실천적 성향을 불어넣어 신흥 부르주아들이 받아들일 만한 모습으로 만들었다. 이러한 생각은 영국 교육 사상의 발달에 매우 중요한 영향을 끼쳤다.

외부 세계에 대한 지식

로크는 외부 세계에 대한 지식이 감각을 통하여 우리에게 오며 이를 통해 외부의 대상에 대한 관념을 획득한다고 믿었다. 바톨로메 에스테반 무리요(Bartolom Esteban Murillo)의 "신성한 가족"(1650년)에서 어린아이는, 분별력을 통해 나중에 개로 인지하게 되는 대상과 마주 보고 있다.

마찬가지로 경험주의의 본질적인 내용은 경험주의가 무엇을 배제하는지에 있다. 예를 들어 경험주의는 우리가 예전의 존재에서 획득한, 세계에 대한 일정 정도의 지식을 가지고 태어났다는 플라톤적인 세계관을 부정한다. 아울러 로크에서 비롯한 경험주의는 의식의 내용만을 가지고 외부 세계에 대한 개념을 가질 수 있다는 데카르트의 이론을 부정했다.

사실 로크는 어떠한 형태의 본유(本有) 관념도 인정하지 않았다. 그는 그러한 것은 없다고 생각했다. 로크는 우리가 태어날 때 정신은 경험이 거기에 무언가를 쓰기 시작하는 백지와 같고, 우리의 모든 지식과 외부 실재에 대한 이해는 경험이라는 원천에서 나온다고 믿었다.

관념을 규정하는 새로운 방식

경험주의에서 발전된 사상은 서구 세계에 널리 퍼져 나갔다. 오늘날 많은 사람들은 이를 분명하고 단순한 상식이라고 생각한다. 그러나 로크는 이 견해가 새로운 것이며 전혀 분명하지 않다고 했다.

사실 경험주의의 사회적 함축은 가히 혁명적이었다. 모든 사람이 백지(tabula rasa) 상태의 정신을 가지고 세상에 태어난다면 어느 누구도 다른 사람보다 더 우월하게 태어나지는 않을 것이다. 따라서 개인에 대한 모든 것은 어떻게 교육 받는지와 관련된다. 로크의 관념은 특히 프랑스에서 대중들이 교육을 통해 사회적 종속에서 해방된다는 믿음과, 모두가 평등하다는 견해로 발전했다.

로크의 "관념을 규정하는 새로운 방식"은 새로운 과학과 함께 발전되었다. 두 가지 모두 경험에 반대하는 일반 관념을 고찰하는 것과, 객관적 관찰을 매우 중요하게 여긴다.

로크는 스스로 과학(물론 당대의 과학을 말함)으로 설명될 수 있는 물질적 대상의 측면과 설명될 수 없는 물질적 대상의 구분, 그리고 갈릴레이가 도입했던 구분을 공식화했다. 로크는 과학이 다룰 수 있는 대상의 측면인 길이, 넓이, 높이, 무게, 공간상의 위치, 운동 중에 있을 경우 속도와, 기계적이라고 해도 좋을 만큼 측량 가능한 속성은 관찰자 개인과는 무관하다고 주장했다.

관찰자와 무관하기 때문에 이 속성들은 객관적으로 대상을 설명한다고 생각할 수 있다. 따라서 로크는 이를 '제1성질(primary qualities)'이라고 부른다. 과학이 다룰 수 없는 성질은 대상과 대상을 관찰하는 주체 사이의 상호 작용에서 비롯하기 때문에 관찰자마다 달라질 수 있는 주관적 요소를 포함하고 있다. 이러한 성질로는 맛, 냄새, 색깔 등이 있다. 이들은 주체가 경험하는 것에 따라 달라지는 애매한 방식으로 대상 속에 들어 있다. 따라서 로크는 이를 대상의 '제2성질(secondary qualities)'이라고 부른다. 로크에서 비롯한 이러한 구분은 그 후 철학의 주요 구분이 되었다.

로크의 지식론의 본질적인 내용은, 우리가 대상의 관찰 가능한 속성과 행태만을 관찰할 수 있기 때문에 그 속성과 무관하게 대상을 파악할 수 있는 방법은 없다는 견해이다. 즉 그러한 성질을 가지고 그러한 방식으로 행동하는 대상이 무엇인지에 대한 지식을 가질 수 없다는 것이다. 사물 자체는 보이지 않는 형이상학적인 것, 즉 로크 자신이 말한 대로

모두를 위한 교육
로크는 우리가 태어날 때 정신은 백지와 같다고 믿었다. 미래의 모든 발전은 그 사람이 어떻게 교육 받는지와 관련되어 있다. 이러한 급진적인 생각은 모든 사람들이 교육을 통해 자유로워질 수 있다는 믿음으로 이어졌다. 당시 교실 풍경을 풍자한 "소년과 소녀를 위한 학교"는 약 1670년 스텐이 그린 그림으로, 이 무렵 로크는 『인간 오성론』을 쓰고 있었다.

> "인간의 지식은 결코 그 자신의 경험을 넘어 나아갈 수 없다"
> 로크

웨스트민스터 학교

수도원에서 운영한 것으로 알려진 웨스트민스터 학교는 웨스트민스터 사원과 함께 설립되었다. 1540년 헨리 8세가 이 학교를 세속화했고 1560년 엘리자베스 1세는 이 학교를 새롭게 재편했다. 웨스트민스터 학교는 줄곧 로크, 크리스토퍼 렌 경, 로버트 훅, 에드워드 기번(Edward Gibbon) 등 영국의 훌륭한 정치가, 과학자, 저술가들을 교육해 왔다.

로크의 탄생지

위의 편지에는 로크가 1632년 8월 29일 태어난 브리스틀 근교의 링턴에 있는 집이 그려져 있다. 그의 아버지는 지방 변호사였으며, 할아버지는 의류상이었다.

> *새로운 의견은 보편적이지 않다는 것 외에는 아무 이유 없이 늘 의심을 받고 이의가 제기되기 마련이다*
>
> 
>
> 로크

로버트 보일

아일랜드 태생의 화학자요 물리학자이자 자연철학자인 로버트 보일(Robert Boyle, 1627-91년)과 로크는 옥스퍼드에서 만나 절친한 친구가 되었다. 그는 당시 가장 영향력 있는 과학자였고, 1662년 가스의 압력과 부피는 반비례한다는 보일의 법칙을 만든 것으로도 유명하다. 경건한 개신교도인 그는 1645년 왕립학회의 전신인 '보이지 않는 대학'의 초대 회원이었다.

"무엇인지는 알지 못하지만 무엇이 아닌지는 아는 것(something I know not what)"이다. 로크는 사물 그 자체를 물질 또는 물질적 실체로 생각한다. 그리고 우리는 오직 그 성질이나 속성만을 알 수 있을 뿐, 그 자체가 무엇인지는 결코 알 수 없다고 주장한다.

또 주체도 마찬가지이다. 지식과 경험의 주체로서 우리의 내면에서 발견할 수 있는 것은 우리가 지각한 내용이다. 지각의 내용은 온갖 종류의 경험인데, 이를 가진 그 실재는 자아인지, 아니면 다른 무엇인지 우리에게 알려질 수 없다. 그러므로 로크에 따르면 지식의 주체와 대상은 모두 그 자체로 알려지지 않는다. 가능한 지식의 영역은 이러한 신비스런 실재들인 주체와 대상 사이의 연결을 통해 이루어진다.

자유주의적 혁명

로크는 데카르트처럼 세계에 대한 인간의 과학적 지식이 의심할 수 없는 전제에서 연역적인 논리를 통해 이끌어진다고 생각하지 않았다. 따라서 과학적 지식이 수학만큼 확실성을 가질 수 있다고 여기지 않았다.

감각으로 받아들인 것을 바탕으로 지식을 형성하기까지 이처럼 오랜 시간이 걸린다는 로크의 색다른 견해는 오류의 여지가 있다. 우리는 귀납이 아니라 연역의 방법으로 경험을 일반화하면 그 과정에서 오류를 일으킬 수도 있기 때문에 오류 가능성을 인정해 주어야 할 필요가 있다. 다른 사람이 점검을 할 때도 종종 직접적인 관찰은 오류에 빠질 수 있다. 관찰을 바탕으로 매우 신중하게 구성한 지식도 절대적인 확실성을 가지지는 못한다. 단지 어느 정도의 확실성, 즉 개연성만을 가질 수 있는 것이다.

따라서 로크는 사물에 대한 우리의 믿음이 반드시 증거에 바탕해야 한다는 원칙을 고집해야 한다면, 우리는 증거가 바뀌면 우리의 믿음까지 바꾸겠다는 각오를 해야 한다고 주장한다. 이는 믿음을 지켜 가는 방식에 대한 상식적인 태도를 요구한다. 또 이것은 로크 철학의 중요한 요구 사항이다. 그리고 아주 중요한 방식으로 정치론과도 연결된다.

로크는 인간이 자연 상태에서 출발한다고 믿는다. 신의 형상을 본떠 창조된 피조물인 인간은 자연 상태라고 해도 정글의 야수와 같지는 않다. 신이 인간에게 이성과 양심을 주었기 때문이다. 따라서 자연 상태에 대한 로크의 생각은 홉스와는 매우 다르다.

정부나 시민 질서 등이 없는 상태는 인간에게 커다란 손실을 가져다주기 때문에 개인들은 스스로 사회를 만든다. 홉스와 마찬가지로 로크가 생각한 사회 계약이란 통치자와 피통치자 사이의 계약이 아니라 자유로운 개인들끼리의 계약이다.

주시하는 사람의 눈에서

로크는 대상과 관찰하는 주체 간의 상호 작용에서 일어나는 성질은 주관적(제2의 성질)이고 지각되지 않을 수 없다고 주장했다. 이 성질의 예로는, 다비드 레이카르트(David Ryckaert)의 "예술가의 화실"(1638년)이라는 작품에 묘사된 것과 같이 관찰자마다 다르게 볼 수 있는 주관적 요소인 색상이 있다.

그러나 홉스와 달리 로크는 정부가 수립되고 난 후에도 국민들이 여전히 자연인으로서의 권리를 가지고 있다고 본다. 궁극적으로 주권은 국민에게 있는 것이다. 개인의 권리를 보호하는 것, 곧 삶, 자유, 재산의 보호 등은 정부의 유일한 합법적인 목적이다. 정부가 이 권리를 침해(폭정)하거나 효율적으로 보호해 주지 못하면(비효율적으로 대처하면), 또는 정상적인 절차를 통한 치유책을 제시했으나 이를 적절히 실행하지 못한다면 국민들은 기존의 정부를 전복하고 참된 새로운 정부로 바꿀 수 있는 도덕적인 권리를 가진다. 이는 1688년 명예혁명에서 로크가 한 역할을 설명해 주는 측면이기도 하다.

로크는 우리에게 소유의 권리를 주는 것은 우리가 거기에 투하한 노동의 대가라고 믿었다. 따라서 우리는 소유물에 대해 무엇이든 행사할 수 있는 자유를 가진다. 내가 어떤 것을 생산하기 위해 노동을 하면,

옥스퍼드의 크라이스트 처치 대학

본래는 1525년 헨리 8세 때 대법관이었던 토머스 울지(Thomas Wolsey)가 설립한 카디널스 칼리지였는데 1546년 크라이스트 처치 대학으로 이름을 바꾸었다. 이 대학에서 유명한 톰 타워는 1681년 크리스토퍼 렌 경이 건설한 것이다. 튜더 홀의 벽은 로크, 윌리엄 글래드스톤(William Gladstone), 필명이 루이스 캐럴(Lewis Carroll)인 찰스 도지슨(Charles Dodgson) 등을 포함한 유명한 동문들의 초상화로 장식되어 있다.

"모든 인간은 실수를 저지르도록 되어 있다. 여러 면에서 인간은 대부분 정열이나 흥미 때문에 유혹에 넘어간다"

로크

가상디

1675년에서 1679년 사이에 로크는 프랑스를 여행했는데 대부분의 시간을 파리와 몽펠리에에서 보냈다. 로크는 프랑스의 철학자이자 과학자인 가상디(1592-1655년)를 따르는 가상디 학파의 과학자와 철학자들과 만났다. 과학에서 실험의 방법을 옹호한 가상디는 물질의 원자론과 그리스도교 교리를 조화하려고 노력했다.

자발적인 교환

로크는, 우리의 소유물에 대한 권리 또는 소유물을 처분할 수 있는 권리를 부여하는 것은 우리가 거기에 투하한 노동이라고 생각했다. 자유주의적 자본주의의 기본 토대를 형성하는 것은 자발적인 교환이다. 위의 그림은 런던의 스미스필드 고기 시장에서 바쁘게 일하고 있는 거래자들을 보여 준다.

그리고 노동을 하면서 다른 사람에게 피해를 주지 않는다면, 나는 내가 한 노동의 결실에 대해 권리를 가진다. 누군가가 나에게서 그 노동의 결실을 빼앗아 간다면 그는 말 그대로 나의 노동을 훔치는 것이다.

그 결실에 대한 권리가 나에게 있다면 나는 그것을 내가 원하는 대로 처리할 수 있다. 다른 사람에게 마음대로 줄 수 있으며 또 팔 수도 있다. 따라서 자발적인 교환을 바탕으로 발전하는 사회는 정부의 간섭을 받지 않는 단계에 접어들게 된다. 그리하여 자유주의적 자본주의의 본질적인 토대가 형성된다.

관용

로크의 정치철학과 지식론을 연결하는 방법 중 하나는 관용에 대한 믿음을 불러일으키는 것이다. 로크가 경험 세계에 대한 지식은 확실성을 획득하기 어렵고 개연성만 얻을 수 있다고 생각했음을 우리는 기억한다. 따라서 로크는 정치적, 종교적 권위가 자신들의 믿음을 강요하는 일은 잘못된 것이고, 또 도덕적으로도 그르다고 보았다. 그의 이러한 견해는 매우 중요한 역사적 영향을 끼쳤다.

"자신이 믿고 있는 진리에 대한 확실한 증거나 자신이 거짓이라고 믿는 것이 거짓이라는 확실한 증거를 가지거나, 자신이나 타인의 견해를 밑바닥에서부터 점검했다고 말할 수 있는 인간은 어디에 있는가?"

우리가 행위와 맹목의 유동적인 상태에 처해 있으면서, 지식에 바탕하지 않은 맹신이 필요하다는 것을 긍정하기는 어렵다.

피프스

영국 일지 기록원인 사무엘 피프스(Samuel Pepys)는 1659년과 1669년 사이에 발생한 흑사병(1665-66년)이나 런던 대화재(1666년)와 같은 주요 사건들을 기록했다. 왕정 복고 후에 샌드위치(Sandwich) 백작의 후원에 힘입어 피프스는 해군성 비서가 되었으나 가톨릭 음모사건(Popish Plot, 1679년)에 연루되어 직위를 잃고 감옥에 수감되었다. 그러나 1684년에 그는 재임명되었고 왕립학회장에 올랐다.

영향

로크는 다른 어떤 사상가보다도 자유주의적 민주주의의 이론적 토대를 세우는 데 기여했다. 미국인들이 자신들의 국부(國父)라고 부르는 미합중국 헌법을 초안한 사람은 이 일을 하는 과정에서 로크의 사상을 마음에 두고 있었고 다른 사람과 편지를 주고받을 때 로크의 이름을 거론하기도 했다. 로크는 18세기 프랑스 사상에도 이와 비슷한 영향을 끼쳤다. 볼테르, 몽테스키외(Montesquieu), 그리고 백과전서파 사람들은 로크의 저작에서 정치, 도덕, 교육, 철학적 사상의 기초를 발견했다.

로크는 미국과 프랑스 혁명에 지적인 영향을 끼친 중요한 인물이다. 아리스토텔레스 이후부터 마르크스가 나타나기 전까지 실천적인 문제에 대해 로크보다 더 많은 영향을 끼친 사상가는 없을 것이다.

> "우리는 육체에 대해서와 마찬가지로 영혼에 대해서도 분명한 개념을 가지고 있다"
>
> 로크

교육, 과학, 정치, 철학 등에 밀려든 근대 사상의 바람

로크는 근대 정신을 가진 최초의 사람으로 여겨져 왔다. 이는 로크가 중세 이후의 사상을 하나의 흐름으로 조화시켰기 때문이다.

로크의 정신은 다음과 같이 표현될 수 있다.

"그 권위가 지적인 것이든, 정치적인 것이든, 종교적인 것이든, 생각 없이 권위를 따르지 마라. 그리고 생각 없이 전통이나 사회적 관습을 따르지 마라. 늘 자기 자신에 대해 생각하라.

사실을 통해 자신의 견해와 행동을 사물이 실제로 존재하는 방식에 기초하도록 하라."

오늘날의 우리가 이 정신이 당시에 얼마나 새로운 것인지 이해하기는 어렵다. 하지만 로크의 사상은 교육, 과학, 정치, 철학 등의 영역에 엄청난 파장을 몰고 왔다.

로크의 사상은 새로운 관찰과 실험을 요구하는 과학과 완전히 일치하는 것이었다. 그는 뉴턴에게 영향을 끼쳤고 또 뉴턴의 영향을 받았다.

로크는 암기식 교육을 반대했으며, 낡은 전통을 신성하게 여기고 시대가 바뀌어도 변하지 않는 경직된 교육 과정을 비판했다. 그는, 언어는 문법이 아니라 연습과 본보기를 통해 배워야 한다고 믿었다. 그리고 고전적인 과목보다 근대적인 소양을 중요하게 여겼다.

그는 모든 인간이 발전 가능성을 가지고 있으며 인간의 권리와 자유를 보존하는 일이 정부의 유일한 합법적 목적이라고 믿었다.

"모든 인간은 발전 가능성을 가지고있다"

"상식에 대한 강조"

이러한 사상은, 이러한 기준을 충족시키지 못한 정부에 대한 적대감을 낳는다. 그리고 로크의 철학이 삶과 사상의 모든 국면에서 독단적인 권위에 반대한 것이라고 하더라도, 그의 취지는 전혀 호전적이거나 공격적이지 않으며, 오히려 그 바탕은 늘 평화적이고 온건하며 현실적이다.

로크는 언제나 상식, 즉 사물을 극단까지 밀어붙이지 않는, 사건의 순수 사실에 대한 완전한 설명을 강조한다.

로크 철학의 이 모든 측면들은 서로 유기적인 관계에 있었으며, 그 후 200년 동안 영·미 철학의 사상적 토대를 제공했다.

또 로크의 인식론은 영어권 국가들에서 사물을 바라보는 시각의 토대를 마련했을 뿐 아니라, 프랑스어와 독일어권 국가들의 발전에도 커다란 영향을 끼쳤다.

볼테르와 칸트는 모두 로크를, 자신들이 옹호하고자 하는 사상의 문을 연 선구자로 여겼다.

더블린의 트리니티 칼리지

1592년 여왕 엘리자베스 1세가 설립한 트리니티 칼리지는 더블린대학으로 알려져 있다. 이는 아일랜드에서 가장 오래된 학교로 원래는 몇몇 칼리지 중의 하나로 지어졌던 것이다. 위의 사진에서 볼 수 있는 종탑은 1853년 찰스 레니언(Charles Lanyon) 경이 건축한 것이다.

버클리

일관된 경험주의자

버클리는 의식적인 존재가 경험할 수 있는 것은 모두 그 의식의 내용임을 지적했다. 존재한다고 확인될 수 있는 것은 아무것도 없다.

버클리

1724년 버클리는 데리의 지방 부감독이 되었으며, 버뮤다에 대학을 세우겠다는 생각을 지속적으로 하고 있었다. 몇 년 동안 그 일을 추진하다가 그는 1728년 아메리카 대륙으로 떠났다. 3년 동안 로드아일랜드에서 설립 인가를 기다렸지만 끝내 승인이 나지 않았다. 결국 버클리는 한 번도 버뮤다에 가지 못했다.

조지 버클리(George Berkeley, 1685-1753년)는 아일랜드의 더블린에 있는 트리니티 칼리지에서 수학한 개신교 신자이다. 그에게 명성을 가져다준 것은 그가 20대에 불과한 나이에 손수 출판한 저서들이다.

그는 1709년 『신시각론을 위한 시론(*An Essay Towards a New Theory of Vision*)』과 1710년 『인간 지식의 원리에 관하여(*Treatise Concerning the Principles of Human Knowledge*)』, 그리고 1713년에는 『힐라스와 필로누스의 세 대화(*Three Dialogues between Hylas and Philonous*)』를 펴냈다.

그 후 1734년 버클리는 주교가 되었다. 따라서 1734년 이래로 그는 '주교 버클리'로 불렸다. 버클리는 주로 미국에서 적극적으로 활동했다. 그는 로드 섬에 있는 자신의 도서관과 농장을 떠나 1701년 설립된 예일 대학으로 갔다. 오늘날 예일 대학에는 버클리의 이름을 딴 단과대가 있다. 또 캘리포니아에 있는 버클리 시(市)도 그의 이름을 딴 것이다.

버클리는 예순일곱 살의 나이에 옥스퍼드에서 생을 마쳤고 크라이스트 처치 성당에 안장되었다.

기본적인 통찰

예전의 유명한 철학자들은 대부분 폭넓은 분야를 다루었다. 그중에서도 버클리는 누구도 결코 무시해 버릴 수 없는 내용에 대한 통찰을 이룬 것으로 여겨진다. 그는 직접적으로 파악할 수 있는 것은 우리의 의식 내용뿐이라고 한 로크가 완전히 옳다고 생각했다.

그런데 버클리는 이러한 의식 내용이 우리가 한 번도 직접적으로 접근해 본 일 없는 것과 완전히 근본적으로 다른 성질의 사물, 즉 물질적 대상을 통해 일어난다고 단언할 수 있는 어떤 가능한 근거를 우리가 가질 수 있는가 하고 묻는다. 사람들이 말하는 대로 우리가 감각 이미지를 통해 물질 대상들에 간접적인 접근을 할 수 있다면, 어떤 의미에서 이것이 참일 수 있는가? 사람들은 이에 대해 우리의 감각 이미지가 대상들의 '사본'이라고 설명하지만 이는 매우 서투른 설명이다. 어떻게 색깔이나 소리와 같은 경험이 '경험이

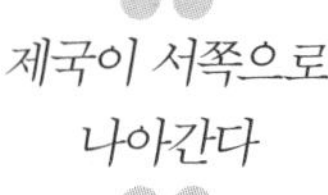

제국이 서쪽으로 나아간다

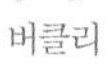

버클리

스위프트

시인이자 작가인 조너선 스위프트(Jonathan Swift, 1667-1745년)는 트리니티 칼리지 출신이다. 런던에서 그는 버클리를 법정에 세웠다. 『걸리버 여행기(*Gulliver's Travels*)』(1726년)에서 그는 당대의 철학자, 과학자, 정치가들의 현학적인 모습을 풍자했다.

아닌 어떤 것'의 사본일 수 있는가? 또는 어떻게 '비슷할' 수가 있는가? 진정 어떤 색깔은 다른 색깔과 비슷하거나 비슷하지 않을 뿐이고, 어떤 소리는 다른 소리와 비슷하거나 비슷하지 않을 뿐이란 말인가? 이는 모두 어불성설이라고 버클리는 말한다. 로크는 개념화조차 할 수 없고, 그에 대한 증거를 한 번도 가져본 일이 없으며, 우리에게 별다른 차이를 가져다주지 않는 비감각적이고 비물질적인 실재가 존재하는 것과, 전체 세계의 존재는 무관하다고 가정한다. 이에 대해 인식할 수 있는 토대가 진정 있는가?

버클리는 우리가 경험이 주체에 내재되어 있다는 점을 안다고 말했다. 그 이유는 우리에게는 저마다 그러한 주체라는 것이 있고, 이 주체가 경험을 지니고 있다는 즉각적인 깨달음을 가지고 있기 때문이라는 것이다. 다른 무언가가 존재한다는 것을 믿을 만한 근거는 전혀 없다.

우리는 자동력이 없는 독립적인 물질, 즉 로크 스스로도 개념화가 가능하지 않다고 인정한 물질적 실체가 존재한다는 사실을 믿을 수 있는 근거를 가져 본 적이 없다. 모든 가능한 경험을 넘어서는 어떤 존재를 확신하면서 로크는 자신도 모르게 경험주의의 근본 원리를 깨뜨리고 있는 셈이다.

이는 놀라운 철학적 논변이고 또 이후 사상가들이 이를 다루는 데 어려움을 많이 겪었다. 그리스도교도인 버클리는 유한한 우리를 창조한 무한한 정신이자, 경험을 통해 우리와 교감하는 신의 정신에 따라 전체 실재가 존재한다는 관점에 철학적 논변을 짜 맞추었다. 그의 견해에 따르면 모든 존재는 우리의 정신 또는 신의 정신에 따라 존재한다. 즉 우리가 아니면 신에 따라 존재하는 것이다.

성질에 대한 지각

버클리의 세계에서는 존재하는 것은 주체와 주체의 경험뿐이고 그 밖의 다른 것은 없다. 버클리는 우리가 사물이 아니라 색깔 등의 성질을 지각하며, 이는 지각하는 사람에 따라 다르다고 생각했다. 위 그림의 옷을 말리는 사람들에게 색깔이란 다른 색깔과 같거나 다르거나 할 뿐이다.

> "진리는 모두가 바라는 것이지만 몇몇만이 누릴 수 있는 것이다"
>
> 버클리

예일대학

코네티컷 주의 뉴헤이번 지역에 자리해 있고 1701년에 설립된 예일대학은 미국에서 세 번째로 오래된 학교이며 미국 역사에 많은 영향을 끼친 중요한 인물들을 많이 배출했다. 버클리는 자신의 도서관을 예일대학에 남겼다. 예일대학은 오늘날 미국에서 매우 큰 도서관이 있는 대학으로 손꼽힌다.

비종교적인 사상가들은 이러한 종교적 틀을 택하는 대신, 버클리가 신의 존재나 자아의 연속성의 존재를 가정하는 데에 불충분한 근거를 가지고 있음을 지적해 왔다. 그러나 이를 제외하면 버클리의 철학적 도전은 여전히 대답하기 어려운 문제로 남아 있다.

주요 저작

『신시각론을 위한 시론』(1709년),
『인간 지식의 원리에 관하여』(1710년),
『힐라스와 필로누스의 세 대화』(1713년)

A
TREATISE
Concerning the
PRINCIPLES
OF
Human Knowlege.

PART I.

Wherein the chief Causes of Error and Difficulty in the *Sciences*, with the Grounds of *Scepticism*, *Atheism*, and *Irreligion*, are inquir'd into.

By *George Berkeley*, M.A. Fellow of *Trinity-College, Dublin.*

DUBLIN:
Printed by AARON RHAMES, for JEREMY PEPYAT, Bookseller in *Skinner-Row*, 1710.

물질적 실체에 대한 거부

『인간 지식의 원리에 관하여』에서 버클리는 추상적 관념에 빗대어 자신의 논변을 펼쳤다. 버클리는 정신적 실체를 인정하면서 물질적 원인, 추상적 일반 관념, 물질적 실체 등에 대한 믿음을 거부했다.

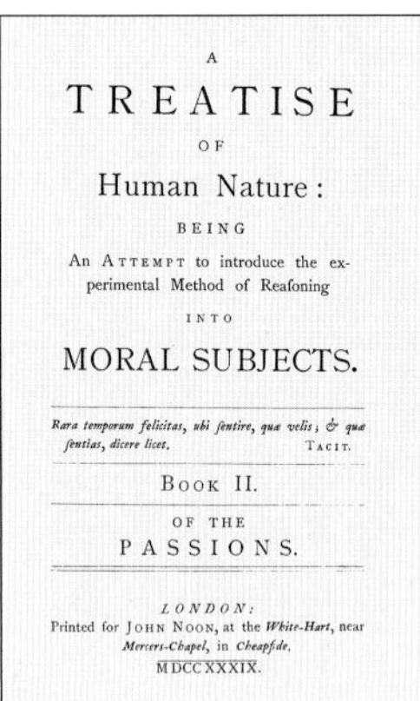
A
TREATISE
OF
Human Nature:
BEING
An ATTEMPT to introduce the experimental Method of Reasoning
INTO
MORAL SUBJECTS.

Rara temporum felicitas, ubi sentire, quæ velis; & quæ sentias, dicere licet. TACIT.

BOOK II.

OF THE
PASSIONS.

LONDON:
Printed for JOHN NOON, at the White-Hart, near Mercers-Chapel, in Cheapside.
MDCCXXXIX.

『인성론』

영국 경험론의 주요 저작 중 하나인 흄의 『인성론』은 1740년쯤 런던에서 익명으로 출판되었다. 이 책은 "도덕적 주체에 추론이라는 실험적 방법을 도입하려는 시도"라는 부제가 달려 있다. 이 시도는 세 권의 책으로 이루어졌는데 제1권 "오성에 관하여"는 인간의 앎의 과정을, 제2권 "정념에 관하여"는 심리학의 용어로 인간의 정서를, 제3권 "도덕에 관하여"는 '감정'의 승인이나 거부냐를 가지고 도덕을 설명하고자 한다.

애덤 스미스

스코틀랜드 경제학자이자 철학자인 스미스는 『국부론(*The Wealth of Nations*)』으로 잘 알려져 있다. 1748년부터 스미스는 흄, 전기 작가인 제임스 보즈웰(James Boswell), 엔지니어인 제임스 와트(James Watt) 등이 소속해 있던 에든버러 학파의 일원이 되었다.

흄

완화된 회의주의

수학을 제외하면 우리는 아무것도 확실하게 알지 못한다. 그런데도 여전히 우리는 살아야 하고 삶은 곧 행위의 연속이다. 모든 행위는 실재를 전제해야만 한다.

데이비드 흄(David Hume, 1711- 76년)은 철학사에서 매력적이고 중요한 인물이다. 그는 거의 모든 사람에게서 사랑을 받은 것으로 보인다.

그가 몇 해 살았던 프랑스에서는 '착한 데이비드(le bon David)'로, 그의 고향 에든버러에서는 '성 데이비드(saint David)'로 알려져 있었다. 흄이 살았던 에든버러의 거리는 오늘날 성 데이비드 거리라는 이름으로 불린다.

흄의 저작 중 몇몇은 그가 아주 젊은 시절에 쓴 것이다. 8년에 걸쳐 흄은 지금까지도 걸작으로 여겨지는 『인성론(*A Treatise of Human Nature*)』(1739-40년)을 완성했다. 이 책이 출판되었을 때의 나이가 겨우 스물여덟이었는데, 누구도 이 사실을 눈치채지 못했다.

"데이비드 흄"

젊은 시절의 흄-1776년 알란 램지(Allan Ramsay)가 그린 이 초상화의 주인공-은 에든버러 대학에서 공부했다. 흄은 자신의 바람과는 달리 법학을 공부하도록 강요를 받았고 1729년 그에 따른 신경쇠약 증세로 고통받았다.

좀더 활발하게 자신의 사상을 전개한 30대에 이르러 『인간 이해력 탐구(*An Enquiry concerning Human Understanding*)』(1748년)와 『도덕 원리 탐구(*An Enquiry concerning the Principles of Morals*)』(1751년)가 출판되었다.

그 후 흄은 점점 철학에서 멀어졌으며 40대에 여섯 권으로 이루어진 『영국사(*The History of England*)』(1754-62년)를 완성했다. 이는 1848년에 시작하여 1861년에 완성된, 맥콜리(Thomas Babington Macaulay, 1800-59년)의 역사책 다섯 권이 나올 때까지 거의 100여 년 동안 모범이 되는 책으로 남았다.

생전에 흄은 경제학자, 수필가로서 명성을 얻었다. 그의 가장 친한 친구인 애덤 스미스(Adam Smith, 1723--90년))는 경제학의 창시자로 여겨지는데, 그는 흄과 함께 몇 가지 통화 경제학 이론을 구축하기도 했다.

흄이 얻은 명성의 대부분은 철학자로서의 업적이었지만 당대에는 그리 빛을 보지 못했다. 1779년 비밀리에 작업한, 당시 신의 존재에 관한 가장 설득력 있는 합리적인 논변 중 하나인 『자연 종교에 관한 대화(*Dialogues concerning Natural Religion*)』(1779년)는 유고집으로 출판되었다. 어떤 사람들은 이를 흄의 최고 걸작으로 여기기도 한다.

지각의 다발

흄은 외부 사물의 존재에 대한 우리의 지식은 궁극적으로는 경험, 곧 나의 경험이나 다른 사람의 경험을 통해서만 얻을 수 있다는 기본적인 경험주의의 전제를 로크와 공유했다.

또 이 전제는 일관성 있게 다루어야 한다는 원리를 버클리와 공유했다. 따라서 흄은 물질적 세계가 우리의 바깥에 독립적으로 존재한다고 결코 확신할 수는 없다고 주장한 버클리의 사상에 동의한다.

그러나 흄은 확실성이 우리에게 주어지지 않는다는 것을 일차적으로 세계가 아니라 지식에 대한 주장으로 여겼다. 우리는 높은 개연성을 다룰 뿐, 확실성을 다루지는 않는다는 것이다.

흄은 버클리의 핵심적인 주장을 거꾸로 버클리에

> "사물의 아름다움은 사물에 대해 생각하는 정신에 있다"
>
> 데이비드 흄

반대하도록 바꾸어 놓았다. 타인의 자아는 제쳐놓고라도 자기 자신의 자아를 관찰한 사람이 있었던가? 우리가 스스로를 들여다볼 때 자기 자신이라고 생각하게끔 만드는 것은 감각 경험, 사고, 정서, 기억 등이지만 이는 모두 유동적이다.

그런데 우리는 결코 이들과는 다른 종류의 실재, 즉 이러한 경험들을 가지는, 경험하는 자아를 직면하지는 못한다. 따라서 우리는 경험에서 발견되지 않는 것은 모두 존재한다고 가정하지 말아야 한다는 원리에 바탕한다면, 경험하는 자아가 버클리의 방식으로 존재한다고 가정할 수 있는 아무런 근거도 가지지 못하게 된다.

경험하는 자아, 즉 지식의 주체는 허구라고 흄은 말한다. 그런 경우에 내가 누구인지, 무엇을 하는 존재인지를 묻는다면 경험이나 관찰에 따라 나올 수 있는 유일한 해답은, '나'는 지각의 다발, 즉 감각의 꾸러미라는 것이다.

무엇이 원인인가?

이와 비슷한 논변이 신의 존재에도 적용된다. 신의 존재는 신이 존재함과 상관없이 사실의 문제이거나 관찰을 통해서만 결정될 수 있는 존재의 문제이다. 누가 신을 관찰했던가? 흄은 신의 존재에 대한 믿을 만한 관찰을 한 증거는 전혀 없다고 말한다. 그는 사람들이 관찰의 증거라고 주장한 것은 단지 추론일 뿐이며 또한 간접적이고 모호하다는 사실을 간단히 보여 준다.

그러한 방향에서 주장할 수 있는 것은 우주에서 관찰되는 질서가 의도적인 지적 능력과 비슷한, 무언가 멀리 떨어져 있는 존재의 현현일 수 있다고 흄은 말한다. 그러나 이를 인격적인 신, 즉 그리스도교나 유대교의 신이 존재한다는 증거라고 하기는 어렵다. 그리고 확실하다는 느낌은 지식이 아니다.

신과 자아에 대한 흄의 논변은 모두 동일한 기본 형태를 취한다. 그는 신의 존재가 정당화되기 위해서는 우리가 관찰 경험의 증거를 제시할 수 있어야 하지만 그런 증거는 없다고 말한다. 이러한 논변의 기본적인 형태는 인과 관계 또는 인과성 자체에 대한 모든 논변 중에서 가장 영향력 있게 사용된 것이다.

처음 철학을 접하는 사람들에게는 인과성이 왜 철학자들에게 그렇게 중요하게 여겨지는지 이해하기 어려울 것이다. 인과성은 과학자들에게도 근본적인 문제이다. 이는 인과성이 알려진 세계의 모든 현상을 설명해 주는 개념이기 때문이다. 그리고 우주는 그저 무질서하게 뒤섞여 있는 혼돈의 상태가 아니기 때문이다.

하나의 사건은 다른 사건을 일으키거나 어떤 사건에 따라 생겨난다. 수많은 이러한 관계에서 이성을 통해 서로 다른 사건들이 연결되는 지속적인 규칙성이 유지된다. 따라서 인과성이라는 개념을 통해 우리는 세계를 이해할 수 있게 된다.

인과 관계라는 원리가 없다면 우리의 경험을 이해할 수 있는 틀은 생각할 수 없게 될 것이다. 그렇다면 인간의 삶이 동물과 다를 바 없어질 것이다. 상식의 차원에서는 인과 관계를 당연시하지만 과학자는 늘 지금까지 알려지지 않은 다양한 인과 관계를 밝혀

장 라우, "거울 보는 숙녀"(1720년)

흄은 우리가 스스로를 들여다볼 때 자기 자신이라고 여기게 되는 것은 생각, 정서 등과 같은 경험 때문이라고 주장했다. 우리는 이러한 경험들을 가지는 자아를 직면하지는 못한다. 따라서 우리는 경험하는 자아가 존재한다고 확신하지 못한다고 흄은 생각했다.

주요 저작

『인성론』(1739-40년),
『도덕 원리 탐구』(1751년),
『자연 종교에 관한 대화』(1779년)

원인과 결과
흄에게는 어떤 하나의 인과적인 사건이 다른 인과적인 사건과 무관하지 않다. 원인과 결과의 이러한 관계를 설명하기 위해 그는 당구공의 충돌을 예로 들었다. 이 그림에서 영국의 풍자화가인 제임스 길레이(James Gillray, 1757-1815년)는 18세기 당구의 인기를 비꼬고 있다.

관찰한 현상은 사건의 연속일 뿐이다. 그렇다면 이렇게 말할 수도 있을 것이다.

"아, 그래요. 그런데 나는 이 경우에는 A가 B의 원인이라고 말할 수 있어요. A와 같은 사건이 있을 때마다 틀림없이 B와 같은 사건이 일어난다면 말이죠. 나는 인과 관계가 사건들의 단순한 연결이 아니라는 것을 인정해요. 그러나 변함없이 늘 그와 같은 연속적인 접촉이 유지될 때만 우리는 인과 관계가 있음을 알 수 있어요."

그러나 이는 틀렸다. 날마다 낮이 오고 그 다음에 밤이 온다. 그러나 낮은 밤의 원인이 아니다. 낮과 밤은 모두 다른 것, 즉 지축을 중심으로 태양의 주위를 도는 지구의 공전에 따라 일어난다. 따라서 어느것이 다른 것의 원인이 아니어도 두 가지 사이의 관계는 한결같이 유지될 수 있다.

이러한 상황에서 만약 지속적으로 연접하는 것이 우리가 관찰할 수 있는 전부라면 우리는 어떻게 인과 관계에 해당하는 것과, 인과 관계가 아닌 것을 구분할 수 있는가?

우리는 아무것도 모른다

흄이 제기한 이러한 문제는 여러 철학자를 당혹스럽게 만들었다. 그리고 이 문제는, 한 사건이 다른 사건을 필연적으로 일으킨다고 확신할 수 있는 경험상의 근거를 우리가 결코 가질 수 없다면, 과학은 어떻게 가능한가 하는 고전적인 문제와도 연결된다.

열이 가해지면 물은 늘 섭씨 100도에서 끓을 것이다. 하지만 이는 가열이 물을 끓게 했다는 것을 증명해 주지는 않는다. 즉 다음에 내가 물을 가열했을 때 섭씨 100도에서 끓을 것이라고 확실히 보장할 수 없다는 의미이다. 다음 번에는 상황이 달라질 수도 있는 것이었다.

몇천 년에 걸쳐 유럽인이 보았던 백조는 모두 흰색이었고, 따라서 그들은 이를 자명한 사실로 여겼지만 호주에서 검은 백조가 발견되었다. 아무리 많은 하얀 백조가 관찰되어도 모든 백조가 하얗다는 사실을 보장할 수는 없다.

동일한 원리가 다른 모든 관찰에도 적용된다. 굉장히 많은 수의 X가 Y의 성질을 가지고 있다는 것을 관찰해도 다음에 내가 보는 X가 Y일 것이라는 점은

경제학자 흄

흄의 경제학 저작 『정치론(*Political Discourses*)』(1752년)은 흄에게 명성을 안겨다 주었다. 여기에서 구체적인 증거에 입각한 분명하고 상세한 해설을 함으로써 흄은 시대를 앞서 갔다. 그렇지만 흄은 친구 스미스와는 달리 경제학 체계를 구축하지는 않았다. 그는 농업 사회를 넘어 산업 사회로 나아가는 것이 문명의 선결 조건이라고 생각했다.

내려고 노력한다. 반면에 철학자는 인과성 그 자체의 본질을 탐구하면서 "이 현상이 없이는 세계를 이해하는 것이 불가능한, 즉 이 놀라운 인과성이란 진정 무엇인가?"라고 묻는다. 다시 말해 철학자의 임무는 가장 일반적인 특징을 통해 실재를 이해하는 것이기 때문에 그들은 인과성을 깨닫는 일에 몰두하게 된다.

흄은 인과 관계가, 자아와 신과 마찬가지로 관찰될 수 없다는 사실을 지적했다. 우리는 관찰을 통해 사건 B가 사건 A 때문에 일어났다고 말할 수 있다. 그러나 우리가 실제로 관찰한 사실은 사건 A가 있고 난 다음 사건 B가 일어났다는 것이다. 우리는 세 번째 요소, 즉 두 사건을 연결해 주는 인과 관계는 관찰하지 못한다.

그러나 A가 B를 일으켰다는 것은 A가 일어났고 그 다음에 B가 일어났다는 의미는 아니다. A가 B를 일으켰다는 것은 B가 발생한 것이 A 때문이라는 것이다. 인과 관계는 필연적인 관계를 의미하는데, 우리가

> “관습은 인간 삶의 중요한 지침이다”
>
> 데이비드 흄

보장할 수 없다.

물론 우리가 그렇다고 믿게 될 수도 있지만, 이는 단지 관념의 연합이거나 심리적 기대일 뿐이지 논리적 증거는 아니다. 논리는 여러 진술 간의 관계를 규정한다. 하나의 진술은 다른 진술과 모순될 수도 있고 그렇지 않을 수도 있다. 두 가지가 모두 실제로 일어날 때는 모순 관계에 놓이지 않는다.

이는 과학에서 심각한 문제를 일으킨다. 전형적인 과학 법칙은 제한을 두지 않는 일반 진술로서 인과 관계를 단언하는, 즉 “해수면의 압력 상태에 있는 물에 열을 가하면 온도가 섭씨 100도에 이를 때 물이 끓을 것이다.”와 같은 진술이다. 그러나 진술의 제한되지 않는 일반성뿐 아니라 진술이 단언하는 인과 관계도 관찰이나 경험으로 유효하게 될 수는 없다.

그렇다면 도대체 일반성이나 인과 관계가 어떻게 정당화될 수 있는가? 확실히 우리는 물이 섭씨 100도에서 끓을 것이라고 기대하게 된다. 그런데 우리는 그 증거라고 할 만한 것을 전혀 가지고 있지 않다. 그러므로 엄격히 말해 우리는 물이 섭씨 100도에서 끓을 것을 안다고 주장할 수 없다.

우리가 이 지점에서 멈춘다면 흄은 완전한 회의주의자, 즉 신 또는 외부 세계, 그리고 우리의 연속적인 자아나 사실 세계에 존재하는 어떤 것들 간의 믿을 만한 연결 등 그 무엇도 확신할 수 없다고 생각하는 사람으로 우리 앞에 서게 될 것이다. 사실 흄의 이론적인 입장은 이러하다.

그런데 흄은 우리가 실제로 사물에 대한 지각에 맞추어 살아갈 뿐, 다른 선택의 여지를 가지고 있지 않다고 말한다. 그 이유는 우리의 지성이 삶의 목적을 선택한 것이 아니기 때문이다. 예를 들어 우리가 살아남는 것이 최선의 방책이라고 결론을 내렸기 때문에 살아 있기 위해 할 수 있는 모든 일을 하는 것은 아니다. 우리는 이성 때문에 사랑에 빠지거나 음악을 듣거나 먹음직스런 것 앞에서 입맛을 다시는 것이 아니다.

우리 행위의 목적은 우리의 욕구, 정념, 정서, 취향 등 모든 종류의 느낌에 따라 정해진다. 이성이 이용되는 중요한 방식은 우리의 목적을 보장하기 위해 다양한 수단을 채용하고 적용하는 데에 있다. 흄의 유명한 말대로 이성은 정념(情念)의 노예이다.

따라서 우리는 다음에 섭취할 음식이, 우리가 목숨을 유지하게 하는 영양분을 준다는 보장이 없다는 이유로 음식을 멀리 하지는 않을 것이다. 진정 우리는 그러한 증거가 없지만 누군가가 먹지 않고 죽는 경우를 생각해 볼 수는 있다. 우리는 다양한 정서적 욕구가 불러일으키는 행위를 하게 될 것이고, 행위의 목적을 실현하기 위한 수단을 선택하면서 습관적인 관념의 연합에 따르게 될 것이다. 우리가 선택한 수단은 우리가 증명할 수 없는 어떤 연결을 통해 목적을 실현해 준다고

에든버러의 황금 시대

18세기 후반에서 19세기에 이르기까지 에든버러는 발전의 정점에 있었고 유럽의 계몽을 이끄는 중심이 되었다. 에든버러는 흄, 경제학자 애덤 스미스, 근대 지질학의 창시자로 유명한 과학자 제임스 허턴(James Hutton) 등 당시 지성인들의 주요 무대가 되었다.

과학 법칙을 이해하기

흄은 어떻게 정신이 지식이라고 여겨지는 것을 획득하는가를 설명하기 위해 뉴턴의 과학적 방법을 사용해서, 경험을 넘어서는 것에 대한 지식은 없다고 결론을 내렸다. 당시 사상에 과학이 끼친 영향은 조지프 라이트(Joseph Wright)의 그림 “철학자의 강의”(1766년)에서 생생하게 표현된다.

에드워드 기번

『로마 제국 쇠망사(*The History of the Decline and Fall of the Roman Empire)*』(1776-88년)의 저자로 잘 알려진 에드워드 기번(1737-94년)은 18세기 영국의 가장 훌륭한 역사가였다. 흄은 기번의 문체를 매우 존경했다. 기번은 다소 염세적인 역사관을 가지고 있었다. 흄은 이에 대해 "인류의 범죄, 어리석음, 불행의 기록보다 조금 낫다."고 묘사했다.

제임스 보즈웰

스코틀랜드 전기 작가 보즈웰은 에든버러에서 태어나고 교육을 받았다. 그는 법학을 전공했으나 내심 문학적 명성을 얻고 싶어 했다. 결국 보즈웰은 『새뮤얼 존슨의 생애(*The Life of Samuel Johnson)*』(1791년)를 통해 문학적 명성을 얻었는데, 이 책은 존슨과 보즈웰 사이의 깊은 우정에 따른 결과였고, 전기 가운데 최고의 걸작이었다. 보스웰은 흄의 전기를 쓰려고 생각은 했지만 실제로 쓰지는 못했다.

생각할 수 있다.

종종 우리는 욕구에 빠져 버리기도 한다. 사람들은 자주 몸에 좋지 않은 것을 먹고, 때로는 먹으면 죽게 되는 것을 먹기도 한다. 그러나 우리가 어떤 것도 확신할 수 없다는 이유로 모든 행위를 삼가한다면, 우리는 말 그대로 사는 것이 아닐 터이다. 따라서 이따금 정념에 빠지는 쪽이 훨씬 낫다.

> "이성은 정념의 노예이다"
>
> 데이비드 흄

이러한 상황에서 흄은 자신이 "완화된 회의주의(mitigated scepticism)"로 일컬은 생각을 옹호했다. 완화된 회의주의란 결정적인 증거는, 수학 이외의 인간의 삶에서 전혀 하는 일이 없다는 것을 받아들여야 한다는 것을 의미한다. 우리는 정말로 아무것도 알지 못한다. 우리는 예측을 하기는 하지만 이것이 지식은 아니다.

데이비드 흄은 라이프니츠(96쪽 참조)와 같이 분석 명제와 종합 명제의 구분을 매우 중요하게 여기고, 종합 명제의 경우 참임을 확신할 수는 없다고 강력하게 주장했다. 그러므로 우리는 철학, 정치학, 과학, 종교, 또는 다른 어떤 영역에서든 모든 것에 적용되는 이론에 대해 생각할 필요가 없다. 우리가 어떤 것을 확신하지 못한다면 우리가 모든 것에 대한 답을 가지고 있다는 생각 또한 터무니없이 우스꽝스러운 것이기 때문이다.

폭넓게 조직된 믿음 체계에 대해 흄은 관심을 가지지 않았다. 그는 자신과 다른 의견이나 예측을 받아들여야 한다고 생각한다. 그래야 자신의 생각이 틀릴 수 있음을 알고 다른 사람의 생각을 존중할 수 있기 때문이다. 흄 철학의 전체적인 흐름은 그의 삶과 성격처럼 신중하고 온건하며 관용적이다.

흄의 견해는 오늘날까지 지속적으로 커다란 영향을 끼쳐 왔다. 그가 제기한 근본적인 문제들 중 몇몇은 여전히 해결되지 않고 있다. 무엇보다도 귀납의 문제가 그렇다. 유한한 수—아무리 많다고 해도—의 개별적인 예를 확장시켜 일반적인 결론을 얻는 것은 분명히 문제가 있다.

흄의 글쓰기는 다른 사람의 글을 무색하게 만든다. 그는 깊고 어려운 철학적 문제에 대해 명확성과 위트를 가지고 글을 쓰는 일이 가능하다는 사실을 보여 주었다. 버트란드 러셀이나 에어(A. J. Ayre, 1910-1989년)와 같은 영·미의 철학자들뿐 아니라 프랑스와 독일의 철학자들도 이런 측면에서 흄을 따르고자 했다. 예를 들어 쇼펜하우어는 당시 난해한 문체를 버리고 흄의 방식에 따라 뛰어난 산문을 쓰기도 했다.

> 그리스도교는
> 처음에만 기적과
> 관련된 것이 아니라
> 오늘날에도
> 기적 없이는
> 합리적인 사람들이
> 믿을 수 없는
> 그런 것이다

데이비드 흄

정념에 사로잡힘
흄은 우리의 행동이 정서 욕구와 정념 등에 따라 결정된다고 생각했다. 정념의 노예인 이성은 욕구를 채우기 위해 이용될 뿐이라는 것이다. 프랑스의 로코코 시대 화가 장 오노레 프라고나르(Jean-Honoré Fragonard)는 자신의 그림 "빗장"(1777년)에서 인간의 넘치는 열정을 힘 있게 표현했다.

흄의 영향

흄은 당대의 주요 인물에 속한다. 유럽 대륙, 특히 프랑스에서 흄은 영국이 배출한 가장 중요한 철학자로 여겨졌다. 독일에서는 칸트가 흄의 저서를 읽고 "독단의 잠"에서 깨어났다고 한 바 있다. 도덕철학에 대한 흄의 생각은 19세기 공리주의자 제러미 벤담과 존 스튜어트 밀에게 직접적으로 영향을 끼쳤다. 철학 교수들 중에서 영어로는 누가 가장 훌륭한 작품을 썼는가 하는 설문 조사를 실시한다면 흄이 수위를 차지할 것이다.

의회 의원 버크

1765년 버크는 휘그당(의회 내 자유파) 지도자 중의 한 사람이었던 로킹엄(Rockingham) 후작의 비서가 되어 정계에 진출했다가 하원에 들어갔다. 버크의 식민지 정책 중에는 아일랜드에 대한 정치적·경제적 압박의 완화, 아메리카 식민지에 대한 유화한 태도, 인도를 영국 동인도 회사나 왕이 다스릴 것이 아니라 판무관(辦務官) 회의에서 다스리는 것이 좋겠다는 제안 등과 같은 요구들이 포함되어 있었다.

버크

영국의 대표적인 보수주의자

좀더 발달한 사회는 그 자체로 전통적인 세대의 축적된 다양한 지혜와 경험을 갖추고 있기 때문에 한 개인의 뛰어난 의견보다도 신뢰할 만한 행동 지침이 된다.

에드먼드 버크(Edmund Burke, 1729-97년)는 아일랜드의 평범한 중산층 가정에서 태어나 개신교 환경에서 자랐다.

더블린의 트리니티 칼리지를 거쳐 런던의 법정에서 연수를 받았지만 변호사로 활동하지는 않았다. 그는 작가와 저널리스트로 일하다가 서른일곱 살에 하원 의회에 들어갔다.

브리스틀에서 버크가 유권자들에게 한 연설은, 의회는 대리인이 아니라 대표자라는 원리를 고전적으로 진술한 것이다. 곧 의회의 의무는 자신의 판단에 따라 투표하는 것이기 때문에 의회의 결정은 유권자의 요구에 따르는 것이어서는 안 된다는 의미이다.

버크

휘그당 정치가이며 정치 이론가인 버크는 영국에서 활동했던 매우 훌륭한 정치 지도자이다. 버크는 정치 이론의 역사에 중요한 인물로 남아 있다.

버크의 가장 유명한 책 『프랑스 혁명론(*Reflections on the Revolution in France*)』은 1790년에 출판되었는데 이는 프랑스 혁명 이듬해의 일이었다. 버크가 장관직을 수행한 일은 없지만 그의 연설과 글은 매우 수준이 높았기 때문에, 그는 당대의 가장 영향력 있는 인물이 되었다. 그 후 버크는 정치에서 보수주의의 정통 해설자로 여겨졌다.

과거의 지혜

버크의 견해에 따르면, 발달된 사회는 매우 크고 복잡해서 한 인간의 정신으로는 도저히 이해할 수 없다.

발달된 사회는 몇 세대에 걸쳐 개인과 집단의 무수한 주도적인 행위와 조직을 통해 존재하게 된다. 사회의 제도와 협정은 무한한 수의 선택과 결정을 이끌어 내고 균형감 있는 판단은 지식에 바탕을 둔 선호와 경험을 통해 얻어진다. 사회는 굉장히 크고 복잡한 유기체와 같기 때문에 필요에 따라 새로운 능력을 개발하고 늘 변화하는 환경에 적극적으로 대응한다.

사회는 처음부터 청사진에 맞추어 지어질 수 없다. 또 각 부분들이 언제든 제거되거나 대체될 수 있는 기계와 같은 것이 결코 아니다. 이론과 실천 어느 면에서나 어떤 정치 사상가나 정치 지도자 소집단도 발달된 사회를 제거해 버리고 적합한 사회로 대체해 버릴 수는 없었다(이것이 프랑스 혁명에 대한 버크의 근본적인 반대이다). 버크가 생각하기에 정치적 변화 중 유일하게 받아들일 수 있는 양식이며, 실재와 합치될 수 있는 것은 유기체적인 것이지 혁명적인 것이 아니다.

각 세대는 자신이 사회의 자산을 소유했다고 볼 것이 아니라 사회의 자산을 보살펴야 한다고 여길 필요가 있다. 사회는 될 수 있으면 줄이지 말고 늘려서 미래 세대에 전해 주어야 하는 유산을 물려받았다.

인간은 불완전한 피조물이므로 인간의 사회가 완전할 수 있다는 생각은 게으른 환상이다. 이는 이상론자의 목표가 성취 불가능한 이유이기도 하다. 정부는 재능과 야망이 극단적으로 차이가 나고 선과 악을 동시에 지닌, 있는 그대로의 사람들을 상대해야

사회의 변화

버크는 사회 제도는 경험과 지식에 바탕한 균형 있는 판단을 형성한다고 생각했다. 1753년에 완공된 런던 시장 관사는 런던 시장과, 시(市)의 치안 판사장의 공적인 거주지이기도 하다. 그리고 법정으로도 이용된다.

규칙을 지키도록 태어난 계급

버크는 공중은 책임을 경험한 사람의 통치하에서 더 번영하는 경향이 있다고 생각했다. 버크는 토머스 게인즈버러(Thomas Gainsborough)의 그림 "앤드루 부부"(1749년)에서 묘사된 귀족과 같이 부자로 태어난 사람들 중에서 이러한 요건을 갖춘 사람들이 더 많이 나타난다고 생각했다.

한다. 공중(公衆)은 아주 뛰어난 이론가보다는 일상에서 다른 사람에 대한 책임을 실질적으로 담당한 경험이 있는 통치자 아래에서 더 번성하는 경향이 있다.

정부에게 요구되는 것은 지적인 총명함이 아니라 세계와 사람들에 대한 건전한 이해와 성실함, 상식, 요령 등이다. 이러한 조합은 힘든 환경에서 자수성가한 영리한 사람들보다는 부와 책임감을 가지고 태어난 사람들에게서 더 잘 나타나는 경향이 있다. 비록 자수성가한 영리한 사람들 중 몇몇은 지배 계층에 편입되는 데에 유리한 위치를 가지는 경우도 있지만 말이다.

이러한 전체적인 태도는 다음과 같은 개별적인 주요 흐름들이 얽힌 결과이다. 기존의 사회적 실재와 사회의 발달을 가능하게 했던 전통에 대한 존중과 호의, 변화에 대한 신중한 태도, 변화가 점차적으로 자리 잡게 하려는 욕구, 인간과, 복잡한 성격을 지닌 인간의 동기 수용과, 완전성에 대한 단호한 불신, 절대적 평등주의에 대한 거부, 정치에서 지성주의에 대한 혐오, 즉 피와 살로 된 인간의 삶에 사상, 이데올로기, '-주의'가 적용 가능한가 하는 회의주의와, 적용 가능하다고 생각하는 사람들의 동기에 대한 회의주의 등이 유기적으로 관련을 맺고 있는 것이다.

그리고 보수주의에는 여러 종류가 있는데, 영국과 같이 한 사회 내에서도 다양한 전통에 지속적으로 속박될 수 있다. 버크식 토리주의(보수주의)는 가장 세련되고 합리적인 논증을 할 수 있는데, 아마도 반대파에서조차 존중을 받았던 경향 때문인 듯하다.

숭고함

정치학 이외에도 버크가 가졌던 중요한 사상을 살펴볼 필요가 있다. 자신의 책 『숭고함과 아름다움에 관한 우리의 이상들의 기원에 대한 철학적 탐구 (*A Philosophical Enquiry into the Origin of our Ideas of the Sublime and Beautiful*)』(1756년)에서 버크는, 명확성은 위대한 예술의 본질이라고 주장한 18세기 계몽주의 사상과 논쟁을 벌였다. 버크는 위대한 예술은 무한자를 추구하며, 무한자는 아무런 제한이 없다면 분명하거나 명확하게 규정할 수 없다고 주장한다.

따라서 위대한 예술은 고정될 수 없는 것이며 우리는 분명한 진술보다는 암시를 통해 더욱 감동 받는 것이다. 그리고 이러한 입장에서 버크는 지속적으로 미지의 것에 대한 정서적 끌림에 대해 탐구한 것이다.

영국에서 낭만주의에 대한 관심이 높아지면서 예술에 대한 18세기 사유의 형식적 고전주의에서 벗어나려는 움직임이 이 책을 통해 나타나기 시작했다.

버크의 영향

당시 프랑스에 대한 버크의 저술은 독일과 프랑스의 반혁명 사상에 중요한 영감을 주었다. 영국에서 버크는 헌법 규약, 정당의 이념, 계급 제도의 유효성, 사회생활에서 정치의 제한된 역할을 주장하는 대표적인 인물로 여겨졌다. 비록 휘그당원이었지만 버크는 벤저민 디즈레일리(Benjamin Disraeli)와 함께 근대 보수주의의 철학을 이루었다.

A
Philoſophical Enquiry
INTO THE
ORIGIN of our IDEAS
OF THE
SUBLIME
AND
BEAUTIFUL.

LONDON:
Printed for R. and J. DODSLEY, in Pall-mall.
M DCC LVII.

버크의 미학

1756년에 출판된 『숭고함과 아름다움에 관한 우리의 이상들의 기원에 대한 철학적 탐구』는 미학 분야에서 새로운 이론을 개진하는 것이었다. 이 책은 영국에서 버크에게 명성을 안겨다 주었으며 해외에서는 칸트와 디드로 등과 같은 인물들에게서 주목을 받았다.

주요 저작

『숭고함과 아름다움에 관한 우리의 이상들의 기원에 대한 철학적 탐구』(1756년),
『프랑스 혁명론』(1790년)

혁명적인 프랑스 사상가들

18세기 프랑스에서는 뉴턴의 과학과 로크의 철학에 바탕한 새로운 사유 체계의 결과들이 모든 독자들에게로 퍼져 나갔다. 종교적으로는 자유로운 사상가들이었으며 정치적으로는 급진적인 사람들이 새로운 지식인층을 형성했다.

뛰어난 풍자가인 볼테르는 거침없는 풍자와 조소로 전통적인 신념들을 날려 버렸다. 볼테르 못지 않은 재능을 지녔던 디드로는 전 35권의 기념비적인 『백과전서』를 편집했다. 그의 목적은 상식적인 사유 방식을 변화시키는 것이었다. 교회와 국가에 대한 전통적인 믿음은 몰락을 거듭했고, 오늘날까지 지속적으로 이어져 온 혁명적인 급진주의가 탄생했다.

『백과전서』

『백과전서』(1751-80년)는 총 35권으로 이루어졌다. 이는 루이 16세의 소장품에 포함된 최초의 편집판이다.

볼테르

대중을 설득하는 뛰어난 능력의 소유자

볼테르는 유럽 대륙에서 다른 어떤 저술가들보다도 활발하게 새로운 과학과 자유에 대한 혁명적인 내용들을 전파했다.

주요 저작

『철학 서간(*Lettes philosophiques*)』(1734년),
『뉴턴 철학의 요소들(*Éléments de la philosophie de Newton*)』(1738년),
『루이 14세 시대(*Le Slècle de Louis XIV*)』(1751년),
『캉디드』(1759년), 『철학 사전』(1764년), 『역사철학』(1765년)

옷을 입으면서 구술하는 볼테르

볼테르는 남다른 재능을 가지고 희곡, 소설, 전기, 역사적 저술, 문건, 서한, 비평 등 다양한 방면에 걸쳐 글을 썼다. 이 그림은 볼테르가 시간을 아끼기 위해 옷을 입으면서 비서에게 구술하는 모습을 묘사하고 있다.

장 필리프 라모

후기 바로크의 작곡가 장 필리프 라모(Jean-Phillippe Rameau, 1683-1764년)는 볼테르를 비롯한 당대의 지성을 이끈 많은 사람들 가운데 하나였으며, 디드로와 루소의 이론적인 대립에 가담하기도 했다. 그는 오페라 작곡가이자 음악 이론가로도 유명했다. 그의 작품으로는 "이폴리트와 아리시"(1733년)와 "피그말리온"(1748년) 등이 있다.

볼테르(Voltaire, 1694-1778년)는 유복한 파리의 한 가정에서 태어났다. 본명은 프랑수아 마리 아루에(Franç ois-Marie Arouet)이며, 자신이 만든 필명은 '아루에'의 철자를 약간 바꾼 것이다. 그는 예수회에 속한 학교에서 수준 높은 고전 교육을 받았으며, 그 후로는 풍자적인 글을 썼다.

그의 풍자는 매우 신랄했기 때문에 어린 나이에도 여러 차례 파리에서 추방되었다. 19세에 그는 네덜란드로 잠시 망명했으며, 20대 중반에는 거의 1년을 바스티유 감옥에서 보냈다.

그러나 그는 또한 젊은 나이임에도 불구하고 프랑스 최고의 희곡 작가 반열에 오르게 되었다. 그는 50년 동안이나 프랑스의 연극 무대를 장악했으며, 이러한 지위—20세기 영국의 조지 버나드 쇼(Geoge Bernard Shaw, 1856-1950년)의 지위와 매우 비슷한—에서 늘 지적인 유머와 참신한 표현을 통해 하늘 아래 모든 주제에 대한 진보적인 견해를 끊임없이 세계에 쏟아 냈다.

볼테르

전제 정치, 편협한 신앙, 잔혹함에 대항한 용기 있는 개혁가 볼테르는 아직까지도 위대한 프랑스 작가 중 한 사람으로, 그리고 18세기 계몽주의의 화신으로 평가되고 있다.

이성의 빛

바스티유 감옥에 두 차례 투옥된 다음 볼테르는 영국에서 2년여에 걸쳐 망명 생활을 했다. 이러한 경험은 그의 생애에서 지적인 전환점이 되었다. 이때 영국에서 경험한 자유로운 분위기는 그에게 프랑스 사회를 비판할 수 있는 기준을 마련해 주었다.

그는 영어에 유창했으며, 뉴턴을 통해 나타난 새로운 과학과, 로크 철학에 바탕한 새로운 자유주의 철학에 대한 진지한 연구에 몰두하기도 했다. 그런데 그는 결코 이러한 사상들 전체에 어떤 독창적인 기여도 하지 않았다. 하지만 이러한 사상들은 그를 사로잡았으며, 특히 그의 후기 저작들에 중요한 지적인 화두를 제공해 주었다.

그는 자신이 사용할 수 있는 희곡, 소설, 전기, 역사적 저술, 문건, 공개 서한, 비평 등과 같은 모든 매체를 통해 이러한 사상들을 뛰어난 재치로 널리

> "쓸데없이 남아도는 것이란 없다"
>
> 볼테르

전파했다. 그리고 이는 곧 서부 유럽의 모든 진지한 독자들에게 알려지게 되었다. 대중을 설득하는 데 그토록 재능을 가진 사람, 또는 자신을 둘러싼 사회에 그토록 실질적인 영향을 끼친 사람은 어디에서도 흔치 않았다.

아마도 그가 제안한 원리 중에 가장 심대한 영향을 끼친 것은, 우리의 신념 안에 있는 자신감이 그 신념을 뒷받침할 수 있는 증거와 관련되어야 한다는 로크의 생각일 것이다. 그래서 그 시대의 종교적이고 사회적인 삶 속에서 만들어진 수많은 믿음들은 합리적인 물음에 직면했을 때 무너지기 시작했던 교회와 국가의 권위보다는 좀더 참다운 것에 의해 뒷받침되었다.

이성의 빛으로 모든 것을 보는 이러한 주장은 '계몽'으로 알려지게 되었고, 이후 서유럽에서 계몽이 유행하던 이 시기는 '계몽주의 시대'로 알려져 왔다.

혁명적인 사유

프랑스 혁명 당시의 이 만화는 귀족과 성직자들에게 짓눌린 소작농을 표현하고 있다. 볼테르는 스스로를 혁명적이라 생각하지는 않았고, 디드로, 루소 등과 함께 프랑스에서 혁명적인 사유를 열었던 사람 가운데 하나라고 생각했다.

진보의 선두

볼테르와 더불어 자유주의는, 이제 상당한 자유와 품위 있는 생활이 개혁가들에게 싸우고자 하는 자극을 주었던 영국에서보다 유럽 대륙에서 더 첨예화되었다. 영국 교회는 거의 무사 태평하기로 유명했다. 국가와 마찬가지로 교회의 억압은 거의 존재하지 않았다. 따라서 혁명적인 느낌에 관한 것도 거의 발생하지 않았다. 이와는 반대로 프랑스에서는 편협한 교회와 결탁한 법을 우습게 여기는 개인들에 의해 전제적인 통치가 이루어졌다. 교회는 억압하겠다는 목적을 달성하기 위해 정치적 권력을 그들에게 넘겨 주었다.

유럽 대륙의 나머지 국가들은 이러한 측면에서 볼 때 영국보다는 프랑스의 사정과 비슷하거나 때로는 더 나쁘기도 했다. 그와 같은 사회들에서 자유주의는 전제 정치와 교회 정치를 전복시키고 사회적 평등과 법에 의한 통치에 따라 자신들의 삶을 회복시키기 위해 헌정된 혁명적인 신조가 되었다.

폭력 없는 변화

지적인 문제에서 자유주의는 전통과 권위에의 순응과 복종에 대한 대항으로 이성의 사용과 개인적으로 이견을 제시할 권리의 사용을 주창했다. 볼테르는 이러한 지적인 투쟁들이, 자신이 몹시 고통 받았던 구금, 추방, 검열과 같은 다양한 폭력을 더 이상 수반하지 않고도 싸워 승리하게 만들 수 있을 것이라고 믿었다.

그러나 그의 많은 추종자들은 혁명적인 폭력이 옛 체제를 일소하는 데 필수적이라고 생각했다. 따라서 볼테르는 그 자신은 혁명적이지는 않았지만, 거의 모든 사람이 그를 1789년의 프랑스 대혁명의 흐름을 이끌었던 18세기 프랑스에서의 혁명적인 자유 사상의 대부로 여겼다.

그때부터 거의 20세기 말까지 유럽 대륙에서의 급진적인 개혁 운동은 영어권의 반계몽주의자들보다 좀더 호전적이고 계몽적인 가치를 확산시키기 위해 기꺼이 폭력의 사용을 받아들이는 경향을 띠었다.

앵글로색슨 국가들에서는 혁명적인 전통이 결코 깊게 뿌리내리지 않았고, 따라서 파시즘에 의한 반혁명적 전통도 나타나지 않았다.

20세기의 혁명적 좌파와 반혁명적 우파의 대립은 먼저 유럽 대륙을 휩쓴 다음 세계의 나머지 지역을 파괴했다. 그러나 그 기간 동안 영어권 세계에서는 그러한 일이 일어나지 않았다. 그로부터 자유주의는 이제 다시 다른 세계 전역으로 퍼져 나가고 있는 것으로 보인다.

바스티유

바스티유는 1380년 샤를 5세(Charles V)의 명령에 따라 영국의 공격으로부터 파리를 둘러싼 성벽을 방어하기 위해 세워졌다. 이는 17세기와 18세기에는 감옥으로 사용되었다. 죄수들은 왕의 직접적인 명령을 담은 비밀 서한에 의해 구금되었고, 금지된 서적들도 그곳에 보관되었다. 1789년 7월 14일에 발생한 바스티유 감옥 습격 사건을 계기로 프랑스에서는 이 날을 '바스티유의 날'로 정해 기념하고 있다. 바스티유는 이 사건의 결과로 혁명적인 정부에 따라 철거되었다.

바스티유 습격

1789년 7월 14일 아침 파리는 바스티유를 접수하려는 군중들로 가득 넘쳤다. 그들은 죄수 일곱 명을 방면했다. 그들 중 넷은 위조범이었고, 둘은 정신병자였으며, 나머지 한 사람은 젊은 귀족이었다. 이 긴박한 장면은 옛 체제의 종말을 상징하고 있다.

주요 저작

『철학적 사색』(1746년), 『장님에 관한 편지(*Lettre sur les aveugles*)』(1749년), 『세네카의 삶에 관한 에세이(*Essail sur la vie de Sénègue*)』(1778년) 『수녀』(1790년), 『라모의 조카』(1821년), 『달랑베르의 꿈』(1830년)

디드로

백과전서파

철학자, 풍자 시인, 소설가, 희곡 작가, 문예 비평가 등 다방면에서 천재성을 보인 디드로는 『백과전서』의 수석 편집인이었으며, 그의 영향력은 세계로 퍼졌다.

디드로

프랑스의 철학자이자 저술가였던 디드로는 가장 많은 저작을 남기고 다방면의 글을 쓴 18세기 작가 중 한 사람이다. 그는 저명한 『백과전서』의 수석 편집자였으며, 소설, 드라마, 풍자, 철학, 문학 비평, 그리고 훌륭한 서한집들을 남겼다.

> 철학을 향한 첫 걸음은 의심이다
>
> 디드로의 유언

드니 디드로(Denis Diderot, 1713-84년)는 예수회에 반대하는 입장에 서기 전에는 데카르트와 볼테르처럼 예수회에 속한 학교에서 훌륭한 교육을 받았다. 그는 어떤 직업에도 안주하는 것을 거부했으며, 다만 재능 있는 연구자였을 뿐 오랫동안 일정한 수입도 없었다. 그는 수학과 과학에서 고대와 근대의 언어에 이르는 지식을 섭렵했다.

이 무렵 그는 곤궁한 무명의 삶을 살았다. 그러다가 영어로 출간된 중요한 사상서들을 프랑스어로 번역하는 일을 하면서 비로소 그는 세상에 알려지고 돈도 벌 수 있었다. 그의 최초의 저술은 1746년에 발표한 『철학적 사색(*Pensées philosophiques*)』이며, 같은 해 『백과전서(*L'Encyclopédie*)』를 편집하는 일을 맡게 되었다.

이 백과사전은 1728년 영국에서 나온 체임버스의 『사이클로피디아(*Cyclopaedia*)』를 프랑스어로 번역하는, 순전히 상업적인 의도로 조심스럽게 시작되었다. 그러나 이 계획은 애초의 의도와는 아무런 연관이 없을 정도로까지 확대되었다. 디드로는 1772년까지 백과사전의 편집자로 일했는데, 이는 그의 주된 업무였으며 수입의 원천이 되었다. 몇 년에 걸쳐 그의 책임하에 한 권씩 차례로 출판되어 총 35권의 『백과전서』가 완성되었다. 이는 그때까지의 출판 사업 중에서 단연 가장 위대한 모험이었다.

그것을 지적으로, 그리고 역사적으로 중요하게 만든 가치는 볼테르가 영국에서 프랑스로 들여온 새로운 지적 태도를 구체화했다는 것이다. 그 새로운 지적 태도는, 로크에게서 볼 수 있는 철학적 접근과 결합한 베이컨과 뉴턴의 과학적인 접근을 말한다. 디드로는 『백과전서』의 편집자로서 자신의 목표가 "상식적인 사유 방식을 바꾸기 위한" 것이라고 시인했다. 그리고 이를 매우 중요한 사항으로 강조했다.

반(反)권위주의

이러한 입장의 부정적인 측면은 결정적으로 중요했는데, 백과전서파들과 기존의 권위들과의 갈등이 바로 그것이었다. 이 모든 거대한 작업은 종교적인 가르침이 세계에 대한 사실적인 정보의 타당한 원천이라는 견해를 절대적으로 부정한 것이었으며, 따라서 성서나 교회에 근거한 모든 지적인 권위를 부정하는 셈이었다. 이 작업은 지적이고 예술적인 문제들에서 정치 권력을 권위의 원천으로서 인정하는 견해 또한 거부했다. 결국 그것은 당시의 거의 모든 기본적인 사회적·정치적·종교적 정통성들에 대항했던 셈이다. 우리는 백과전서파 사상가들이 지식과 학습에 대한 새로운 개념을 폭넓게 이끌었으며, 근대의 주요한 흐름 가운데 하나가 되었다고

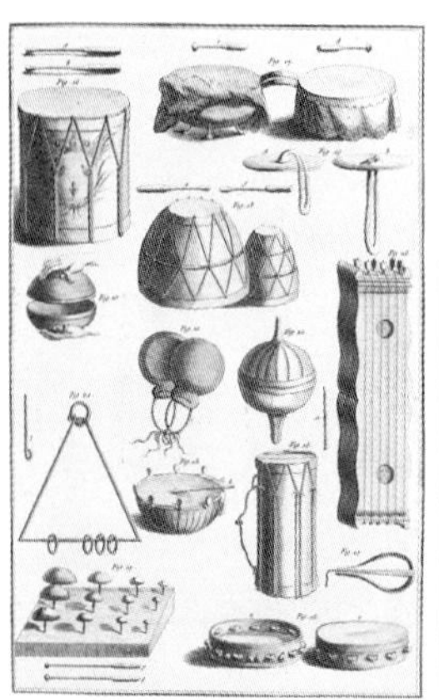

『백과전서』에 실린 각종 타악기, 채굴, 제지 등에 관한 도판

『백과전서』(1751년)의 첫번째 판은 영국에서 체임버스 『사이클로피디아』가 성공함에 따라 크게 고무되었다. 디드로의 편집 책임하에서 『백과전서』는 루소, 몽테스키외, 볼테르 등을 포함하는 당대 프랑스의 가장 중요한 저술가들이 거의 모두 망라된 사상의 전시장이 되었다. 이는 또 예술과 종교에 관한 논란의 초점이 되었다.

평가할 수 있다.

이상의 전시장

볼테르, 장 자크 루소(Jean-Jaques Rousseau), 몽테스키외 등을 비롯한 뛰어난 프랑스 출신 사상가들의 대부분은 『백과전서』에 글을 실었다. 이 같은 훌륭한 기고자들 대부분은 당대 사람들이라면 누구나 이름만 들어도 알 만한 인물들이었다. 그들의 글 중 일부는 오늘날까지 에세이의 고전으로 평가받고 있다.

그러나 정작 디드로는 그리 많은 글을 남기지 않았다. 완성된 『백과전서』의 초판은 무려 4,225질이나 팔렸다. 이는 어떤 나라와도 비교할 수 없는 일이었다. 그리고 그것이 유럽의 지적인 삶에 끼친 충격은 형언할 수 없을 정도였다.

이 무렵 파리는 정치적이고 사회적인 측면뿐

> 자유라는 단어는 전혀 의미를 지니지 않는다
>
> 디드로

아니라 지적이고 예술적인 측면에서도 국제적인 명성을 얻게 되었다. 지식인들은 프랑스어를 구사할 줄 알았다. 따라서 프랑스어는 국제적인 외교 언어가 되었다. 심지어 자신의 언어보다는 프랑스어로 말하기를 더 선호하는 통치자들도 있었다. 이러한 상황으로 미루어 보면 20세기에 이르러 프랑스어의 이와 같은 위상을 영어가 대신해 왔다는 사실을 프랑스 사람들이 받아들이기가 쉽지 않다는 것도 이해할 수 있다.

『백과전서』의 출판이 지속됨에 따라 공적인 검열과의 갈등은 점점 심해졌고, 급기야 1759년에는 왕실의 명령에 따라 출간이 금지되었다. 그러나 디드로와 그의 집필진, 그리고 출판업자들은 비밀리에 작업을 계속했으며, 덕분에 나머지 책들은 결국 빛을 볼 수 있게 되었다.

이 모든 일이 진행되는 동안 디드로는 그 자신의 개인적인 저술 활동도 병행했다. 그러나 이 저술들의 내용은 명백하게 유물론적이고 무신론적이었기 때문에,

이 또한 검열을 피해 갈 수 없다는 사실을 그는 잘 알고 있었다. 그럼에도 디드로는 언젠가는 후대에 이 책들의 진가가 인정될 것이라는 생각에 따라 계속해서 글을 썼다. 그리고 그의 생각은 현실로 나타났다. 그가 살아 있을 동안에는 모든 사람들이 그를 『백과전서』의 편집자로 생각했는데, 정작 그 『백과전서』는 과학과 학문이 발전함에 따라 오늘날에는 많은 내용들이 폐기되었다. 그리고 그가 죽은 뒤 그의 명성은 주로 나머지 저작들에서 기인한다. 가장 잘 알려진 저작들로는 대화체로 쓰인 『라모의 조카(*Le Nevea de Rameau*)』(1821년)와 『달랑베르의 꿈(*Le Rêve de d'Alembert*)』(1830년)이 있고, 소설로는 『수녀(*La Religieuse*)』(1790년) 등이 있으며, 그 밖에도 주목할 만한 작품들이 있다.

따라서 디드로는 이중적인 의미에서 『백과전서』적인 사람이었다. 즉 모든 영역의 주제를 넘나들면서 놀랍도록 다양한 형식으로 활기 있는 양식과 권위를 가지고 글을 쓸 수 있었던 『백과전서』적인 지식과 관심을 가진 이였다. 그리고 그는 이제까지 가장 영향력 있는 『백과전서』의 편집자였다.

백과전서파

백과전서주의자들로 알려진 『백과전서』의 저자들은 합리주의, 새로운 과학, 관용, 인도주의의 진보를 위해 몸바친 사람들로 구성되었다.

몽테스키외

몽테스키외 (1689-1755년)는 주로 자유주의 정치 철학자로서 알려져 있다. 그러나 그는 또한 날카로운 풍자가이자, 뛰어난 사회적 인물이었으며, 훌륭한 문장가였다. 그는 『백과전서』에 실을 민주주의와 전제 정치에 대한 집필을 요청받았을 때 이미 그런 주제들에 관하여 말한 바가 있다며 거절했다. 하지만 그는 곧 그 흥미로운 주제에 관해 쓰게 되었다. 이것이 그의 마지막 작업이었다.

알렉상드르 카페에 모인 파리 지식인들

1789년 프랑스 혁명보다 100년 앞서 구체제(ancien régime)가 이루어졌다. 사회는 파리 중심이었고, 루이 15세의 궁정에서 유행했던 퇴폐 풍조와는 대조적으로 경제 부흥, 예술의 번성, 그리고 구체제의 지적인 면모는 유럽 전역에 알려졌다.

루소

문명의 비판가

루소는 우리의 판단이 이성보다는 감각의 요구에 의존한다고 주장한 최초의 서양철학자이다.

주요저작

『인간 불평등 기원론』(1754년),
『신 엘로이즈』(1761년),
『에밀』(1762년),
『사회계약론』(1762년),
『고독한 산책가의 몽상』(1776-78년),
『고백록』(1782-89년)

인간의 마음에는 본질적인 사악함은 없다

루소

장자크 루소(Jean-Jecques Rousseou, 1712-78년)는 당시에는 독립 국가였던 제네바에서 태어났다. 그가 프랑스인이 아니었다는 것은 중요한 의미를 지닌다. 왜냐하면 프랑스의 대부분 저술가와는 달리 그는 결코 프랑스 문화를 비롯한 그 어떤 문화도 존중하지 않았기 때문이다. 그가 스위스인이었다는 사실은, 그가 가장 고민했던 부분인 민주주의에 대한 그의 태도에 중요한 영향을 미쳤다. 대부분의 저명한 철학자들과 달리 그는 제도적인 교육을 거의 받아들이지 않았다. 이러한 사실 또한 개념적 사유에 반하는 자의적인 느낌을 지지하는 자신의 신념을 굳히는 데 매우 중요한 역할을 했다.

루소의 어머니는 그가 태어난 지 며칠 만에 죽었다. 따라서 그는 고모와 아버지 밑에서 성장했는데, 그의 아버지는 그에게 간신히 글을 깨우칠 정도만 가르친 이상한 사람이었다. 아버지마저 집을 나간 후 그는 지방 목사에게 보내졌다가 나중에 숙부에게 맡겨졌다. 그 다음에는 공증인 밑에서 일하다가 금세공사의 견습생이 되었는데, 혹독함을 견디지 못하고 도망을 치고 말았다. 루소의 생애는 이와 같이 비참한 경험들로 채워졌다. 어느 한군데 뿌리내리지 못했고 한 여자에게 안주하지 못했고, 이일 저일, 이 나라 저 나라를 떠돌아 다니는 삶이었다. 이렇듯 그는 가정교사에서 하인에 이르기까지 다양한 일을 하면서, 무지한 하녀와의 사이에서 다섯 명의 사생아를 낳는 등 인생의 모진 경험을 했다. 그러나 그는 또한 디드로를 비롯한 여러 철학자들과 만나기도 했다(당시에 철학자라는 말은 백과전서파에 속하는 사람들을 가리키는 의미로 오늘날에는 문학적 지성들이라는 의미에 좀더 가깝다). 그는 심지어 『백과전서』에 기고할 것을 자청하기도 했다.

루소
스위스에서 태어난 루소는 가장 뛰어난 18세기 유럽 사상가 중 한 사람이다. 그의 작업은 프랑스 혁명의 지도자들을 매료시켰으며 낭만주의 세대라고 알려지게 된 사람들에게 영향을 끼쳤다.

『백과전서』에 실린 루소의 기고문들은 주로 음악에 관한 것들이었다. 루소는 새로운 기보법의 체계를 고안했기 때문에, 처음 파리에 왔을 때 음악을 통해 명성을 얻기를 기대했다. 그러나 비록 그가 만든 오페라 "마을의 점쟁이"(1752년)가 몇 년 뒤 루이 15세가 지켜보는 가운데 퐁텐블로에서 상연되었을 때 대성공을 거두었지만, 파리에서의 생활도 그가 원하는 방향대로 오래 지속되지는 않았다. 하지만 그의 산문들은 그에게 영원한 명성을 가져다주었다.

> 인간은 자유롭게 태어난다. 그리고 모든 곳에서 사슬에 묶여 있다
>
> 루소

그는 두 편의 논문을 쓰기 시작했는데, 하나는 『학예론(*Discours sur les sciences et les arts*)』(1750년)이고 다른 하나는 『인간 불평등 기원론(*Discours sur l'origine de l'inégalifté parmi les hommes*)』(1754년)이다. 그 후 1761년에서 1762년까지 가장 유명한 세 권의 저작인 『신 엘로이즈(*Julie ou la nouvelle Héloïse*)』, 『에밀(*Émile*)』, 『사회계약론(*Du Contrat social*)』을 발표했다. 그리고 자신의 자서전에 해당하는 『고백록(*Confessions*)』을 집필했는데, 이 책은 그가 죽은 뒤에 출간되었다.

1760년대 중반 루소는 영국의 철학자 흄의 초청을

숭고한 야만

문명에 의해 타락하지 않은, 자연적인 인간의 타고난 선함을 상징하는 비문명화된 인간의 이상화된 개념은 루소보다 훨씬 이전의 문학에서 추구해 온 목표였다. 프랑스의 작가 샤토브리앙(Chateaubriand)은 자신의 낭만주의적 서사시 『아탈라(Atala)』(1801년)에서 북아메리카 인디언을 감상적으로 묘사했다. 무시니(Mussini)의 회화 "아탈라의 죽음"(1830년)에서 영웅 샤크타스(Chactas)가, 유혹에서 벗어나 처녀성을 지키겠다는 서약을 지키기 위해 스스로 독약을 먹은 아탈라를 바라보고 있다.

받아들여 영국에서 살기로 결심했다. 루소와 개인적으로 친분이 있었던 흄은 많은 주도적 철학자들에게 사랑과 존경을 받은 인물이었다. 하지만 영국에서 루소는 흄의 파멸을 노리면서 그를 비난하는 일종의 편집증적인 증세에 빠져들었다. 그 후 그는 허탈감을 안고 프랑스로 돌아왔다가 1778년에 죽고 말았다.

루소는 오늘날까지 줄곧 매우 중요한 역할을 해 온 서양의 철학적 사유의 흐름에 세 가지 혁명적인 사상을 끌어들였다. 첫째, 문명이란 모든 사람들이 생각하는 만큼 좋은 것이 아니라는 점이다. 심지어 가치 중립적이라고 할 수조차 없으며 완전히 나쁜 것이다. 둘째, 우리는 이성의 필요가 감각이나 본능의 필요를 만족시키는 우리의 삶에 들어 있는 모든 것에 대해, 그것이 사적인지 공적인지를 물어야만 한다는 것이다. 즉 삶과 우리의 판단에 대한 우리의 지침으로서의 역할을, 이성 대신에 감각이 수행해야 한다는 것이다. 셋째, 인간 사회가 개개의 구성원들의 의지를 모두 합한 것과 구별되는 그 자신의 고유 의지를 지닌 하나의 집합적 존재라는 것이다. 이 의지를 루소는 "일반 의지"라고 불렀는데, 시민들은 반드시 이 일반 의지에 복종해야 한다는 것이다.

첫 번째 주장과 관련하여 루소는, 인간은 원래 선하게 태어나지만 사회 속에서 성장하면서 겪는 경험 때문에 타락한다고 믿었다. 왜냐하면 그는 인간의 자연적인 본능이 선하다고 믿었기 때문이다. 홉스가 말하는 인간의 자연 상태와 정면으로 위배되는 이러한 루소의 견해는, 그의 표현에 따르면 "숭고한 야만"이다. 그러나 이른바 문명화된 사회 속에서 성장한 아이는 자신의 자연적 본성을 억제하고 꺾으며, 자신의 참된 감각을 억누르고, 개념적 사유의 인위적인 범주들을 자신의 정서에 강제로 주입하도록 교육받는다. 또 자신이 생각하고 느끼지 않은 것을 생각하고 느낀 척하면서, 정작 자신이 생각하고 느낀 모든 종류의 것들을 무시하도록 교육을 받는다. 그 결과 자신의 참된 자아로부터 소외되고(소외라는 표현은 헤겔이 사용하였다), 온갖 오류와 위선이 퍼져 나가게 된다. 따라서 문명은 그 문명의 창조자이며 옹호자인 사람들이 생각하는

퐁파두르 부인

잔 앙투아네트 푸아송(Jeanne-Antoinette Poisson, 1721-64년)은 1745년 무도회에서 루이 15세를 만나 왕의 연인이 되었다. 그녀는 베르사유에 거주하면서 왕의 애인임을 공식적으로 인정받았으며 나중에 퐁파두르(Pompadour) 후작 부인이 되었다. 왕의 정책에도 큰 영향력을 끼쳤던 그녀는 예술 분야의 든든한 후원자였다. 그녀는 사관학교를 설립했고 세브르에 도자기 공장을 만들기도 했다. 그리고 볼테르, 몽테스키외, 루소 등을 후원했다.

루소의 수난

1762년 6월 파리 의회는 루소의 『에밀』과 『사회계약론』이 정부와 종교에 반대한다는 이유로 금서로 결정했다. 루소는 스위스로 달아났지만 거기에서도 그의 저작들은 금지되었다. 그는 『산에서 쓴 편지』(1764)에서 스스로를 변호하기도 했다. 그는 박해가 심해지자 흄의 초청을 받아 영국으로 망명했다.

커피 하우스

커피는 16-17세기 동안에 유럽으로 전래되었는데, 런던의 커피 하우스는 이때 대중화되었다. 최초의 커피 하우스는 1652년 런던에 생겼고, 점점 정치, 사회, 문학적인 영향력을 끼치는 중심으로 자리 잡았다. 이는 17세기와 18세기에는 유럽의 다른 지역으로도 확산되었다. 파리에서 루소와 디드로는 레장스와 프로코프라고 하는 커피 하우스의 단골이었다.

> *사회적인 인간은 끊임없이 자기를 벗어나서 살아간다*
>
> 루소

『에밀』

『에밀』은 루소의 위대한 기획 가운데 하나이다. 이 책은 한 아이가 다른 아이들과 떨어져서 자라나는 이야기를 담았다. 여기서 루소는 '자연의 흐름에 따라서' 어떻게 아이들을 키워야 하는지 조언하고 있다.

루소의 가정 생활

1722년 아버지가 집을 나갔을 때부터 루소는 방랑 생활을 했다. 그가 태어나자마자 어머니가 죽는 등 그의 초기 가정 환경은 불행의 연속이었다. 나중에 루소는 자신이 '천진난만한 유년시절'을 보냈다고 강조했지만 정작 자신과 하녀와의 사이에서 태어난 다섯 명의 아이들을 고아원으로 보냈다.

바와 달리 참된 가치를 오염시키고 파괴한다.

그러나 문명에 발을 들여놓자마자 사람들은 더 이상 원초적인 상태로 돌아갈 선택의 여지를 갖지 못한다. 따라서 우리의 의무는 이른바 문명을 문명화하는 것이다. 우리는 우리의 자연적 본능과 느낌들을 좀더 충만하고 자유롭게 표현할 수 있도록 문명을 바꾸어야 한다. 루소가 이성과 자기 억제보다 감성과 정서의 뛰어남을 찬미했던 걸작 소설이 바로 『신 엘로이즈』이다.

루소는 문명의 심리적 사슬에서 개인들을 자유롭게 하기 위해서는 교육을 근본적으로 변화시켜야 한다고 주장했다. 여기서 중요한 점은 교육이 아이들의 자연적 본능을 억누르고 자제하도록 해서는 안 되고, 그와 반대로 그 본능을 표현하고 발전시키도록 격려해야 한다는 것이다. 중요한 교육 수단은 언어적 수단이어서는 안 되며, 책은 더더욱 아니고, 실천과 본보기여야 한다. 다른 말로 하면 사람과 사물에 대한 직접적인 경험이 필요하다는 것이다. 이렇게 자연의 흐름을 따를 수 있는 환경이 조성될 수 있는 곳은 학교가 아니라 가정이다. 그리고 가정이 주는 자연의 자극들은 지배와 징계가 아니라 공감과 사랑이다. 루소가 이와 같은 생각들을 밝히고 있는 책이 바로 『에밀』이다. 이 책은 다른 어떤 것들보다도 유럽의 교육 발달에 많은 영향을 끼쳤다고 할 수 있다.

종교에 대한 루소의 태도는 그 자신의 다른 사상들과 일관성을 유지하고 있다. 다른 많은 백과전서파 사상가들과 달리 루소는 무신론자는 아니었지만 지성적으로 형성된 신념, 종교적인 교리나 신조 등과 같은 문제들로 여겨지는 종교적인 요소들에 대해 철저하게 반대했다. 그는 신이란 모든 이성적인 규정들을 넘어서는 존재라고 생각했다. 종교는 무엇보다도 머리가 아니라 마음의 문제라는 것을 인정하면서 경외와 존경의 정서가 종교를 지배하도록 허용되어야 한다.

일반 의지

루소는 법을 만들거나 고치는 일이 발생할 때, 그리스의 도시국가와 스위스의 주(州)에서처럼 모든 사람들이 참여하고 신중하게 생각한 다음에 선거를 함으로써 수행되어야 한다고 믿었다. 이렇게 하여 표현되는 것이 '일반 의지'인데, 이는 비록 모든 개인들이 실질적으로 바라는 것이 되지는 않을지라도(사회가 모두에게 고통스럽고 위험한 희생을 요구할 경우에라도), 전체로서의 사회를 위한 최선의 것에 관한 지각이다. 주권을 가진 인민들은 자신들이 누구 — 군주일 수도 있고, 정치 집단이나 공무를 맡은 사람들의 집단일 수도 있는데 원칙적으로는 아무 차이도 없다 — 를 선택했든 그에게 이러한 법을 효과적으로 집행할 임무를 부여할 자유가 있다. 왜냐하면 모든 사람이 함께 참여해서 만든 법은 이제 절대적으로 모든 사람을 속박하기 때문이다. 권력의 남용이나 오용은 어느 누구에게도 허용되지 않는다. 인민은 부도덕하고, 기강이 없으며, 입법부에 대해 안목이 없는 사람을 선출할 가능성이 충분하다는 것을 루소는 깨달았다. 이 문제에 대한 루소의 해결책은 특별한 개인들에게 달려 있다. 이들은 그가 입법자라고 불렀던 사람들인데, 본능적으로 일반 의지를 이해하고 그들 스스로 법에 의해 선출되었으며, 이에 따라 사람들로 하여금 일반 의지를 받아들이도록 설득하는 강한 지도력을 갖춘 지도자들을 말한다.

루소의 정치철학은 막대한 영향력을 지녔다. 그것은 프랑스 혁명을 주도하는 운동에 정서적이고 지적인 커다란 힘을 제공했다. 그리고 그것은 20세기 후반까지 살아 있는 대안으로서 번성했고, 역동적으로 이어졌던 로크의 민주주의 개념과는 근본적으로 다른 것을 제공했다. 민주주의에 대한 루소 사상의 주요 동기는 일반 의지에 대한 강한 부담이다. 반면에 로크식 모델의 주요 동기는 개인적 자유의 보호와 보전이다. 두 사상가의 입장은 잠재적으로 매우 대립하고 있다.

> "자유, 평등, 박애"
>
> 루소

루소와 더불어 이제 개인은 일반 의지에서 벗어날 권리를 전혀 가질 수 없게 되었다. 따라서 이 민주주의에 대한 개념은 개인적 자유의 완전한 결여와 견줄 수 있다. 루소의 이러한 사상은 공산주의나 파시즘과 같이 개인적 권리들을 부정하면서도 인민을 대변하고, 인민들이 지지하는 민주주의라 자처했던, 20세기에 등장한 전체주의의 이념의 근저에 있는 기본적인 견해를 최초로 공식화한 것이라 할 수 있다(사실상 민주주의를 혹독하게 비판했던 홉스에 대해 저자가 기술한 바와 이 부분을 비교해 보면 앵글로색슨 문화에 대한 저자의 편애가 들어 있다고 할 수 있음—옮긴이).

열정적인 규칙들

루소는 무엇보다도 이성의 주권을 호소하는 계몽주의를 공격한 최초의 철학자였다. 문명에 대한 그의 적개심은 19세기에 등장한 피에르 조제프 프루동(Pierre-Joseph Proudhon)과 같은 철학적 무정부주의에서 다시 나타나고, 니체의 철학에서도 거듭 등장한다. 우리 모두의 영혼에 있는 이러한 적개심에 따라 실행되는 역할의 중요성에 대한 인지는 프로이트의 심리학에서 중요한 요소가 된다. 루소는 18세기 고전주의를 대체했던 낭만주의 운동의 선구자로 인정된다. 또 루소는 서양의 사유와 예술에서 지속되어 온 강력한 경향을 처음으로 열었는데, 이는 이성의 억압을 벗어 버리려는 열망이며 느낌과 본능에 대한 자유로운 표현을 부여하는 것이다. 사물을 이렇게 보는 방식은 젊은 사람들에게 강한 설득력을 가진다. 이제 이러한 경향이 서양적인 감수성의 일부로서 본질적으로 자리를 잡았기 때문에 당분간은 사라질 것으로 보이지 않는다. 그에 따른 위험은 명백하지만, 우리는 그 위험들과 더불어 살아가는 방법을 찾아야만 한다.

DÉCLARATION DES DROITS DE L'HOMME ET DU CITOYEN

PRÉAMBULE

ARTICLE PREMIER

AUX REPRESENTANS DU PEUPLE FRANCOIS

인권 선언문

인간의 자유에 관한 기본적인 헌장 가운데 하나인 이 선언문은 1789년에 작성되었으며, "모든 인간은 자유롭고 평등한 권리를 가지고 태어난다"고 진술하고 있다. 루소의 이론과 미국의 독립 선언서에 바탕한 이 선언문은 혁명 전의 절대 군주 치하에서는 프랑스인들에게 용납되지 않았던 자유를 구체화하는 것을 목표로 삼았다.

로베스피에르

자신의 동료들에게 '청렴한 사람'으로 알려진 이지도르 드 로베스피에르(M. F. M. Isidore de Robespierre, 1758-94년)는 프랑스 혁명의 지도자로 활약했다. 그는 루소와 마찬가지로 도덕적인 가치는 주권의 행사에서 분리할 수 없다고 생각했다. 비록 이러한 생각에 대한 그의 집착이 프랑스 국민들의 마음을 사로잡기는 했으나, 공화국을 구하기 위하여 강압이 필요하다는 신념의 대가로 그는 자신의 목숨을 바쳐야 했다.

> 인간은 본성적으로 정의와 질서를 사랑하며 선하다
>
> 루소

유럽의 도시들

18세기 유럽의 대도시들은 전례 없이 팽창하고 있었다. 1750년대 무렵 런던과 파리는 인구 50만 명 이상의 중심 도시로 성장했다. 이러한 대도시들은 토지 소유가 아니라 무역에 의존하는 중산층의 증가에 따른 것이다. 한 도시 안에서 부자들이 너도나도 훌륭한 대저택을 세우는 동안 가난한 사람들은 더럽고 혼잡하며 비위생적인 환경에서 생활했다.

독일철학의 황금기

1780년에서 1880년까지의 시기에 독일어권 지역에서는 고대 그리스 이래로 처음 철학이 꽃피었다. 이는 칸트에서 시작되었다. 칸트의 저작은 쇼펜하우어를 통해 풍부해지고 확장되었다. 피히테와 셸링은 자신들의 출발점이었던 칸트를 벗어났다. 헤겔은 절대적 관념론을 구축했다. 마르크스는 헤겔 철학의 용어와 틀을 이어받으면서도 관념론을 유물론으로 바꾸었다. 니체는 기존의 도덕 전체를 맹렬히 공격했다. 이러한 철학자들이 구축한 사상은 오늘날에도 인류 문화의 밑거름이 되고 있다.

프로이센 왕의 문장
이 19세기 말 문장(紋章)은 1861년 프로이센의 왕위에 오른 빌헬름 1세(Wilhelm I)를 위해 고안된 것이다. 그는 1871-88년까지 독일의 황제였다.

주요 저작

『순수 이성 비판』(1781년),
『학으로 성립할 수 있는 모든 미래의 형이상학에 대한 입문』(1783년),
『도덕 형이상학 원론』(1785년),
『실천 이성 비판』(1788년),
『판단력 비판』(1790년)

칸트

합리주의와 경험주의의 종합

우리의 경험은 그 형식이 신체 기관에 따라 정해지고 그러한 형식을 통해서만 어떤 것의 존재를 알 수 있다.

임마누엘 칸트(Immanuel Kant, 1724-1804년)는 고대 그리스 이후 나타난 보기 드물게 뛰어난 철학자 가운데 한 사람으로 꼽힌다. 그는 동프로이센의 쾨니히스베르크(Königsberg)에서 태어나 평생 그곳에서 살았다.

결혼도 하지 않아 겉으로 보기에 칸트의 삶은 밋밋하고 지루해 보인다. 쾨니히스베르크 사람들은 칸트가 날마다 같은 시간에 산책하는 모습을 보고 시계를 맞출 정도였다고 한다. 그러나 이러한 일화에서와는 달리 칸트는 지루한 사람은 아니었다. 그는 총명하고 당당했으며 즐겁게 분위기를 이끌 줄도 아는 사람이었다.

그는 매우 사교적이었으며 혼자서 식사하는 법이 없었다. 칸트의 명강의는 가히 전설적이었다. 그는 쾨니히스베르크를 한 번도 떠난 일이 없었지만 세계적인 명성을 얻었다.

칸트
철학사에서 가장 위대한 철학자에 속하는 칸트는 우리가 경험과 이성을 통해 지식을 얻는다고 주장했다.

천재적인 철학자

칸트는 중세 이래로, 대학 교수가 된 최초의 위대한 철학자였다. 칸트 이후 주요 철학자가 대학 교수가 되는 것은 그리 놀라운 일이 아니었지만, 칸트 이전에는 그런 전례가 없었고 그 이후의 철학자들 중에도 교수가 되지 못한 경우가 많았다. 뛰어난 철학자들이 흔히 대학 교수가 된 것은 20세기에 이르러서였다.

일찍이 쇼펜하우어는 이러한 철학의 직업화가 철학의 진정한 연구에는 좋지 않다고 날카롭게 비판했다. 따라서 이에 대해 일정한 논쟁이 있었지만 이제는 제도적으로 확고해졌고 또 바뀔 것으로 보이지도 않는다.

칸트는 오랫동안 유지해 온 명성과는 달리 젊은 시절에는 거의 책을 쓰지 않았다. 그러다가 쉰일곱 살에 이르러서야 불후의 명저를 출판했는데, 그 책이 바로 『순수 이성 비판(*Kritik der reinen Vernunft*)』(1781년)이었다.

뒤이어 1788년에는 『실천 이성 비판(*Kritik der praktischen Vernunft*)』, 1790년에는 『판단력 비판(*Kritik der Urteilskraft*)』을 출간했고 1785년에는 『도덕 형이상학 원론(*Grundlegung zur Metaphysik der Sitten*)』을 썼는데 이 책들은 큰 영향력을 발휘했다. 그는 여든 살의 나이로 생을 마감할 때까지도 거대한 기획 아래 저작을 쓰고 있는 중이었다.

칸트는 제법 늦은 나이에 자신의 무르익은 사상을 글로 나타냈기 때문에 독자들이 이러한 책들을 이해하기란 매우 어렵다. 사실 그는 자신의 저작이 제대로 이해되지 못하고 있음을 깨닫고 『순수 이성 비판』을 출간한 2년 후에 좀더 분명하고 이해하기 쉬운 말로 『순수 이성 비판』의 주요 내용을 다룬 얇은 책을 출판했다.

이 책은 『학으로 성립할 수 있는 모든 미래의 형이상학에 대한 입문(*Prolegomena zu einer jeden Kijnftigen Metaphysik die als Wissenschaft wird auftreten Können*)』으로, 보통 『프롤레고메나(*Prolegomena*)』로 불리며, 지금까지도 『순수이성 비판』의 가장 좋은 입문서로 전해진다. 1787년 그는 『순수 이성 비판』의 내용을 수정하여 『순수이성비판』의 제2판을 내놓았지만 이 또한 이해하기 어렵기는 마찬가지였다.

인간 칸트는 매력적이어도 그의 글은 매력적이지 않다. 문체가 까다로운 데다 사상도 심오하기 때문에 읽기가 어렵다. 그러나 칸트의 책을 읽으려는 노력은 할 만한 가치가 있다. 그의 책은 흄 이후 철학의 중심으로 들어가는 입구이다.

우리는 어떻게 아는가?

칸트 이전에는 과학자들을 포함해서 많은 철학자들이,

실러
위대한 독일 시인이자 극작가인 요한 실러(Johann Schiller,, 1759-1805년)는 칸트의 철학을 연구했다. 자신의 논문에서 실러는 미적 행위의 성격, 사회에서 미의 역할, 미와 도덕 경험의 관계를 규정하고자 했다. 실러의 초기 희곡은 정치적 억압을 비판한 것이고, 후기의 작품에는 인간으로 하여금 신체적 조건을 넘어서게 하는 영혼의 자유와 관련된 내용이 많았다.

인간의 앎에 부여된 본질적이고 의미심장한 한계는 존재하는 것을 통해 정해진다고 여겼다. 알아 낼 것이 아무것도 없을 때까지 우리는 더 많은 것을 계속 알아 갈 수 있다.

칸트는 로크에서 시작된 이론을 발전시키는 동시에 우리의 지식이 완전히 다른 종류의 한계에 종속된다고 주장했다. 어떤 방식으로든 인간이 파악하는 것은, 그것이 지각이든 느낌이든 기억이든 사상이든 무엇이든 간에 자신의 신체 기관 즉 오감, 뇌, 중추신경계 등을 통한 것이다.

그러므로 이 신체 기관이 포착할 수 있는 것은 우리가 경험할 수 있다. 그러나 신체 기관이 포착할 수 없는 것은 우리가 그것을 포착할 방법을 가지고 있지 않기 때문에 결코 우리가 경험할 수 없다.

있는 것과, 있는 것으로 보이는 것

여기서 중요한 점은 나의 것이든 남의 것이든 모든 신체 기관은 어떤 목적에는 적합하고 또 다른 목적에는 적합하지 않다는 것이다. 따라서 신체 기관의 성격이 그 신체 기관이 무엇을 할 수 있는가의 한계를 정한다.

병따개로 사진을 찍거나 자동차 엔진으로 소시지를 만들 수는 없다. 사진기는 어떤 장면을 찍을 수는 있지만 소리를 녹음할 수는 없다. 녹음기는 어떤

> "'전체'라는 용어는 늘 상대적으로만 쓰일 수 있다"
> 칸트

소리를 녹음할 수는 있지만 그것을 찍을 수는 없다.

보이지도 않고 들리지도 않는 무언가가 있다면—움직임도 색깔도 없는 기체가 있다고 가정해 보자—그것은 찍히지도 녹음되지도 않을 것이다. 사진과 녹음 테이프에 나타나지도 않을 것이다. 그러나 이것이 그 기체가 존재하지 않는다는 의미는 아니다.

그 기체는 존재하며 기체가 존재한다는 사실이 아주 중요할 수도 있다. 그 기체가 사람을 죽게 할 수도 있기 때문이다. 그러나 이 기체는 보이지도 들리지도 않으며 그 존재가 사진기나 녹음기에 포착될 수 없다. 따라서 기체의 존재를 감지할 특별한 장치나 수단을 가지고 있지 않으면 그것은 우리에게 알려지지 않은 채로 존재하게 될 것이다.

칸트는 이러한 원리가 우리 신체 기관에도 적용된다고 주장한다. 우리의 눈은 '본다'는 매우 중요한

> "일그러진 인간성에서 곧은 것이 나올 수는 없다."
> 칸트

경험의 본성

칸트는, 우리의 신체로 포착할 수 없는 것은 우리에게 경험될 수 없다고 생각했다. 존 에버렛 밀레이(John Everett Millais)의 "눈 먼 소녀"(1856년)에 표현된 여인은 음악소리와, 딸의 손의 감촉과, 딸의 머리에서 나는 향기는 향유할 수 있지만, 자신의 뒤편 하늘에 있는 무지개는 결코 '경험할' 수 없다.

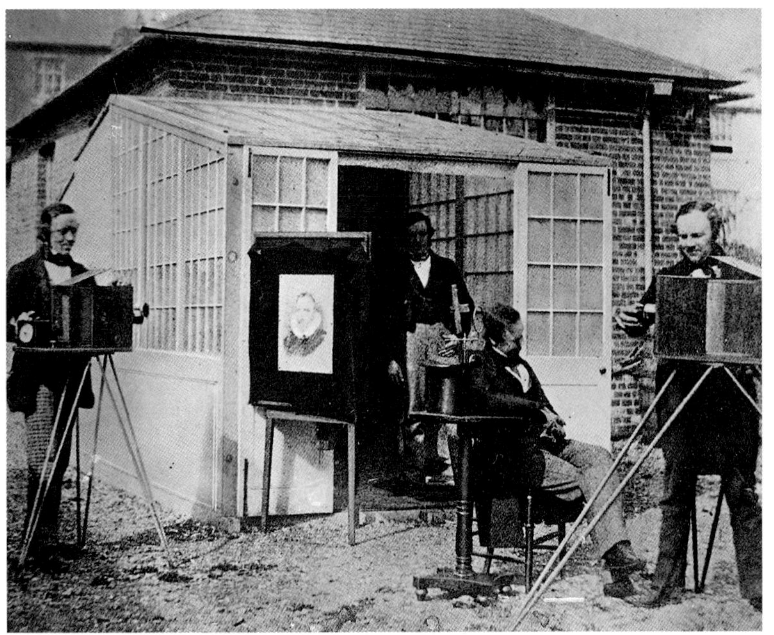

표현과 실재

도구의 성격이 도구가 할 수 있는 일을 규정한다. 사진은 장면 그 자체를 표현하는 것이 아니라 어떤 특수한 형식으로 장면을 표현한 것이다. 칸트는 인간의 경험도 마찬가지라고 말한다.

일을 할 수 있다. 그리고 다른 것은 그 일을 할 수 없다.

귀는 눈과는 아주 다른, 듣는 일을 할 수 있지만 눈은 이 일을 할 수 없다. 미뢰는 눈도 귀도 포착할 수 없는 것을 감지한다. 뇌는 이런 것들과는 매우 다른 종류의 일을 한다.

이러한 이야기는 끝도 없이 할 수 있다. 따라서 신체 기관들이 다룰 수 있는 것들의 총합이 우리가 포착할 수 있는 것의 총합이다.

그렇다고 신체 기관에서 포착할 수 없는 것이 존재할 수 없다는 의미는 아니다. 다른 어떤 것이 존재한다고 해도 우리는 그것을 포착할 방법이 없다는 것이다. 그러므로 우리가 알 수 있는 것에 대한 한계에는 한 가지가 아니라 두 가지 다른 종류의 것이 있다.

하나는 무엇이 존재하는가이다. 존재하는 모든 것의 총합은—여기에 신이나 불멸의 영혼 등이 포함되는지의 여부와는 상관없이—전체 실재이다. 그러나 인간은 신체 기관이 포착할 수 있는 대로만 그 전체 실재의 어떤 것 또는 어떤 측면만을 알 수 있을 뿐이다.

따라서 한편으로는 경험할 수 있는 능력이 있고 다른 한편으로는 우리의 경험할 수 있는 능력과는 독립적으로 존재하는 것이 있다. 그런데 존재하는 것과, 그 존재를 경험하는 것이 일치한다고 믿어야 할 근거는 없다. 경험은 존재보다 분명 폭이 좁을 수밖에 없고 이는 비교해 볼 필요도 없다.

존재와 그 존재를 경험하는 것은 지금까지 설명해 온 것과도 매우 다르다. 신체 기관은 저마다 역할이 다르다고 말하는 것은, 각 신체 기관이 그 구조상 가져올 수밖에 없는 최종 결과를 가져올 뿐이라고 주장하는 것과 같다.

그러나 사진은 찍힌 장면 그 자체가 아니고 어떤 형태로 장면을 나타낸 것에 불과하다. 그리고 사진을 찍을 때 녹음한 소리는 사진과는 완전히 다른 형태로 그 장면을 표현한 것이다. 장면 자체는 산, 마을, 사람, 동물, 이런저런 사물들의 풍경으로 이루어진 것일 터이지만, 그 사진은 그저 손에 쥐게 되는 종이 한 장, 녹음된 소리는 전자기 테이프에 불과한 것이다. 따라서 사물 자체와 사물의 표현을 혼동하는 것은 아주 근본적인 실수이다.

이러한 생각은 또 인간의 경험에 적용된다고 칸트는 말한다. 우리의 의식에 전달되는 것은 신체 기관에서 나오는 것이고, 그 신체 기관의 구조적인 특성 때문에 그러한 형태를 갖게 된다.

눈이 없이는 시각적 표현이 있을 수 없고, 귀가 없이는 청각적 표현이 있을 수 없으며, 뇌가 없이는 사상이나 생각이 있을 수 없다. 그러나 시각, 소리, 사상 등은 우리 외부의 대상이 아니고 그 대상들의 표현이다. 시각, 소리, 사상 등은 이들을 생산해 내는 신체 기관에만 존재한다.

경험에 독립적으로 존재하는 대상과 '비슷한' 감각은 없다. 소리는 소리를 내는 대상이 아니라 다른 소리와 비슷할 수 있을 뿐이고, 시각은 시각을 일으키는 대상이 아니라 다른 시각과 비슷할 수 있을 뿐이다. 그러한 소리와 그러한 시각은 경험하는 주체에 따라 달라진다.

시각, 소리, 사상 등은 우리에게 다양한 정보를

계몽주의

계몽주의로 알려진 유럽의 지적 운동은 18세기에 그 절정에 이르렀다. 계몽사상가들은 인간 이성과 사회적 진보의 가능성을 믿었고 당시의 사회를 비판했다. 1784년 칸트는 계몽주의를 정의하면서, 다가오는 시대의 인간성에 대해 자신의 책임인 미성숙에서 벗어나 자신의 자유에 따른 책임을 온전히 져야 한다고 썼다.

> "철학의 한계를 정확히 아는 데 철학이 존재한다"
>
> 칸트

준다. 하지만 이는 정밀화처럼 세밀한 것이 아니라 스케치 수준의 정보일 뿐이다. 스케치 수준의 정보를 정밀화로 착각하는 것은 초상화를 그리기 위해 체온을 재는 것과 같은 실수에 지나지 않는다.

이는 사물이 우리의 지각 및 사고 방식과 상관없고, 그에 대해 우리가 어떠한 개념도 형성할 수 없다는 의미이다. 한편으로는 사물이 우리에게 모습을 드러내는 세계—칸트가 현상계라고 부르는—가 있다.

여기에서는 우리가 지식을 가질 수 있다. 그러나 이 지식이 취하는 형태는 주체 의존적이다. 다른 한편으로는 사물 그 자체의 세계—칸트가 예지계 또는 물자체(物自體)라고 부르는—가 있다. 이 세계가 존재하는 양식은 우리가 세계를 포착하는 방식과 무관하다.

그러나 이 영역, 즉 물자체는 우리에게 포착되는 세계가 아니기 때문에 우리에게는 이 영역에 접근할 수 있는 방법이 없다. 칸트는 이 예지계의 모든 것을, 존재하지만 경험할 수 없다는 의미에서 '초월적'이라고 부른다.

혼돈에서 나오는 질서

우리에게 드러나는 세계는 카오스나 뒤죽박죽인 상태가 아니고 다양한 질서가 잡혀 있다. 대상들은 만유인력의 법칙에 따라 서로가 서로를 끌어당기는 3차원의 세계에 나름대로의 질서로 존재한다.

시간이라는 4차원에서는 운동과 진행이 함께 계속된다. 이러한 다양한 진행은 서로 인과 관계에 있고 수학적 등식으로 표현될 수 있는 질서 잡힌, 예측 가능한 방식으로 일어난다. 사물들의 전체 질서를 근본적으로 구성하는 것은, 인과적으로 서로 연결된 방식으로 움직이는 시공의 형식 아래에 존재하는 물질적 대상임이 분명하다. 여기에서 진정 중요한 사실은 이처럼 근본적인 것이 나타내는 바는 곧 경험의 세계라는 점이다.

물질적 대상의 성질은 우리 인간이 지각하고 이해할 수 있는 방식으로 만들어진다. 우리 인간에게는 이 대상의 성질을 포착하게 하는 틀거리가 있다. 이것이 우리의 지성(이해력)의 범주이다. 범주가 없으면 우리는 대상을 인식할 수가 없다.

또 우리는 시간과 공간에 존재하지 않는 것을 포착해서 인식할 수는 없다. 시간과 공간은 우리의 감각 형식이다. 시간과 공간은 우리가 무엇을 포착하든 간에 그 무엇을 그 안에서 포착하게 하는 어떤 망이다. 그리고 범주는 시간과 공간의 형식 아래 포착된 대상을 우리가 인식할 수 있게 해주는 틀거리이다. 지금까지 우리가 본 것은 우리의 인식 기능이 역할하는 방식이다. 그러나 이는 경험과 연관되는 것이지, 경험되지 않는 존재 자체의 것에 대한 것은 아니다.

친숙한 사상

이러한 생각은 다른 맥락, 즉 종교적 맥락에서 우리에게 이미 친숙하지 않다면 이해하기가 훨씬 더 어려울 것이다. 종교를 믿는 사람들은 대부분 이 시공에 존재하는 물질적 대상의 세계가, 실재의 전부가 아니라고 생각한다. 그리고 시공 밖에 존재하는 물질적이지 않은 실재의 또 다른 차원이 있다고 믿는다.

그러나 인간은 물질적 대상의 세계만 경험할 수 있고, 비물질적이며 시공을 벗어나 존재하는 차원의 세계는 경험하지 못한다. 칸트의 연구는 사물 전체를 보는 시각을 신이나 영혼을 전제하지 않고, 그리고 신앙을 끌어들이지 않으면서 철학적·합리적 논변으로 구축하는 작업이다. 그래서 신이나 영혼을 믿지 않는 완전히 비종교적인 사람이 자신의 생각이 타당하다고 여길 수 있게 해 주는 측면도 있다.

칸트는 이 논변의 (중요한) 비종교적인 측면이 합리적 논변만을 통해서도 참으로 보일 수 있다고 믿었다. 칸트의 실제 논변과 관련된 상세한 분석은 깊고 복잡하게 얽혀 있기 때문에 논변조차 따라가기 힘든 경우가 많다. 그러나 칸트의 그러한 중요한 결론은 이미 그리스도교에 익숙한 사람이라면 누구에게나 친숙하다.

> *"신의 존재를 확신하는 것이 필수적이지 신의 존재를 논증하는 것이 필수적인 것은 아니다"*
>
> 칸트

초월

종교를 믿는 사람들 대부분은, 물질적 대상의 세계는 실재의 전체를 포괄하지 않는다고 믿는다. 카스파르 다비드 프리드리히(Caspar David Freidrich)의 그림 "바다에서 뜨는 달을 보는 두 남자"(1817년)는 시공의 제한을 벗어난 다른 차원의 실재를 암시한다. 칸트는 이 다른 차원의 실재를 '초월적' 세계, 즉 경험할 수 없는 영역이라고 했다.

모제스 멘델스존

유대인 철학자이자 성경연구가인 모제스 멘델스존(Moses Mendelssohn, 1729-86년)은 신의 존재에 대한 믿음의 합리성을 주장했다. 멘델스존의 사상은 영혼의 불멸성을 상세히 설명한 책 『파이돈 : 영혼 불멸에 관하여(*Phädon, oderü ber die Unsterblichkeit der Seele*)』(1767년)에 드러나 있다. 칸트와 마찬가지로 멘델스존은 독단이 아니라 이성의 요구에 기초해야 한다고 믿었다.

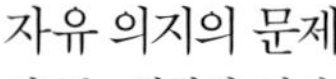

자유 의지의 문제

칸트는 경험의 세계, 즉 시공에 놓여 있는 물질적 대상의 세계에 대한 지식에 이르는 열쇠는, 이제 과학을 통해 우리 손에 들어올 수 있다고 생각했다. 모든 물질적 대상의 내적 구조와 시공에서의 운동은, 과학이 발견할 수 있는 원칙에 부합하는 것처럼 보였다. 그런데 그는 어째서 우리가 밟아 온 경로를 통해서는 우리가 궁극적으로 완성된 지식에 이를 수 없는지 알지 못했다.

그러나 바로 여기에 인간과 관련해서 심각한 문제가 있었다. 우리의 신체는 공간에 존재하며, 시공에서 활동하는 물질적 대상이다. 신체의 활동이 완전히 과학적 법칙에 따른다면 우리는 자유 의지라는 것을 전혀 가질 수 없다. 그런데 칸트는 우리가 자유 의지를 가질 수 있다고 생각했고, 더군다나 자유 의지를 가지고 있다는 것을 논증할 수 있다고 보았다.

이 문제에 대해 칸트는 다음과 같은 해결책을 제시한다. 그는 우리의 자유 의지에 따른 행위가 현상계 즉 과학 법칙이 적용되는 실재의 일부에 있는 것이 아니라, 예지계와 같이 과학적 이해가 이루어질 수 없는 부분에 있다고 말했다.

칸트의 실제 논증은 우리가 자유 의지를 가졌다는 것이 아니라, 자유 의지를 가지고 있지 않다는 것을 믿기가 어렵다는 것이다. 우리가 선이나 당위, 옳음과 같은 도덕 개념을 가지고 있다는 것과, 무엇이 선이고 선이 아닌지, 무엇을 해야 하고 하지 말아야 하는지 등에 대한 도덕적 신념을 가지고 있다는 것은 경험적 사실이다. 또 대부분 이러한 도덕적 신념을 완전히 무시하려고 해도 그럴 수 없다는 것도 경험적 사실이다.

이러한 개념들의 내용과 우리의 도덕적 신념의 의미를 분명히 하고 적용하는 것은, 결국 무엇을 해야 하고 무엇을 하지 말아야 할지에 대한 선택권을 가지는 것과 같다. 우리가 결코 그러한 선택권을 가지지 않는다면 나는 이것을 해야 한다거나, 하지 말아야 한다고 하는 표현은 가능하지 않게 된다. 왜냐하면 나는 그런 문제에서 결코 어떤 선택권도 가지지 않기 때문이다.

따라서 이른바 도덕은 전부 텅 빈 환상이고, 도덕적 언명이라고 하는 것도 그다지 의미가 없게 된다. 의무, 옳음, 당위 등과 같은 도덕 용어들은 모두 힘을 발휘할 수 없게 된다. 누구의 행위가 다른 누군가의 행위보다 낫다고 하는 평가도 가능하지 않게 된다.

칭찬과 비난, 존경과 성토, 인정됨과 인정되지 않음의 용어들은 모두 우리의 언어와 사상에서 없어져야 한다. 왜냐하면 우리의 사생활뿐 아니라 사회적 삶에서도 그러한 개념들이 차지할 공간이 없어지기 때문이다.

이 경우 다른 사람들이 부도덕한 방식으로 나를 대한다고 불만스러워 한다면 어불성설이 될 것이다. 그 사람들로서는 다른 행위를 하는 것이 불가능하기 때문이다. 우리가 그 사람들은 그러지 말았어야 했다고 말하는 것도 어불성설이다. 그 사람들도 다른 선택의 여지가 없었기 때문이다.

도덕적 신념

칸트는 아픈 사람들을 돌보아야 하는지 말아야 하는지와 같은 도덕 문제가 의미를 가지려면 먼저 우리가 자유 의지를 가져야만 한다고 주장했다. 즉 우리는 무언가를 할 것인지 하지 않을 것인지의 선택을 할 수 있어야 한다는 것이다.

인간의 자유 의지

칸트는 인간이 자유 의지를 가지고 있다고 생각했다. 만일 자유 의지를 가지고 있지 않다면 다른 사람들이 우리를 나쁘게 또는 불법적으로 대해도, 그에 대해 나쁘다고 할 수 없을 것이다. 왜냐하면 그 사람들은 그 행동 외에 다른 행동을 하는 것이 불가능하기 때문이다.

윤리학의 기초

결정론이 인간에게 해당된다고 믿는 사람은 이러한 결론을 받아들이게 될 것이다. 그러나 그런 사람들은 없는 것 같다. 우리는 분명 그것을 불가능하다고 생각한다. 우리 가운데 불량배나 범죄자, 정신병자, 스스로를 결정론자라고 생각하는 사람들조차 자신을 야비하게 대하는 것을 싫어하고 분개한다. 그리고 누구든지 그러면 안 된다고 생각하는 것처럼 보인다. 따라서 우리는 자유로운 선택이라고 할 만한 것이 있다고 믿을 수밖에 없는 듯하다.

여기에서 중요한 점은 우리에게 만약 자유로운 선택이 있다면 물질적 대상의 운동이 과학의 법칙에 따라 모두 결정되는 것은 아니라고 믿을 수밖에 없다는 것이다. 어떤 운동은 우리 의지의 자유로운 움직임에 따라 결정된다. 이처럼 '자유'라는 것은 과학의 법칙에 지배되지 않고 누구나 결정할 수 있다는 의미에서 가치를 가진다.

따라서 칸트는 우리가 사실 존재하는 것이 경험의 세계에만 국한되는 것은 아니라고 믿는다 — 우리가 그것을 받아들이기 좋아하거나 그렇지 않거나 간에 — 고 말한다. 우리는 신체의 운동에 영향을 끼치는 결정이 이루어지는, 비경험적 영역이 존재한다는 것을 믿는다. 그리고 그러한 선택들에 대해 칭찬과 비난을 할 수 있다고 믿는다.

칸트 철학은 어떻게 이러한 것이 가능한가, 어떻게 도덕성과 자유 의지가 과학적 설명을 따르는 세계에 존재할 수 있는가를 이해하려는 시도로 보일 수 있다.

칸트는 무언가를 하는 데 동의하거나 반대할 이유를 이해할 수 있는 존재만이, 도덕적 또는 비도덕적이라는 평가를 받을 수 있기 때문에 도덕성은 이성적 인간에게만 가능하다고 믿었다. 독사(毒蛇)는 비도덕적이라는 평가를 받을 수 없다. 그렇지만 개별적인 이성이 제대로 된 것인지 아닌지는 단지 개인적인 취향의 문제만은 아니다.

우리는 개별적 이성이 좋은 것인지 나쁜 것인지에 대해 저마다 다르게 판단할 수 있다. 그러나 이성에 대해 논의하고 서로를 설득하려고 한다는 바로 그 사실이, 정말로 훌륭한 이성은 동의를 가져올 것임을 믿는다는 것을 보여 준다. 제대로 된 이성은 보편적으로 타당하다. 동일한 조건에서 어떤 행동을 내가 하는 것은 옳은데 다른 사람이 하는 것은 그르다는 주장을 옹호할 수는 없다. 나에게 옳은 것이면 다른 사람에게도 옳을 것임에 틀림없다.

이는 과학이 이성에 바탕을 두는 것과 마찬가지로 도덕성도 이성에 기초한다는 의미이다. 이러한 생각들을 통해 칸트는 도덕성의 근본 규범을 그 유명한 정언 명령으로 공식화했다. "보편적인 법칙이 될 수 있는 기준에 따라 행위해라."

> “신에 가까운 플라톤, 경이로운 칸트”
>
> 쇼펜하우어

신에 대해서는 어떠한 '증거'도 없다

철학이 배제하는 것은 언제나 중요한 것들이다. 우리의 신체 기관이 포착할 수 없는 것에 대해서는 결코 확실하게 알 수 없다는 칸트의 이론은, 영혼이나 신의 존재에 대한 지식을 배제한다. 그런데 칸트의 철학은 신의 존재에 대한 지식을 배제하는 것일 뿐, 신의 존재 그 자체를 배제하는 것은 아님을 깨닫는 것이 중요하다. 칸트의 유명한 말처럼 그는 신앙에 자리를 내어 주기 위해 지식을 제한했다.

칸트 철학의 이러한 측면은 역사적으로 중요하다. 칸트는 신이 존재한다는 '증거'가 있을 수 없다고 배제함으로써 중세의 몇 세기에 걸쳐 진행되어 왔던 철학을 폐기했다. 칸트 이래로 신의 존재는 증명될 수 있는 것이 아니라는 견해가 사상가들에게 널리 받아들여졌다.

헤르더

낭만적 민족주의의 주요 창시자인 요한 헤르더(Johann Herder, 1744-1803년)는 쾨니히스베르크에서 1762년부터 칸트에게 배웠다. 1771년 그는, 사상의 매개는 감정이며 인간이 환경에 따른 한계를 깨닫자마자 힘의 균형이 이루어지고, 개체를 실재에 일치시키는 것이 정점에 달했다는 자신의 믿음을 제시하면서, 슈트름 운트 드랑(Sturm und Drang, '질풍노도'라는 의미의 독일어) 운동을 이끄는 저작들을 내놓기 시작했다. 말년에 헤르더는 칸트를 반박했는데, 칸트가 자신의 세계관에 위협이 된다고 보았기 때문이다.

타당한 주장

웨스트민스터 궁에 있는 상원에서 의원들이, 자기 주장의 타당성에 대해 논쟁하고 있다. 개별 추론이 타당한지 토론한다는 것은 곧 우리가 타당한 추론은 보편적으로 인정된다는 것을 믿는다는 의미이다. 추론이 타당하다면 그것은 보편적으로 타당하다는 것이다.

초기 육필원고

쇼펜하우어의 형이상학적 이론은 그의 주요 저작 『의지와 표상으로서의 세계』의 제목이 잘 요약해 주고 있다. 이 두 권의 책에서 그는 경험의 세계가 존재하지만 경험하는 주체에게는 단지 표상으로 경험된다고 주장했다. 우리가 관심을 자연계로 돌리면 표상 너머에 있는 '물자체'에 대한 추구는 소용없는 것이 된다. 그러나 우리 또한 '물자체'이며 우리에게 모든 실재의 본성에 이르는 열쇠를 제공하는 것은 이 이원적인(물자체와 자연계를 의미함 – 옮긴이) 자연이다.

괴테

독일 작가 요한 볼프강 폰 괴테(1749-1832년)는 과학, 저널리즘, 희곡, 시, 자연 철학 등에 관심을 가진 박식한 사람이다. 괴테는 독일 낭만주의의 개척자인 헤르더에게서 영향을 받았고 친구인 실러와는 문학잡지 관련 일을 함께 했다. 괴테의 수많은 추종자에는 쇼펜하우어도 포함된다. 그는 괴테의 『색채론(*Zur Farbenlehre*)』(1810년)을 계승해 『시각과 색에 관하여(*Über das Sehen und Farben*)』(1816년)를 쓴 바 있다.

쇼펜하우어

서양철학과 동양철학의 만남

쇼펜하우어는 스스로 칸트-쇼펜하우어 철학으로서 칸트의 연구를 수정하고 완성했다고 믿었다.

아르투르 쇼펜하우어(Arthur Schopenhauer, 1788-1860년)는 당시 자유롭게 독일어를 말할 수 있는 단치히(오늘날 폴란드의 그다인스크)라는 도시에서 태어났다. 쇼펜하우어의 집안은 대대로 부유한 상인이었다. 가족들은 그가 가업을 이어야 한다고 생각했으나 그는 이를 거부하고 철학 연구와 저술에 몰두했다.

그의 박사 논문인 『충족이유율의 네 가지 근거(*Ber die vierfache Wurzel des Satzes vom zureichenden Grunde*)』(1813년)는 유명한 책이 되었다. 젊은 시절 그는 길이 남을 걸작 『의지와 표상으로서의 세계(*Die Welt als Wille und Vorstellung*)』를 썼는데 이 책은 1818년에 출판되었다.

그는 이 책이 우주의 수수께끼를 풀고 있다고 믿었다. 하지만 사람들이 자신의 책에 그다지 주목하지 않자 충격을 받았다. 따라서 쇼펜하우어는 무엇을 어찌해야 할지 모르는 상황이 되었다.

그는 오랜 침묵 끝에 『자연 속의 의지에 관하여(*Über den Willen in der Natur*)』(1836년)라는 작은 책을 출판했다. 이 책은 과학의 진행 과정이 『의지와 표상으로서의 세계』의 논변을 확인해 준다는 점을 보여 주려는 의도에서 쓴 것이다. 그리고 나서 윤리학에 관한 짧고 훌륭한 책인 『윤리학의 두 가지 문제(*Die beiden Grundprobleme der Ethik*)』(1841년)를 완성했다.

쇼펜하우어

독일 철학자 쇼펜하우어(염세주의 철학자)는 인간 본성에 있는 비합리적인 힘으로서의 의지의 역할을 강조하였다. 그는 예술은 의지에 종속되지 않는 유일한 형태의 지식이라고 주장했고 예술을 이성 없이 세계에서 벗어날 수 있는 유일한 피난처라고 보았다.

말년의 명성

1844년 『의지와 표상으로서의 세계』의 개정판이 나왔다. 하지만 초판에 대한 설명과 수정이 너무 많아 자료들을 원래의 책과 합치는 대신 이에 대한 두꺼운 주석서를 내게 되었다. 따라서 『의지와 표상으로서의 세계』는 두 권의 책으로 나오게 되었다. 그 후에는 논문집 두 권만이 출판되었을 뿐이다.

쇼펜하우어는 눈길을 끄는 책 제목을 짓는 데 남다른 재능을 보였다. 이 논문집이 그리스어로 추가와 생략의 의미를 지닌, 『소품과 단편집(*Parerga und Paraliponema*)』이라는 제목으로 나오게 된 것은 그러한 재능의 결과이다. 그의 나이 예순셋일 때인 1851년에 출판된 이 책은 그에게 비로소 커다란 명성을 안겨다 주었다.

그래서 그 전까지 널리 알려지지 않았던 쇼펜하우어는 일흔둘의 나이로 생을 마칠 때까지 그 기쁨을 누릴 수 있었다.

칸트의 유산

쇼펜하우어는 칸트가 인간 이성에 대한 연구에서 가장 중대한 진보를 이루었다고 생각했다. 이러한 칸트의 업적으로는 전체 실재를 경험할 수 있는 것과 경험할 수 없는 것으로 나눈 일, 모든 가능한 경험의 형태와 틀이 우리의 신체 기관에 따라 결정된다는 주장(칸트를 이해하는 데 매우 중요한 점)이 있다.

또 우리가, 경험하는 것과 독립적으로 존재하는 것이 무엇인지를 파악할 수 없기 때문에 독립적인 실재의 본질은 개념화되지 않고 파악되지 않아 우리가 포착할 수 있는 것과는 다르며 영원히 우리에게 펼쳐 볼 수 없는 책으로 남아 있어야만 한다는 추론, 시간·공간·인과적으로 서로 연결된 물질적 대상이 이러한 경험의 세계의 특징이며 이는 경험 세계의 외부에서는 있을 수 없다는 추론, 이 세계를 이해하는 데에 중요한 열쇠는 과학이지만 과학 또한 경험 세계 외부에 대해서는 아무것도 할 수 없다는 추론이 있다.

> “우리가 희망이나 두려움을 가진 채 연쇄적인 욕구에 매여 있는 한 우리는 지속적인 평화나 행복을 얻을 수 없다”
>
> 쇼펜하우어

칸트가 고심 끝에 내놓은 이러한 이론은 쇼펜하우어에게는 매우 타당한 것으로 여겨졌다. 너무 타당해서 “정신에 대한 칸트의 말이 정신에 미치는 효과는 시각 장애인에게 백내장 수술을 받게 하는 것과 마찬가지이다.”라고까지 할 정도였다.

쇼펜하우어는 칸트의 철학을 깊이 숙고한 사람들만이 자신의 철학을 이해할 수 있을 것이라고 생각했다. 그는 칸트의 철학을 처음부터 다시 논의할 필요는 없다고 생각했다. 그렇게 하면 칸트의 철학을 다시 만들어 내는 일이 될 것이기 때문이다.

개별화

동일한 대상은 분명히 여러 번 재생산될 수 있다. 그런데 각각의 대상은 그것이 공간상 다른 곳에 존재하기 때문에 다르다. 쇼펜하우어는 하나의 대상이 다른 대상과 다르려면 시간상으로든 공간상으로든 반드시 구분되어야 하며 현상계에 속해야 한다고 말했다.

쇼펜하우어는 칸트의 철학을 자신의 출발점으로 삼았다. 그러나 그는 칸트의 철학이 완전히 타당하다고 생각하지는 않았기 때문에 칸트의 논변을 보충하고 새로운 영역으로 확장하면서 자신이 칸트의 오류—이 중에는 칸트의 주요 주장에 대한 것도 있다—라고 생각한 것들을 바로잡는다. 따라서 쇼펜하우어 철학의 논리적 출발점은 칸트 철학에 대한 비판이다.

비인격적 실재

쇼펜하우어는 칸트가 전체 실재를 현상계와 예지계로 나누면서 예지계가 있는 그대로 사물들로 될 수는 없다고 한 것은 타당하다고 여겼다. 서로 다른 사물이 존재하기 위해서는 개별화할 수 있어야 하고, 이는 시공 내의 영역에서만 가능하기 때문이다.

만약 하나의 사물이 다른 사물과 다르다면 시간 또는 공간상으로 구분이 있어야만 한다. 그렇지 않다면 그 둘은 동일한 사물이기 때문이다. 자연수라든가 알파벳 문자와 같은 하나의 추상적 대상조차 다른 연속적인 개념과 구별되기 위해서는 어떠한 내용을 가져야만 할 것이다. 또 만약 그러하다면 결과적으로는 시공과 연관되어서만 그럴 것이다.

주요 저작

『의지와 표상으로서의 세계』(1818년),
『자연 속의 의지에 관하여』(1836년),
『윤리학의 두 가지 문제』(1841년),
『소품과 단편집』(1851년)

> “인간은 인간에게 늑대이다”
>
> 쇼펜하우어

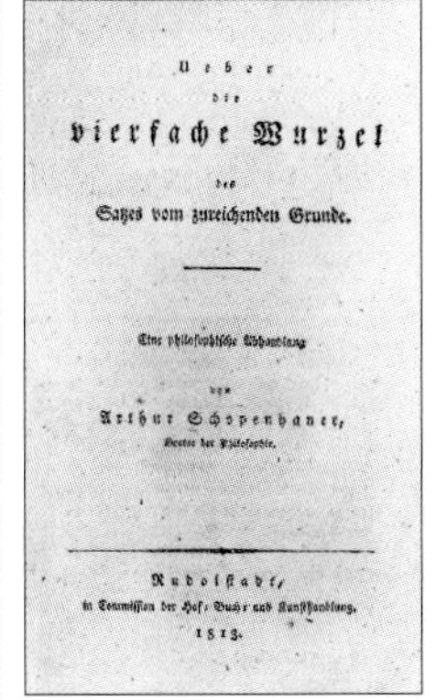
Ueber
die
vierfache Wurzel
des
Satzes vom zureichenden Grunde.

Eine philosophische Abhandlung
von
Arthur Schopenhauer,
Doctor der Philosophie.

Rudolstadt,
in Commission der Hof-Buch- und Kunsthandlung.
1813.

유명한 논문

쇼펜하우어에게 예나대학에서 박사 학위를 받게 해 준 논문은 『충족이유율의 네 가지 근거』였다. 그는 이 논문을 자비로 출판했는데 이는 지금까지도 널리 읽히고 있다. 이 책은 전체 경험의 구조와 설명의 본성에 대해 숙고한다.

요한나 쇼펜하우어

쇼펜하우어의 어머니 요한나(Johanna)는 남편의 죽음 이후 바이마르로 이사해 문학 살롱을 열었다. 여기서 그녀는 괴테, 그림(Grimm) 형제와 같은 인물들과 교류했다. 그녀는 낭만주의 소설가로서 이름을 얻었고 그녀의 시 중 한 편은 슈베르트(Schubert)의 곡에 쓰이기도 했다.

따라서 쇼펜하우어는 시공의 바깥에는 개별화가 있을 수 없으며 모든 것이 하나이거나 개별화되지 않은 상태로 있다고 말한다. 이는 파르메니데스가 "모든 것은 하나이다(All is one)."(17쪽 참조)라고 한 것과 연관지어 볼 수 있다.

나아가 쇼펜하우어는 예지계가 현상계의 원인이 되는 것은 가능하지 않다고 말했다. 왜냐하면 칸트 자신이 그 인과 관계는 시공과 같이 현상계 내에서만 확보될 수 있음을 보여 주었기 때문이다.

그러므로 인과성은 현상계를 현상계 외부와 연결시키는 것이 될 수는 없다. 예를 들어 칸트는 예지계에 있는 의지의 작용이 우리의 '자유로운' 신체 운동의 원인이 된다고 주장했지만, 쇼펜하우어는 이것이 불가능하다고 생각했다.

진실은 의지의 작용과, 이 작용과 연관되는 신체 운동이 하나이고, 두 가지 다른 방식(안에서 경험되는 방식과 밖에서 경험되는 방식)으로 파악되는 동일한 사건이라는 것이다.

따라서 현상계는 예지계와 다른 실재가 아니라 다른 방식으로 알려지는 하나의 동일한 실재이다.

쇼펜하우어는 전체 예지계가 의지(이 용어가 널리 쓰인 것은 아니지만)의 성질을 가지고 있다고 생각했다. 전체 우주는 상상력을 둔화시키는 양화의 방식으로

힘의 장

쇼펜하우어에게 우주의 광대한 규모와 현상적 에너지는 정신이나 의식과는 아무런 관련이 없으며 아무런 목적이나 목표가 없는 순전히 비인격적인 힘이다.

쇼펜하우어와 바그너

1854년 리차드 바그너는 쇼펜하우어에게 자신의 오페라 "니벨룽겐의 반지(Der Ring des Nibelungen)"의 대본에 "존경과 감사를 담아서"라고 써서 보냈다. 1854년 『의지와 표상으로서의 세계』가 바그너에게는 중요한 사건이 되었고, 이후 그의 후속 작품에 많은 영향을 끼쳤다.
바그너의 오페라 "트리스탄과 이졸데"는 현상계에서 의지의 충족불가능성과 같은 쇼펜하우어식의 개념을 많이 포함하고 있다.

이기려는 의지

쇼펜하우어는 의지의 작용과 이에 따른 신체 운동이 안에서 경험되고 바깥에서 관찰되는 두 가지 다른 방식으로 포착되는 동일한 사건이라고 생각했다. 토머스 에이킨스(Thomas Eakins)의 그림 "비글린 형제의 경주"의 노 젓는 사람은 쇼펜하우어의 주장을 드러내 준다.

에너지를 예시한다.

즉 팽창하고 폭발하고 뜨거워지고 차가워지고 축을 중심으로 돌면서 공간 속에서 충돌하는 별과 태양계 등을 보여 준다. 우리가 상상할 수 없는 막대한 규모로 추동되고 움직이는 이 모든 현상의 에너지인 충동은 정신이나 의식과는 아무런 관련이 없다.

충동은 전체적으로 정신과 무관한 현상으로, 개인의 인간성이나 지적 능력과는 상관없이 맹목적이다. 따라서 목적이나 목표가 없는 순전히 비인격적인 힘이다. 이 힘은 예지계의 어떤 것에 대한 현상계에서의 현시이다.

쇼펜하우어는 예지계에 적합한 용어를 찾으면서 무엇보다도 '힘'이라는 말에 주목했다. 그리고 나서 이 용어가 과학과 특별한 관련을 가지고 있으며, 과학은 현상계에만 적용될 수 있음을 생각했다. 따라서 그는 우리가 그 현시 중 하나에 대한 직접적인 경험을 가질 수 있는 가장 손쉬운 것이, 신체 운동으로 나타나는 충동, 힘, 에너지 내에서 경험하는 고유한 의지의 작용이라는 것에서 착안하여 그것을 '의지'라고 부르기로 결정했다.

'의지'라는 용어의 사용은 많은 오해를 불러 일으킨다. 왜냐하면 사람들이 아무런 성격도, 어떤 종류의 정신이나 지력도, 아무런 목적이나 목표도 없는 의지에 대해 생각하는 것은 어려운 일임을 깨닫게 되기 때문이다. 그러나 이는 쇼펜하우어가 자신의 의도를 꽤 분명하게 말하는 것이기도 하다.

그는, 모든 물질적 대상을 포함한 경험 세계를 채우는 것은 시공의 틀에 따라 움직이는 에너지이고 힘의 장이라는 물리학의 발견을, 자신의 철학과 아주 잘 맞아떨어지는 것으로 생각했다.

동정의 윤리학

시공의 물리적 대상으로서 인간의 몸은 예지계에 속한, 개별화되지 않은 유일자의 표현이다. 쇼펜하우어는 이러한 사실을(이것이 만약 사실이라면), 도덕성의 기초―윤리학의 토대를 형성하는 형이상학의 두드러진 예―로 생각했다. 쇼펜하우어는 우리가 개별화된 개인으로 드러나는 것은 현상계에서뿐이라고 말한다.

> "동기는 내적으로 경험되는 원인이다"
>
> 쇼펜하우어

그림 형제

야콥 그림(Jacob Grimm)과 빌헬름 그림(Wilhelm Grimm)의 작품은 위대한 독일 문학에 속한다. 학문적인 활동으로 민화를 수집해서 만들었다고 여겨지는 유명한 『그림 동화(*Grimm's Fairytales*)』(1812-14년)는 구전으로 민간에 전승된 이야기에 바탕하고 있다. 야콥(1785-1863년)은 언어학과 문법에 관한 책도 내고 빌헬름(1786-1859년)과 함께 독일어 대사전 작업을 하기도 했다.

1848년 혁명의 해

유럽 전역에 걸쳐 나폴레옹 전쟁이 몰고 온 경제 사회 문제는 상당한 불만을 일으켰다. 1848년 민족적 자유주의와 사회주의에서의 움직임은 여러 도시에서 일어난 봉기에서 결국은 평정된 정점에 이르렀다. 1844년 이래로 프랑크푸르트에 살았던 쇼펜하우어는 이 혁명이 원시적이라고 생각했다.

우리 존재의 궁극적인 토대인 예지계에서 우리는 하나이고, 개별화되지 않은 상태이다. 이는 다른 사람의 고통과 기쁨을 공유하면서 상대방의 느낌을 나의 느낌으로 여기는 인간의 동정심을 설명한다.

내가 너를 아프게 한다면 결국 나는 나의 본질적인 존재에 손상을 입히게 되는 것이다. 이렇게 되면 윤리학의 토대는 동정—칸트가 생각한 합리성이 아니라—이 된다고 쇼펜하우어는 말했다.

이는 또 개인 간의 관계와 소통의 토대이다. 하지만 이 소통에는 우리의 신체 사이에 전달되는, 눈과 귀를 통한 메시지의 해독은 그다지 도움을 주지 못한다. 동정은 윤리학과 사랑의 진정한 토대이다.

동정의 성질
쇼펜하우어의 예지계에서 우리는 모두 하나이다. 따라서 우리는 서로를 일치시킬 수 있고 서로의 느낌을 공유할 수 있다. 쇼펜하우어는 이 동정심이 우리의 관계의 기초이며 윤리학과 사랑의 토대라고 생각했다.

동양과 서양이 만나다

쇼펜하우어는 이러한 생각들을 한 다음에야 동양철학을 접하게 되었다고 말한다. 쇼펜하우어 시대 이전에는 힌두교와 불교의 경전이 유럽에 알려지지 않았다.

서양철학은 그때까지 동양철학을 간과한 채 전개되었다. 19세기가 되어서야 비로소 동양철학의 경전들이 유럽의 각 언어로 번역되기 시작했다. 독일어 번역의 개척자는 쇼펜하우어가 20대 중·후반 무렵 알게 된 동양학자 프리드리히 마이어(Friedrich Majer, 1772-1818년)였다.

이때 쇼펜하우어는 이미 자신의 첫 번째 책을 출판하고 나서 진정한 걸작을 쓰기 위해 깊이 연구하고 있었다. 1920년대에 쇼펜하우어에게 힌두교와 불교를 소개한 사람은 마이어였다. 쇼펜하우어는 이들 종교의 중심 교리가 우연하게도 자신과 칸트가 완전히 다른 경로를 통해 이르렀던 결론과 일치한다는 점을 발견하고서 매우 놀라워했다.

칸트와 쇼펜하우어는 고대 그리스에서 출발한 서양철학 전통의 중심에서 연구해 왔다. 그들은 플라톤과 아리스토텔레스를 연구했고 이후의 서양철학의 역사에 정통했다. 특히 그들은 로크에서 흄에 이르는 탐구, 즉 인간의 상황을 알고 이해하는 능력의 한계는 어디까지인가 하는 문제에 대한 탐구에 자신들이 관련되어 있다고 느꼈다.

플라톤 이후의 이 전통에서 뛰어난 철학자들은 대부분 수학에 바탕한 물리학이 경험 세계를 이해하는 데에 중요한 열쇠라고 믿었지만, 그것이 경험 세계가 존재하는 전부라고 생각하지는 않았다. 그러나 철학과 거리를 둔 채 자신들의 종교를 유지했으며, 합리적 논변만을 바탕으로 철학적 탐구를 추구하려고 했다.

쇼펜하우어가 발견한 동양철학은 이와 같지 않았다. 그것은 과학이 아니라 종교에 바탕한 것이었다. 이는 그 만큼 종교가 철학을 지배하고 있다는 의미이다.

그런데 이렇게 유럽과는 완전히 다른 지적 맥락과 사회 환경에서 때로는 몇 천 년이나 차이가 나는 다른 역사적 단계가 있었음에도, 다른 언어와 문화를 가진 동양의 사상가들은 당시의 서양철학자들이 내놓은 최신 이론과 많은 부분 동일한 결론에 이르렀다. 이에 대해서는 146쪽에서 살펴보겠다.

고독한 동양통(通)

쇼펜하우어는 즉시 힌두교와 불교 경전을 읽고 자신의 논변과 동양 논변의 유사성을 지적하면서 이를 자신의 글에 인용하기 시작했다. 따라서 쇼펜하우어가 동양 사상을 많이 차용했다는 주장도 있지만 이는 사실이 아니다. 사실 쇼펜하우어가 가장 주목한 점은 서양철학과 동양철학이 완전히 다른 과정을 거쳐 발전해 왔는데도 실질적으로 중요한 문제들에 대해서는 동일한 결론에 이르렀다는 것이었다.

따라서 그의 사상이 힌두교와 불교에 따라 형성된 것은 아니었지만, 그는 사람들에게 힌두교와 불교 이론을 널리 전파한 가장 유명한 유럽인이 되었다. 그리고 오늘날까지 쇼펜하우어는 동양철학에 대해 깊이 있게 이해했던 유일한 서양철학자로 여겨진다.

쇼펜하우어는 서양 사상과 동양 사상 간의 연관성을 밝혀낸 최초의 서양철학자라는 점 외에도 개방적이며 철저한 무신론자라는 특징을 지니고 있었다. 홉스와 흄도 사실상 무신론자였지만 공식적으로 신의 존재를 부정하는 내용을 출판하는 것이 범죄 행위인 시대에 살았기 때문에 신의 존재에

프리드리히 마이어

동양학자 프리드리히 마이어는 요한 고트프리트 폰 헤르더(Johann Gottfried von Herder)의 제자인데, 쇼펜하우어에게 힌두교와 불교를 소개해 주었다. 위의 그림은 마이어의 『신화집(*Mythological Lexicon*)』(1804년)에 나오는 크리슈나(Krsna)의 모습이다. 마이어의 연구는 평생 동안 쇼펜하우어의 사상에 영향을 끼쳤다.

"세계는 나의 표상이다"

쇼펜하우어

대한 많은 면을 다루지 않았다.

쇼펜하우어는 인격신이라는 관념을 개념적으로 타당하지 않다고 생각했다. 왜냐하면 인간의 본성에 대한 거의 모든 개념이 인간에게서 나왔다면 인격신의 개념은 신인동형설(神人同形說)보다 나을 것이 없기 때문이다. 영혼의 개념과 같이 눈 없이 본다는 것이나 위 없이 소화한다는 것이 있을 수 없듯, 뇌 없이 안다는 것이 있을 수 없다고 생각했기 때문에 그는 다음과 같이 썼다.

"'영혼'의 개념이 앎과 의지와는 매우 밀접하게 연결되어 있지만 동물과는 독립적인 것이라고 가정하기 때문에 이는 정당화될 수 없고, 따라서 사용되지 않는다."

세계의 무성(無性)

쇼펜하우어는 경험 세계가 의미나 목적 없이 존재하며 궁극적으로 아무것도 아니라고 생각했다. 경험 세계는 모두 주체에 의존적이지만, 우리는 경험 세계가 우리 자신과 독립적으로 존재한다고 생각하는 경향을 가지고 태어나기 때문에, 경험 세계의 것은 모두 환상이라는 생각이 이어져 왔다.

그는 우리가 환상에 사로잡혀서는 안 되며 스스로를 환상과 관련되도록 내버려 두어서도 안 된다고 생각했다. 즉 우리는 환상을 부정해야 한다는 것이다.

그는 이를 세계에서 인간의 의지를 제거하는 것이라고 불렀고 이를 철학적 이해의 최종 결과라고 보았다. 그런데 또 이 모든 것은 불교의 가르침과 놀랄 정도로 비슷하다. 하지만 이러한 생각은 쇼펜하우어의 입장에서는 불교의 가르침과는 무관하게 도달한 생각이다.

존재의 공포

쇼펜하우어는 세계를 매우 혐오했다. 그는 동물적 본능을 몹시 끔찍하게 여겼다. 이 세계에 있는 생물은 대부분 사냥을 하고 다른 생물을 잡아먹으며 살아간다. 따라서 매 순간 수많은 동물이 갈기갈기 찢어지거나 산 채로 잡아먹힌다. 약육강식이라는 말 그대로 피비린내 나는 현실이다.

쇼펜하우어의 인간 세계에 대한 견해도 마찬가지이다. 폭력과, 정의롭지 못한 행위는 어디서나 자주 일어난다. 개개인의 삶은 피할 수 없는 죽음으로 끝나는 무의미한 비극이다. 우리는 평생을 욕구의 노예로 살고 있다. 하나의 욕구를 채우자마자 다른 욕구가 생기기 때문에 우리는 영원히 불만족의 상태에 있게 되고 이러한 우리의 존재 자체는 우리에게 고통의 근원이 된다.

스피노자가 최고의 범신론자로, 로크가 최고의 자유주의자로 여겨지는 것과 마찬가지로 쇼펜하우어는 철학자들 중 최고의 염세주의자로 알려져 있다. 그는 우리의 존재에 대해 가장 어두운 견해를 가지고 있었다. 예측할 수 있겠지만 쇼펜하우어는 무욕구의 상태에서 오는 평안을 이끌어 냈다.

블레이크

시인이자 엔지니어인 윌리엄 블레이크(William Blake, 1757-1827년)는 정치적·종교적 이단아로 알려져 있다. 그의 작품은 "순수의 노래"(1789년)와 같은 예언시부터, 『예루살렘(*Jerusalem*)』(1820년) 등과 같은 인류의 본성에 대한 이론에까지 이른다. 블레이크는 감각의 감옥을 넘어 실재를 파악할 수 있는 능력과 상상력에 따라서만 인간이 자유로워질 수 있다고 생각했다.

약육강식의 자연

쇼펜하우어에게 자연계는 조지 스터브스(George Stubbs)의 "사자의 공격을 받는 말"(1769년)에서 묘사되는 것처럼 야만적이고 잔인한 곳이다. 이는 인간의 상황을 죽음으로 끝나는 폭력과 부조리의 세계로 보는 쇼펜하우어의 견해이기도 하다.

톨스토이

토지를 소유한 귀족 출신의 위대한 러시아 소설가인 톨스토이(1828-1910년)는 『전쟁과 평화(*Voyna i mir*)』(1869년)와, 나폴레옹 전쟁 기간에 쓴 『안나 카레니나』(1877년) 등과 같은 서사 작품으로 유명하다. 톨스토이는 『전쟁과 평화』를 끝내자마자 쇼펜하우어의 저서를 읽기 시작했고, 그가 우리를 철학이 데려갈 수 있는 데까지 데려갔다고 생각했다.

예술의 가치

쇼펜하우어에게는 이 세계라는 어두운 감옥에 수감된 상태에서 잠시나마 평안을 찾을 수 있는 방법이 한 가지 있는데 그것은 예술을 통해서이다. 그림, 조각, 시, 희곡, 그리고 무엇보다도 음악에서 우리는 평생 짊어지고 가야 할 냉정한 우리의 의지력을 조금이나마 풀어 놓을 수 있고, 불현듯 존재의 고통에서 자유롭다는 것을 느낀다. 한순간 우리는 존재의 다른 질서인, 경험 세계 밖에 있는 것과 접촉하기도 한다. 우리는 말 그대로 시공을 벗어나는, 즉 우리 자신을 벗어나는 경험을 하기도 한다.

쇼펜하우어는 이러한 일이 어떻게, 왜 일어나는가에 대해 자세히 설명한다. 그러는 과정에서 개인의 예술을 다른 어떤 철학자들보다 더 폭넓고 통찰력 있게 다룬다. 또 다른 철학자들보다 예술을 중요하게 여긴다(이러한 측면에서 비교할 만한 사람은 셸링뿐이다).

쇼펜하우어는 음악을 형이상학적 의미에서 다른 모든 예술을 넘어서는 초예술의 하나로 여겼다. 그 후 빌헬름 리하르트 바그너(Wilhelm Richard Wagner)와 구스타프 말러(Gustav Mahler) 같은 위대한 작곡가들은 쇼펜하우어의 글 중에서 음악에 관한 작품이 가장 뛰어나다고 여겼다.

그는 20세기의 철학자 중에서(마르크스보다도 더) 일류 예술가들에게 가장 큰 영향을 끼쳤다. 특히 소설가들은 쇼펜하우어의 영향을 많이 받았다. 톨스토이(Tolstoy), 이반 세르게비치 투르게네프(Ivan Sergeevich Turgenev), 기 드 모파상(Guy de Maupassant), 에밀 졸라(Emile Zola), 로버트 리 프로스트(Robert Lee Frost), 토머스 하디(Thomas Hardy), 조지프 콘래드(Joseph Conrad), 토마스 만(Thomas Mann) 등은 자신들의 작품에 쇼펜하우어의 사상을 반영했다.

쇼펜하우어는 바그너의 삶에 음악적이지 않은 측면에서 가장 중요한 영향을 끼쳤다. 그리고 예술을 제쳐두고라도 쇼펜하우어는 이후 두각을 나타내는 주요 철학자들에게 상당한 영향을 끼쳤다. 특히 니체, 비트겐슈타인, 포퍼 등에 영향을 끼쳤는데, 니체는 『교육자로서의 쇼펜하우어(*Schopenhauer als Erzieher*)』(1874년)라는 책을 쓰기도 했다.

프로이트는 쇼펜하우어가 자신보다 먼저 억압의 기제를 충분히 설명했다는 사실을 인정하고 이를 정신분석학의 초석이라고 말했다. 하지만 자신은 쇼펜하우어와 무관하게 이 이론을 구축했다고 주장했다. 여하튼 당시의 문화에 대한 쇼펜하우어의 영향은 진정 엄청난 것이었다.

매력적인 문체

쇼펜하우어를 읽다 보면 그의 산문에 매료되어 이 모든 것에 대한 관심이 늘어난다. 쇼펜하우어는 플라톤, 아우구스티누스, 데카르트, 루소, 니체와 같은 위대한 철학자이면서 동시에 뛰어난 문학가의 부류에 속한다. 쇼펜하우어의 번뜩이는 문장에 많은 사람들이 매료되었으며 이 때문에 그는 소품집을 많이 썼다.

그의 문장은 하나하나가 모두 경구처럼 보이는 경우가 많았다. 이는 사상가 쇼펜하우어에 대해 오해를 불러일으켰다. 쇼펜하우어가 칸트와 함께 철학자들 중에서도 손꼽힐 만큼 뛰어난 사상 체계를 구축했는데도 말이다.

심원한 쾌락

쇼펜하우어는 인간이 존재의 고통에서 안식을 구하는 것은 예술, 특히 음악을 통해서라고 생각했다. 쇼펜하우어에게 음악은 추상적이며 현상계를 표상하지 않는 것이고, 또한 음악을 통해 우리는 시공을 넘어서 있는 경험을 할 수 있다. 에티엔 조라(Etienne Jeaurat, 1699-1789년)가 그린 "음악 야회(夜會)"에 나타나는 인물들은 음악의 해방적인 힘을 느끼는 것처럼 보인다.

쇼펜하우어가 세상에 남긴 위대한 유산

쇼펜하우어와 관련해서 특이한 점은 그의 영향을 받은 사람들은 대부분 철학의 바깥에 있는 사람이었다는 것이다.

작곡가 바그너는 많은 사람들이 그의 가장 위대한 오페라라고 생각하는 "트리스탄과 이졸데"가 부분적으로는 쇼펜하우어의 글에 대한 답변이라고 말한 바 있다. 이러한 응수는 1859년, 그러니까 1860년 쇼펜하우어가 죽기 일 년 전에 이루어졌는데 쇼펜하우어는 이러한 응수가 있는지도 몰랐을 것임에 거의 틀림없다.

프로이트는 정신분석학의 초석에 해당하는 억압에 대해 자신보다 먼저 쇼펜하우어가 잘 설명했다는 것을 인정했다. 나중에 프로이트의 가장 유명한 제자 카를 구스타프 융(Carl Gustav Jung)은 쇼펜하우어의 저작을 인용하는 경우가 많았다.

아마도 쇼펜하우어의 영향력이 가장 널리 퍼져 나간 영역은 소설 분야일 것이다.

최고의 러시아 소설가인 톨스토이와 이반 투르게네프, 위대한 프랑스 작가인 에밀 졸라와 로버트 프로스트, 독일 소설가 중에 가장 유명하다고 할 수 있을 토마스 만, 그리고 영어권 소설가 가운데 토머스 하디와 조지프 콘래드 등은 모두 자신들이 책을 쓰는 데에 쇼펜하우어의 글을 읽은 것이 큰 도움이 되었다고 인정했다.

쇼펜하우어의 이름이 톨스토이의 『안나 카레니나(*Anna Karenina*)』(1877년)와 하디의 『테스(*Tess of the D'Urbervilles*)』(1891년) 등의 소설에서 나타나기도 했다. 가장 유명한 단편 소설가라고 할 수 있는 모파상, 안톤 파블로비치 체호프(Anton Pavlovich Chekhov), 윌리엄 서머싯 몸(William Somerset Maugham), 호르헤 루이스 보르헤스(Jorge Luis Borges) 등도 쇼펜하우어의 영향을 받았다.

> "인간의 조건에 대한 깊이 있는 통찰"

문학가들에 대한 쇼펜하우어의 이러한 특별한 영향은 20세기에까지 지속되었다. 쇼펜하우어의 이름은 체호프의 희곡에 많이 나타났는데, 체호프 이후에도 쇼펜하우어의 영향은 버나드 쇼, 루이지 피란델로(Luigi Pirandello), 사무엘 베케트(Samuel Beckett) 등의 희곡에서 드러나기도 했다.

라이너 마리아 릴케(Rainer Maria Rilke)와 엘리엇(Thomas Stearns Eliot) 등 20세기 시인들에게도 쇼펜하우어의 영향을 찾아볼 수 있다.

예술 분야에서 이 정도로 얘기될 수 있는 철학자는 별로 없다. 예술과 예술가들에게 커다란 영향을 끼친 마르크스조차도 쇼펜하우어에 견줄 수는 없다.

물론 쇼펜하우어는 철학자들에게도 영향을 끼쳤다. 쇼펜하우어의 죽음 이후 19세기에 두각을 나타낸 철학자인 니체는, 자신이 철학자가 된 계기는 쇼펜하우어 때문이라고 말했다. 20세기 전반부에 비트겐슈타인은 쇼펜하우어의 사상을 자신의 철학의 출발점으로 삼았다.

쇼펜하우어가 독특한 영향을 끼친 이유는 다양하고 복합적인데, 그중 가장 눈에 띄는 특징은 인간의 조건에 대한 깊이 있는 통찰을 빼어난 문체와 결합시킨 점이다.

동양과 서양의 비교

위대한 두 전통의 만남

과거 동양철학은 어떤 면에서는 서양철학보다 심오했지만 최근 200여 년에 걸쳐 균형이 이루어졌다.

유교

공자(孔子, 기원전 551-기원전 479년)의 가르침에서 시작된 유교는 중국 사회의 중심철학이며 윤리이다.
유교의 바탕은 효와 전통에 대한 존중이다.
가장 중요한 규범은 "네가 하고 싶어 하지 않는 일을 다른 사람에게 행하지 마라."라는 것이다.
유교는 한(漢)나라(206-21년) 때 정치적·종교적 체계로 구축되었고 『논어』를 포함한 유교의 경전들은 국가적으로 장려하는 학문이 되었다.

그리스도교인이라면 누구나 인간을 구원하기 위해 이 땅에 온 신이 십자가에 못박혀 죽은 지 사흘 만에 죽은 자 가운데서 부활한, 2,000여 년 전 중동에서 일어난 역사적 사건을 믿는다. 이런 측면에서 그리스도교는 역사에 바탕한 종교이다. 여기서는 어떤 일들이 실제로 일어났다고 믿는 것이 중요한 요소가 된다.

그러나 힌두교나 불교와 같은 동양의 위대한 종교들은 이러한 성격을 가지지 않는다. 물론 동양의 종교들도 창시자나 중요한 선구자들의 삶에 대한 일화를 가지고 있다. 하지만 이러한 일화에 대한 믿음이 곧 그 종교에 대한 신앙의 잣대가 되지는 않는다.

여기서 중요한 점은 종교의 철학적 주장의 타당성에 대한 믿음이며, 그 바탕 위에서 도덕적 가르침에 따라 살려고 노력한다는 것이다. 따라서 동양의 종교들은 그리스도교보다 좀더 '철학적'이고 조금 덜 '역사적'이다.

> *"모든 욕망을 버리고 집착에서 벗어난 사람은 평정을 얻는다"*
>
> 『바가바드기타』

> "그것은 추론할 수 없으며 생각을 넘어선다. 그것은 그것이 됨으로써만 알 수 있게 된다"
>
> 『우파니샤드』

예수의 생애를 담은 장면
그리스도교는 역사에 바탕한 종교이다. 그리스도교 신자들은 누구나 이 14세기 알타피스(altarpiece, 교회에서 쓰는 제단 뒤쪽의 칸막이-옮긴이)에 표현된 예수의 생애에서 일어난 사건들을 사실이라고 믿어야 한다.

이처럼 철학은 서양에서보다 동양에서 좀더 종교와 우호적인 관계를 가지며 발달해 왔다고 할 수 있다. 그리고 종교 자체가 한결 철학적이기 때문에 철학이 종교의 시녀처럼 다루어졌던 서양에서보다 동양에서 좀더 철학이 자유롭게 발전할 수 있었다.

동양철학은 종교의 지배를 받지 않고 발달할 수 있었다. 그러나 19세기 초까지도 서양의 가장 유식한 학자들조차 이를 깨닫지 못했다. 서양철학과 동양철학이 지속적인 접촉을 하게 된 것은 최근 200여 년의 일이다.

사려 깊고 지적인 사람들이 동일한 문제에 직면했을 때 대부분 동일한 결론에 이르게 된다는 것은 그리 놀라운 일이 아니다. 힌두교 또는 불교의 교리와 칸트-쇼펜하우어 철학 사이에는 분명히 비슷한 점이 있다.

이 두 흐름을 비교하기가 어려운 것은 동양 종교 내에도 (특히 불교의 경우에) 아주 다양한 부류가 있어 어떠한 일반화에 대해서도 예외가 존재하기 때문이다. 그러나 이 두 흐름 사이에 폭넓은 유사성이 있다는 것만은 확실하다.

정통 힌두교 경전 중 가장 형이상학적인 『우파니샤드(*Upanisad*)』는 기원전 8세기에서 5세기 사이에 인도에서 산스크리트로 쓰여진 것이다. 『우파니샤드』를 쓴 사람들의 주요 관심은 전체 실재의 본성에 대한 것이었다. 이들은 전체 실재를 중요성에서 차이가 나는 두 세계로 나누어 생각했다.

먼저 우리의 감각에 나타나는 경험 세계(현상계)가 있다. 그리고 경험 세계가 가리고 있기 때문에 직접적으로 접근할 수 없는 또 다른 세계[本體界]가 있다.

환상이라는 베일

경험 세계의 모든 것은 그것을 경험하는 우리의 신체 기관의 형식에 의존하고 있다. 따라서 모든 것은 우리가 경험하는 한에서만 존재한다. 그러나 우리의 감각과 정신 작용은 지속적으로 다양한 방식으로 우리를 엉뚱한 데로 이끈다. 그러므로 경험으로 포착되는 세계는 덧없고 변화가 많다.

경험 세계의 어떤 것도 동일한 상태에 있거나 지속되지 않는다. 언제든지 모든 것이 꿈결같이 사라져버린다. 말 그대로 모든 것이 환상의 베일이다. 그러나 이 베일 뒤에는 덧없는 경험 세계처럼 온갖 종류의 사물로 분리되지 않고 일자(One)로 통합되는 영원한 진리[梵我一如]가 있다.

경험 세계에 나타나는 사물(인간을 포함하여)의 개별화는 경험 세계의 환상의 일부분에 지나지 않는다. 이는 하나의 궁극적인 것, 즉 일자가 이런저런 모습으로 나타나는 것일 뿐이다.

사람이 죽는 것은 바다에 떨어지는 빗방울과 마찬가지이다. 그 사람의 짧은 현존이 멈추고 존재의 바다에 다시 합쳐지는 것이다.

힌두교 예배

바사바나구디 사원은 인도 방갈로르에 있는 오래된 사원이다. 16세기 중반 켐페 가우다(Kempe Gowda)가 지었는데 시바(Siva)가 타고 다닌 황소 난디(Nāndi)의 조각으로 유명하다. 해마다 이곳에서 농부들이 난디에게 농작물을 바치는 축제가 열린다.

티베트 불교

티베트에서 발달한 불교는 대승불교와 소승불교의 종합이다. 티베트 불교는 기원후 7세기에 처음으로 알려지기 시작해 많은 티베트인들이 인도를 여행하고 불교 경전의 번역본을 가지고 돌아온 11세기까지 융성했다. 14세기에는 승려와 재가신도를 구분하는 질서가 세워졌고, 이 둘의 대립은 달라이 라마(Dalai Lama)를 지지했던 몽고 세력이 짠의 왕과 그 일당을 물리쳤을 때 절정에 이르렀다. 달라이 라마와 게룩파(Dge-lugs-pa sect)가, 1642년에서 1951년 중국 공산당이 쳐들어올 때까지 티베트를 다스렸다. 위의 사진은 티베트의 붓다 석상이다.

인도철학

아주 오래전부터 인도의 모든 철학은 이미 있었던 경전에 대한 주석의 형태를 띠었다. 따라서 철학자는 경전을 해석하는 사람을 의미했다. 경전은 분명한 전통 속에 있었기 때문에 경전에 따라 철학자들이 속한 학파가 나뉘었다. 고대에는 힌두교, 불교, 자이나교 사이의 분화가 있었다.

보살

다른 사람을 돕기 위해 열반에 들지 않고 윤회를 계속하기로 선택한, 깨달은 선각자를 보살이라고 한다. 보살의 선업은 영적 10단계를 거치고 자신의 관대함, 도덕성, 인내심, 생장력, 명상, 지혜를 완전하게 이루는 기간, 즉 3겁이나 7겁 또는 33겁에 걸쳐 유지된다. 보살이 마지막 단계에 이르면 부처가 된다.

귀한 진리

힌두교와 달리 불교는 기원전 6세기 한 역사적 인물인 인도 석가족 왕자의 가르침으로 많은 부분이 이루어졌다. 80세에 입적한 이 왕자의 원래 이름은 싯다르타(Siddārtha)였고 성은 가우타마(Gautama)였는데 비교적 젊은 나이에 사물의 진정한 본성과 관련한 깨달음을 얻었다. 그 후 그는 '깨달은 사람(Buddha)'으로 알려졌다. 그래서 그는 '붓다'라고 불리게 되었다.

붓다는 자신의 남은 삶을 다른 사람들을 가르치며 자신의 깨달음을 전하는 데 보냈다. 그리고 소크라테스와 예수처럼 아무것도 쓰지 않았다. 붓다의 가르침은 입에서 입으로 제자들을 통해 사람들에게 전해졌다.

따라서 붓다의 죽음 이후 어느 구전 기록이 진짜인지에 대한 논란이 끊이지 않았다. 이러한 논란은 몇 세기에 걸쳐 지속되었고 다양한 종파들이 앞장서 이 문제를 해결하려고 노력했다. 그리하여 붓다가 입멸한 지 얼마 안 되어 그 가르침에 대한 1차 결집이 제자들에 의해 착수되었다. 결집이란 '모으는 것,' 즉 편집의 의미인데, 오늘날과 같이 문자로 나타내는 것이 아니라 모두 함께 외우고 기억하는 형식[合誦]으로 이루어졌다.

붓다의 가르침은 기원전 1세기가 되어서야 비로소 여러 차례의 결집을 바탕으로 글의 형태로 완성되는데,

> "자신을 극복하고 평안을 얻고 진리를 찾은 사람은 행복하다"
>
> 고타마 붓다

불상

불교는 역사적으로 기원전 6세기쯤 북인도에서 시작되었다. 이때는 싯다르타라고 불리는 사람이 '깨달음'을 얻었을 때이다. 깨달음을 통해 사람들은 윤회의 사슬에서 벗어날 수 있게 된다. 이 네팔 불상은 구리를 도금한 것이다.

이 경전을 만드는 데 쓰인 언어는 팔리어였다. 이는 오늘날 '테라바다 부디즘' 즉 남방상좌부 불교로 알려져 있으며, 붓다의 본래 가르침을 가장 순수한 형태로 표현할 것을 주장한다.

붓다는 사성제(四聖諦)로 자신의 이론의 요체를 보여 준다. 첫째, 인간의 삶은 채울 수 없고, 불만족스러우며, 고통의 경험을 피할 수 없다는 것이다. 둘째, 이 고통이 일어나는 이유는 우리가 끊임없이 무엇인가를 원하고, 집착하고, 갈망하기 때문이라는 것이다.

셋째, 욕구와 갈망을 끊을 때만 이 고통에서 벗어날 수 있다는 것이다. 넷째, 팔정도(八正道)를 통해서만 욕구와 갈망을 끊을 수 있다는 것이다. 팔정도란 정견(正見), 정사(正思), 정어(正語), 정업(正業), 정명(正命), 정근(正勤), 정념(正念), 정정(正定) 등 고통을 소멸하는 여덟 가지 진리를 말한다.

붓다는 인간이 윤회를 거친다는 것을 믿었지만 인간이 영원 불멸하는 영혼을 가지고 있다고 생각하지는 않았다. 오히려 붓다는 삶은 원래 채울 수 없고 고통스럽기 때문에 인간이 원할 수 있는 최고의

상태는 다시 태어나지 않는 것이라고 생각했다. 이러한 상태가 열반에 드는 것이다. 이는 궁극적인 행복의 조건이며, 열반에 든 이후에는 모든 개별적인 존재가 존재하기를 그친다.

붓다는 인간에게 영원한 자아가 있다고 믿지 않은 것처럼 영원한 우주적 자아의 존재도 받아들이지 않았다. 즉 창조주의 존재를 믿지 않은 것이다.

붓다는 악과 고통의 편재는 극복할 수 없다고 믿은 듯하다. 또 우주와 인간의 삶과 관련한 다른 근본적인 문제가 있다. 붓다는 이 문제들을 시간과 공간이 무한한가의 여부와 같이 본래 대답할 수 없는 것으로 보았다. 따라서 붓다는 제자들에게 이러한 문제의 수렁에 빠지지 말라고 했다.

여기서 지금까지 살펴본 힌두교와 불교의 이론은 이들 종교의 중심 내용이고, 칸트-쇼펜하우어 계열의 철학과 짝을 이룬다. 칸트의 『순수 이성 비판』의 출발점은 시간과 공간의 이율배반이다. 칸트는 이 이율배반이 이성만을 사용해서는 밝힐 수 없는 문제임을 지적했다.

칸트와 쇼펜하우어 모두 경험 세계를 경험의 주체가 적극적으로 관련되는 어떤 것, 따라서 결코 경험되는 것과 무관하게 존재할 수 없는 어떤 것으로 생각했다. 그러므로 경험 세계는 본성상 우리보다는 덜 영원해야 한다고 두 철학자는 믿었다.

상식에 대한 믿음

두 철학자 모두 영원한 실재는 현상의 세계 뒤에 있지만 우리가 파악할 수는 없는 '실제로 존재하는' 실재라고 믿었다. 쇼펜하우어는—힌두교와는 비슷하지만 칸트와는 다르게—영원한 실재가 하나이며 개별화되지 않는 것임에 틀림없다고 생각했다.

불교 신자처럼 쇼펜하우어는 삶이 고통으로 가득 차 있으며, 고통은 만족을 모르는 욕망 때문에 생기고, 이 고통을 피하는 방법은 욕망을 끊고 의도[불교 용어로는 업(業, karma)]를 버려야 가능하다고 여겼다. 또 우리는 영원한 자아를 가지고 있지 않다고 생각했으며 인격적인 신이 존재한다고 믿지도 않았다.

신이나 불멸의 영혼이 존재한다고 믿지 않기 때문에 주석가들 중에는 불교가 종교가 아니라 무신론적 세계관 또는 불가지론적 세계관이라고 생각한 사람들이 많았다. 이러한 견지에서 볼 때 불교는 철학으로 보여지는 측면이 있다. 그것도 칸트와 쇼펜하우어 철학의 중심 주장과 상통하는 철학으로 말이다. 하지만 진정 그렇다고 하더라도 불교와 칸트-쇼펜하우어 계열의 철학 사이에는 아주 다른 측면이 있고 그 영향도 다르다.

불교의 우주관

19세기 또는 20세기부터 있었던 이 사원의 탱화에서 죽음의 신인 야마(Yama, 閻魔)는 삶의 바퀴를 돌리고 있다. 이 탱화는 참선에 도움을 주는 시각적인 수단으로도 사용된다. 바퀴 안에는 윤회의 영역인 육도(지옥도, 아귀도, 축생도, 수라도, 인간도, 천상도)가 있다. 한가운데에는 인간의 세 가지 원죄를 상징하는 돼지(탐욕), 뱀(증오), 닭(망상)이 있다.

사람이 아름다움이라고 불리는 것에서 벗어나는 바로 그때, 그 사람은 무엇이 아름다움인지를 알게 된다

고타마 붓다

윤회

힌두교와 불교는 모두 우리가 지금의 삶으로 끝나는 것이 아니라 윤회를 한다고 믿었다. 이 때문에 힌두교와 불교의 철학적 교리는 어떻게 윤회의 사슬에 매이고, 또

수트라 시대

수트라 시대(기원전 400-기원후 500년)에 철학적 사유는 쉽게 기억될 수 있는 짧은 잠언(수트라)을 통해 한층 체계화되었다. 이 시기에 추론에 적합한 논리적 규칙을 주장한 니아야 학파와, 정신과 신체의 완성을 통해 해탈을 주장한 요가 학파를 포함한 육파철학(六派哲學)이 발달했다.

티베트의 매장지

전통적인 장례 방식인 풍장(風葬)이 끝나고 시신을 독수리에게 넘길 때 돌에는 추념의 기도가 새겨진다. 사람들은 깃발에 자신들이 지금 고민하고 있는 문제를 쓰면 바람이 그것을 날려 버릴 것이라고 믿었다. 이는 인도와 중국의 고유한 풍습으로, 티베트 불자들에게 일반화되었다.

쓰였다. 고대 그리스 철학이 형성되던 시기에 힌두교와 불교는 지적으로 활발하게 논의되었으며 아시아 전역으로 퍼져 나갔다.

따라서 오랫동안 중동의 동쪽에서 발생한 철학의 영향이 고대 그리스 철학의 발달에까지 미쳤다고 보는 학자들이 있었다. 이러한 영향을 받았다고 볼 수 있는 철학자는 피타고라스와 플라톤이다.

그러나 이들이 어떤 영향을 받았는지 구체적으로 제시하기는 어렵다. 피타고라스와 플라톤이 영향을 받은 것은 확실하지만 증명된 일은 없다.

힌두교의 신

힌두교의 3대신은 브라마(Brahm, 각 시간의 주기에 우주를 창조함), 비슈누(Viṣṇu, 우주를 유지함), 시바(우주를 파괴함)이다. 비슈누는 최고의 존재인 이슈바라(Iśvara)인데, 비슈누의 모습은 사원의 벽화에서 많이 볼 수 있다. 비슈누는 열 가지 모습으로 변화하여(avatara, 化身) 나타날 수 있다. 위의 이미지는 파괴자 시바가 황소 난디를 타고 있는 모습이다. 황소는 성적 에너지의 화신이라고 한다.

윤회에서 어떻게 벗어나는가에 대해 설명하고 있다.

이는 서양인들에게는 어떤 뚜렷한 종교적 특징으로 보일 것이다. 왜냐하면 윤회에 대한 믿음은 실재가 존재하는 방식에 대한 믿음이고 경험적 증거로 뒷받침되지 않기 때문이다. 따라서 이는 서양인들에게는 증명되지 않는 신앙으로 보인다. 그리고 이는 비록 신이나 영혼에 대한 믿음이 없을지라도 불교가 종교임에 의심할 여지가 없다는 것을 보여 준다.

물론 서양에도 인간이 여러 생을 산다고 믿은 위대한 철학자들이 있었다. 피타고라스와 플라톤이 그러했다. 플라톤의 경우에는 이러한 믿음이 그의 인식론에서 중요한 역할을 했다.

그러나 플라톤 이후의 철학자들은 이러한 사상에 주목하지 않았다. 그의 제자인 아리스토텔레스조차도 이를 마땅하게 여기지 않았다. 쇼펜하우어는 이런 논의를 한 일은 있지만 확실하게 이야기 한 일이 없으며, 기껏해야 이 주제에 대해 모순되는 견해를 밝힌 일이 있을 뿐이다. 쇼펜하우어를 제외하면 고대 이후 서양철학자 중에는 윤회를 말했다고 추측해 볼 만한 사람도 없다.

따라서 "동양철학이 얼마나 서양철학에 영향을 끼쳤는가?"와 같은 문제가 제기되면 그 대답은 서양의 고대에 있었던 영향을 어떻게 평가하느냐에 따라 "아주 조금 영향을 끼쳤다." 또는 "거의 없다."고 할 수밖에 없다.

『우파니샤드』는 서양철학이 나타나기 이전에

만남

플라톤 이후 오랫동안 서양 사상의 발전은 서양 전통의 내적인 추동력 때문에 이루어졌다. 그리스 사상이 그러했고 그리스도교와 근대 과학의 등장이 그러했다. 이 오랜 기간 동안 중세에 아랍권에서 들어온 사상은 외부에서 받아들인 것들 중 가장 중요하다. 플라톤주의가 신플라톤주의로 전개된 이후 칸트에 이르러서야 서양철학이 근본 사상에 있어 동양과 가깝다는 것을 알게 되었다.

그리고 칸트는 분명 이를 깨닫지 못했다. 왜냐하면

> "태어난 자는 죽고 죽은 자는 태어난다"
>
> 『바가바드기타』

그가 죽고 나서야 힌두교와 불교의 주요 경전이 유럽의 언어로 번역되었기 때문이다. 그런데 이들 번역은 한두 단계를 거친 중역(重譯)인 경우가 많다. 예를 들어 쇼펜하우어가 잠들기 전에 잠깐씩 읽던 『우파니샤드』는 페르시아어본을 다시 라틴어로 번역한 것이었다.

당시 유럽에는 산스크리트나 팔리어에 능통한 학자가 드물었기 때문에 이러한 일은 일반적인 현상이었다. 19세기 런던에서 최초로 무대에 올린 헨리크 입센(Henrik Ibsen, 1828-1906년)의 희곡도 노르웨이어 원전을 독일어로 번역했다가 다시 영어로 옮긴 것이다.

플라톤 이후 힌두교와 불교의 영향을 받았다고 추측해 볼 수 있는 위대한 서양철학자는 오직 한 사람뿐인데, 그가 바로 쇼펜하우어이다. 그는 이 주제에 대해 모순되는 견해를 나타냈다. 힌두교와 불교를 알기 전에는 흔히 그는 자신의 사상이 칸트 철학에 바탕한 것이라고 주장했다. 그런데 그는 또 자신의 연구가 플라톤, 칸트, 『우파니샤드』 등을 모두 하나로 묶은 것이라고 밝힌 일이 있다.

쇼펜하우어가 칸트와 길을 달리하는 부분을 살펴보면 늘 불교와 상통하는 방향이었다. 쇼펜하우어의 철학은 서양철학의 주요 흐름에 맞는 용어로 칸트주의와 불교를 융합한 것으로 볼 수 있다. 이러한 관점을 지닌 사람에게는 칸트의 혁명이 있기 전까지는 동양철학이 형이상학적으로 좀더 심오하며 서양철학보다 뛰어난 것으로 보일 수 있다.

그러나 동양철학보다 한결 논리정연한 수학적 물리학과 예술의 상호 관계(쇼펜하우어가 새롭게 보여 준 면)라든가, 종교에서 독립하고 있다는 측면에서 보면 서양철학도 이에 뒤지지 않는 것처럼 보인다.

서양에서 동양으로

그때까지 서양철학에서 이루어 왔던 다른 중요한 진보 — 예를 들어 지식을 획득하는 데에 이성과 경험의 역할 구분과, 우연적인 진리와 필연적인 진리의 구분 등 — 가 동양에서는 나타나지 않았다.

19세기 중반 이래로는 동양이 서양에서 배우는 경우가 많았는데, 철학 또한 예외가 아니었다. 그러나

『우파니샤드』

힌두교의 경전 중 『베다』는 기원전 1500년에서 기원전 700년 사이에, 그리고 『우파니샤드』는 기원전 800년에서 기원전 300년 사이에 쓰인 것이다. 『우파니샤드』에는 아트만(개인의 영혼)과 브라만(우주적 영혼)의 본성에 대한 논의가 있다. 자기를 찾는 일은 영원하며 개별적인 모든 것이 아트만인 반면에, 모든 실재는 브라만이다. 그런데 사실 아트만은 브라만이다(범아일여).

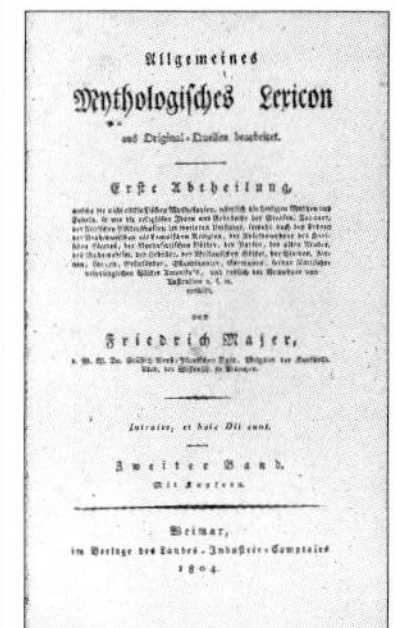
Allgemeines Mythologisches Lexicon

Friedrich Majer

Zweiter Band.

Weimar, 1804.

『신화집』

19세기 초반에 이르러서야 힌두교와 불교 경전의 독일어 번역본이 많이 나왔다. 마이어의 『신화집』은 1804년에 출판되었다.

아르쥬나와 크리슈나

'신의 노래'인 『바가바드기타』는 비슈누의 화신인 크리슈나와 아르쥬나 사이의 종교적·철학적 대화로 유명하다. 이 두 가지 대립적 요소 사이에서의 갈등을 그린 드라마에서 영웅인 아르쥬나는 자신이 전투를 하는 것이 도덕적으로 정당한가에 대한 의심으로 괴로워한다. 그리고 전차를 모는 자신의 친구이자 조언자인 크리슈나에게서 위로를 받는다.

『바가바드기타』

『마하바라타』에 수록된 잠언인 『바가바드기타』는 『베다』와 『우파니샤드』의 철학적 사상을 통합하여 표현한다. 거의 모든 힌두교도가 숭배하는 이 짧은 책은 인도의 경전 중의 경전으로 꼽히는데 힌두 신앙의 핵심이라 할 수있다. 『바가바드기타』는 이후의 힌두교의 주요 힘으로 남은 신애(bhakti)를 새롭게 강조했다.

쑨원

중국 국민당의 지도자였던 쑨원(1866-1925년)은 청 왕조를 전복하고 최초로 중화인민공화국의 주도적인 역할을 했다. 그의 정치사상은 삼민주의로 요약되는 민족주의, 민권주의, 그리고 민생주의이다.

"승리는 증오를 낳기 때문에 정복한 사람은 불행하다"

고타마 붓다

물론 이는 지적인 고려뿐 아니라 정치적 권력과도 관련되어 있는 일이었다.

제국주의적인 사상

19세기와 20세기 전반부에 걸쳐 인도 대륙 전체는 영국의 지배를 받았다. 영국과 다른 서구 제국주의 국가들인 미국, 프랑스, 네덜란드 등은 아시아의 다른 나라들도 점령했다. 이를 통해 동양 전역에 서양의 문화와 사상이 커다란 영향을 끼치게 되었다.

이 영향은 오늘날까지도 지속되고 있다. 영어는 인도 공통 문화의 언어가 되었고 인도의 지식인 계층에 널리 퍼져 나갔다. 19세기 후반 영국식 대학이 인도에 설립되었다. 이 대학에서는 영어로 가르칠 뿐 아니라 영국 대학의 강의안을 따르기까지 했다. 이는 철학에서도 마찬가지였는데 19세기 말에는 많은 인도 대학생들이 제러미 벤담(Jeremy Bentham)과 존 스튜어트 밀(John Stuart Mill)의 공리주의(182-85쪽 참조)를 공부하고 있었다.

그때 영국 본토에서 가장 유행했던 철학은 헤겔주의였다. 그러나 식민지에서는 어느 분야에서든 본토보다 유행이 한두 세대쯤 뒤쳐지는 일이 일반적이었다. 이때 인도에도 칸트, 쇼펜하우어, 헤겔이 알려지기는 했지만, 정작 이들이 주목을 받은 것은 20세기 초반에 이르러서이다.

인도의 대학원에서 철학 교육이 시작된 것은 20세기 초반이었다. 이때 좀더 나은 수준의 교육이 이루어지고 옥스퍼드와 케임브리지에서처럼 독일철학 연구의 중대한 진보가 일어났다.

이때 관심을 끈 서양철학자들은 칸트와 헤겔이었다. 인도 학자들은 칸트와 헤겔철학과 주요

총독 커즌

1898년 조지 나타니엘 커즌(George Nathaniel Curzon, 1859-1925년)은 역사상 가장 젊은 나이에 인도 총독에 올랐다. 재임 초반에 커즌은 벵골 분할 등 많은 정책을 실시했다. 그는 키치너(Kitchener)를 인도 군사령관으로 임명했다. 하지만 둘의 성격이 맞지 않아 영국 정부는 커즌의 사임을 유도하기 위해 위기 상황을 조작하기도 했다.

인도의 영국인

1857-58년에 있었던 인도 반란 — 영국의 지배에 반항하는 인도 최후의 노력 — 에 따라 구 동인도회사는 타격을 입었고 영국 정부는 인도의 통치권을 가지게 되었다. 1899년에서 1905년까지 인도 정부에 의해 제국주의적 중앙 집권화가 절정에 이르렀을 때 커즌(사진 중앙)이 총독으로 있었다.

인도 종교 간에 매우 비슷한 점이 있음을 주목했다. 그 후 동·서양 비교철학자들에 따라 인도에서 '칸트 이후의 철학'에 대한 접근이 활발하게 이루어졌다.

인도의 철학과 학생들
이 사진은 1947년 인도의 바로다 주립대학에서 철학 수업을 하는 모습을 찍은 것이다. 서양철학은 20세기에 들어서면서 처음으로 인도에서 연구되기 시작했다.

서양 사상이 유력해지다

그러나 동양 사상에 대한 서양 사상의 무시무시한 영향은 마르크스주의를 통해서였다. 철학적 유형의 사상을 정치, 관리, 과학, 기술, 무역, 전쟁 등과 분리시켜 사상적인 면만 생각한다면, 마르크스주의는 동양에 대한 서양의 가장 위대한 영향—그리스도교 보다도 더 큰 영향—이다.

결정적인 요인은 정치적인 것, 그중에서도 기존의 사회를 카를 마르크스의 사상에 따른 사회로 변화시키려고 한 1917년 러시아 혁명이다. 러시아 혁명의 주도자는 이로써 전 세계적 혁명이 시작될 것이라고 믿었다. 또 이웃 국가들이 좀더 빨리 공산화될수록 자신들의 입지도 더욱 안정적이 될 것이라고 믿었다. 따라서 혁명의 물결이 러시아를 휩쓰는 동안 마르크스주의 지도자들은 이웃한 아시아 국가, 특히 중국의 공산 혁명을 진작시켰다.

1921년 이들은 중국 황제와 일본 제국주의에 대항한 의회 반대파의 지도자인 쑨원(孫文)에게 공산당 노선을 추구하던 국민당을 다시 정비할 수 있도록 상당한 자금을 지원했다. 그러나 동시에 중국 공산당의 기금 또한 마련해 주었다. 이 양당이 1949년 공산화가 완성될 때까지 중국 정부를 구성했다.

공산당의 힘은 아직까지도 유효하다. 다른 공산당은 제2차 세계대전 이후 아시아의 다른 여러 지역에서 무장 폭동을 일으켰고 북한, 베트남, 캄보디아 등 몇몇 나라에서는 권력을 획득하게 되었다. 이 글을 쓰는 지금까지도 아시아는 공산당 정권이 남아 있는 유일한 대륙이다. 공산당은 15억의 인구를 지배하고 있다.

여전히 중국은 마르크스의 사상이 지배한다

이는 거대한 흐름이다. 마르크스주의의 영향이 있는 곳은 어디든지 전통적인 사상과 관습을 부정했다. 순수하게 지적인 측면에서 볼 때 공산화는 서양과 동양의 사상적 접목과는 거리가 멀다.

마르크스주의의 타당성에 대한 믿음이 최근에는 수그러들었지만, 공산당 내에서나 공산당이 정권을 잡은 곳에서는 지속적으로 마르크스주의를 옹호하고 있다. 유럽의 사상가들이 볼 때 아시아의 공산화가 유지되는 현상은 놀라운 것이었다.

마오쩌둥

중국 공산당의 중요한 혁명 이론가로서 마오쩌둥(毛澤東)은, 농촌에 기반을 둔 혁명을 통해 공산주의를 중국의 조건에 맞게 적용시키려고 노력했다. 마오쩌둥은 재교육과 '수정'에 바탕한 공산주의이론을 창안했다. 마오쩌둥의 『마오쩌둥어록[毛語]』은 "지속적이고 영원한 혁명"의 필요를 역설하면서 1949년에서 1976년까지 중화인민공화국을 지배했다. 1960년대 중반 중국 공산주의를 정화하기 위한 문화혁명이 관료와 지식인 집단들의 이익에 반하는 방향으로 이루어졌다.

중국에서의 혁명
몇 년에 걸친 내전에서 마오쩌둥의 공산당이 장제스(莊介石)가 이끄는 국민당에 승리하자 그는 1949년 10월 1일 베이징에서 중화인민공화국 정부를 수립했다. 위의 사진은 1948년 상하이의 거리로 뛰쳐나온 굶주린 민중들의 모습을 보여 준다.

예나대학교

독일 동부에 자리한 예나대학교는 1548년 일종의 학원 형태로 설립되었으나 1577년 대학의 지위로 승격되었다. 예나대학교의 전성기는 대략 1787년에서 1806년까지라고 할 수 있다. 이 기간은 피히테, 헤겔, 셸링 등의 철학자와 슐레겔(Schlegel), 프리드리히 실러 등과 같은 작가들이 모두 교수로 활동하던 시기였다.

피히테

철두철미한 관념론자

피히테는, 인간 지식은 경험적 실재에서 얻어지는 것이 아니라고 생각했다. 그는 경험적 세계란 정신이 인식한 산물이라고 여겼다.

피히테

가난한 삼베 직공의 아들이었던 피히테는 예나대학과 라이프치히 대학에서 교육을 받았다. 그곳에서 그는 막 싹을 틔우던 독일 낭만주의를 접하게 되었다. 피히테는 칸트의 윤리적 개념에 바탕하여 절대적 관념론 철학을 체계화하는 길로 나아갔다.

요한 고틀리프 피히테(Johann Gottlieb Fichte, 1762-1814년)는 독일 시골의 소박한 환경에서 태어났다. 아주 어린 시절 그는 거위를 돌보는 일을 했다.

종종 일요일 예배에 참석하지 못했던 지방 귀족 한 사람이 어린 피히테에게 설교를 반복해서 차근차근 자기에게 들려 줄 수는 없겠는가 하고 부탁하자 그는 기꺼이 이에 응했다. 그 귀족은 그 보답으로 피히테를 자신의 슬하에 두고 좋은 교육도 받을 수 있도록 해 주었다. 처음에는 루터 교 목사에게서 개인 교습을 받았고, 그 다음에는 명문 학교인 포르타에서 교육을 받았다. 그는 계속해서 명문 예나대학에서 공부할 수 있었다. 대학 졸업 후 피히테는 경제적으로 매우 곤란한 상황에 처했고 그의 후원자는 이미 세상을 떠났다. 그의 첫번째 철학적 저작인 『모든 계시에 대한 비판 시도 (*Versuch einer kritik aller Offenbarung*)』는 1792년 익명으로 출판되었다. 따라서 독자들은 이 책을 칸트의 네 번째 비판서인 것으로 오해하고 갈채를 보냈다. 이것을 피히테가 의도했는지에 대해서는 의견이 분분하다. 어쨌든 그 책은 칸트의 요청에 따라 그의 저작임이 밝혀졌다. 1794년 그는 예나대학의 철학 교수가 되었다. 그의 동료 중에는 역사를 가르쳤던 시인 프리드리히 실러(Friedrich von Schiller)가 있었고, 괴테와도 친분을 쌓았다.

> "나는 눈을 뜨고 살아간다"
> 피히테

경험적 관찰 대 과학적 법칙

피히테는 칸트에게서, 과학적 법칙들은 경험적 관찰들로부터 연역될 수 없다는 것을 배웠다. 그러나 뉴턴 물리학을 영원한 진리라고 믿었던 피히테는 경험적 관찰들이 과학적 법칙들에서 연역될 수 있다고 생각했다.

피히테의 강의는 뛰어났으며, 이는 그가 처음으로 거둔 큰 성공이었다. 그러나 그는 까다로운 성격 — 엄격하고 완고한 그는 깐깐한 교수였고 대하기 어려운 동료였다 — 때문에 자신의 주변 사람에게서 종종 소외되었다. 그의 경력은 다툼과 사임으로 점철되었다. 그의 저작은 대부분 아주 모호했다. 하지만 대학을 떠나 자유기고가로 생계를 꾸려갈 때 그는 일반 독자를 위해 『인간의 천직(*Die Bestimmung des Menschen*)』(1800년)이라는 짧고 명료하며 매력적인 책을 썼다. 이 책은 그의 철학에 가장 효과적으로 입문할 수 있는 지침서로 남아 있다. 그는 쉰두 살의 나이로, 간호사였던 자신의 부인이 옮긴 티푸스를 앓다가 죽었다.

존재하는 것은 행동하는 것이다

피히테는 흄을 계승한 칸트에게서, 세계에 대한 우리의 과학적 지식은 관찰과 논리의 결합을 통해서는 설명될 수 없다는 사상을 배웠다. 이는 어떠한 관찰로도 과학적 법칙이 논리적으로 추론되지는 않는다는 의미이다. 그래도 피히테의 마음을 흔들어 놓은 것은 연역적인 논리 관계이다. 비록 과학적 법칙들이 경험적 관찰들을 통해서는 추론될 수 없다고 해도, 경험적 관찰은 과학적 법칙에서 추론될 수 있는 것이다. 뉴턴 이후 모두가 그랬듯이 피히테는, 고전 물리학의 법칙들은 완전히 객관적이고 영원한 진리라고 믿었다. 즉 기존의 과학적 법칙은, 경험 세계에서 일어나는 특정한 사건들은 틀림없이 이러저러하게 될 것이고 한결같이 그러하리라는 절대적인 논리적 필연성을 따른다는 것이다. 이러한 출발점에서 피히테는, 우주는 주체에 따른 창조물이라는 견해를 발전시켰다. 즉 우리는 우리 자신 안에 우주에 대한 질서 개념을 가지고 있으며, 논리적인 필연성에 따라 우주는 주체에서 이끌어진다는 것이다.

피히테의 이러한 가르침은 다른 두 가지 중요한 이론을 통해 유지되었다. 그는 자아를 지식의 대상으로 삼는 것이 불가능하다는 흄의 논증을 받아들였다. 하지만 그는 우리의 능력 안에서 주체들을 아는 것으로서가 아니라 도덕적인 수행자로서 우리 자신의 현존에 대한 직접적인 경험을 가진다고 주장했다. 우리는 자신이 선택하고 결정하는 대로 행동한다. 따라서 우리는 자신의 존재를 경험적 세계의 대상이 아니라 도덕적 행위자로서 직접 경험한다. 그리고 행동에 따른 도덕적 책임을 스스로 깨닫고 있기 때문에 우리는 우리의 자아를 계속 고집하려는 것을 안다.

도덕성은 궁극적인 실재이다

피히테는 모든 실재의 일차적이고 근본적인 본성은 도덕적 특성으로 이루어진다고 믿었다. 그의 견해에 따르면 인간 존재의 일차적이고 근본적인 본성은 의식적으로 경험을 받아들인다는 것에 있지 않다. 따라서 인간은 '인식적 존재들'이 아니다. 즉 인간의 본성은 의식적인 행위자라는 것에 있다. 그러므로 인간은 '도덕적 존재들'이다. 우리 인간의 현존을 기본적으로 구성하는 것은 인식의 능력을 갖춘 정신이 아니라 도덕적 의지이다.

그러나 도덕적 행위자로서 존재하는 나에게, 나는 행위할 수 있고 선택할 수 있기를 요구한다. 그리고 이것이 나에게 가능하기 위해서는 내가 아닌 또 다른 실재의 영역이 있어야 한다.

이 실재의 영역은 어떤 의미에서는 그 자체로 나와 대립한다. 하지만 그 안에서 나는 활동적이고, 그 위에서 나는 나 자신을 느낄 수 있다. 이것이 경험적 세계이다. 그리고 실재의 본성이 도덕적이라는 사실은, 경험적 세계가 도덕적 요소가 창조될 수 있게 하며, 실로 궁극적으로 그 밖의 어떤 것이 되도록 하지 않는다. 따라서 의지 그 자체인 자아는, 본질적으로 도덕적 존재에 대한 도덕적 자기 만족을 위해 그 자아에 대한 지식을 가능하게 하는 영역인 경험적 세계를 창조한다.

> 한 사람이 어떤 철학을 선택하는가는 그 사람이 어떤 종류의 사람인가에 달려 있다
>
> 피히테

이러한 철학은 늘 특정한 사람들에게는 종교와 유사한 매력을 제공해 왔다. 어떤 사람은 이를 신에 대한 믿음과 결부시키고, 또 다른 사람들은 이러한 철학에서 신을 믿지 않는 철저한 도덕적 관념론자의 존재 방식을 발견하고는 했다. 이러한 견해들을 통해 피히테는 과학적 지식을 인간의 역할에 관한 자유로운 창조로서 설명한 최초의 철학자이다. 그리고 과학의 본성에 대한 이러한 견해는 20세기 후반에 널리 퍼져 많은 지지를 받게 되었다.

주요 저작

『모든 계시에 대한 비판 시도』(1792년),
『학자의 사명에 관한 몇 가지 강의』(1794년),
『지식학의 원리에 따른 자연법의 기초』(1796년),
『지식학의 원리에 따른 인륜이론의 체계』(1798년),
『인간의 천직』(1800년),
『복된 삶을 위한 지침 또는 종교이론』(1806년).

독일 국민에게 연설하는 피히테
피히테는 1808년 베를린에서 행한 연설인 "독일 국민에게 고함"을 통해 유명해졌다. 그 연설은 나폴레옹 군대에게 패배한 원인인 독일의 분열을 지적하고 국운의 회복과 영광의 재현을 위한 실천적인 관점을 제시하는 것이었다. 피히테는 독일 민족주의의 기틀을 다진 선구자로 기억된다.

주요 저작

『철학의 원리로서의 자아에 관하여(*Vom Ich als Prinzip der Philosophie*)』(1795년),
『자연철학의 이념』(1797년),
『선험적 관념론의 체계』(1800년),
『인간 자유의 본질에 대한 철학적 탐구』(1809년)

셸링

자연철학자

인간은 자연의 일부이다.
따라서 인간의 창조성은 자연의 생산성의 일부이다.
인간은 자기 의식적인 자연이다.

> *어떤 철학자가 난해하다는 것은 그에 대한 훌륭한 반대자가 없다는 것이다*
>
> 셸링

프리드리히 셸링(Friedrich Schelling, 1775-1854년)은 독일에서 루터 교 목사의 아들로 태어났다. 그의 아버지는 그가 태어난 지 2년 뒤 동방 언어 교수가 되었다. 어렸을 때 셸링은 좋은 교육을 받았고, 일찌감치 뛰어난 학문적인 재능을 나타냈다. 10대에 그는 철학에 관심을 가졌고 칸트와 피히테의 영향을 받았다. 아울러 그는 스피노자에 대해서도 관심을 가졌다. 셸링은 스물세 살 때 당시 독일의 학문적 중심지였던 예나대학의 철학 교수로 발탁되었다. 곧 그는 아주 유명해졌고 아직 젊은 서른한 살에 독일 귀족 가문 이름 앞에 쓰이는 '폰(von)'이라는 표현을 부여받았다. 따라서 그의 이름은 프리드리히 폰 셸링이 되었다. 유명한 철학자들과는 달리 그는 사유에 대해 일관된 주장을 펴지는 않았고, 다만 계속해서 근본으로 되돌아가 처음부터 다시 시작하고는 했다. 그 결과 몇 년에 걸쳐 그는 다른 철학들과 구별되는 일련의 결과물을 내놓았다. 아마도 그는 이를 두려워했는지도 모른다.

셸링
셸링은 의식 그 자체는 지식의 직접적인 대상일 뿐이며 오직 예술에서만 정신이 충분하게 그 자신을 깨달을 수 있다고 주장했다. 따라서 그는 낭만주의 운동에 큰 영향을 주었다.

자연은 과정이다
1880년에 출판된 이 판화는 바위들의 형태와, 지구에서 생명의 진화를 묘사하고 있다. 다윈이 진화론을 시작하기 전에 이미 셸링은 계속 앞으로 진보하는 자연의 과정을 설명했다.

어쨌든 여러 가지 이유로 그는 서른다섯 살쯤 모든 출판을 중단하고 만다. 그렇지만 그는 여러 해 동안 글도 쓰고 강의도 계속했다. 그리고 마치 칸트처럼 그도 거의 여든 살에 이르러 죽음이 임박할 때까지 연구를 게을리하지 않았다.

물질로부터의 정신

셸링의 다양한 사상 가운데 가장 잘 알려지고 가장 영향력이 큰 것은 이른바 자연철학이었다. 이는 일정 부분 피히테 철학에 대한 반작용이라고 할 수 있다. 피히테는 살아 있는 자아와 구별되는 창조물로서 생명 없는 우주를 단정했다. 반면에 셸링은, 모든 생명은 한때는 생명 없는 물질의 세계였던 자연의 창조물이라고 말했다. 셸링은, 자연은 영원히 발전하는 총체적인 실재라고 주장했다. 처음에 자연은 아무것도 아니었고 다만 죽어 있는 물질이었다. 하지만 차츰 자연 안에 생명이 출현했고, 이는 먼저 식물로 발전하고 그 다음에는 동물로, 최종적으로는 인간의 형태로 발전했다. 이러한 묘사에 대해 강조할 점이 몇몇 있다. 먼저 자연은 단일체이다. 그리고 자연은 현상들의 총합이 아니라 늘 지속되는 과정이다. 마지막으로 인간은 이 과정의 본질적인 부분으로 나타났다.

생명을 물질과 별개의 것이라고 주장하는 한 그 물질과 생명은 분리될 수 없다. 즉 생명과 물질은 서로 연관되어 있으며 단일한 과정의 서로 다른 측면이다. 따라서 인간은 마치 자연과 대립하여 독립적으로 있는 것처럼 세계 밖에서 존재하는 것이 아니다. 이러한 견해는 계몽주의가 인간을 바라보는 방식이다. 즉 인간은 단지 자연의 일부이며 정신화된 물질이다. 그러나 이는 물질 그 자체가 잠재적인 정신이라고 말하는 것이며, 또한 셸링이 물질을 바라보았던 방식이다.

이렇듯 셸링은 자연 즉 총체적인 실재란 오직 그것의 지속적인 발전 속에서만 이해될 수 있다고 믿었다. 자연의 가장 인상적인 특징은 넘치는 창조성이다. 매초 몇 백만의 새로운 생물들이 존재한다. 이것이 이른바 스피노자가 말하는, 자연이 자연을 창조하는 방식이다. 자연의 가장 뛰어난 창조물인 인간 또한 스스로 창조적이다. 인간의 창조성에서 가장 뛰어나고 상징적인 것은 바로 예술이다. 그러나 인간의 창조성과, 자연의 창조성 사이에는 중요한 차이가 있다. 이는 바로 인간의 창조적 과정은 자기 인식적이라는 것이다. 인간은 최상의 예술을 통해 자신의 가장 깊은 심연을 이해하기 위해 노력한다. 그러나 인간은 자연에서 꼭 필요한 부분이기 때문에, 이는 창조적인 예술에서 자연이 자기 인식의 심연을 획득한다는 의미가 된다.

셸링은 이러한 전체 과정은 앞으로 나아가는 것이라고 믿었다. 즉 전체로서 기대하게 지속되는 자연 현상은 자기 의식을 향해 발전한다고 생각한 것이다. 따라서 실재의 존재 이유는 창조적인 예술 속에서 찾을 수 있다. 이는 창조적인 예술가야말로 도대체 왜 어떤 것이 존재하는지 그 이유를 드러내 주는 존재의 극치라고 할 수 있다.

어떤 것이 왜 존재하는가?

당시 낭만주의 운동은 셸링의 저작에서 철학적 용어로 표현된 낭만주의의 깊이 있는 신념을 몇 가지 발견했다. 그것은 자연의 중요성, 인간의 자연과의 동일성, 예술에 대한 찬미, 위대한 창조적 예술가들에 대한 숭상 등의 신념이다. 대문호 괴테, 작곡가 베버(Weber), 시인 횔덜린(H derlin)과 노발리스(Novalis) 같은 독일의 많은 낭만주의 예술가들은 개인적으로 셸링의 친구들이었다. 이런 이유로 그들은 넘치는 열정을 가진 그의 자연철학을 환영했다. 만약 낭만주의 운동의 중심을 이룬 철학자를 꼽아야 한다면 그는 바로 셸링이어야 한다. 영국에서는 낭만주의의 시인들 중 주도적인 이론가로 여겨지는 새뮤얼 테일러 콜리지(Samuel Taylor Coleridge, 1772-1834년)가 자신의 산문 저작에서 셸링의 사상을 다시 소생시켰다. 셸링은 베를린대학에서 우수 학생들을 대상으로 강의를 했는데, 그들 중에는 마르크스의 동료였던 프리드리히 엥겔스(Friedrich Engels), 무정부주의자인 바쿠닌(Bakunin), 위대한 역사가인 부르크하르트(Burckhardt), 그리고 덴마크의 철학자 키에르케고르(Kierkegacrd) 등이 있었다. 그때 그는 "최종적인 꼭 필요한 물음으로, 어떤 것이 도대체 왜 존재하는가, 왜 아무것도 없는 것이 아닌가?" 하는 문제를 학생들에게 던졌다. 이는 신을 믿지 않는 누군가를 향한 궁극적인 물음이라고 생각될 수 있다.

셸링은 이와 같은 자신의 견해들을 발전시켜 철학사의 새로운 지평을 열어 갔고, 말년에는 예전의 주제를 마감하고 새로운 문제를 연구하고자 했다. 베를린대학에서의 강의들은 실존주의 철학자들을 통해 활동적 자극의 중요한 원천으로서 지금까지 평가되고 있다. "어떤 것이 도대체 왜 존재하는가?"라는 물음은 오늘날 수많은 비종교적 철학자들을 매혹시키고 있다.

자연과 인간의 조화

셸링은 인간은 자연에서 나왔고 계속해서 자연 안에서 일어나는 발전 과정의 일부가 되었다고 주장했다. 새뮤얼 팔머(Samuel Palmer, 1805-81년)의 회화 "마법의 사과나무"에 나타난 인간은 자신을 둘러싸고 있는 동물과 식물들처럼 주변 환경들과 하나가 되어 있다.

Einleitung
zu seinem
Entwurf eines Systems
der
Naturphilosophie.
Oder:
Ueber den Begriff
der speculativen Physik
und die innere Organisation eines Systems
dieser Wissenschaft.
von
F. W. J. Schelling.
Jena und Leipzig,
bey Christian Ernst Gabler.
1799.

자연철학

예나대학 교수로 활동하던 시절 셸링은 자연철학에 대한 많은 글을 썼다. 그의 목표는, 자연은 정신을 향한 역동적인 발전을 드러낸다는 점을 보여 주려는 것이었다. 이러한 견해는 당시 낭만주의자들의 폭넓은 지지를 받았다.

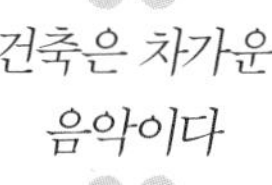

건축은 차가운 음악이다

셸링

콜리지

영국의 시인이자 비평가인 콜리지는 영국 낭만주의 운동의 선구자이다. 대표적인 그의 시로는 "쿠빌라이 칸," "노수부의 노래" 등을 들 수 있다. 『문학평전(*Biographia Literaria*)』을 비롯한 다른 저작들에서 그는 당대의 독일 철학자들, 특히 셸링의 사상을 주로 소개했다

Georg Wilhelm Friedrich Hegel's

Vorlesungen

über die

Philosophie der Geschichte.

Herausgegeben

von

D. Eduard Gans.

Wilhelm von Humboldt.

Berlin, 1837.

Verlag von Duncker und Humblot.

『철학사』

헤겔은 인간의 본성을 역사적인 측면에서 고찰했다. 그는 실재란 늘 변화하며 발전하고 결코 고정되지 않는 하나의 과정이라고 보았다. 그는 이를 변증법적인 과정이라고 불렀다. 그는 그리스 사회를 조화와 욕망이 균형을 이룬 사회라고 생각했다.

> *당신은 알기 전에 이미 알고 있다는 오해 속에 스며든다*
>
> 헤겔

주요저작

『정신현상학』(1806년),
『논리학』(1812년)
『철학강요(*Encyklopädie der Philosophischen Wissenschaften in Grundrisse*)』(1817년),
『역사철학강의(*Vorlesungen uber die Philosophie der Geschichte*)』(1818년),
『법철학강요』(1821년)

헤겔

절대자의 전도자

헤겔은 세계와 세계 역사는 모두 어떤 비물질적인 존재의 발전이라고 생각했다. 자기 의식을 통해 완결된 역사적 과정은 헤겔 철학에 따라 제공되었다.

게오르크 빌헬름 프리드리히 헤겔(Georg Wilhelm Friedrich Hegel, 1770-1831년)은 슈투트가르트에서 태어났다. 튀빙겐대학 시절 그의 동료 중 한 명이 바로 셸링이었다. 그러나 셸링이 지적으로 조숙했던 반면 헤겔은 평범했다. 따라서 그의 철학은 셸링에게서 많은 영향을 받았고, 셸링의 철학보다 15년 정도 뒤에 출현했다. 헤겔은 개인 강사 및 신문 편집인을 거쳐 김나지움의 교장으로 일했으며, 결국 철학 교수가 되었다. 처음에는 하이델베르크대학에 있다가 나중에 베를린대학으로 자리를 옮겼다. 그는 많은 글을 썼으며 일생을 마칠 무렵 독일의 지성계를 지배하고 있었다.

가장 뛰어난 그의 저작으로는 『정신 현상학(*Phänomenologie des*)』(1806년), 『논리학(*Wissenchaft der Logik*)』(1812년), 『법철학강요(*Grundlinien der Philosophie des Rechts*)』(1821년) 등이 있다. 최초로 출간된 헤겔의 책은 피히테와 셸링의 비교 연구였다. 그의 철학은 이 두 사람의 사상을 일정하게 조화시킨 것으로 볼 수 있다. 헤겔은 실재란 고정적인 상태로 있는 것이 아니라 지속적인 발전의 과정에 있는 유기적인 단일체라고 생각했다. 셸링과 마찬가지로 헤겔은 이러한 발전의 궁극적인 목적을 자기 승인과 자기 이해의 성취라고 여겼다. 그러나 그는 셸링과 같이 전체 과정을 자연과 동일하게 여기지 않았다. 그는, 전체 과정은 물질적이라기보다는 어떤 도덕적인 사건이라고 생각했다. 이러한 측면에서 보면 헤겔은 피히테에 좀더 가깝다. 헤겔은 정신 또는 마음이 생명 없는 자연에서 출현하는 것이 아니라 처음에 구성된 존재 자체로 존재하는 것, 따라서 실재성으로 구성된 역사적 과정의 주체 그 자체로 존재하는 것이라고 생각했다.

> 유한한 것은 참된 존재가 아니다
>
> 헤겔

헤겔

헤겔의 학문적 경력은 1806년 예나대학이 나폴레옹에게 함락되었을 때 중단되었다. 그는 1816년 하이델베르크대학의교수가 되기 전까지 신문편집인으로일했고 김나지움의 교장으로 근무하기도 했다.

이러한 점에서 헤겔은 비독일권 사람들에게는 매우 어려운 철학자로 보인다. 헤겔은 이 모든 역사적 변화의 과정이 일어나도록 하는 것을 독일어로 '가이스트(Geist)'라고 불렀다. 가이스트는 영어의 '스피리트(spirit)'와 '마인드(mind)' 사이의 중간 의미이면서 동시에 두 가지 의미를 함축하고 있다. 그것의 의미는 스피리트라는 말보다는 좀더 정신적이고 마인드보다는 좀더 영적이다. 헤겔에게 가이스트는 존재의 궁극적인 본질인 현존의 근거이다. 그리고 실재성을 구성하는 역사의 전과정은 자기 의식과 자기 지식을 향한 정신(Geist)의 발전이다. 이러한 상태에 이르렀을 때 존재하는 모든 것들은 그 자체와 조화롭게 하나가 될 것이다. 헤겔은 이를 모든 것의 동일성을 자각하는 '절대자'라고 불렀다. 그는 존재의 본질적인 근거를 비물질적인 어떤 것으로 보았기 때문에 그의 철학은 '절대적 관념론'이라고 불리게 되었다.

헤겔은 이러한 철학을 그리스도교의 신앙과 결합시켰다. 그러나 그의 추종자들 중 몇몇은 헤겔 철학을 범신론의 일종으로, 또 다른 사람들은 무신론의 일종으로 받아들였다. 헤겔 추종자들 중 가장 급진적인 사상가인 마르크스는 헤겔의 생각에서 큰 영향을 받았지만, 모든 역사 과정의 주체는 정신적이거나 영적인 것이 아니라 물질적인 것이라고 주장했다.

자기 의식을 향하여

실재를 구성하는 역사적 과정은 자기 의식을 향한 존재의 궁극적 본질인 정신의 전개 과정이다. 헤겔은 이러한 전개 과정을 그리스도의 고난, 죽음, 부활 등에 비유했다. 구원은 그 과정이 이해될 때 이루어진다.

사태의 최초 단계는 테제(thesis)이다. 테제가 늘 불러일으키는, 테제에 대항하는 힘이자 모순의 요소인 반작용은 안티테제(antithesis)이다. 양자 사이의 모순이 마침내 해소되면 그 자체로 새로운 상황으로 이행한다.

이 새로운 상황에서 양자의 요소들 중 일부는 폐기되고 일부는 보존된다. 헤겔은 이를 신테제(synthesis)라고 불렀다. 그러나 신테제는 새로운 상황이기 때문에 새로운 모순을 포함한다.

따라서 그것은 새로운 테제, 안티테제, 신테제라는 세 가지 계기의 출발이 된다. 그리고 변화의 과정은 늘 그 자체로부터 더 나은 변화를 끌어내면서 끊임없이 엮여 간다. 헤겔에 따르면 이것이 늘 만물이 동일하게 머물러 있을 수 없다는 이유이다. 이는 사상, 종교, 예술, 과학, 경제, 제도, 사회 그 자체 등의 모든 것이 늘 변화하는 이유이며, 그 변화의 양상은 언제나 변증법적이라고 하는 이유이다. 헤겔의 시대 이후 변증법은 종종 '변화의 법칙'으로 설명되었다.

변화의 법칙

헤겔의 중심적인 통찰은 헤라클레이토스(14쪽 참조)와 매우 비슷하다. 그는 만물이 늘 발전하고 있다고 보았다. 모든 존재는 하나의 과정에서 나온다. 따라서 그는 실재성의 모든 영역을 이해하는 것은 늘 변화의 과정에 대한 이해를 포함한다고 생각했다. 계속해서 그는 변화란 늘 인지 가능하고 결코 단순한 변덕은 아니라고 주장했다. 헤겔은, 모든 복잡한 상황은 그 안에 스스로 갈등적인 요소, 즉 모순을 포함하고 있으며, 이것은 불안정하다고 믿었다. 따라서 단지 무질서하게 지속될 수 있는 상황은 없다. 그 모순은 해결책을 얻을 때까지 스스로를 끌고 나간다. 그리고 이에 대한 해결책은 새로운 상황을 구성한다. 물론 그 새로운 상황은 새로운 모순을 포함한다.

헤겔의 관점에서 이는 변화의 근본 원리이다. 그리고 그는 그 원리를 기술할 용어를 만들어 냈다. 전체로서의 그 과정을 그는 변증법적 과정 또는 변증법이라고 불렀으며, 이를 세 단계로 분석했다.

역사의 흥망성쇠

변화는 역사적 힘의 작용에 따른 산물이기 때문에 그 안에서 포착되는 개인들에게는 변화를 향한 참된 힘이 없다. 즉 개인은 변화 속에 휩쓸리고 만다. 심지어 창조성에 대한 문제에서도 개인은 자신의 시대 정신(Zeitgeist)의 형식에 불과하다[헤겔은 시대 정신을 '자이트가이스트(Zeitgeist)'로 명명했는데 '자이트(Zeit)'는 시간이라는 의미이다]. 만일 2000년에 위대한 천재 한 사람이 셰익스피어의 희곡과 같은 작품을 쓰거나 루트비히 판 베토벤(Ludwig van Beethoven)의 심포니와 같은 음악을 작곡하려고 한다면, 아무리 그가 타고난 재능이 뛰어나다고 해도 그의 작품은 믿을 수 없으며, 위작이거나 모방에 불과하게 될 것이다. 우리는 역사에서 벗어날 수 없다. 말하자면 변증법적인 과정과 무관하게 자신을 만들 수 없다는 것이다.

기존 발전의 모든 과정에서 변화의 이러한 양상을 끝맺을 수 있고, 그렇게 함으로써 개인들에게 자유를 줄 수 있을 때 모순 없는 상태가 출현할 수 있을 것이다. 만일 좀더 나은 모순이 없다면 좀더 나은 변화도 없을

히르슈

독일의 유태교 신학자인 자무엘 히르슈(Samuel Hirsch, 1815-89년)는 정통 유대주의의 근대적 부활을 이끈 지도자이다. 그는 헤겔에게서 강한 영향을 받았다. 이는 특히 방법적인 면과 종교철학의 과제에서 가장 분명히 드러난다. 그 과제는 종교적 의식을 개념적인 진리로 변화시키는것이다. 그러나 그는 헤겔과는 달리 철학적 진리를 통하여 종교적 진리를 획득할 수 있다고는 생각하지 않았다.

독일 낭만주의 문학

초기 독일 낭만주의 학파는 1798년 예나에서 태동했다. 당시 중요한 작품들에는 노발리스(1772-1801년)와 횔덜린(1770-1843년)의 시와, 하인리히 폰 클라이스트(Heinrich von Kleist, 1877-11년)의 소설과 희곡들이 포함된다. 낭만주의 학자들 또한 독일 문헌학을 발전시켰으며, 셰익스피어의 작품을 번역하고 민담 등을 수집했다.

것이다. 만일 우리가 하나의 전체로서 사회의 역사적 발전에 대해 말한다면 이러한 일은 모순이 없는 상태가 성취될 때 발생할 것이다. 그러면 사건 또는 사태들의 이상적인 상황에 이르게 되고 더 나은 변화가 필요하지도, 바람직하지도 않을 것이다. 헤겔은 이러한 상황을 모든 개인이 조화롭게 전체의 부분으로 기능하고, 자유롭게 자신의 이익보다는 전체의 이익을 위해 훨씬 많은 봉사를 하는 일종의 유기적 사회로 받아들였다. 그는 그러한 사회가 완전히 자유주의적 개인주의의 가치를 초월했다고 믿었다.

그러나 우리가 말하는 것이 이념들의 발전이라면 정신(Geist)이 궁극적인 실재로서 자기 자신을 인식하게 될 때, 그리고 지금까지 스스로에 대해 소외된 것으로 여겨졌던 모든 것이 사실상 궁극적인 실재의 일부라는 점을 깨닫게 될 때 모순이 없는 상황에 이르게 될 것이다. 그러나 이러한 상황이 나타날 때까지 정신은 자기로부터 지속적으로 소외될 것이다. 그리고 그때까지 개인은 여전히 모순에 시달리고, 스스로를 알지 못하며 자유롭지 못할 것이다. 이러한 소외 상태는 발전하는 변증법적 변화를 위한 추동력을 지속적으로 제공할 것이다.

누군가가 스스로에게 "정신은 이념의 실질적인 역사의 어느 지점에서 스스로 궁극적 실재라고 깨닫게 되는가?"라고 자문한다면 "그것은 헤겔 철학과 더불어 이루어졌다."고만 답할 수 있을 것이다. 그러므로 헤겔은 많은 철학자들처럼 스스로를 단지 실재를 이해할 수 있는 단서를 제공하는 사람으로 여기지 않았다. 그는 스스로를, 실재의 목적을 구체화한 세계의 역사적 과정의 절정으로 생각하고, 또 그 계몽의 화신으로 여겼다는 점에서 위대한 철학자들 중에서도 매우 독특하다고 할 수 있다.

소외의 개념

헤겔은 우리에게 이질적이고 부적절하게 보이는 것이 사실상 우리 자신의 어떤 일부라는 개념은 소외를 의미한다고 생각했다. 정신적인 세계와 물질적인 세계(노동이 이루어지는 세계) 안에서 소외의 상태는 변증법적 변화의 추동력을 제공한다.

"인간은 자신의 모든 실존을 국가에 의존한다"

헤겔

"어느 누구도 모든 것이 한계와 결점을 가지고 있다는 사실을, 그것을 넘어서고 극복하기 전까지는 알지도 못하고 심지어 느끼지도 못한다."

헤겔

국가에 대한 숭배

정치적이고 사회적인 차원에서 헤겔의 사상을 고려한다면, 그리고 "사회 발전 과정의 어떤 지점에서 모순 없는 상황이 이루어질 것인가?"를 묻는다면 이는 답하기가 매우 어려울 것이다. 헤겔은 이에 대해 프로이센의 입헌 군주제에서 이미 구체화되었다고 생각한 것으로 보인다.

그러한 국가의 신봉자들은 헤겔 사상의 이러한 측면을 이용했고, 그 후 오랜 역사를 가진 국가 숭배의 게르만적 형태에 대한 철학적 근거를 만들었다. 보통 헤겔 우파라고 하는 사람들이 이러한 경향을 띠고 있다. 그들은 헤겔을 아돌프 히틀러(Adolf Hitler, 1889-1945년)에 이르러 절정에 달한 극우 민족주의의 기틀을 다진 철학자로 여겼다. 그러나 헤겔의 추종자들 중에는 헤겔 좌파라고 불린 사람들도 있었다. 그들은 1830년의 프로이센 시대의 사회 상황을 매우 비판하면서

시대의 정신, 베토벤

헤겔에 따르면 창조적 개인의 작품은 그 자신의 시대 정신(Zeitgeist)에 싸여 있다. 고전주의에서 낭만주의로 이행하는 시기에 활동했던 베토벤(1770-1827년)과 같은 위대한 작곡가의 음악은 다른 시대에서는 결코 나올 수 없는 것이다. 이는 역사 과정의 일부로서 그 시대에 고정된다.

나폴레옹 제국

나폴레옹 보나파르트(1769-1821년)는 1804년 스스로를 프랑스의 황제로 선포했다. 1810년쯤 그는 유럽 대부분을 자신의 제국으로 통합시켜 나갔다.
그의 몰락은 1812년 처참했던 러시아 침공과 더불어 시작되었다. 1815년 그는 워털루 전투에서 웰링턴 장군이 이끄는 영국과 프로이센 연합군에게 무너졌다.

프로이센

예전의 게르만 국가인 프로이센은 1618년에서 1945년까지 존속되었다. 프로이센은 1867년 북부 독일 연방의 일부로 편입되기 전까지는 독립된 왕국으로 존재했다. 프로이센은 제2차 세계대전이 끝나고 연합국의 통치 협약에 따라 해체되었다. 그 당시 서부 프로이센은 폴란드의 일부가 되었고, 동부 프로이센의 대부분은 소련으로 병합되었다.

프러시아의 왕인 빌헬름 3세가 1803년 크리스마스 이브에 자녀들에게 유니폼을 선물하고 있다
헤겔의 사상은 단지 철학뿐 아니라 역사학이나 정치학과 같은 수많은 분야에 영향을 끼쳤다. 보수적인 헤겔 우파는 헤겔의 정치 철학이 입헌 군주제를 택하고 있던 당시의 프로이센을 바람직하고 더 이상의 변화가 필요 없는 국가로 받아들이고 있다고 믿었다.

다윈

영국의 자연 과학자인 찰스 다윈(1809-82년)은 진화론과 진화론의 작용을 설명하는 자연선택설로 널리 알려져 있다. 그는 해군측량선 비글호에 박물학자로서 승선하여 5년 동안 남아메리카와 태평양의 섬들을 여행하면서 자신의 생각을 정리하기 시작했다. 그러나 그가 진화론을 본격적으로 쓰기 시작한 것은 그로부터 20년이 흐른 뒤였다.

이상적인 사회가 도래하기 전까지는 급진적인 혁명적 변화가 필요하다고 믿는 사람들이었다. 헤겔 좌파 중에서 가장 중요한 인물이 바로 마르크스이다. 헤겔 좌파와 우파의 분열은 많은 사람들을 당황하게 했던 사실, 즉 헤겔이라고 하는 한 사람의 철학자가 나치주의와 공산주의 모두의 지적인 조상이었다는 사실을 설명해 준다.

세 가지 핵심 사상들

어떤 이념들은 서양의 사유에서 그 후로 줄곧 중요한 역할을 담당해 왔던 헤겔과 결부되어 있다. 그중 하나는 실재가 역사적 과정이며, 따라서 실재가 어떻게 생겨나고 그것이 무엇인가, 그리고 또한 어떻게 그 밖의 어떤 것이 되는가의 측면에서만 이해될 수 있다는 것이다. 달리 말하면 역사적 설명의 범주 안에서만 이해될 수 있다는 것이다. 그것은 아마 지금은 신뢰할 수 없을지도 모른다. 그러나 이러한 역사적 차원은 예전의 철학에서는 다루지 않았던 요소이다.

헤겔 이전의 철학자들은 실재를 고차원적이고 복잡한 문제라고 생각했는데, 설명을 요구했던 사건들의 상태가 그러했기 때문이다. 그러나 헤겔 이후 역사적인 각성은 우리가 관찰하는 모든 방식에 도입되었다. 헤겔 이후 19세기의 가장 영향력 있는 사상가가 될 두 인물이 등장했는데, 바로 마르크스와 다윈이다. 영원히 진행하는 발전이라고 하는 헤겔의 개념은 두 사람 모두에게 영향을 주어 그들 사유의 중심에 자리 잡았다. 마르크스의 경우 그 개념은 헤겔에게서 직접 받아들인 것이었다.

헤겔에 따라 도입된 또 다른 사상은 세계의 역사가 합리적 구조를 갖고 있으며, 그 구조를 이해하기 위한 실마리는 변화의 법칙, 즉 변증법이라는 것이다. 이 개념 또한 마르크스에게 직접적인 영향을 끼친다. 마르크스가 헤겔 사상을 어떻게 받아들였는지는 나중에 마르크스를 직접 고찰해 봄으로써 좀더 잘 이해할 수 있을 것이다.

후대에 지대한 영향을 끼친 헤겔의 세 번째 핵심적인 사상은 소외이다. 소외 개념의 중심은 인간이다. 인간은 문명을 건설하는 과정에서 그 자신을 속박하는 각종 제도, 규칙, 이념 등을 만들어 낸다. 심지어 인간은 그러한 제도, 규칙, 이념 등을 제대로 이해하지 못할 수도 있다. 예를 들면 종교에 귀의할 때 많은 사람들은 스스로를 미천하고, 무지하고,

> 현실적인 것은 이성적이요, 이성적인 것은 현실적이다
>
> 헤겔

무기력하다고 생각하면서, 완전함이나 전지전능함과 같은 바람직한 모든 특징을 갖춘 신을 상정한다. 이러한 불행한 의식은 다른 존재에게 투사한 이러한 속성들이 적어도 부분적으로는 인간의 특징들이라는 점을 깨닫지 못한다.

불행한 의식은 현실 속에서는 신과 동일한 영적 현존을 공유함에도 불구하고 신을 그 자신과는 아주 다른 존재, 거의 반대되는 존재로 여긴다. 헤겔의 추종자 중 한 사람인 루트비히 포이어바흐(Ludwig Feuerbach)는 신은 오직 인간의 창조물이며, 전적으로 이러한 방식에서만 이해될 수 있다고 생각했다. 포이어바흐의 사상은 19세기에 매우 폭넓게 퍼져 나갔다.

헤겔의 유산

헤겔 이후의 철학의 역사는 그의 연구에 대한 계승과 다양한 반응으로 이루어졌다고 할 수 있다. 이는 분명 과장된 이야기이다. 하지만 그것은 흥미로운 진리의 씨앗을 품고 있다. 근대 실존주의의 창시자인 덴마크의 철학자 키에르케고르(1813-55년)가 헤겔의 철학에 대한 반론을 펼쳤다는 사실도 이와 관련지어 생각할 수 있다. 키에르케고르의 철학적 중심 사유는 실질적으로 존재하는 모든 것은 단일하게 개별적인 어떤 것이고, 따라서 일반적인 진술로 실재에 대한 진리를 포착하는 것은 불가능하다는 것이다. 따라서 철학의 추상적인 체계를 구축하는 일은 분명 오류라는 것이다. 키에르케고르는 헤겔이 당대의 지배적인 사상가였다는 점은 인정했지만 헤겔 철학이 근본적으로 잘못되었다고 비판했다.

다른 한편으로, 헤겔 좌파에 속하는 인물이었던 청년 마르크스는 마르크스주의의 철학적 요소를 헤겔의 사상에서 직접적으로 끌어와 발전시켰으며 늘 헤겔의 개념을 사용했다. 19세기 후반 헤겔주의는 서양의 거의 대부분 지역에서 폭넓은 지지를 얻었다. 러셀이나 조지 에드워드 무어(George Edward Moore, 1873-1958년) 등과 같은 영국의 철학자들은 그 안에서 성장하였으며, 나중에는 아주 첨예하고 특별한 방식으로 헤겔 철학에 대항했다. 이는 20세기 전반에 걸쳐 영·미의 언어철학을 지배한 분석적 전통에 대한 호전적 반응이었다. 헤겔주의, 마르크스주의, 실존주의, 분석철학 등과 같은 폭넓은 철학적 접근의 발전은 실로 헤겔 이후의 다양한 철학사를 설명하는 것이다.

이 밖에도 헤겔의 철학은 민족주의 운동과 파시즘으로 대표되는 우익 정치사상에도 지속적인 영향을 끼치고 있다. 헤겔에 따르면 인간이 자기 중심적인 개체로 남아 있는 한 자기 실현은 불가능하다. 따라서 개인은 유기적 사회로 포섭될 경우에만 자기 실현이 가능할 수 있다. 이러한 입장 때문에 오늘날 반자유주의적 정치사상의 대표적인 철학자로 헤겔을 꼽기도 한다.

불행한 의식

많은 사람들이 신은 완전하고 전지전능한 존재이고, 자신은 무기력하고 무지한 존재라고 여긴다. 그들은 자기 자신과는 전혀 다른 어떤 존재에 완전성과 같은 특징들을 투여한다. 그러나 헤겔은 인간과 신이 하나라고 믿었다.

게르만 민족주의

헤겔이 당시의 프로이센 국가를 이상화한 것은 히틀러에 이르러 절정을 맞이한 독일 국가 숭배 사상의 지적인 선구자로 평가 받는 계기가 되었다. 이 사진은 군사 훈련과 나치 선전을 위해 14세 이상의 소년들로 조직된 히틀러 유겐트의 모습을 담고 있다. 히틀러 유겐트의 가입은 1939년에 강제화되었다.

포이어바흐

독일의 철학자이자 도덕주의자인 루트비히 포이어바흐(1804-72년)는 2년 동안 헤겔 밑에서 공부했는데, 결국에는 자연주의에 심취해 헤겔의 관념론에 반대하기에 이른다. 그의 가장 유명한 저작인 『그리스도교의 본질(*Das Wesen des Christentums*)』(1841년)은 종교를, 우리 자신의 인간적 이상과 본성을 신에게 투사하는 '인간 정신의 꿈'이라고 표현함으로써 인습적인 그리스도교를 공격했다.

마르크스

과학적으로 역사 발전 단계를 설명하기

마르크스는 과학적인 단계론에 입각해 역사의 발전을 설명했다. 그리고 과학적 엄밀함으로 미래의 사회 발달 단계를 예측할 수 있다고 믿었다.

주요 저작

『철학의 빈곤(*Das Elend der Philosophie*)』(1847년), 『공산당 선언』(1848년), 『1848년에서 1850년까지의 프랑스에서의 계급투쟁(*Die Klassenkämpfe in Frankreich 1848 bis 1850*)』(1859년), 『정치경제학비판(*Zur Kritik der Politischen Ökonomie*)』(1859년) 『자본론』(1867년)

"역사는 반복된다. 한 번은 비극으로 한 번은 희극으로"

마르크스

카를 마르크스(Karl Marx, 1818-83년)는 프로이센의 라인 트리어에서 태어났다. 마르크스의 부모는 유대인이었는데 마르크스가 여섯 살 때부터 교로 개종했다.

마르크스는 10대 시절에는 종교에 대해 매우 공격적인 자세를 유지했다. 당시 마르크스는 "종교에 대한 비판은 모든 비판의 기초이다."라는 신념을 가지고 있었다. 학생 시절 마르크스는 법학을 공부하다가 철학과 역사로 전공을 바꾸었으며, 고대 그리스 철학 연구로 박사 학위를 받았다.

그는 공개적으로 자신의 반종교적 입장을 나타냈기 때문에 학계로의 진출은 불가능했다. 따라서 그는 신문사 편집인이 되었지만 곧 그만두었다. 마르크스는 평생 돈 버는 일을 별로 하지 않았다. 가난을 선택했지만 대신 그는 연구와 저술 활동을 할 수 있었다.

편집인으로 일하던 중 신문이 폐간되어 1843년 그는 파리로 갔다. 거기서 젊은 엥겔스를 만났다. 이는 역사상 가장 유명하고 가장 영향이 깊은 저술 협동의 시작이었다. 엥겔스는 맨체스터에서 방직업을 하는 부유한 독일 사업가 집안 출신이었다. 엥겔스가 마르크스를 재정적으로 지원했기 때문에 그는 연구를 지속할 수 있었다.

그가 공산주의의 토대가 된 마르크스주의의 기본 체계를 완성한 것은 엥겔스를 만난 이후 몇 년 사이의 일이었다. 엥겔스는 늘 마르크스가 조언을 구하는 사람이었고 그의 뛰어난 비평가이자 협력자였다.

그러나 천재적인 마르크스가 이론에서는 주도적인 역할을 했다. 사람들이 늘 마르크스의 이름 뒤에 엥겔스를 붙이는 것이 부적절한 일은 아니지만 그렇다고 엥겔스를 무시할 수는 없다.

제2차 공산주의자 동맹회의의 마르크스와 엥겔스
1847년 6월 주로 독일인 이민자로 구성된 비밀 정치 조직인 '정의의 연맹'이 런던에서 모임을 가졌다. 마르크스와 엥겔스는 공산주의자 동맹으로 알려진 이 모임에 참여해 『공산당 선언』을 작성했다.

마르크스
1845년 마르크스는 저항적 활동 때문에 독일과 프랑스에서 추방되었다. 결국 1849년 런던에 정착했는데, 여기서 그는 많은 시간을 대영 도서관의 열람실에서 보냈다. 마르크스는 하이게이트 묘지에 묻혔다.

영국에서 살고 영국에서 죽다

마르크스는 1845년 프랑스에서 추방되자 브뤼셀로 가서 1848년 출판될 『공산당 선언(*Manifest der Kommunistischen Partei*)』을 썼다. 하지만 브뤼셀에서도 추방될 상황에 이르러 여기저기를 떠돌다 결국 1849년 영국에 정착하게 되었다. 그는 34년의 남은 삶을 런던에서 보냈다.

마르크스의 저술 대부분은 팸플릿이나 논문이었다. 그러다가 1867년 그의 걸작, 『자본론(*Das Kapital*)』이 출간되었다. 이 책은 분명 세계 역사에 가장 큰 영향력을 끼친 몇몇 책에 속한다. 1883년 마르크스는 런던에서 생을 마쳤고 하이게이트 묘지에 잠들어 있다.

헤겔의 후학

마르크스주의가 풍부한 사상을 가지게 된 까닭은 고도로 발전된 세 가지의 지적 전통, 즉 독일철학, 프랑스 정치론, 영국 경제학을 융합한 것이기 때문이다. 따라서 마르크스주의는 단순히 '철학'이라고만 할 수는 없다. 그러나 그 주된 내용은 철학이었기에 뒤를 이어 나타나는 철학 사상에 막대한 영향을 끼치게 되었다. 따라서 근·현대의 철학사는 마르크스를 결코 무시할 수 없다.

마르크스주의의 철학적 요소는 대부분 헤겔에게서 받아들인 것이다. 오늘날까지도 마르크스주의자들은 헤겔의 용어를 사용한다. 헤겔 철학의 중심 내용이면서 마르크스주의의 중심 내용이기도 한 것은 다음과 같이 정리된다.

첫째, 실재는 사건의 상태가 아니라 지속되는 역사적 과정이다. 둘째, 그렇기 때문에 실재를 이해하는 데에 중요한 것은 역사적 발전의 본성에 대한 이해이다. 셋째, 역사적 발전은 임의적인 것이 아니고 법칙에 따른다. 넷째, 역사 발전의 법칙은 변증법적이며 정-반-합의 운동 과정을 지속한다.

다섯째, 이 법칙이 작용하도록 하는 것은 소외인데, 자체 모순을 통해 소외가 극복된다. 여섯째, 이 과정은 인간이 통제할 수 있는 것이 아니라 그 내적 법칙에 따라 나아가는 것이다. 일곱째, 이러한 과정은 내적 모순이 해결될 때까지 지속될 것이다. 내적 모순이 해결되면 소외가 극복된다. 따라서 변화 발전을 추동하는 힘이 작용되지 않을 것이다.

여덟째, 이 갈등이 없는 상황에 이르면 인간은 자신의 통제를 벗어난 힘에 따라 좌우되지 않고, 처음으로 자신의 운명을 자신의 손에 쥐고 그 변화 발전을 결정하게 될 것이다.

아홉째, 이는 처음으로 인간에게 자유를 안겨다 주고 자기 존재의 실현을 가능하게 한다. 마지막으로 이러한 자유가 실현되는 사회 형태는 자유주의자들이 생각하듯 개인들이 서로 무관하게 기능하는 원자화된 사회가 아니다.

즉 개인들이 좀더 큰 전체로 흡수되는 사회, 따라서 저마다 분리된 생활을 할 때 좀더 자기 존재의 실현이 가능해지는 유기체적인 사회일 것이다.

그러나 마르크스의 이론은 이처럼 헤겔과 비슷하지만 매우 중요한 차이가 있다. 이는 마르크스가 당대의 다른 독일 철학자 포이어바흐 — 마르크스처럼 헤겔 좌파였던 — 에게서 받아들인 것이다. 마르크스는 실재를 구성하는 본질은 정신이 아니라 물질적인 것이라고 믿었다. 그는 자신이 관념론자가 아니라 유물론자라고 주장했다.

따라서 우리가 앞에서 나열한 열 개의 명제로 살펴본 이 역사적 변증법적 과정은 마르크스에게는 자신이 세계를 구성한다고 믿는 물질적인 힘에 따라 일어나는 것으로 보인다. 그러므로 마르크스는 자신의 이론을 '역사적 변증법(historic materialism)' 또는 '변증법적 유물론(dialectical materialism)'이라고 불렀다.

유럽에서의 혁명

19세기 유럽 전역에서 일기 시작한 민족주의 정서는 제국주의에 반하여 일어난 몇몇 혁명을 촉진하는 이념이었다. 이 판화는 베를린에서 일어난 1848년 혁명의 한 장면을 표현한 것이다.

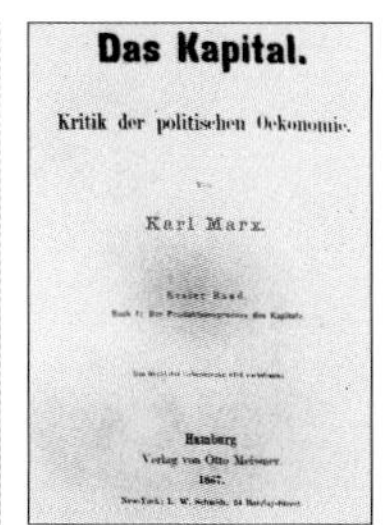
Das Kapital.
Kritik der politischen Oekonomie.
Von
Karl Marx.
Erster Band.
Hamburg
Verlag von Otto Meissner.
1867.

『자본론』

국제 노동자 협약의 결의문에서 "노동자 계급의 성서"로 표현된 『자본론』은 1867년 베를린에서 출간되었다. 19세기 가장 큰 영향력을 발휘한 이 책에서 마르크스는 사회주의의 시대가 도래할 것이라고 예측했다. 마르크스의 생전에는 1권만 출간되었고, 그의 죽음 이후 엥겔스가 2권과 3권을 세상에 내놓았다.

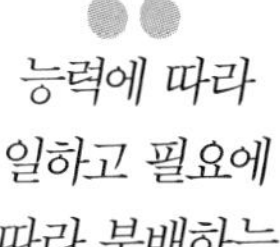

능력에 따라 일하고 필요에 따라 분배하는

마르크스와 엥겔스

산업 혁명

18세기와 19세기에 걸쳐 나타난 대량 생산은 직물, 철, 석탄 산업에 혁명을 일으켰다.
유럽과 북미의 농업 국가가 산업화되었고 사람들은 도시로 이주하기 시작했다.
18세기 국제 무역을 주도한 영국이 이 혁명을 이끌었다.

마르크스의 딸들

마르크스는 자애로운 아버지였다. 불행하게도 그의 일곱 자녀 중에 세 명만이 어른으로 성장할 수 있었다. 1864년의 이 사진은 딸 로라, 엘리노어, 부인 예니와 함께 찍은 것이다. 마르크스의 딸들은 그의 필체를 읽을 수 있는 유일한 사람들이기 때문에 그의 원고를 옮기는 일을 맡고 있었다.

'역사적 변증법'이라고 할 때는 인간의 문제에 적용하는 것이, '변증법적 유물론'이라고 할 때는 우주의 문제에 적용하는 것이 더 적합한 듯하다. 엥겔스는 '변증법적 유물론'에 대해 마르크스보다 좀더 많은 글을 남겼다.

근본이 되는 경제학

인간의 문제, 즉 사회나 역사와 관련해 마르크스가 변증법이 움직여지는 방식이라고 생각한 것은 다음과 같다. 인간이 살고자 한다면 꼭 해야 하는 일은 생계 수단을 가지는 것이다. 인간은 먹을 것, 입을 것, 주거할 곳, 그리고 기본적인 필요를 충족시키는 것들을 가져야만 한다. 이러한 것들을 만들어 내는 것은 피할 수 없는 과제이다. 생산 수단은 가장 원시적인 단계를 거치자마자 사적 소유의 대상이 되었다.

왜냐하면 생산 수단이 사적 소유가 될 때 사람들은 자신들이 잘 살게 되었다고 느끼기 때문이다. 이는 사람들을 서로에게 점점 의존하게끔 만든다. 생활 수단의 생산은 더 이상 개인적인 것이 아니라 사회적 활동이 된다.

이러한 상호 의존 속에서—이는 결국 사회인데—생산 수단과 어떠한 관련을 맺고 있느냐에 따라 사람 그 자체가 달라진다. 생활하기 위해 하는 일이 그 사람의 기본적인 삶의 방식을 결정한다. 이는 사회 생산물을 분배할 때 같은 입장에 있느냐, 갈등 관계에 있느냐를 결정한다. 그리고 이는 사회·경제적 계급을 형성하고 계급 간의 갈등을 일으키게 된다.

그런데 생산 수단은 지속적인 변화의 과정 중에 있다. 따라서 사람이 생산 수단 및 다른 사람과 맺는 관계도 지속적으로 변화한다. 생산 수단의 중요한 변화와 함께 사회 계급의 구성도 달라지고 이에 따라 계급 갈등의 성격도 변화를 겪게 된다.

마르크스는 이렇게 단계가 달라지는 것을 변증법적인 발전이라고 생각했다. 가장 기본적인 단계에서 모든 사회 변화를 근본적으로 결정짓는 것은 생산 수단의 발전이다. 생산 수단의 발전에 따라 사회 계급의 발달과, 계급 간의 갈등이 나타나게 된다.

이처럼 마르크스가 생각한 '상부 구조'는 경제적 하부 구조를 바탕으로 발전한다. 그리고 마침내 그 하부 구조에 따라 결정되는 사회·정치 제도, 종교, 철학, 예술, 사상과 같은 것들이 나타나게 된다.

예를 들어 설명해 보자. 마르크스는 산업화의 가장 초기 단계에서 무거운 원료가 배로 운반되고 방앗간과 공장이 여전히 수력에 의존하고 있을 때, 산업 도시가 강과 해안 또는 호숫가를 따라 형성된다는 사실에 주목했다. 그런데 증기 기관차를 포함한 증기 전력의 발명은 산업 도시들을 이러한 제한 조건에서 벗어나 원료의 산지 또는 물건을 매매할 주요 시장과 좀더 가깝게 형성될 수 있게 했다. 이는 생산 수단의 변화가 일으킨 하부 구조상의 변화의 전형적인 예이다.

마르크스가 이러한 것들을 주장했을 때 이는 매우 뛰어난 통찰로 여겨졌다. 왜냐하면 예전에는 어느 누구도 의식적으로 이를 분석해 본 일이 없기

생계 수단

생계를 유지하기 위해 인간은 가장 기본적인 욕구를 충족시켜야만 한다. 마르크스 이론은 생산 수단이 어떻게 이러한 기본적인 필요를 충족시키도록 발달했는지를 설명한다. 이 그림은 1872년 런던의 이스트 엔드에 사는 빈민들의 모습을 보여 준다.

계급의 양극화

마르크스 이론은 사회 계급을 경제적인 측면에서 정의한다. 그는 기술적 발전이 소유와 통제를 몇몇 소수의 손에 더욱 집중시킬 것이라고 믿었다. 따라서 노동자 계급은 늘어나는 반면에, 자본가 계급은 줄어들 것이라고 생각했다.

“철학자들은 다양한 방식으로 세계를 해석해 왔을 뿐이다. 중요한 것은 세계를 변혁시키는 일이다”

마르크스

중산층 이하

유럽 사회는 산업화에 따라 급속하게 변화했다. 농촌을 떠나 산업 중심지로 옮겨 가는 인구가 점차적으로 많아짐에 따라 도시가 발달하고 좀더 복잡한 사회가 형성되었다. 위의 사진은 1890년대의 전형적인 영국의 노동 중산층 가족이 자신들의 집 앞에서 찍은 사진이다.

때문이었다. 이는 역사적 발전을 이해하는 방식을 변화시켰다. 다른 많은 뛰어난 사상처럼 얼마나 많은 사람들이 예전에 이를 생각하는 데에 실패했는가를 알기는 어렵다는 것이 분명해 보인다.

마르크스주의 철학사가는, 지식을 생산물로 생각한 최초의 철학자인 칸트가 우리에게 등장한 때는 18세기 말로 이행하고 있던 산업 혁명의 시초임을 지적할 수 있을 것이다. 이는 마르크스주의자가 지적 발전을 분석하는 전형적인 방식이다. 마르크스주의자들은 예술이란 지배 계급의 이해 관계를 진작시키고, 지배 계급의 부와 권력을 과시하고, 지배 계급의 성취를 빛나게 하며, 다른 계급들의 주의를 정치에서 다른 데로 돌려 놓는 사상과 가치를 관철해 냄으로써 결국 지배 계급의 이익을 옹호한다고 생각했다. 또 '아편'인 종교도 비슷한 역할을 한다.

이러한 방식으로 사회와 역사에 대한 총체적인 분석도 이루어졌다. 이 분석의 타당성을 받아들이는 현대 사상가가 드물다고 하더라도, 이는 매우 깊이 있는 통찰이며 근·현대 사상을 구축하는 주요 구성 요소임은 의심할 여지가 없다.

혁명

마르크스는 당시의 산업 자본주의 사회가, 역사 발전상 갈등이 없는 사회가 출현하기 직전의 마지막 단계라고 생각했다. 그는 근대 기술의 발전에 따라 생산 수단의

산업 혁명기의 교통 발달

원료와 시장에 접근할 수 있는 저렴하고 믿을 만한 교통 수단이 필요했기 때문에 영국의 교통 시설은 지속적으로 발전하게 되었다. 처음에는 이 발달이 도로와 운하의 개선이라는 형태로 이루어졌다. 그러나 시간이 흐르면서 철도가 더욱 선호되는 교통 수단이 되었다. 이것은 1820년대 초 더럼 주(州)의 헤튼 채탄소에 있는 초기 증기 기차이다.

부와 권력의 과시
1890년에 찍은 이 응접실의 모습은 전형적인 영국 지배 계급의 사치스런 취향을 보여 준다. 온갖 예술 작품과 공예품들을 과시하듯이 빽빽이 전시하는 것은 부르주아에게 흔한 일이었다. 마르크스주의자들에 따르면 부르주아는 예술을 자신들의 이익에 봉사하도록 하는 데에, 즉 자신들의 부와 권력을 과시하면서 자신들이 이룩한 성취를 빛내는 데에 이용했다.

소유와 통제가 점점 더 몇몇 사람에게 집중된다고 여겼다. 그렇게 되면 점점 더 많은 사람이 생산 수단에서 소외되어서 갈수록 가난해진다고 생각했다. 따라서 결국 사회는 자본가와 노동자 계급으로 양분화된다. 절대 다수의 노동자들이 자본가들에 대항하여 일어남으로써 생산 수단을 자신들의 손에 넣기 전까지는 이러한 계급 간의 갈등은 점점 더 깊어진다.

이 혁명은 이중적 의미에서 역사의 종말이 될 것이다. 왜냐하면 이는 사건들이 내적 동인에 따라 필연적으로 나아가게 되는 과정의 정점에 있는 것이어서 혁명 이후에는 더 이상의 변증법적 발전이 있을 수 없기 때문이다.

이제 더 이상 계급분화가 이루어지지 않을 것이다. 생산 수단은 모두에 의해 소유되고 모두의 이익을 위해 쓰일 것이다. 계급 없는 사회에는 갈등도 없을 것이다. 엥겔스의 표현을 빌리면, 통치하는 정부는 더 이상 필요하지 않고 그저 관리를 담당하는 조직이 필요할 것이다. 정부나 통제 불가능한 힘에 따라 더 이상 억압받지 않는 사람들은 자유롭게 자기 존재를 실현할 수 있을 것이다.

잘못된 예측

마르크스가 활동하던 시대는 그가 생각한 것처럼 혁명 이전의 단계까지 나아가지 않은 상태였다. 부분적으로는 이것이 마르크스의 예측이 빗나가게 된 원인이기도 하다. 마르크스는 자신의 이론이 뉴턴의 이론처럼 과학적이라고 생각했다. 만약 우리가 운동 중에 있는 사물의 물리적 상태에 대한 정확한 정보를 가지고 있다면 미래의 어느 시점에 이 사물이 어떤 물리적 상태에 있을지 뉴턴 법칙의 도움을 받아 정확히 예측할 수 있을 것이다.

마르크스는 자신이 사회의 경제적 변화에 대한 법칙—뉴턴의 법칙과 똑같은 의미의—을 발견했다고 믿었다. 마르크스는 이를 『자본론』 서문에서 밝힌 바 있다. 이를 통해 그는 그렇게 나아갈 수밖에 없게 되어 있는 사회의 발전 단계를 예측할 수 있다고 생각했다.

> "자본가들이 생산한 것은 자본가 계급을 몰락하게 하는 것이다. 자본가의 몰락과 노동자의 승리는 불가피하다"
>
> 마르크스

노동하는 아동들의 보호

19세기가 시작될 때까지 영국에서서는 열악한 노동 조건과 공장 노동자에 대한 착취(특히 아동과 여성에 대한)가 사람들의 관심을 끌었다. 아동들을 보호하기 위해 통과시킨 가장 중요한 법률은 1883년의 '공장법'이었다. 무엇보다 노동을 해도 되는 최저 연령을 9세로, 아동의 노동 시간을 8시간으로 제한시킨 것이 눈에 띈다.

Manifest
der
Kommunistischen Partei.

London.

『공산당 선언』
1848년에 출판된 『공산당선언』은 사회주의 운동 역사에서 가장 기념비적인 문건이다. 마르크스와 엥겔스가 작성한 이 문건은 지금까지의 모든 역사가 계급 투쟁의 역사라고 주장했다. 이 선언은 "전 세계 노동자들이여, 단결하라!"는 유명한 선동 문구로 끝을 맺고 있다.

마르크스주의가 '과학적'이어야 한다는 것은 마르크스 자신에게는 매우 중요한 것이었다. 따라서 그는 자신의 사회주의를 '과학적 사회주의'라고 불렀다.

사실 마르크스는 다른 여러 사회주의에는 문제가 있다고 생각했다. 그러한 사회주의자들은 유토피아적 공상이나 도덕적 고양 및 개선, 막연히 자신이 바라는 대로 된다고 생각하는 환상 등에 기초해 있다고 생각했다. 이에 비해 자신은 어떠한 힘이 사회에서 실질적으로 작용하는지, 그리고 이 힘의 작용을 지배하는 법칙이 무엇인지에 대한 과학적 연구를 통해 이러한 실재에 바탕한 이론을 구축했다고 생각했다.

마르크스주의가 과학적이라는 것은 20세기 말엽까지도 마르크스주의가 매력을 가지고 있었음을 설명해 주는 중요한 요인이다. 마르크스주의자들은 자신의 믿음을 개인적인 의견이 아니라 과학적인 지식이라고 생각했다. 따라서 절대적 확실성을 가지고 모든 것을 알 수 있다고 여기는 경향이 많았다. 이는 마르크스주의자들에게 커다란 신념을 심어 주었다. 그리고 마르크스주의를 대체하는 다른 견해를 용납하지 않는 것으로도 유명해지게 했다.

마르크스주의자들은 권력을 가지게 되면 마르크스주의와 양립할 수 없는 다른 견해들을 가르치거나 출판하는 행위를 금지했다. 마르크스주의가 사람들을 끌어들이는 또 다른 이유가 있다. 즉 마르크스주의는 과학적으로 정확하게 사회의 미래를 예측한다고 주장함으로써 사회주의가 '필연적'이라고 믿게 만들었던 것이다. 마르크스주의자들은 자신들이 믿고 원했던 것은 다른 모든 사람들의 말이나 행동과는 무관하게 일어난다고 생각했다.

그들에게는 세계가 그들의 방식대로 움직이고 있었던 것이다. "역사는 우리편이다(History is on our side)."라고 즐겨 말했던 레온 트로츠키(Leon Trotsky)가 표현한 대로 마르크스주의의 반대편은 역사의 쓰레기통에 처박힐 것이었다. 이는 마르크스주의를 자본주의보다 한층 진일보한 근대성을 갖춘 것으로 여겼기 때문이다. 공산주의자들은 자신들이 현재만이 아니라 미래를 살고 있으며 누구보다도 먼저 그 미래에 닿을 것이라고 생각했다.

강력한 호소

'과학적이고(science),' '근대성을 갖추었으며(modernization),' '미래에 적용되는(being on the side of the future)' 이 사상은 저개발 국가의 수많은 지식인들을 끌어 들이는 최면술에 가까운 힘을 가질 수 있었다. 따라서 경제적인 측면에서 마르크스주의는 중앙 계획의 통제 경제로 불렸다. '계획된' 해결책은 바로 합리성이 요구하는 것 그 자체로 생각되었다.

18세기 미국과 프랑스 혁명에 로크의 이론이 선구적 역할을 했던 것과 마찬가지로 20세기에

러시아의 반공산주의자들

마르크스주의자들은 반대 견해를 용납하지 않았다. 공산주의에 반대하는 사람들은 투옥되거나 처형되었다. 1932년 러시아 노동 수용소를 찍은 이 사진은 운하를 건설하는 데에 동원된 수감자들의 모습을 보여 준다.

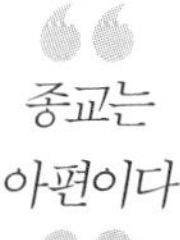

종교는 아편이다

마르크스

옛 대영 도서관의 열람실

대영 도서관의 넓은 열람실은 시드니 스머크(Sydney Smirke)가 디자인했고, 1857년에 완공되었다. 이 열람실은 '탐구적이고 호기심 많은 사람들'에게 소장 도서를 찾아볼 수 있는 기회를 제공하기 위해 건축된 것이다. 조지 버나드 쇼(1856-1950년), 마하트마 간디(Mahatma Gandi, 1869-1948년), 마르크스 등 많은 지식인들이 이 열람실을 이용했다.

자본가의 억압

1918년의 이 러시아 포스터는 차르, 성직자, 부자 등이 노동자가 끄는 인력거를 타고 가는 모습을 보여 준다. 마르크스는 자본주의가 그 내적인 모순에 따라 망할 것이고, 그 후 프롤레타리아독재가 이어져야 한다고 믿었다. 그는 자본가들이 노동자들을 더욱더 착취함에 따라 계급 간의 갈등이 혁명으로 발전하고 노동자들은 억압자들을 타도하게 될 것이라고 생각했다.

러시아 혁명

1917년 3월 페트로그라드(지금의 상트페테르부르크)에서 혁명이 일어났다. 군인, 노동자, 농부의 혁명 위원회(소비에트)가 러시아 전역에서 구성되었다. 차르가 폐위되고 지방 정부가 구성되었다. 그해 여름 알렉산드르 표도로비치 케렌스키(Aleksandr Fydorovich Kerensky, 1881-1970년)가 총통에 올랐으나 페트로그라드 소비에트는 레닌(Lenin)의 볼셰비키가 좌우하고 있었다. 케렌스키는 11월 7일과 8일에 레닌이 일으킨 쿠데타로 물러났다.

마르크스의 이론은 러시아 혁명(1917년)과 중국 공산 혁명(1948-49년)에 중요한 역할을 했다. 제2차 세계대전 이후 마르크스주의에 충실할 것을 선언한 공산주의 운동은 특히 제3세계에서 활발하게 전개되었다.

그 결과 제3세계 몇몇 나라에는 공산주의 정권이 수립되었다. 이 글을 쓰고 있는 지금도 공산주의 정권이 통치하고 있는 곳이 있다. 이는 실제적으로 사상이 가지는 실천적 중요성을 보여 주는 매우 극적인 예이다.

쇠락

마르크스는 자신의 사상이 '과학적'이라고 누누이 강조했지만 역사적 사건들은 그의 이론을 과학적으로 증명해 주지 않는다는 반박에 맞닥뜨렸다. 마르크스가 예견한 대로 역사가 발전하는 것은 아니라는 사실이 19세기 말엽부터 분명해지기 시작했다. 사실상 세계 어디에서도 마르크스가 "역사 발전의 과학적 법칙(scientific laws of historical development)"이라고 한 바에 맞춰서 변화가 일어나지는 않았다.

이는 '수정주의(revisionism)'로 알려진 사상을 불러일으켰다. 마르크스주의 사상가들은 마르크스의 이론을 현실에 맞게 고치려고 하거나 그 이론에 맞게 역사적 사실을 재해석하려고 했다.

러시아 미래파 건축

혁명 초기의 빈곤과 사회적 혼돈 때문에 예술가들과 건축가들은 좀더 급진적인 해결책에 관심을 갖게 되었다. 1928년 조지 티코노비치 크루티코프(Georgy Tikhonovich Krutikov)가 생각한 "날고 있는 도시"처럼 말이다.

따라서 마르크스주의의 다양한 학파가 성립되었다. 이 학파들의 사상은 양립할 수 없는 경우도 많았고 때로는 폭력적으로 대립하기도 했다. 궁극적으로 마르크스주의가 몰락하게 된 까닭은, 마르크스주의 정권이 수립된 곳은 마르크스가 필연적으로 도래할 수밖에 없다고 한 사회가 아니라 관료 독재가 발생한 사회라는 사실 때문이었다. 또 공산 사회는 대부분 경제적으로 성공을 거두지 못하고 더욱 가난해졌다.

즉 공산 정권은 사람들에게 독재와 가난을 함께 안겨다 주었다. 결국 이는 몇몇 사람들로 하여금 마르크스주의에 어떤 오류가 있다는 결론을 내리게 만들었다. 그러나 지금까지 마르크스 사상의 간접적인 영향은 근·현대 문화 전반에 걸쳐 있다.

따라서 비록 마르크스주의의 지지자가 이제는 그리 많지 않다 하더라도, 진정한 근대성을 갖춘 사상으로서 중요한 가치를 지니고 있는 것만은 사실이다.

트로츠키

1917년 러시아 혁명의 지도자 중 한 명이며 붉은 군대를 일으킨 트로츠키(1879-1940년)는 1924년 레닌의 죽음 이후 스탈린(Stalin)과 대립했다. 1929년 스탈린과의 정쟁에서 밀려난 트로츠키는 국외로 추방되었다. 그는 멕시코에 정착했지만, 1940년 스탈린 추종자에게 암살당했다.

> "프롤레타리아가 잃을 것이라고는 자신들을 속박하고 있는 사슬밖에 없다"
>
> 마르크스

짧은 시간 내에 막대한 영향을 끼친 사상의 힘

카를 마르크스의 사상은 역사상 다른 어느 사상가보다도 짧은 시간 내에 막대한 영향을 끼쳤다.

그는 친구의 도움으로 생계를 유지하며 연구와 저술로 평생을 보낸 그다지 알려지지 않은 가난한 지식인이었다. 그렇지만 1883년 그가 죽은 지 채 70년이 안 되었을 때 인류의 약 3분의 1이 마르크스주의 정부의 통치 하에 살게 되었다.

여기에는 모든 동유럽 국가와 러시아, 러시아 이전의 차르 정부, 중국이 포함되었다. 이와 같은 일은 마르크스 이전에도 일어난 일이 없으며 앞으로도 다시 일어날 것 같지 않다.

초기 그리스도교와 이슬람교는 물론 확장 일로에 있었던 불교의 전파도 이에 비유될 수는 없다. 이는 놀라운 현상이며 실천적인 면에서 마르크스주의가 실패했다는 점을 생각해 보면 더욱더 놀랍다. 사상은 많은 곳을 점령했지만 사상이 일으킨 사회는 망하거나 마르크스주의 정치 이념에서 멀어지게 되었다.

오늘날 많은 지도자들이 마르크스주의의 영향을 받았다. 러시아에는 레닌에 이어 트로츠키와 스탈린이 있었다. 유고슬라비아에는 티토(Tito)가 있었으며 중국에는 마오쩌둥, 베트남에는 호치민(Ho Chi Minh), 쿠바에는 피델 카스트로(Fidel Castro)가 있었다.

마르크스주의가 이데올로기적으로 승리하고 있던 동안에는 정치뿐 아니라 예술에서도 막대한 영향을 끼치고 있었다. 희곡 작가 장 폴 사르트르(Jean-Paul Sartre, 뛰어난 소설가이자 철학자이기도 함)와 베르톨트 브레히트(Bertolt Brecht, 뛰어난 시인이기도 함)를 비롯해, 시인 중에서는 파블로 네루다(Pablo Neruda), 화가 중에서는 파블로 피카소(Pablo Picasso)와 같이 예술에서 전 세계적으로 유명한 인물들이 스스로를 마르크스주의자나 공산주의자로 여겼다. 이들의 작품은 아직까지도 그 명성을 유지하고 있다.

예술의 역할에 대한 마르크스주의적 견해는 폭넓게 퍼져 있으며 오늘날에도 강력히 작용하고 있다. 이 견해는, 예술의 진정한 기능은 사회 비판이라는 것이다.

여기에 따르면 예술은 사람들로 하여금 자신들이 살고 있는 사회의 문제점, 사회와 자신들의 관계, 그리고 자신들의 삶에 대해 좀더 깊이 있는 반성을 해야 한다.

따라서 사람들로 하여금 사회를 바꾸고 싶도록 이끌어야 한다. 마르크스주의는 예술을 혁명의 도구로 여긴다.

나쁜 예술은 사람들로 하여금 기존의 사회 가치를 받아들이도록 하는 예술이다.

예술의 역할에 대한 이러한 견해는 마르크스 이전에는 없었지만 오늘날에는 풍미하고 있다. 이는 마르크스주의의 마지막 요새일 것이다.

"예술의 진정한기능은 사회비판이다"

주요 저작

『음악적 정신에서 비극의 탄생』(1872년), 『인간적인, 너무나 인간적인』(1878년), 『아침놀(Morgenr te)』(1881년), 『선악의 피안』(1886년), 『즐거운 학문』(1887년), 『도덕 계통학』(1887년), 『차라투스트라는 이렇게 말했다』(1891년)

사실은 없고 해석만 있을 뿐이다

니체

바그너

리가에서 지휘자로 활동하기 시작하면서 바그너는 유럽 전역을 순회 공연했지만 바바리아의 루트비히 2세(Ludwig II)의 후원을 받기 전까지는 성공을 거두지 못했다. 바그너는 코지마 폰 뷜로(Cosmia von Bülow)와의 염문이 있은 후 뮌헨으로 도망가게 되었고 결국 스위스에 정착했다. 바그너가 "니벨룽겐의 반지" 등 유명한 작품을 쓴 곳이 바로 여기였다. 그러나 "니벨룽겐의 반지"는 1876년까지는 상연되지 않았다.

니체

신은 죽었다

서구인의 도덕과 가치는 그들이 더 이상 매달리고자 하지 않았던 종교적 믿음에서 나온다. 따라서 서구인들은 자신의 가치를 재평가해야 한다.

프리드리히 니체(Friedrich Nietzsche, 1844-1900년)는 개신교 계열 성직자 집안 출신이다. 니체의 아버지와 할아버지는 모두 루터 교 목사였다. 니체는 학교에서 주로 고전을 공부했다. 그는 매우 명석했고 20대 중반에 전임교수가 되었다. 이는 매운 드문 일이었다. 그러나 니체는 정식으로 철학을 전공한 일은 없다. 그가 철학에 입문하게 된 계기는 쇼펜하우어의 책을 접하게 되면서였다. 그는 쇼펜하우어처럼 학계에 남아 있기를 포기하고 오랫동안 스위스와 이탈리아에서 고독하고 적적한 삶을 살았다. 16년이 넘는 세월 동안 니체는 난해한 문체의 저작을 쏟아 냈다. 그의 저작들 중 잘 알려진 것은 『음악적 정신에서 비극의 탄생(*Die Geburt der Tragödie aus dem Geiste der Musik*)』(1872년), 『인간적인, 너무나 인간적인(*Menschliches, Allzumenschliches*)』(1881년), 『즐거운 학문(*Die fröhliche Wissenschaft*)』(1882년), 『선악의 피안(*Jenseits von Gut und Böse*)』(1887년), 『도덕 계통학(Zur Genealogie der Moral)』(1887년), 『차라투스트라는 이렇게 말했다(Also sprach Zarathustra)』(1891년) 등이다.

니체

독일 산문의 거장이기도 한 철학자 프리드리히 니체는 고독하고 검박하게 살면서 자신의 삶을 저술 활동에 바쳤다. 1889년에 정신병으로 고통받았고, 그래서 그의 생애 마지막 11년 동안은 아무것도 쓰지 못했다.

충실하게 살기

젊은 시절 니체는 쇼펜하우어를 추종하는 동시에 작곡가 바그너에 심취했다. 나이 차가 컸지만 바그너와 니체는 친구가 되었다. 그러나 니체는 결국 바그너와 쇼펜하우어 모두에 반대함으로써 홀로 서게 되었다. 니체는 유명한 반(反)바그너 논쟁을 불러일으킨 두 권의 책, 『바그너의 타락(*Der Fall Wagner*)』(1888년), 『니체 대 바그너(*Nietzsche contra Wagner*)』(1895년)를 썼다. 불행하게도 그는 겨우 40대 중반에 매독의 합병증으로 여겨지는 정신병을 앓았다. 그리고 1900년 죽음에 이를 때까지 회복될 가망이 없이 살았다. 따라서 1890년대에 국제적인 명성을 얻었지만 본인은 이 사실에 무관심할 수밖에 없었다.

니체는 또 신은 없으며 인간은 불멸의 영혼을 가지지 않는다는 쇼펜하우어의 주장에 동의했다. 그리고 그는 우리의 삶이 대체로 무의미한 고군분투이며, 우리가 의지라고 부르는 비합리적인 힘에 따라 움직인다는 것에 동의했다. 그러나 그는 이 세계가 전체 실재의 부분, 그것도 중요하지 않은 부분에 불과하다는 쇼펜하우어의 견해는 받아들이지 않았다. 니체는 이 세계가 실재의 전체라고 믿었다. 무엇보다도 니체는 우리가 이 세계를 혐오하고 외면하고 거부하며 떠나야 한다는 쇼펜하우어의 결론을 거부했다. 오히려 우리는 우리의 삶을 그 자체로 충실하게, 할 수 있는 모든 것을 하면서 살아야 한다고 생각했다. 니체의 철학이 제기한 주된 내용은 신도 없고 의미도 없는 이 세계에서 어떻게 하면 잘 살 수 있는가에 대한 것이었다.

새로운 가치가 필요하다

니체의 철학은 기존의 도덕과 가치를 고수하는 우리의 태도에 대한 맹공으로 시작한다. 기존의 도덕과 가치는 크게 보면 고대 그리스와 유대·그리스도교 전통에서 비롯된 것이다. 이는 사람들이 그다지 믿지 않는 종교와,

오늘날의 사회와는 아주 다른 사회에서 나온다는 것을 의미한다. 그러므로 이는 옹호될 수 없다고 니체는 말한다. 우리가 받아들이지 않는 토대 위에 세워진 가치 체계에 따라 살 수는 없다. 이는 우리와 우리의 삶을 엉터리로 만들어 버린다. 우리는 우리의 가치를 지지할 진정한 토대를 찾지 못하면 우리가 진정으로 추구할 수 있는 다른 가치들을 찾아야 한다.

자기 존재의 실현

니체는 계속해서 우리의 기존 가치를 공격하고 우리가 이를 버려야 한다고 주장한다. 동물 상태에서 인간이 출현하고 문화와 문명이 발전된 것은 강자가 약자를, 능력 있는 사람이 무능력한 사람을, 지혜로운 사람이 어리석은 사람을 지속적으로 도태시켰기 때문이다. 이러한 과정이 무수한 세대를 거치며 진행되었기 때문에 이러한 것들을 가치 있다고 생각할 뿐, 다른 이유는 없다.

그러나 니체는 이른바 소크라테스나 예수와 같은 성인들을 예로 들어 이러한 가치들은 모두 잘못된 것이라고 말한다. 여기서 이러한 가치라 함은 강자에 반해 약자를 보호하는 법칙이 있어야 하고, 힘이 아닌 정의가 지배해야 하며, 모험적인 사람이 아니라 겸손한 사람이 세력을 가져야 한다는 것이다.

> “종교가 그 속박을 늦출 때 예술이 고개를 든다”
>
> 니체

이러한 가치에 따라 인간이 동물보다 나은 존재가 되고 문화와 문명이 존재하게 되는 과정이 지속되는 것이다. 자연의 지도자들, 즉 대담한 사람들, 용기 있는 사람들, 그리고 혁신자들은 자신들을 죄인으로 취급하는 가치 체계에 속박된다. 그리고 다른 사람들을 위해 봉사하는 삶, 자기 부정, 자기 희생과 같은 노예의 전형적인 특징이 도덕으로 여겨진다. 재능 있는 사람들조차도 니체가 “자기가 박탈되었다.”고 한 경우에 해당된다.

그리고 이것은 모두 도덕의 이름으로 행해지는 일이다. 이 모든 것은 가능한 최악의 타락, 문화와 문명을 만든 모든 것에 대한 거부라고 니체는 말한다.

그리스 신들의 고향인 올림푸스 산
니체에 따르면 우리의 기존 도덕은 고대 그리스와 유대·그리스도교 전통을 합친 것에서 나오는 것이다. 그러나 니체는 신이 없는 세계에서 우리가 더 이상 존재하지 않는 사회와, 더 이상 사람들이 그다지 믿지 않는 종교에 기초해서 살 수는 없다고 주장했다.

가치 체계에 속박되어
니체는 혁신자들도 대중과 동일하게 취급하는 가치에 따라 도덕의 이름으로 속박된다고 믿었다. 1895년의 이 독일 애니메이션은교회와 국가의 가치 체계에 묶인 일요일을 보여 준다.

비스마르크

독일 제국(1871-90년)의 최초의 재상인 프로이센 정치가 비스마르크(1815-98년)는 “강자에게 먹히는 것은 약자의 운명이다.”라고 말하는 등 니체와 일치하는 바가 있었다. 비스마르크는 1878년 베를린 회의 이후 26년간 유럽을 안정적으로 유지했다. 그러나 윌리엄 글래드스톤은, “비스마르크는 독일을 위대하게 만들기는 했지만 독일인은 위축됐다.”고 비판했다. 비스마르크는 천재였지만 또한 기회주의자이기도했다.

프랑스와 프로이센의 전쟁

오토 폰 비스마르크(Otto von Bismark)는 1870년 7월 프랑스가 프러시아에게 선전포고를 하도록 책략을 썼다. 독일 공격의 효율성은 프랑스 이동의 비효율성과 첨예한 대조를 이루었고 이 전쟁은 유럽 대륙에 대한 프랑스의 지배에 종지부를 찍었다. 프랑스의 패배에 따라 비스마르크는 라인 지역을 독일 연방에 포함시킬 수 있었다. 1871년 1월 18일 프로이센의 왕은 독일의 카이저 빌헬름 1세라는 선언과 함께 새 독일제국이 공포되었다.

리차드 버턴 경

니체의 초인에 대한 묘사는 영국 탐험가, 군인, 식물학자, 지질학자, 외교관, 번역가였던 리차드 버턴(Richard Burton, 1821-90년) 경에게서 실제로 구현되었다. 그는 중동 지역-그는 성지 메카 메디나에 들어간 최초의 유럽인이었다-을 순례하고 동부 아프리카에서 동료 존 스피크(John Speke)와 함께 탕가니카 호를 발견했다. 버턴은 다양한 분야에 대해 책을 썼고 『아라비안 나이트(*The Arabian Nights*)』(1885-88년)를 영역하기도 했다. 그러나 이는 동양의 성애 문학에 대한 무삭제 번역이었기 때문에 악을 퍼뜨린다는 비난을 받았다.

자연의 지도자

모든 인간은 자유롭게 자신의 잠재력—자신의 힘에의 의지—을 스스로 느낄 수 있어야 한다고 니체는 말했다. 그는 정복과 쟁취에서뿐 아니라 문화적·정치적 행위에서도 이것이 적용된다고생각했다. 1779년 브리엔의 왕립 군사 학교에서 공부하고 있는 나폴레옹은 자신의 '힘에의 의지'를 자각한 사람임에 틀림없다.

이것이 지속된다면 이는 우리가 이 세계에서 가장 가치 있다고 하는 모든 것을 끝장나게 할 것이다. 우리는 결코 이 노예 도덕을 지속해서는 안 된다.

그러나 우리가 노예 도덕을 거부하면 우리는 어떻게 새로운 도덕과 가치, 즉 우리가 기준으로 삼을 만한 진정한 도덕을 찾을 수 있을 것인가? 니체는 신은 없고 오직 이 세계만이 유일하기 때문에 도덕, 윤리, 가치 등은 이른바 초월적인 것이 될 수 없다고 주장한다. 즉 이 세계가 아닌 '다른' 곳은 없기 때문에 세계의 외부에서 새로운 도덕을 끌어올 수는 없다. 결국 인간이 만들어야 하는 것이다.

예전에 우리가 스스로를 격하시켰던 노예 도덕은 어떤 성스러운 것에서 우리에게로 내려온 것이 아니다. 이는 노예 도덕의 가치 체계를 작동시키는 데에 관심을 가진 노예, 평민, 하층민들 스스로가 인정하도록 한 것일 뿐이다. 물론 그들이 왜 노예 도덕을 받아들이기를 원했는지는 너무나 자명한 일이다.

일단 우리 인간이 가치의 창조자라는 사실을 이해하면 모든 가치를 선택하는 자유를 우리가 가지고 있다는 것 또한 깨달을 수 있다. 그리고 이는 우리로 하여금 동물의 왕국에서 벗어나 문화와 문명을 창조하게 하는 가치들임이 분명하다. 이는 삶의 모든 측면에서 우월한 사람이 열등한 사람을 제거하는 것이다.

상상력이 있는 사람들, 대담한 사람들, 창조적인 사람들, 용감한 사람들, 호기심 많은 사람들과 같은 자연의 지도자들은 노예 도덕에 속박되지 않고 마음껏 삶에 충실해야 하며 자유롭게 스스로의 존재를 실현해야 한다. 니체는 이러한 추동력을 "힘에의 의지"라고 불렀다. 그는 힘에의 의지라는 표현을 정치뿐 아니라 문화에도 적용한다.

자신의 가능성을 최대한 실현하는 인간은 일종의 '인간을 넘어선 존재'가 된다. 따라서 니체는 초인이라는 용어를 만들어 냈고 이는 영어를 포함한 유럽 언어에 새롭게 등장하게 되었다. 니체는 나폴레옹 1세(Napoleon I) 같은 사람들뿐 아니라 루터나 괴테와 같은 사람들, 심지어는 그 스스로 부정적으로 생각했던 소크라테스까지도 강력한 개인적인 힘과 용기로 자신의 삶의 기획을 실현한 초인이라고 불렀다. 이러한 가치들을 받아들인다면 두 가지 효과를 가져올 것이다. 먼저 인류의 창조적인 잠재력이 속박되지 않을 것이다. 따라서 삶의 모든 영역에서 가장 최고의 목표가 성취될 것이며 문화와 문명이 가능한 한 가장 빠른 속도로 발전할 것이다.

또 재능을 부여받은 사람들은 자기 실현의 삶을 영위할 수 있을 것이다. 그리하여 좌절이 아닌 개인적인 행복 —니체가 말하는 행복은 단순히 순간적인 쾌락을 즐기는 것이 아니라 자기 실현을 의미한다—을 누릴 것이다.

삶을 긍정하라

우리는 무엇보다 삶을 긍정하는 가치를 받아들여야 한다고 니체는 말한다. 우리는 저마다 온전한 자기 자신이 되어야 하며 자신의 가능성을 완전히 실현하면서 긍정적인 삶을 살아야 한다. 니체가 자주 사용한 표현 중 하나는 "대담하게"이다. 아마도 니체의 본질적인 가르침은 "대담하게 너 자신이 되어라."일 것이다.

이는 결국 모든 생물의 본성에서 나오는 즉각적인 행동 양식일 것이다. 물론 이는 우리가 다른 사람과 갈등하게 만들 수도 있다. 그러나 그것이 무슨 상관이란 말인가! 용감하고 모험적인 사람들은 갈등을 자극으로 받아들이고 즐긴다. 갈등은 사람들을 가장 멀리 뻗어나가도록 도와 준다. 이 또한 용감하고 모험적인 사람들이 좋아하는 것이고 이들의 능력을 계발하는 것이다. 물론 약한 자들은 압도당할 것이다. 이것도 좋다. 투쟁, 고통, 패배 등을 없애려는 것은 나쁜 날씨를 없애려는 것처럼 이해할 수 없는 무모한 일이다.

생생한 모험

니체는 다른 모든 가치들을 삶에 대한 긍정이라는 척도로 판단한다. '선하다'는 것은 삶 또는 삶의 긍정을 주장하는 것이다. 심지어 '참이다'라는 것도 삶의 편에 있는 것이지 삶에 반대하는 것이 아니다. 비판가들은 니체에게 "그런데 도대체 주장하는 바가 무엇인가?

> "양심의 가책이란 우스운 것이다"
>
> 니체

당신은 지금 이 삶 이외의 다른 삶은 없고 이 세계 이외의 다른 세계도 없다고 말한다. 그러면 누가 무엇을 하든 그것이 무슨 상관인가? 승승장구하고 자기 실현을 하는 삶도 곧 죽음으로 끝날 것이다. 그렇다면 그 사람들도 곧 더 이상 존재하지 않을 터이며 모든 것이 결국 잊혀지고 말 것이다. 모든 것이 영원한 무(無)로 사라져 버릴 것이다. 그런데 도대체 뭐가 어떻다는 말인가?"라고 반문할 수도 있다.

이에 대해 니체는 두 가지 답변을 내놓는다. 먼저 니체의 결론은 삶은 자기 실현을 위한 방편으로서 그 자체로 살 만한 가치가 있다는 것이다. 자기 실현을 향한 삶은 자신의 외부에서 의미를 구하고자 하지 않는다. 즉 삶은 삶 그 자체로만 의미 있는 것이다. 이러한 측면에서 삶은 예술 작품과 같다고 말할 수도 있겠다. 이러한 사실을 통해 니체 자신과 다른 사람들은 그가 삶에 대한 미적 이해 – 이는 삶에 대한 니체의 태도에 예술적인 면이 없기 때문에 오해될 수 있는 표현이다 – 를 가지고 있다고 말한다.

그의 두 번째 답변은 모든 것은 영원한 무로 사라져 버리는 것이 아니라 영원으로 되돌아온다는 것이다.

갈등의 도전

누군가가 온전하게 자기 자신으로 살면 (자신의 삶을 완전히 자신의 것으로 하면) 타인과 갈등을 일으킬 수도 있다. 그러나 니체는 갈등의 공포는 지도자를 긴장시키고, 이들의 능력을 펼치게 만든다고 생각했다. 이 프랑스 병사는 1806년 예나 전투에서 프로이센 국기를 쟁취한 것에 환호하고 있다.

조로아스터

자라투스트라로도 알려진 조로아스터(Zoroaster)는 기원전 6세기 이슬람 이전의 페르시아 지방을 건설했다. 그는 선과 악의 조화에 따른 영원한 처벌이라는 사상으로 아리아의 민속 종교를 수정했다. 니체는 자라투스트라를 그리스도교 — 자신이 인정하지 않았던 — 에 대한 자신의 이론과 신의 죽음과 사회에서의 갈등의 필요 등 다른 영역에 대해 설명해 주는 대변자로 설정했다.

『차라투스트라는 이렇게 말했다』

그의 나이 40세에 완성된 『차라투스트라는 이렇게 말했다』는 처음 출판되었을 때는 그리 큰 호응을 얻지 못했다. 그러나 이는 오늘날 세계 문학의 걸작으로 손꼽힌다. 이 책 네 권에서 니체는 자신의 철학 사상을 개관했다. 그 형식과 사상, 특히 도덕과 심리학에 대한 부분에서 대담했던 이 책은 '초인' 개념을 소개하고 있다.

예술을 위한 예술

니체의 저작을 익히 알고 있었던 오스트리아 화가, 구스타프 클림트(Gustav Klimt, 1862-1918년)는 사회 단계상 종말로 치닫고 있던 세기 말 빈의 고상한 척하는 예술적 관습에 도전했다. "입맞춤에서 볼 수 있듯 그의 작품의 감각적이고 에로틱한 측면은 어떤 사람들에게는 포르노그라피로 느껴지겠지만 이는 우리의 도덕과 가치를 재평가해야 하는 의무를 지니고 있다는 니체의 믿음을 완벽히 표현한 것이다.

시간의 흐름은 광대한 우주적 주전원(周轉圓, 중심이 다른 큰 원의 주변에서 회전하는 작은 원–옮긴이)의 형태로 이루어진다. 따라서 예전에 생겨난 모든 것은 결국 다시 돌아올 것이고 오랜 시간이 흘러 다시 또 돌아올 것이다. 우리의 존재를 완전히 실현하면서 살면 그것은 영원히 사는 것과 마찬가지이다. 그리고 시간의 영원 회귀는, 유한하고 제한된 세계에서 우리를 영원한 삶에 최대한 가깝게 데려다 줄 것이다.

우리는 니체의 철학이 제기하는 도전과 그 도전에 대한 니체 자신의 대답을 구분해야 한다. 사람들은 대부분 니체의 대답은 거부하는 반면에 니체의 도전은 타당하고 매우 강력한 것으로 생각한다. 도전의 본질적인 내용은, 우리가 더 이상 전통적인 종교의 믿음을 유지하지 않는다면, 이로부터 정당화되는 도덕과 가치를 받아들이는 태도는 비합리적이라는 것이다. 만일 이를 받아들인다면 우리의 입장은 엉터리가 될 것이다.

우리는 니체가 말한 대로 우리의 가치를

> “인간은 심연 위에 놓여 있는, 짐승과 초인 사이의 밧줄이다”
>
> 니체

재평가해야 하는 의무를 가지고 있다. 다른 말로 하면 우리는 진정한 믿음에 기초하고 있는 우리의 도덕과 가치에 대한 근본적인 재평가를 수행해야 한다. 이는 점점 더 비종교적으로 변해 가는 이 세계에 대한 근본적이고 섬뜩한 도전이다. 니체가 이 도전을 제기한 이래로, 이는 서구인뿐 아니라 종교에 대한 믿음을 더 이상 가지고 있지 않은 사람들이 직면하는 최고의 윤리적 도전이 되었다. 니체의 도전은 20세기 실존주의 철학자들에게 도덕적인 논쟁거리를 제공해 주었다. 이 문제를 진지하게 고려해 본 사람들조차 대부분은 여전히 답을 찾지 못하고 있다. 많은 사람들의 견해에 따르면 이것이 오늘날 우리가 직면하는 가장 중요한 철학적 문제이다. 이 문제에만 관련해서 볼 때 니체는 다른 철학자들을 이끄는 선구적인 문제 제기를 했다.

그렇지만 니체의 철학은 자신의 문제제기에 대해 스스로 내놓은 답변이 독단적이기 때문에 철학을 주도하는 지위에 있지는 않다. 그러나 니체의 사상은 반 세기 동안 커다란 영향력을 행사했다. 파시즘의 창시자 베니토 무솔리니(Benito Mussolini)는 니체에 심취해 있었다. 히틀러는 무솔리니에게 1938년 역사적 만남에서 니체 선집을 선물로 주었다. 나치는 선전 문구에서 “초인”, “힘에의 의지”와 같은 니체의 표현을 자주 사용했다. 니체의 철학은 파시스트 사상을 대변하는 목소리로 여겨졌다. 따라서 이러한 생각은

의지의 승리

‘힘에의 의지’와 같은 니체의 책에서 나온 문구는 무솔리니와 히틀러의 파시스트 선동에 이용되었다. 그러나 니체는 결코 민족주의자도 반유대주의자도 아니었다. 니체의 초인 개념과 순수한 아리아인이라는 나치의 개념을 연결짓는 일은 오류이다. 위의 사진은 1934년 9월 독일 뉘른베르크에서 열린 나치의 전당 대회 모습이다.

루 살로메

1873년 니체는 철학자 폴레(Paul Rée)를 만나 곧 친구가 되었다. 레가 니체를 루 살로메(Lou Salomé, 1861-1937년)에게 소개함에 따라 이들은 복잡한 삼각관계로 발전했다. 살로메에 대한 레의 감정은 니체와의 우정에 손상을 주었다. 더구나 니체의 누이는 살로메를 지나치게 질투해서 상황을 더욱 악화시켰다.

롬브로소

니체의 초인 사상과 귀족–우월한 사람– 사상은 당시를 풍미하던 다른 사상과도 연관된다. 이탈리아의 의학, 정신 의학, 범죄 인류학 교수 체사레 롬브로소(Cesare Lombroso, 1836-1909년)는, 하층 계급 범죄인들은 두개골, 코, 이마의 모양 등 신체 외양상의 고유한 특징을 가지고 있다고 믿었다.

오랫동안 파시즘을 증오하는 사람들에게 니체 철학의 진가를 알게 하는 데에 걸림돌로 작용했다.

예술에 끼친 영향

19세기 후반과 20세기 초반에 니체는 창조적인 예술가들에게 폭넓은 영향력을 발휘했다. 국제적으로 인정받은 희곡 작가 아우구스트 스트린드베리(August Strindberg)와 루이지 피란델로는 특히 니체의 영향을 많이 받았다. 버나드 쇼는 자신의 희곡에 『인간과 초인(Man and Superman)』이라는 제목을 붙였다. 그리고 이에 대해 "나의 명성은 사람들로 하여금 자신들의 도덕을 다시 생각하도록 만든 지속적인 노력에 따라 얻어진 것이다."라고 말했다. 버나드 쇼는 니체의 사상이, 셰익스피어가 리처드 3세의 입을 통해 하는 다음 세 줄의 말로 표현된다는 것을 잘 알고 있었다.

"양심은 겁쟁이들을 이용해 먹는 말에 지나지 않고 원래 강자들을 두려워하게 만들기 위해 고안된 것이다. 우리의 강력한 팔이 우리의 양심이고, 우리의 칼이 우리의 법이다!"

당시 영국의 시인인 윌리엄 버틀러 예이츠(William Butler Yeats)는 니체의 책을 읽고 난 후 자신의 시적 발전의 방향을 바꾸었다. 독일 시인들 중에서는 릴케와 스테판 게오르게(Stefan George), 소설가 중에는 토마스 만과 헤르만 헤세(Hermann Hesse)가 니체의 영향을 받았다. 프랑스에서는 앙드레 지드(André Gide), 앙드레 말로(André Malaux), 알베르 카뮈(Albert Camus), 사르트르에 이르는 작가들이 그의 영향을 받았다. 이러한 모든 것을 고려해 볼 때 니체가 뛰어난 유럽 작가들에게 마르크스를 제외하고는 근·현대 사상가들 중에서 가장 큰 영향을 끼쳤음을 확실히 알 수 있다.

철학자가 작곡가들에게 영향을 끼치는 것은 흔한 일이 아닌데도 말러, 프레더릭 딜리어스(Fredrick Delius), 아르놀트 쇤베르크(Arnold Sch berg) 등은 모두 니체의 말을 음악에 사용했다는 것이 더 놀랍다. 특히 리하르트 슈트라우스(Richard Strauss)는 "차라투스트라는 이렇게 말했다"라는 제목의 교향시를 작곡했다. 이처럼 니체는 19세기 후반에서 20세기 초반의 문화에 매우 폭넓게 영향을 끼쳤다.

마땅치 않은 진리에 직면하다

가장 매력적인 니체의 이론은 스토아적 영웅주의라고 할 수 있다. 즉 우리는 스스로 가장 어렵고 마땅치 않은 진리에 맞서 이를 분명하게 직시해야 한다는 것이다. 그리고 삶 그 자체 외에는 어떠한 보상도 없이 이 진리에 따라 살아야 한다는 것이다. 종교적 믿음의 부재를 의식적으로 손실이라고 느끼는 많은 대담한 사람들은 자신들에게 이러한 본보기를 보여 준 니체에게 고마워했다. 이러한 길을 걷는 니체의 고유한 영웅주의는 의심할 바 없는 것이다. 정신분석학의 창시자 프로이트는 니체에 대해 "나의 젊은 시절에 니체는 내가 얻을 수 없던 고귀함을 의미했다."라고 말했다. 프로이트의 전기 작가는 또한 "프로이트는 니체를 두고 지금까지 살아온 사람들이나 살아갈 사람들 중에서 가장 잘 스스로를 꿰뚫어 본 사람이라고 여러 번 말했다."고 한다.

조지 버나드 쇼

아일랜드 극작가 조지 버나드 쇼는 철학적·정치적 요소를 결합한 희곡으로 유명했다. 쇼는 마르크스의 저작을 읽었고, 또 점진적 사회주의자였다. 삶의 긍정—충실하게 삶을 살아야 한다—에 대한 니체의 생각에 영향을 받았으며 자신의 유명한 희곡에 『인간과 초인』(1905년)이라는 제목을 붙이기도 했다.

예이츠

아일랜드 거주 영국 시인이자 극작가인 윌리엄 버틀러 예이츠(1865-1939년)는 자신의 조국과 복잡한 관계를 가지고 있었다. 정치 활동가 곤(Gonne)과 사랑에 빠지면서 예이츠는 아일랜드 민족주의에 열중했다. 예이츠는 1902년 처음 니체를 읽었고 이후 그의 작품에는 니체의 영향이 강하게 드러났다.

파시즘

니체 철학의 많은 요소가 제2차 세계대전 이전에 파시스트와 나치의 전략에 따라 오해를 불러일으켰다. 이탈리아에서 파시스트들이 권력을 잡은 것은 극심한 빈곤 때문이었고 독일에서는 미약한 시민 민주주의가 불러온 사람들의 공포 때문이었다. 파시즘에는 민족주의나 국가 권위와 같은, 니체가 싫어했던 측면이 있다. 그러나 니체의 이름은 사람들의 생각 속에 파시즘과 긴밀하게 연결되어 있다.

니체와 바그너

1868년 니체는 작곡가 바그너를 만나 쇼펜하우어에 대한 이야기를 나누면서 서로 가까워졌다. 1888년 니체는 『바그너의 경우』를 출간했고 1895년 『니체 대 바그너』를 완성했다. 바그너의 오페라 "파르지팔(1882년)"에 나타나는 이 장면은 막스 브뤼크너(Max Brückner, 1862-1927년)가 그린 것이다.

뛰어난 철학자이면서 동시에 예술가였던 니체

니체는 철학자들 중에서 가장 뛰어난 문학가이다. 많은 독일인들은 니체를 독일 산문가 중에서 가장 위대하다고 생각했다.

니체가 그렇게 많은 창조적인 예술가에게 영향을 줄 수 있었던 이유는 그 자신이 예술가였기 때문이다. 니체는 좋은 시를 썼으며 음악 — 아주 좋지는 않았겠지만 — 을 작곡했다. 그의 인생에서 가장 중요한 우정은 작곡가 바그너와의 교류였다. 무엇보다도 중요한 점은 그가 화려한 문체를 가지고 있었다는 사실이다. 이는 다른 작가들에게도 아주 매력적이었다.

니체의 책들은 대부분 다른 철학책처럼 논변과 반론을 가지고 상세하게 설명하는 확장된 산문의 형식이 아니라 경구, 성경 구절, 몇몇 문단으로 이루어진 단편화된 형태로 구성된 것이었다.

그러나 대개는 이보다는 철학적으로 더 심오하다. 좀더 괴상한 것으로는 "사상가는 늘 한 사람에게 국한되는 것이 불리함을 안다.", "당신이 심연을 너무 깊이 들여다보면 심연이 당신을 들여다볼 것이다.", "모레는 나에게 속한다. 어떤 것은 죽은 후에 태어난다." 등이 있다.

"천둥에 뒤이은 번개의 섬광"

독자로 하여금 모든 것을 새로운 방식으로 보게 하는 니체의 전형적인 방법은 설득적인 논변을 제공하는 것이 아니라 강렬한 인상의 이미지를 주는 것이다.

여기에도 주장은 있지만 암시의 형태로 등장하기 때문에 은유에서 의미를 끌어내야 한다. 무엇보다도 이러한 방식은 논변이 아니라 통찰—독자에게 번개의 섬광처럼 다가오는—을 보여주기 위해 채택된 것이다.

때때로 "부부가 함께 살지 않으면 행복한 결혼이 더 많아질 것이다." 또는 "허영심은 스스로를 세우려는, 자신도 모르는 경향이다. 그러나 허영심을 통해 자기 자신이 되는 사람은 없다.", "고집스럽게 관습을 회피하는 것은 이해 받지 않기를 원하는 것이다."와 같이 수수께끼 같은 형태를 취하기도 한다.

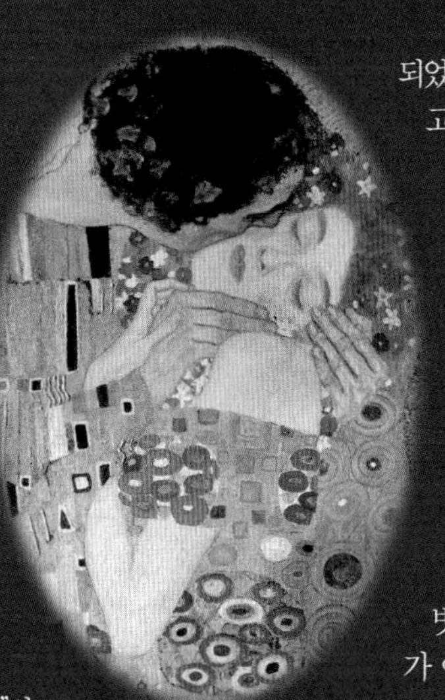

니체가 나치를 옹호한 철학자라고 주장되는 사실을 볼 때 니체가 독일 민족주의를 조롱했으며 반유대주의를 경멸했다는 것이 강조되어야 할 것으로 보인다.

니체는 그 자신 또한 독일인이었지만, 독일인에 대해 늘 비판적인 발언을 하고는 했다. 예를 들어 "독일인은 위트가 되었든, 지식이 되었든, 감정이 되었든, 지루하게 하는 법을 아는 특별한 재주를 가지고 있다.", "위대한 독일인의 깊이는 일반적으로 보기 싫은 상자에 밀봉되어 있나." 등이다.

그리고 반유대주의는 우스꽝스러운 것이라고 생각했다. 니체는 "반유대주의는 유대인들이 지성과 돈을 모두 가지고 있다는 이유로 그들을 용서하지 않는 것이다. 반유대주의는 '서투른 실수'의 또 다른 이름이다."라고 말했다.

니체는 특히 반유대주의에 대한 독일인의 태도에 대해 비판적이었다. 반유대주의에 대한 니체의 마지막 말은 "나는 모든 반유대주의자를 빗대어 말한 것이다."였다. 니체는 결코 나치주의자가 아니었다.

민주주의 철학

고대 그리스의 도시국가가 몰락한 뒤
18세기에 이르러서야—이는 2,000년의 세월이 흐르고 나서였다
—민주적이라고 할 수 있는 사회가 다시 등장했다.
첫 번째는 1776년에 건설된 미합중국이었다.
그리고 1789년 프랑스 혁명이 유럽 전역에 걸쳐 민주주의 사상을
전파하는 데에 새로운 추진력을 제공했다.
비로소 근대적 의미의 민주화가 시작된 것이다.
무엇보다 개인의 자유를 사회적 평등과 결합시키는 사상이
이러한 발전의 주도적인 역할을 했다.
어떻게 이러한 사상을 사회 질서 및 경제 번영과 조화시킬
것인가 하는 문제는 정치철학의 중요한 주제가 되었다.

유엔
*국제 평화와 안전, 국제 협력을 도모하는
유엔은 본부를 뉴욕에 두고 있다.*

공리주의

도덕과 정치에 깊은 관심을 가진 경험주의자들

"저마다 한 단위로 계산될 뿐 어느 누구도 한 단위 이상으로 계산되지 않는다."와 "최대 다수의 최대 행복"이 주요 원칙으로 채택되었다.

런던대학교

흔히 제러미 벤담이 런던대학교를 세웠다고 추측되지만 실제로는 헨리 브루엄(Henry Brougham), 아이작 골드스미트(Issac Goldsmidt), 제임스 밀, 노퍽(Norfolk) 공작 등이 속해 있던 협회에서 세운 것이다. 이들은 순응적이지 않고, 가톨릭이나 유대교적인 배경을 가지고 있다는 이유로 케임브리지대학이나 옥스퍼드대학에 입학할 수 없었다. 이 대학은 종교와 상관없이 입학할 수 있다고 해서 '가워 거리에 있는, 신이 없는 학교'라는 명성을 얻었다.

원형 감옥

벤담의 주요 목표 중 하나는 감옥의 개혁이었다. 그는 그러한 개혁이 "도덕이 개선되고 건강이 보존되고 산업이 활발해지고 교육이 보급되는 "결과를 가져올 것이라고 믿었다. 자신의 생각을 설명하기 위해 그는 이상적인 원형 감옥을 고안했지만 불행히도 이는 채택되지 않았다. 그러나 그는 자신의 노력에 대해 금전적인 보상을 받았고 그 돈은 런던대학의 건설에 쓰였다.

벤담의 주요 저작

『정부론에 관한 단편』(1776년), 『고리대금 변호론』(1787년), 『도덕과 입법 원리 입문』(1789년), 『대륙법전』(1830년)

19세기 전반 영·미의 철학은 칸트의 사상을 거의 외면하는 흐름으로 전개되었다. 칸트의 걸작 『순수 이성 비판』은 그가 죽은 지 50년이 지난 1854년까지도 영어로 번역조차 되지 않았다. 지금과 마찬가지로 당시 영국의 지식인층에서도 독일어를 읽을 줄 아는 사람은 드물었다.

따라서 흄 이후 형이상학과 인식론에서 주목할 만한 진전은 없었다. 하지만 도덕과 정치철학에서는 커다란 진전이 있었다. 영국이 전 세계 인구의 25퍼센트에 해당하는 사람들을 통치할 때 도덕 및 정치철학은 자신들의 대외 정책에 가장 큰 영향을 미치는 사상으로 발전했다.

좌파 사회 정책

흄 이후 영어권 철학자 중에서 지속적으로 주목받았던 사람은 제러미 벤담(Jeremy Bentham, 1748-1832년)이다. 벤담은 런던에서 태어나고 옥스퍼드에서 공부했다. 대학을 졸업한 후 그는 변호사 자격을 취득했고 영국 법정에서 일을 했다. 벤담이 공적인 도덕의 문제에 적극적으로 관심을 가지게 된 계기는 세상에 널리 퍼져 있던 부정의 때문이었다.

그는 평생에 걸쳐 윤리, 정치, 법적 문제들에 대한 방대한 글을 남겼고, 자신의 사상을 실천하는 데 매우 노력했다. 따라서 그는 '철학적 급진파(Philosophical Radicals)'라는 조직을 이끌며 감옥, 검열, 교육, 성(性)과 관련한 규율, 공적 제도에서의 부패 등을 척결하고자 했던, 즉 좌파 자유주의의 사회 정책에 바탕이 된 것들에 대한 자유주의 개혁 운동의 선구자가 되었다.

벤담
영국의 철학자이자 사회 개혁가인 제러미 벤담은 공리주의의 창시자이다. 그는 개인의 관심은 사회의 관심과 일치한다고믿었다.

새로운 대학

벤담은 주로 혁명 이전의 프랑스 사상가들에게서 영향을 받았다. 그 후 벤담을 통해 프랑스 사상의 발전이 이루어졌고, 이는 19세기 영국 사회주의의 출현까지 지속되었다. 벤담과 그의 주요 추종자들은 곧 자유 사상가들이었다. 그런데 당시만 해도 자유 사상가들은 옥스퍼드대학과 케임브리지대학의 입학이 허용되지 않았다. 따라서 이들은 1826년 새로운 학문 흐름을 추구할 수 있는 런던대학교(지금의 유니버시티 칼리지—옮긴이)를 설립했다. 이 대학에는 제러미 벤담의 모습이 많이 남아 있다.

대학 본부 로비에는 평상복 차림으로 방부 처리된 벤담의 시신이 유리함에 전시되어 있다. 이 시신의 머리 부분은 왁스 물질로 처리되어 있으며 최근까지 이 유리 전시관에는 "현존하지만 투표하지 않는다(present but not voting)."는 메모가 붙어 있었다.

아마도 그는 여러 방면에서 실천적인 일에 관심을 쏟느라 자신의 책을 출판하는 일에 대해서는 좀 무책임한 태도를 보였던 듯하다. 그는 여러 저술 작업을 동시에 진행하면서 먼저 시작한 것을 마치지도 않은 채 그만두는 경우가 많았다. 또 궁극적으로 출판에 대해 별다른 관심을 가지지 않았다. 그의 책이 출판된 것은 주로 친구들의 노력 덕분이었다.

따라서 그가 죽은 이후에 출판된 것이 많았다. 사실 벤담의 이름이 세상에 널리 알려지게 된 계기는 한 추종자에 의해 프랑스어 번역판—1802년 파리에서 출판된—이 출간되면서였다. 그리고 이미 그는 1792년

스코틀랜드 뉴래너크의 유토피아

공리주의의 영향은 19세기 초반의 가장 활동적인 공상적 사회주의자인 로버트 오언(Robert Owen, 1771-1858년)에게서 발견된다. 스코틀랜드의 뉴래너크 제분소의 주인인 오언은 노동자의 사회적·경제적 조건에 관심이 많았고 주거, 위생, 보육 등의 개선에 적극적인 관심을 가졌다.

새 프랑스 공화국의 시민이 되어 있었고 유럽과 미국에 그 영향을 끼치고 있었다. 벤담은 대기만성형의 사람이었고 대부분의 사람들과는 달리 나이가 들면서 점점 더 급진적 입장을 취했다.

1820년대 초반 죽음을 몇 해 앞둔 그는 『웨스트민스터 리뷰(*Westmister Review*)』라는 잡지를 출간했다. 이 잡지는 이후 '선진적인' 사상을 위한 매우 효과적인 토론의 기회를 제공했다. 예를 들어 30년이 지난 후 『웨스트민스터 리뷰』는 당시까지 전혀 알려지지 않았던 쇼펜하우어 철학에 대한 세계적인 주목을 이끌어 냈다.

최선

18세기 초반 벤담은 스코틀랜드계 아일랜드인인 철학자 프랜시스 허치슨(Francis Hutchson)이 발표한 "최대 다수에게 최대 행복을 가져오는 행위가 좋다."는 원칙을 공공 정책을 위한 지도 원리로 삼았다. 벤담은 이를 도덕철학으로 발전시켰다. 그는 행위의 옳음과 바름은 그 결과로 판단해야 한다(그러므로 행위의 동기와 같은 것은 무관함)고 여겼다. 따라서 나쁜 결과가 누군가에게 고통을 가져다준다면 좋은 결과는 행복과 쾌락을 가져다주어야 한다고 생각했다. 그러므로 어떤 상황에서든 추구되어야 하는 행위의 올바른 과정은 고통에 비해 쾌락을 최대화하거나, 쾌락에 비해 고통을 최소화하거나 하는 것이어야 한다고 주장했다.

이러한 철학은 공리주의(Utilitarianism)로 알려졌다. 왜냐하면 이는 행위를 그 효용(utility), 즉 결과를 가져오는 데에 유용한지의 여부에 따라 판단해야 하기 때문이다. 공리주의에 찬성하는 사람들은 이 원칙을 정치, 법, 그리고 사회 정책뿐 아니라 사적인 도덕 문제에까지 적용했다. 공리주의는 영국이 통치하는 방식에 지속적인 영향을 끼쳤다. "최대 다수의 최대 행복(The greatest good of the greatest number)"은 모두에게 익숙한 캐치프레이즈로 영·미 철학에 들어오게 되었다.

일단 이 원칙이 받아들여지면 어떻게 그 결과를 평가할 것인가와 같은 의사 결정에 따른 어려움이 생긴다. 이에 대한 또 하나의 중요한 원칙은 "저마다 한 단위로 계산될 뿐, 어느 누구도 한 단위 이상으로 계산되지 않는다."는 것이다. 이러한 원칙은 지금까지의 전통적인 태도와는 사뭇 다른 양상을 보여준다. 예를 들어 어느 누구에게도 아무런 고통을 주지 않는 성적인 활동을 공리주의에서 거부하지는 않는다. 하지만 실제로 성적 활동 중 어떤 것은 당시의 법률에 따라 야만적인 처벌을 받았던 것이다. 또 당시에는

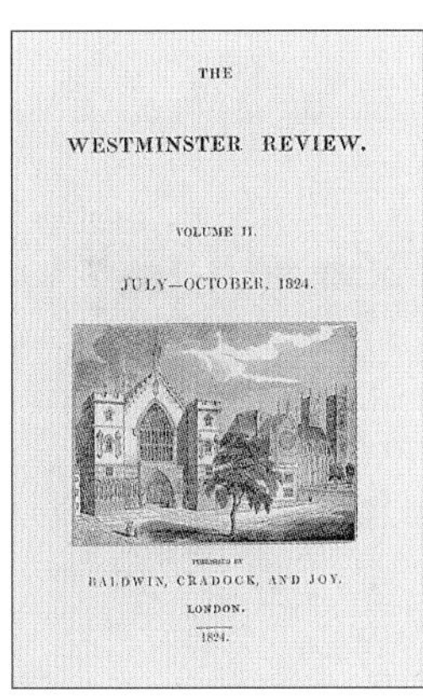
THE

WESTMINSTER REVIEW.

VOLUME II.

JULY—OCTOBER, 1824.

PUBLISHED BY

BALDWIN, CRADOCK, AND JOY.

LONDON.

1824.

『웨스트민스터 리뷰』

제러미 벤담의 저작 중 상당수는 의회 개혁에 목적을 두었다. 자신의 철학적 급진주의를 퍼뜨리기 위해 벤담은 1823년 제임스 밀과 함께 『웨스트민스터 리뷰』라는 잡지를 발행했다. 이 잡지는 1824년에서 1914년까지 발행되었는데, 주로 교육, 예술, 과학 분야를 다루었으며 일반 대중의 인기를 끌었다.

사회 복지

18-19세기 동안 영국민 대다수의 삶은 곤궁했다. 1601년에 발효된 구빈법은 공공 기금으로 저임금을 보충해 주어 가난한 사람들을 구제하는 것이 목적이었다. 1834년에 이르러 교구가 지역의 빈민을 위해 세금을 내야 한다는 생각은 개인이 책임져야 한다는 의견으로 바뀌었다. 유일한 도움은빈민들에게 최저 비용으로 집을 제공해 주는 것이었다. 벤담이 좀더 나은 사회를 위해 자신의 자유주의 이론을 정립한 배경에는 이러한 사회적 환경이 자리하고 있다.

"사랑의 거처"

공리주의자들은 다른 사람에게 고통을 안겨다 주지 않는 성적 활동은 굳이 반대하지 않았다. 헨리 제임스 프린스(Henry James Prince)가 1840년대에 사랑의 거처(Agapemone cult, 그리스어로 아가페는 영적인 사랑을 의미함)를 설립했던 것은 이러한 정신을 따른 것이다. 위의 사진에서처럼 서머싯 등에 넓은 집을 지어 자유 연애주의자들을 살게 했고 이로써 이들이 자유 연애를 추구한다는 사실이 널리 알려지게 되었다.

범죄에 대한 형벌

벤담은 영국의 법률, 사법부, 감옥 체계 등을 바꾼 가장 영향력 있는 개혁가였다. 그는 범죄에 부과되는 형벌은 범죄를 중지시킬 정도면 되고 그 이상의 불필요한 고통을 주지는 말아야 한다고 생각했다.

사람들에게 불필요한 고통을 주고 심지어는 파산으로 몰고 가지만 오히려 완전히 합법적인 사업 방법도 있었다.

따라서 공리주의 사상의 전파는 사회에서 중요한 실천적 변화를 가져오는 데에 도움을 주었다. 처벌에 대한 공리주의의 태도는 형벌이 악행을 저지하는 만큼만 가혹해야 하고 그 이상은 인정할 수 없다는 것이다. 왜냐하면 형벌은 소용없는 고통만을 일으킬 것이기 때문이다. 19세기 후반 공리주의 원칙은 영국의 정부 기관과 관리 부문에 퍼져 나갔고 지속적으로 강력한 영향력을 행사했다.

여기서 우리는 영국과 미국의 차이점을 볼 수 있다. 미국은 개인의 권리를 늘 우선시하여 다수의 복지를 위한 희생을 꺼리고 정부의 개입을 허용하지 않는 경향이 있다.

신동

벤담으로 상징되는 '철학적 급진파'를 조직하고 이끈 사람 중 제임스 밀(James Mill) 보다 더 중요한 인물은 없다. 그리고 벤담이 영국 정치에 그렇게 강력한 영향을 끼칠 수 있었던 것은 주로 밀의 노력 덕분이었다. 제임스 밀이라는 이름은 존 스튜어트 밀의 아버지로서 알려졌는데 그의 아들 존은 19세기 영·미 철학자 중 가장 명성이 높았다.

존 스튜어트 밀(John Stuart Mill, 1806-73년)은 오직 아버지에게서 배웠을 뿐 정규 교육을 받지 않았다. 아버지는 그를 아주 어릴 때부터 엄격하게 가르쳤다.

> "자기 자신을 극복하는, 즉 자신의 몸과 마음을 극복하는 개인이 자신의 주인이다"
>
> 존 스튜어트 밀

그는 그리스어, 라틴어, 산수, 역사 등을 배웠고 열두 살이 채 되기도 전에 이미 수학의 몇몇 분야에 눈을 떴다. 또 그는 공리주의의 영향 속에서 자라났으며, 훗날 이 공리주의라는 용어를 사람들에게 널리 퍼뜨렸다.

17세의 나이에 그는 아버지의 뒤를 이어 동인도회사에 발을 들여놓은 후, 1858년까지 일했다. 스무 살이 될 때까지 아버지가 너무 아들의 삶을 강력히 지배했기 때문에 그는 깊은 우울증에 시달렸다. 따라서 그는 자연스럽게 자신의 가능성을 펼치고 싶은 욕구를 많이 느끼게 되었다.

우여곡절 끝에 우울증에서 벗어난 그는 25세 무렵 유부녀 해리엇 테일러(Harriet Taylor)를 만나 정열적인 사랑에 빠졌다. 당시와 같은 관습적인 사회에서 이는 상당히 충격적인 일이었지만 결국 해리엇의 남편까지도 이들의 사랑을 인정하게 되었다. 해리엇의 남편인 존 테일러(John Taylor)가 죽은 이후 1851년 밀은 그녀와 결혼했다. 하지만 그녀는 1858년에 죽고 말았다. 1865-68년의 시기에 밀은 의회 의원을 지냈다. 그는 의회에서 여성의 참정권을 인정하는 법안을 발의해 주목을 받았다.

존 스튜어트 밀
영국의 철학자이자 경제학자인 밀은 개인의 자유를 옹호하는 매우 영향력 있는 책을 썼다.

남녀 평등

밀을 삽시간에 유명하게 만든 최초의 책은, 1843년 출판된 『논리학 체계(*A System of Logic*)』이다. 이 책은 제목과는 달리 철학의 일반 체계를 다루고 있으며 로크, 버클리, 흄, 벤담 등이 발전시킨 최신의 경험주의 철학도 소개하고 있다.

이 책은 그다지 뚜렷한 독창적인 견해를 보여 주지는 못했지만 당시 경험주의 철학에 대한 가장 체계적인 설명이었고, 결국 그에게 전 세계적인 명성과 영향력을 안겨다 주었다. 그리고 오늘날까지 지속적으로 영향을 끼친 저술로는 『자유론(*On Liberty*)』(1859년)과 『여성의 종속(*The Subjection of Women*)』(1869년)이 있다.

『자유론』의 중심 주제는 "인류가 개인적으로든 집단적으로든 어느 누구의 행위의 자유에 간섭하는 것이 정당화되는 유일한 이유는 자기 보호이다."라는 것이다. 즉 다른 사람에게 어떤 위해를 가하지 않는다면 인간은 누구나 자신이 원하는 모든 일을 할 수 있는 자유를 가져야 한다는 것이다. 이에 대해 그는 판사로서 피고인에게 "당신의 팔을 돌릴 수 있는 자유는 나의 코가 시작되는 지점에서 끝난다."라고 비유했다. 밀의 책은 개인의 자유라는 개념에 대한 고전적인 설명으로 평가되고, 아직도 그러한 측면에서 널리 읽히고 있다.

『여성의 종속』은 훨씬 더 주목을 끈다. 소녀들과 소년들은 동등한 지위에 있어야 한다고 주장한 플라톤 이후 여성의 평등을 다루었다고 할 수 있는 인물은 에피쿠로스였다. 에피쿠로스 이후로는 18세기까지, 그리고 프랑스 혁명을 둘러싼 자유주의의 격동이 있을 때까지 그러한 철학자는 나타나지 않았다. 특히 누구와도 비교할 수 없는 플라톤의 명성을 볼 때 그 2,000년 동안의 기간에 만족스러운 설명을 하기가 어려운 것은 왜인가? 『여성의 종속』은 어느 잘 알려진 사상가에 의해 성의 평등과 관련한 논쟁에 헌정된 최초의 책이었다. 그리고 이 책은 밀의 남다른 설득력과 호소력을 보여 주고 있다. 이러한 이유로 그는 지속적으로 페미니스트들의 큰 존경을 받아 왔다.

여성참정권
1866년 밀이 의회에 최초로 여성참정권 청원서를 제출했을 때 영국에서는 여성참정권을 주장하는 운동이 시작되었다. 그러나 1918년에 이르러서야 비로소 30대의 여성들이 선거권을 가지게 되었다.

ON
LIBERTY
BY
JOHN STUART MILL.

LONDON:
JOHN W. PARKER AND SON, WEST STRAND.
M.DCCCLIX.

『자유론』
밀의 저작 중 가장 인기있었던 것은 아내 해리엇의 도움을 받아서 썼으나 그녀가 죽은 뒤 출간한 『자유론』이었다. 이 책은 사회적·정치적 통제를 비판하고 개인의 자유를 옹호했다.

존 스튜어트 밀의 주요 저작

『논리학 체계』(1843년),
『정치경제학의 원리(*Principles of Political Economy*)』(1848년),
『자유론』(1859년),
『공리주의』(1863년),
『여성의 종속』(1869년),
『종교에 관한 에세이 3편(*Three Essays on Religion*)』(1874년)

해리엇 테일러
1830년 후반 밀은 유부녀 해리엇 테일러에게 연정을 느끼게 되었다. 밀의 제자였던 그녀는 밀에게 보헤미안 친구들을 소개해 주었으며, 시간이 흐르면서 그의 가장 가까운 비판자이자 상담자가 되었다.

퍼스의 주요 논문

『광도 측정 연구(*Photometric Researches*)』(1878년),
『우리의 관념을 명료하게 하는 방법』(1878년),
『과학 논리의 예증들(*Illustrations of Logic of Science*)』(1877-78년),
『논문집』(1931-58년)

미국 실용주의

실천과 관련된 형태의 지식

앎이란 우리가 무엇인가를 하는 것이고, 실천을 통해 가장 잘 드러난다. 의미와 진리에 대한 물음은 이러한 맥락에서 가장 잘 이해된다.

> 실제로 있는 모든 것은 경험될 수 있어야 하고 경험되는 모든 것은 어딘가에 실제로 있어야 한다
>
> 윌리엄 제임스

18세기 말엽 미국은 독립 국가를 선포하면서 자신들의 고유한 문화와 사상의 발전에 새로운 전기를 마련했다. 그러나 미국 철학이 세계적 관심을 얻을 정도로 발전하기까지는 다시 100여 년의 세월이 흘러야 했다. 그리고 19세기 말에서 20세기 초 권위 있는 비평가들은 하버드대학 철학과를 세계에서 가장 뛰어난 철학 교육 기관으로 평가했다.

그 후 미국 철학의 주요 흐름을 담당한 세 명의 뛰어난 사상가들이 나타났다. 그리고 이들은 '미국 실용주의자'라고 불렸다. 이들 중 가장 정통적인 사상을 지닌 사람은 찰스 샌더스 퍼스이고, 재미있게 읽을 수 있는 책을 쓴 사람은 윌리엄 제임스였다. 그리고 가장 널리 영향을 끼친 사람은 바로 존 듀이였다.

지식은 행위이다
퍼스는 지식을 얻기 위해서 우리는 상황을 객관화하고 실수에서 배워야 한다고 주장했다. 예를 들어, 1880년 스코틀랜드의 테이 교(Tay Bridge)가 붕괴된 후 교량의 구조와 디자인에 대해 좀더 많이 알 수 있게 된 경우와 같이 말이다. 위의 그림은 잠수부들이 물속에 잠긴 잔해를 조사하기 위해 준비하는 장면이다.

퍼스
미국의 수학자이자 물리학자인 퍼스는 실용주의의 창시자이다. 그는 논리학을 철학의 기초로 생각했다. 퍼스는 말년에 암으로 투병했고 극심한 가난으로 고생했는데, 윌리엄 제임스와 같은 친구들의 도움만이 그의 고통을 덜어 주었다.

앎은 곧 실천이다

브리태니커 백과사전에 따르면 찰스 샌더스퍼스(Charles Sanders Peirce, 1839-1914년)는 "지금까지 미국이 배출한 가장 정통적이고 다재다능한 지성인이라 할 수 있다." 퍼스의 아버지는 하버드대학 수학 교수였으며 당시의 미국 수학자 협회를 이끌었다. 퍼스는 수학과 과학 분야에서 학위를 받았고 오랫동안 과학자로서 일했다. 그의 철학 활동은 여가 시간에 주로 이루어졌다. 하지만 그는 48세에 이르러 오로지 철학에만 몰두했다. 퍼스는 한 번도 책을 쓴 일이 없었다. 그의 이름으로 나온 책은 대부분 유고집이었다. 그중 대표적인 저술은 8권으로 출간된 『논문집(*Collected Papers*)』이다.

퍼스의 중심 견해는, 지식은 행위라는 것이라 하겠다. 필요나 결여 또는 의심을 통해 우리는 앎의 본질을 탐구하게 된다.

이러한 탐구에 따라 우리는 문제 상황을 객관화할 수 있다. 그리고 그 상황을 통해 무엇이 잘못되거나 빠졌는지, 또는 바르게 교정하는 방법이 무엇인지를 알 수 있게 된다. 우리의 문제가 순전히 이론적인 것일 때에도 이러한 방법을 적용할 수 있다. 즉 일상생활과 과학에 모두 적용할 수 있는 것이다. 지식은 주로 평가의 형태로 표현되고 그에 대한 올바른 이해를 목표로 한다. 이처럼 지식은 타당한 설명으로 이루어진다.

퍼스의 첫 번째 중요한 논문은 『우리의 관념을 명료하게 하는 방법(*How to Make Our Ideas Clear*)』(1878년)이다. 여기서 그는 용어를 정확하게 이해하기 위해서는 그 용어가 문제 상황을 기술한 정식에 쓰일 때와, 그에 대한 해결을 위한 정식에 쓰이는 때의 차이가 무엇인지를 우리 스스로 물어야 한다고 주장했다. 이 차이가 용어의 의미를 구성한다. 그 적용이 그다지 큰 차이를 가지지 않으면 의미의 차이를 확인할 수 없다.

따라서 퍼스는 "실용주의" – 퍼스 자신이 이러한 맥락에서 사용하는 용어이다 – 가 용어의 의미를 확인 또는 규명하는 방법이라고 주장한다. 그러므로 우리는 실용주의를 의미 이론으로도 생각할 수 있다.

오류 가능성 이론

퍼스의 오류 가능성 이론(fallibilism)은 근원적이고 독창적이다. 이는 과학자들이 지금껏 받아들여 오던 지식에 관한 이론, 즉 지식을 일반적인 사실로 보는 견해를 거부한다. 즉 과학자들은 인간이 마치 세계의 바깥에 대한 관찰을 통해 지식을 이끌어 낼 수 있는 것처럼 생각한 나머지, 지식에 대한 관찰자의 이론과 같은 것을 받아들여 왔다. 그러나 퍼스는 우리가 이렇게 하지 않는다고 말한다. 즉 우리는 관찰자가 아니라 참여자로서 지식을 획득한다. 우리는 이 세계의 일부이며 우리가 지식을 추구하고 이해하려고 하는 것도 이 세상에 살아 남기 위해 요청되는 일이다. 지식은 아마도 우리가 가진 생존의 필요 수단 중 가장 중요한 도구일 것이다. 따라서 우리는 우리의 지식을 이용한다.

그리고 지식의 가장 유용한 측면은 그 설명력에 있다. 따라서 우리는 어떤 설명이든 지식이 지식인 한, 그리고 정확한 결과를 내놓는 한 지식에 의존하게 될 것이다. 어떤 지식으로 풀리지 않는 어려움에 맞닥뜨리면 우리는 이를 개선하려고 노력하거나, 심지어는 다른 것으로 대체하고자 할 것이다. 이는 과학적 지식이 확실성보다는 설명을 위한 것임을 의미한다. 우리의 과학적 지식이 늘어남은 기존의 확실성에 새로운 확실성을 부가하는 방식이 아니라 기존의 설명을 좀더 나은 설명으로 대체하는 데에 있는 것이다.

퍼스보다 약간 앞서 영국 케임브리지에 있는 철학자 윌리엄 휴얼(William Whewell)이 이러한 견해를 나타냈다. 그런데 퍼스가 이 통찰을 좀더 확장시켰다. 여기에서 과학과 지식에 대한 이론이 발전했고 결국에는19세기에 횡행하던 기존의 견해를 뒤집게 되었다. 사람들은 과학을 확실하고, 고쳐지지 않을 지식, 즉 아주 안전하고, 변하지 않을 사실로 생각했다. 진정 가치가 있는 지식은 이러한 확실성을 가지고 있다고 여겨졌다. 그러나 20세기에 이르러 사람들은 확실한 지식이란 있을 수 없으며 과학 또한 그러하다고 생각했다. 나아가 모든 지식은 틀릴 수 있으며, 원칙적으로 고칠 수 있거나 대체 가능하다고 깨닫게 되었다. 지식의 역사는 이러한 사실을 매우 뚜렷하게 보여 주고 있다. 예전에는 사람들의 관심을 그다지 끌지 못했던 것들이 시간이 흐르면서 점점 의심할 수 없는 분명한 것으로 받아들여지게 되었다. 물론 오늘날도 예외는 아니다.

퍼스가 이미 일정 부분 받아들였던 20세기 사상의

실천이 곧 아는 것이다

퍼스는 우리가 관찰이 아닌 참여를 통해 지식을 얻는다고 주장했다. 예를 들어 운전을 배울 때 우리는 스스로 참여함으로써 지식을 얻는다. 그러나 이와는 달리 과학자들은 오랫동안 지식이 관찰을 통해 얻어진다는 견해를 유지해 왔다.

> "그러니까 실제의 것은 지금이든 나중이든 결국 정보와 추론에서 나온 것이다"
>
> 퍼스

하버드대학

미국에서 가장 오래된 명문 하버드대학은 1636년 매사추세츠 주 뉴타운(나중에 케임브리지로 이름을 바꿈)에 설립되었다. 청교도 목사인 존 하버드(John Harvard)의 이름을 딴 것이었고, 초기에는 교회의 검열을 받았다. 그러나 200년이 흐른 뒤 교회와 정치권의 통제에서 자유로워지면서 비로소 지적 발전의 터전으로서 명성을 날리게 되었다. 하버드는 많은 과학자와 철학자뿐 아니라 미국 대통령 여섯 명을 배출하기도 했다.

헨리 제임스

"인터내셔널 노블(international novel)"의 설립자로 알려진 헨리 제임스는 영·미 문학과 예술에서 매우 중요한 인물이었다. 젊은 시절 그는 많은 곳을 여행했는데 미국으로 돌아가면서 작가 생활을 시작했다. 1869년에는 유럽 여행을 통해 많은 것들을 배우게 되었다. 이 무렵 그의 가장 성공적인 소설이라고 할 수 있는 『어느 부인의 초상(*The Portrait of a Lady*)』(1881년)을 썼다. 헨리 제임스의 책은 행위보다는 심리 묘사에 주력한 것으로 유명하다.

뢴트겐

19세기 후반 가장 놀라운 과학적 성과는 빌헬름 뢴트겐(Wilhelm Röntgen, 1845-1923년)이 X선을 발견한 것이다. 이 전자기선은 의사들이 수술을 하지 않고도 인간의 신체 내부를 살펴볼수 있게 했고 사람들이 과학의 힘에 주목하게 만들었다.

월리엄 제임스의 주요 저작

『심리학 원리』(1890년),
『다양한 종교체험』(1902년),
『실용주의』(1907년),
『진리의 의미(*The Meaning of Truth*)』(1909년)

우리의 지식 중 확실한 것은 없다

퍼스는 한 시대에 그다지 잘 '알려지지' 않는 것이 다음 시대에는 의심할 바 없는 확실한 것으로 여겨질 수 있다고 생각했다. 라이트(Wright) 형제는 예전 세대가 불가능하다고 생각했던 동력 비행기를 최초로 만들었다. 라이트 형제의 최초의 비행은 1903년 12월 17일 노스 캐롤라이나의 키티 호크 근처에서 이루어졌다.

또 하나의 일반적인 특징은 지식과 인식자의 실존적인 관계이다. 즉 인식자는 자신이 바라보는 세상의 바깥에 있는 것이 아니라 실제로는 그 세상의 일부이다. 따라서 인식자는 세상에 대한 지식과 이해가 다른 무엇보다도 자신이 가진 긴급한 필요를 충족시켜야 하는, 세상에의 참여자라는 사실에 관심을 둔다는 것이다. 그 후 이러한 견해는 스스로를 다른 사상에 반론을 제시하는 사람들로 생각했던 몇몇 학파들에서 계승되었다. 예를 들어 퍼스에서 발전된 마르틴 하이데거(Martin Heidegger)와 현대적인 형태의 실존주의, 퍼스의 유고집에 주목한 비트겐슈타인과 분석철학, 그리고 칼 포퍼의 연구에서 출발하는 진화론적 인식론이 새로운 흐름을 이끌었다.

명쾌한 문체

퍼스의 삶과 연구는 그다지 주목받지 못했다. 몇몇 친구들이나 전문가들만이 그의 글을 읽었을 뿐이었다. 전 세계에 '미국 실용주의'로 알려진 사상을 만든 사람은 월리엄 제임스(William James)라는 퍼스의 평생지기였다. 월리엄은 하버드 의대를 졸업한 다음 모교에서 해부학과 생리학을 가르치다가 결국에는 철학 교수가 되었다.

월리엄은 동생인 소설가 헨리 제임스(Henry James)와는 전혀 다른 유쾌한 문체로 글을 썼다. 헨리는 글의 밀도가 높고 글을 서서히 진행시키는 것으로 유명한 반면에 월리엄의 문체는 긴박하고, 기습적이며, 짜임새가 튼튼하고, 비유를 즐겨 사용한 명쾌한 문체였다. 문체만으로 판단한다면 헨리가 철학자이고 월리엄이 소설가라고 해도 될 것이다. 월리엄은 전 세계적인 독자층을 확보하고 있었고 오늘날까지 그의 책은 계속 널리 읽히고 있다. 우리가 오늘날 철학사에서 '제임스'라는 이름을 들면 사람들은 자연스럽게 월리엄 제임스를 떠올린다. 물론 문학 분야에서 제임스라고 하면 헨리를 떠올리겠지만 말이다. 월리엄의 가장 잘 알려진 저작은 『심리학 원리(*The Principles of Psychology*)』(1890년), 『다양한 종교체험(*The Varieties of Religious Experience*)』(1902년), 『실용주의(*Pragmatism*)』(1907년)이다.

월리엄 제임스

미국 심리학자이자 철학자인 월리엄 제임스—동생은 소설가 헨리 제임스—는 성인이 된 후 대부분의 삶을 하버드와 관련해서 보냈다. 그는 하버드 의대를 졸업했고 생리학, 철학, 심리학 등의 분야에 뛰어난 교수였다.

진리 이론

퍼스는 실용주의를 의미 이론으로 생각했지만 제임스는 진리 이론으로 생각했다. 제임스는 다음과 같은 것을 모두 충족시키는 진술과 이론이 참이라고 주장했다. 즉 무엇보다 먼저 이미 알려져 있는 사실에 일치해야 하고, 다른 입증된 진술과 과학 법칙에도 부합해야 한다. 아울러 비판에도 견디어 낼 수 있어야 하며 유용한 통찰을 주고 정확한 예측을 해야만 한다. 제임스는 하나의 진술이 이러한 조건들을 충족시킨다 해도 우리가 그것을 '참'이라고 말하지 못하는 경우는 진정 어떤 것이 있을 수 있는가 하고 묻는다. 안타깝지만 사람들은, 일반적으로 무엇이든 역할을 하는 것은 참이라는 그의 생각을 매우 서투른 접근 방식으로 여겼다. '실용주의'라는 용어는 이러한 오해를 불러일으킨다는 면에서는 상당히 불행하다.

"과학에서 바뀌지 않는 것은 없고 바뀌지 않을 수 있는 것도 없다"

퍼스

게다가 이러한 오해는 종교적 진술 및 그 체계가 참이거나 다른 말로 부인되지 않으면, 그리고 인간이 종교를 믿음으로써 중요한 혜택을 입을 수 있다면, 종교를 믿는 것은 정당하다는 그의 견해 때문에 생겨나기도 한다. 이는 융과 좀더 밀접하게 관련되는 견해였다. 퍼스는 제임스와 좋은 관계를 유지했고 제임스가 말하는 바에 대해 깊이 이해하고 있었다. 그러나 퍼스는 공개적으로는 실용주의에 대한 제임스의 해석과 거리를 두고 있었다. 제임스 자신은 끝없이 반복되기만 하는 논쟁에 질려 연구의 초점을 다른 문제로 돌렸고 마침내 연하의 철학자 존 듀이가 관련되어 있는 실용주의 분야를 떠났다.

국제적인 명성

존 듀이(John Dewey, 1859-1952년)는 얌전한 뉴잉글랜드인으로 태어나 버몬트대학에서 공부했다. 그는 괜찮은 학생이었지만 그다지 총명한 편은 아니어서 철학과 대학원 입학 허가를 두 번이나 거절당했다.

믿음의 힘

제임스에 대한 피상적인 이해는 그의 종교적 믿음에 관한 주장 때문이다. 그는 어떤 진술이 부인될 수 없고 그에 따른 혜택이 존재한다면, 믿음이 정당화될 수 있다고 생각했다. 예를 들어 자녀를 잃은 어머니는 죽은 자녀가 하늘에 있다고 믿음으로써 위안을 받을 수 있다는 것이다.

정치적 행동주의

듀이는 '실험 학교'를 세웠을 뿐 아니라 다른 많은 사회·정치 기획에 관련했다. 그는 시카고 빈민 지역의 헐 하우스 기획(Hull House Project)을 담당했고, 노동조합의 합법화 등에 대한 글을 잡지 『뉴 리퍼블릭(*The New Republic*)』에 정기적으로 투고했다. 1933년 그는 세계 곳곳에서 전체주의 정권에게 억압을 받고 있는 학자들을 위해 미국 대학 교수협회와 미국 시민 자유 연합에도 참여했다.

> *자기 표현이라고 하는 것은 자기 노출이라고 하는 편이 낫다. 이는 다른 사람들에게 인격을 — 또는 인격의 결여를 — 드러내는 일이다. 즉 그 자체로 토해 내는 것에 불과하다*
>
> 듀이

따라서 결국 대학원에 입학하기 위해 숙모에게 500달러를 빌렸다. 여하튼 그는 이런저런 어려움을 극복하고 미시간대학, 시카고대학, 뉴욕에 있는 컬럼비아대학 등의 교수를 지냈다.

듀이는 헤겔주의자였지만 일찌감치 자신의 노선을 실용주의로 바꾸었다. 실용주의 이론을 받아들이면서 그는 늘 실천적인 활동에 관심을 가졌다. 그는 과학이나 정치와 관련된 모임을 이끌었고 새로운 형태의 학교를 창안했다. 그는 늘 좀더 많은 사람에게 자신의 사상을 전파하고 저작뿐 아니라 수준 높은 칼럼도 쓰려고 노력했다. 그러면서 그는 국제적으로 알려지고 영향을 끼치는 인물이 되었다. 도쿄, 베이징, 난징에서 강연을 했고 터키, 멕시코, 러시아 등지에서 교육 혁명을 지도했다. 또 그는78세의 나이에 트로츠키를 피고로 하는 모스크바에서의 재판에서 조사위원회를 이끌었고, 면밀한 조사를 통해 트로츠키가 무죄 판결을 받는 데 기여했다.

1946년에 출간된 러셀의 유명한 『서양철학사(*History of Western Philosophy*)』에는 살아 있는 철학자가 단 한 명만 소개되고 있는데, 바로 듀이였다. 듀이의 다양한 저작들 가운데 그의 중심 사상을 가장 잘 드러낸 것은 『논리학 : 탐구의 이론(*Logic: The Theory of Inquiry*)』(1938년)일 것이다. 그리고 사람들에게 가장 인기를 모은 책은 『철학의 재구성(*Reconstruction in Philosophy*)』(1920년)이고 전 세계적으로 가장 영향을 끼친 책은 『학교와 사회(*The School and Society*)』(1899년)이다.

듀이
듀이는 20세기를 움직인 철학자였을 뿐 아니라 영향력 있는 심리학자, 교육가, 미국 민주주의의 믿을 만한 참된 목소리였다.

실천을 통한 배움

듀이는 지금껏 가장 성공적으로 지식을 획득해 온 분야는 과학이라고 생각했다. 그는 과학 지식의 두 가지 특징에 주목했다. 첫째, 과학이 다른 분야에 대한 지식보다 훨씬 신뢰할 만하다는 것이다. 둘째, 우리가 영위하는 실제의 삶을 달라지게 만든다는 의미에서 과학의 지식이 좀더 유용하다는 것이다.

실용주의자로서 듀이는 앎이란 모두 인간의 활동이라고 생각했다. 이러한 견해에서 그는 과학과 관련해서 아주 특별한 것이 다른 앎의 영역에도 적용될 수 있는지의 여부를 고찰했다. 그리고 그는 긍정적인 결론에 이르렀다.

듀이에 따르면 과학은 다른 모든 분야에 유용하게 적용할 수 있는 논리적 구조를 가진 고도의 자기비판적인 형태의 탐구이다. 우리는 늘 어려운 문제에서 시작한다. 따라서 우리에게 가장 필요한 것은 이 어려움을 분명히 하는 일, 즉 우리의 문제를 객관화하는 것이다. 이 과정은 어려울 수 있고 또 여러 단계를 거칠 수도 있다. 그러고 나서 그 문제에 맞는 해결책을 생각해야 한다. 그리고 이 해결책을 실험하고, 이 실험에서 해결책이 적절하지 않다는 결과가 나오면 다시 다른 방도를 강구해야만 한다. 그러나 실험에서 해결책이 유효하다는 사실이 확인되면 우리는 그 문제를 풀 수 있고 다른 문제로 옮겨가게 된다.

실천적인 인간
듀이는 의회의 양당 체제가 공황에 따른 미국의 문제를 해결하는 데에 실패했다고생각했다. 1936년 그는 자유주의를 표방하는 제3당을 만들 것을 주장했다.

듀이는 이러한 방식이 모든 탐구의 바람직한 기본 유형임을 깨달았다. 그에 따르면 이것이야말로 우리의 지식과 능력을 모든 분야에서 키우는 방법이다. 물론 세부적인 절차, 증거의 유형, 검증 방법 등은 다른 영역에서는 다양하게 나타나겠지만 말이다. 이러한 탐구에서 가장 중요한 역할을 하는 것은 비판이기 때문에 이는 피할 수 없는 사회 활동이라고 생각했다. 따라서 그는 제도와, 제도의 기능에 관심을 가졌다. 이를 듀이는 민주주의에 적용시키고자 했다. 그는 민주주의 개념이 매우 중요하다고 생각했고, 이 민주주의를 자신의 삶 속에 체화시켰으며, 민주주의에 대해 상당한 양의 글을 썼다. 그는 어린이 교육은 이러한 문제 해결 방식에 바탕해야 한다고 주장하면서 이를 "실천을 통한 배움"이라고 불렀다. 왜냐하면 이 교육 방법이 이론과 실천을 완전히 조화시키며, 어린이들을 창의적인 배움으로 이끌기 때문이다. 그리고 이는 무엇보다도 어린이들을 인간 활동의 모든 분야에서 일반적인 능력을 가지도록 훈련시키기 때문이다.

듀이의 교육 사상은 전 세계적인 관심을 불러 일으켰다. 당시 교육은 거의 어디에서나 본인의 의지와는 상관 없이 엄격한 훈육을 통해 수행되는 일로 여겨졌다. 교육 과정을 이끄는 어린이의 창의력을 체계화하기 위해 듀이가 제안한 방법은 아주 특별한 성과를 거두었다. 듀이는 가장 뛰어난 근대 교육 이론가라고 할 수 있다.

> "우리가 좀더 많이 상호 작용할수록 문제의 대상을 좀더 많이 알게 된다"
>
> 듀이

실천적인 배움

듀이는 이론과 실천의 영역 모두에서 어린이들을 창의적으로 이끌 때 교육의 효과가 커진다고 주장하면서 '행위를 통해 배우는' 교육 방식을 지지했다. 이 사진에서 10대 소년 두 명은 교사가 지켜보는 가운데 공기에 열이 가해질 때와 공기가 식을 때 어떤 현상이 발생하는지를 알아보기 위한 실험을 하고 있다.

『학교와 사회』

교육 분야에서 가장 눈에 띄는 듀이의 저서 『학교와 사회』는 그의 교육 철학의 기본 신념을 담고 있다. 여기에는 안내자와 협력자로서의 교사의 역할에 대한 내용과, 교육의 과정이 어린이의 관심과 함께 시작되어야 하고 관심으로부터 구축되어야 한다는 믿음이 포함되어 있다.

존 듀이의 주요 저작

『학교와 사회』(1899년),
『논리이론 연구(*Studies in Logical Theory*)』(1903년),
『철학의 재구성』(1920년),
『확실성의 추구(*The Quest for Certainty*)』(1929년),
『논리학 : 탐구의 이론』(1938년)

20세기의 철학

20세기는 중세 이래 처음으로 모든 주요 철학자가 학계에서 활동한 시대이다. 분석철학이 크게 발전한 이유에는 이러한 요인도 포함된다. 이 시기에 논리와 언어 분석에서 사상 유례 없는 발전이 이루어졌다. 또 다른 영역과 관련해서는 두 가지 측면에서 큰 진전이 있었다. 하나는 20세기 과학에 대한 반응으로서 인간의 지식에 관한 재평가를 완수한 것이다. 또 하나는 더 이상 신이 창조했다고 여겨지지 않는 우주, 즉 의미나 목적을 가지지 않는 우주에 존재하는 인간의 조건을 이해하려는 시도였다.

비키니 환초에 떨어진 핵폭탄

1946년에서 1963년까지 태평양 북쪽에 위치한 비키니 환초에서 미국은 원자탄을 실험했다.

프레게와 현대 논리학

주요 흐름이 된 논리학

20세기 초반 논리학에서의 중요한 흐름이 철학 전체에 영향을 끼쳤다.

주요 저작

『개념기호법(*Begriffschrift*)』(1879년),
『산술기초개념(*Die Grundlagen der Arithmetik*)』(1884년),
『연산의 기본법칙(*Grundsetze der Arithmetik*)』(1893년),
『독일 관념론 철학에 대한 탐구(*Beitrage zur Philosophie der Deutschen Idealismus*)』(1919-23년).

페아노

프레게의 사상은 이탈리아 수학자 주세페 페아노(Giuseppe Peano) 등과 같은 사람들을 통해 처음으로 소개되었다.
상징 논리의 창시자인 페아노는 논리 기호법을 만들었고, 기하학적 미분의 기본 요소를 구축했다.
페아노는 또 라틴어, 프랑스어, 독일어, 영어 등의 단어를 융합해서 만든 인터링구아(Intelingua)라는 인공 국제어를 만들었다.

후설에게 보낸 편지

프레게는 말과 의미의 관계에 관한 자신의 견해와, 후설이 그의 『산술의 철학(*Philosophie der Arithmetik*)』(1891년)에서 설명한 말과 의미의 관계 사이의 차이를 이해했다.
위의 편지에서 프레게는 그 차이를 설명하고, 표현의 의미와 지시체를 구분하기 시작한다.

아리스토텔레스 이후 19세기에 이르기까지 논리학의 본질적인 체계는 한결같이 유지되어 왔다. 당시 논리학은 사고를 규정하는 규칙의 체계로 여겨졌다.

쇼펜하우어가 주장한 것처럼 우리가 논리의 법칙을 따르지 않으면서 조리 있게 생각하는 것은 관절의 반대 방향으로 팔다리를 움직이는 것보다 더 어렵다.

그런데 19세기 후반 독일 철학자 고틀로프 프레게(Gottlob Frege, 1848-1925년)가 기존 이론을 뒤흔드는 결론을 내놓음에 따라 논리학에서 혁명적인 발전을 이루게 되었다.

프레게
독일의 수학자이자 철학자인 프레게는 현대 수학적 논리학을 창시하고 분석철학의 기초를 구축했다. 그러나 그는 사후에야 비로소 널리 알려지게 되었다.

논리학은 객관적이다

프레게를 통해서 그 이전에는 불분명했던 것들이 분명해진 것이 있다. 그 핵심 내용은 다음과 같다.

어떤 것이 실제로도 그렇거나 그렇지 않은 것은, 사실상 다른 차원의 문제라는 것이다. 즉 이와 같은 문제를 단지 인간의 심리에 의존할 수만은 없다는 것이다. 따라서 논리학은 '사유의 법칙'이 아니라 사유와 관련된 그 어떤 것이라는 뜻이다.

논리적 관계는 인간의 사유와 무관하다. 물론 우리는 논리적 관계를 알 수 있고 배울 수 있고 개관할 수 있고 오해할 수도 있다.

하지만 우리는 우리 자신과 독립적으로 존재하는 다른 많은 것들과 관련해서도 이렇게 알고, 배우고, 개관하고, 오해할 수 있다. 그런데 중요한 것은 논리적 전제는 객관적인 진리라는 점이다.

우리는 객관적 진리를 파악할 수도 있고, 무시할 수도 있지만, 객관적 진리의 존재 그 자체는 우리의 사유로 규정할 수 없다. 이러한 통찰이 일반적인 철학에 적용될 때 단순한 결론이 이끌어진다.

데카르트 이후 서양철학에서는 "나는 무엇을 알 수 있는가?(What can I know?)" 라는 질문이 중심이었다. 지식의 이론 즉 인식론이 서양철학의 중심에 있어 왔다.

그리고 인식론이란 사람의 마음에 진행되는 것이 탐구의 주요 주제라는 점을 강조하기 위해 붙여진 이름이었다.

그러나 프레게의 통찰은 철학을 심리학에서 벗어나게 하는 결과를 가져왔다. 무엇이 그 경우이고, 무엇이 무엇에서 나오고 하는 등의 문제가 모두 인간의 정신에 독립적이라면, 세계를 이해하려는 인간의 시도는 인식론의 중심이 될 수 없다.

이는 철학이 논리학이 아닌 인식론에 바탕해서는 안 된다는 사실을 분명하게 보여 준다. 그리고 프레게의 저작은 20세기 내내 철학의 주요 영역에서 지속된, 이러한 흐름의 변화를 이끌었다.

수학은 논리학이다

프레게의 또 다른 위대한 업적은 수학에 대한 우리의 이해와 관련된다. 물론 수학은 대부분 무엇에서 무엇이 나온다와 같은 가정과 추론으로 이루어진다. 그리고 수학적 주장과 논증은 다른 모든 분야에서와 마찬가지로 어디에서 어떤 전제를 가지고 출발하는지의 문제이다. 그리고 또한 전제에서 그 다음 절차를 밟으려면 최소한의 규칙을 가져야만 한다.

지금까지 말한 바와 같이 하나의 논증이 스스로 자신의 전제와 규칙의 타당성을 입증하는 일은 가능하지 않다. 만일 그러한 일이 가능하다면 증명해야 할 것을 이미 가정하고 있다는 모순에 빠질 수 있기 때문이다. 이는 모든 수학적 논증은 증명되지 않은 전제에서 시작되고, 그 타당성이 입증되지 않은 규칙의 절차를 사용한다는 것을 의미한다. 따라서 타당한 수학적 '증명'이 실제로 입증하는 것은 이미 주어진 절차의 규칙에 따라 그러한 전제로부터는 이러한 결론이 나온다는 것일 뿐이다.

여기서 전제가 참이라는 것은 입증되지 않는다. 왜냐하면 전제가 참이라는 것을 입증할 수 없기 때문이다. 이는 예외 없이 모든 수학적 논증에 적용된다. 따라서 수학은 가시적인 입증 수단 없이 공중에 떠 있는 것처럼 보인다.

산수에서 시작해 보면 수학을 구축하는 모든 증명되지 않은 가정과 규칙이 논리학의 가장 기본적인 원리에서 이끌어진다는 사실을 알 수 있다고 프레게는 주장한다. 이는 수학을 순전히 논리적인 전제에서 이끌어지는 필연적인 진리의 본체로 만드는 타당한

> "산술의 법칙보다 더 객관적인 것은 없다"
>
> 프레게

결과를 가져올 것이었다. 이 기획의 목적은 수학을 단단한 기초 위에 올려 놓는 것이었지만, 이에 따른 두 가지 역사적 중요성을 가지는, 부차적인 효과도 가져온다.

만약 논리학이 필연적인 결론으로서 그 자체 내에 수학의 전체를 포함하고 있다면, 논리학이 수학의 부분이라고 말하는 것은 수학이 논리학의 부분이라고 말하는 것과 마찬가지로 참이다. 이 두 경우를 통해 2,000년에 걸쳐 논리학 전체로 생각되어 온 것은 단지 사소한 부분에 지나지 않는다는 사실이 드러날 것이다.

이러한 개연성의 측면에서 볼 때 논리학 연구는 수학과 중복되는 폭넓고 수준 높은 기술적인 영역으로 변화하였으며 세계의 주요 대학의 학문 흐름을 바꿔 놓았다.

또 다른 중요한 부차적인 효과는 수학이 논리학과 동일한 대상을 가진다면 논리학의 탈심리학화는 자동적으로 수학의 탈심리학화와 관련된다는 것이다. 수학의 근본 성질에 대한 논쟁은 수학을 언어처럼 인간 정신의 부산물로 보는 사람들과, 수학을 고유한 독립적인 존재로 여긴 사람들 사이에 지속되었다. 만일 프레게의 기획이 성공을 거둘 수 있었다면 이들의 논쟁은 후자의 방향으로 결론이 내려졌을 것이다.

뒤늦은 명성

프레게는 평생 자신의 연구를 예나대학교 수학과에서 수행했다. 하지만 수학을 인간 정신의 부산물로 보는 독일 관념론이 주류를 이루고 있던 당시에 철학자들은 프레게의 저작을 주목하지 않았다.

몇 년 동안 프레게의 발견은 영·미 철학자들에게도 알려지지 않았다. 그중 소수만이 독일어를 읽을 수 있었기 때문이었다. 따라서 프레게는 자신의 가장 생산적인 세월을 불분명한 상태에서 보낸 셈이 되었다.

결국 프레게를 '발견'하고 그의 저작을 세상에 알린 사람은 영국의 버트런드 러셀이었다. 하지만 버트런드 러셀이 결코 프레게의 성과를 재발견하고 재발명한 것은 아니다.

철학에 관심을 가지기에 앞서 버트런드 러셀은 케임브리지대학에서 수학을 공부했다. 그리고 어린 시절 독일어를 구사하는 유모 손에 컸기 때문에 영어보다 독일어에 먼저 익숙했다.

이러한 환경을 바탕으로 버트런드 러셀은 자신과 프레게의 연구를 조화시키고 충실하게 발전시킬 수 있었다. 따라서 그는 20세기의 가장 영향력 있는 철학자가 될 수 있었다.

양화 이론

프레게가 논리학에 가장 위대하게 공헌한 것은 양화이론의 발명이었다. 이는 '모든,' '어떤'과 같은 표현에 타당성을 부여할 수 있는 추론을 기호화를 통해 보여 주는 방식이다. 그의 이론 덕분에 처음으로 형식 논리학이 "어느 누구도 모든 사람을 알지 못한다."와 같은 다차양화(multiple quantification)와 문장을 관련시키는 논변을 다룰 수 있게 되었다.

『개념 기호법』

1879년 프레게는 『개념 기호법』이라는 제목의 문건을 발간했다. 이 문건에서 프레게는 현대논리학의 중심이 된 새로운 미분법을 설명했다. 이 연구는 논리, 증명, 언어의 본성도 다루고 있다.

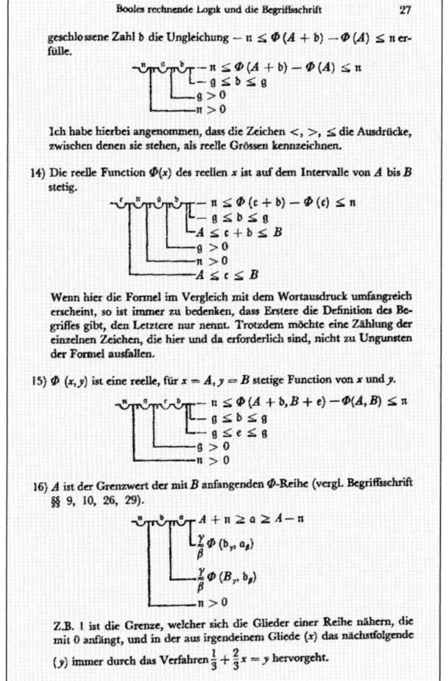

Booles rechnende Logik und die Begriffsschrift 27

geschlossene Zahl $\mathfrak{d}$ die Ungleichung $-\mathfrak{n} \leq \Phi(A+\mathfrak{d}) - \Phi(A) \leq \mathfrak{n}$ erfülle.

$$-\mathfrak{n} \leq \Phi(A+\mathfrak{d}) - \Phi(A) \leq \mathfrak{n}$$
$$-\mathfrak{g} \leq \mathfrak{d} \leq \mathfrak{g}$$
$$\mathfrak{g} > 0$$
$$\mathfrak{n} > 0$$

Ich habe hierbei angenommen, dass die Zeichen $<$, $>$, $\leq$ die Ausdrücke, zwischen denen sie stehen, als reelle Grössen kennzeichnen.

14) Die reelle Function $\Phi(x)$ des reellen x ist auf dem Intervalle von A bis B stetig.

$$-\mathfrak{n} \leq \Phi(\mathfrak{c}+\mathfrak{d}) - \Phi(\mathfrak{c}) \leq \mathfrak{n}$$
$$-\mathfrak{g} \leq \mathfrak{d} \leq \mathfrak{g}$$
$$A \leq \mathfrak{c}+\mathfrak{d} \leq B$$
$$\mathfrak{g} > 0$$
$$\mathfrak{n} > 0$$
$$A \leq \mathfrak{c} \leq B$$

Wenn hier die Formel im Vergleich mit dem Wortausdruck umfangreich erscheint, so ist immer zu bedenken, dass Erstere die Definition des Begriffes gibt, den Letztere nur nennt. Trotzdem möchte eine Zählung der einzelnen Zeichen, die hier und da erforderlich sind, nicht zu Ungunsten der Formel ausfallen.

15) $\Phi(x, y)$ ist eine reelle, für $x = A$, $y = B$ stetige Function von x und y.

$$-\mathfrak{n} \leq \Phi(A+\mathfrak{d}, B+\mathfrak{e}) - \Phi(A, B) \leq \mathfrak{n}$$
$$-\mathfrak{g} \leq \mathfrak{d} \leq \mathfrak{g}$$
$$-\mathfrak{g} \leq \mathfrak{e} \leq \mathfrak{g}$$
$$\mathfrak{g} > 0$$
$$\mathfrak{n} > 0$$

16) A ist der Grenzwert der mit B anfangenden Φ-Reihe (vergl. Begriffsschrift §§ 9, 10, 26, 29).

$$A+\mathfrak{n} \geq \mathfrak{a} \geq A-\mathfrak{n}$$
$$\frac{\gamma}{\beta}\Phi(\mathfrak{d}_\gamma, \mathfrak{a}_\beta)$$
$$\frac{\gamma}{\beta}\Phi(B_\gamma, \mathfrak{d}_\beta)$$
$$\mathfrak{n} > 0$$

Z.B. 1 ist die Grenze, welcher sich die Glieder einer Reihe nähern, die mit 0 anfängt, und in der aus irgendeinem Gliede (x) das nächstfolgende (y) immer durch das Verfahren $\frac{1}{3} + \frac{2}{3}x = y$ hervorgeht.

주요 저작

『수학의 원리』(1903년),
『수학 원리』(1910-13년),
『철학의 제문제』(1912년),
『철학에서 과학적 방법의 영역으로서의 외부 세계에 대한 우리의 지식』(1914년),
『서양철학사』(1946년)

러셀과 분석철학

언어에 관심을 둔 철학

러셀은 일상 언어로 된 진술을 분석하기 위해 새로운 논리학을 사용했다. 이는 철학의 새로운 지평을 여는 것이었다.

> “동시에 두 마음으로 똑같이 볼 수 있는 것은 절대적으로 없다”
>
> 러셀

존 러셀 경

버트런드의 조부는 1813년에 하원에 입성하고 1846년에서 1866년 사이의 기간에 두 번 영국의 수상에 오른 자유주의 정치가이자, 1대 러셀 백작인 존 러셀(1792- 1878년)이다. 러셀 수상은 가톨릭의 해방을 지지했으며, 1832년 선거법 개정을 위한 투쟁을 이끌었다.

버트런드 러셀(Bertrand Russell, 1872-1920년)은 가장 흥미진진한 삶을 살았던 철학자 중 한 사람이다. 그는 1832년 하원에서 선거법 개정안을 주도하고 나중에 대영 제국의 수상이 되었던 존 러셀(John Russell) 경의 손자였다.

버트런드 러셀은 네 살 무렵 부모를 여의고 조부모 밑에서 자랐다. 그는 주로 가정에서 교육을 받았는데, 이는 그가 영국이 세계 패권을 쥐고 최고의 위엄을 가졌던 시대에 명망 있는 귀족 가정에서 성장했음을 의미한다. 따라서 어른이 되면 러셀은 큰형의 뒤를 이어 자연스럽게 조부의 지위를 상속받을 입장이었다.

러셀
러셀은 삶의 마지막 15년을 핵무상 반대 운동으로 보냈다. 그는 아흔 살의 나이에도 1962년 쿠바 미사일 위기 사건이 일어났을 때 국가 수뇌부의 자문 역할을 했다.

수학에 대한 사랑

버트런드 러셀은 열한 살의 나이에 수학과 사랑에 빠져 버렸다. 그의 자서전에 따르면 “그때부터, 내 나이 38세에 화이트헤드와 내가 『수학 원리(*Principia Mathematica*)』를 마칠 때까지 수학은 나의 주요 관심사였고 나의 행복의 주된 원천이었다.”라고 기술되어 있다.

버트런드 러셀은 케임브리지 대학원에서 처음에는 수학을 연구했고 나중에는 여기에 철학을 접목시키는 연구를 했다. 1900년에 이르러 그는 최초의 저서를 출간했다. 이는 수학자이자 철학자인 라이프니츠에 대한 연구서였으며 그 후 학계에 지속적인 영향력을 행사했다.

또 이 책은 버트런드 러셀이 다른 철학자에 대해 쓴 유일한 작품이다. 물론 1946년 출판된 러셀의 세계적인 베스트셀러인 『서양철학사(*History of Western Philosophy*)』는 그 전체 내용이 다른 철학자들의 연구에 대한 것이기는 하지만 말이다.

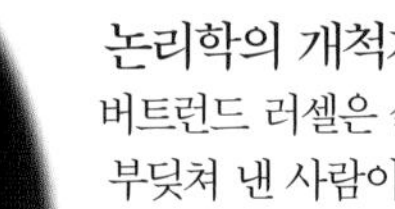

논리학의 개척자

버트런드 러셀은 삶을 온몸으로 부딪쳐 낸 사람이다. 젊은 시절엔 활동적인 사회주의자였고 노동당 후보로 하원의원 선거에 출마하기도 했다. 그는 20세기 초반의 주요 사회 문제들인 전쟁, 제국주의, 법률 개혁, 사회 계급, 결혼, 도덕 등에 대한 자유주의적이고 급진주의적 태도 —그는 당시 영국에서 이를 적극적으로 지지한 조지 버나드 쇼의 입장을 계승했다—를 이끌었다. 중년의 나이에 러셀은 이러한 주제들에 대해 활발한 저술 작업과 칼럼 활동을 벌였다. 그는 네 번 결혼했으며 종종 여자 문제로 사람들의 이목을 끌기도 했다.

폭넓은 활동 영역, 다방면의 천재적인 재능, 사회적 관계 때문에 버트런드 러셀은 끊임없이 전 세계를 돌아다녔고 곳곳에서 정치, 문화, 과학계의 주요 인사들과 교류를 가졌다. 이는 특별한 삶이었다. 그는 60권 이상의 책을 썼으며 노벨 문학상을 받았고 공인으로서 적극적인 활동을 펼쳤다. 그는 100세 생일을 몇 년 앞둔 때까지 이러한 일들을 정력적으로 지속했다.

이처럼 폭넓고 다양한 활동을 펼친 러셀이었지만 이에 걸맞지 않게 그의 철학은 상당히 건조하고 기술적인 내용이었다. 프레게와 마찬가지로 러셀은 산수와 수학 전체가 근본적인 원리에서 나올 수 있다는 견해에 이르게 되었다.

이는 1903년 출판된 러셀의 책 『수학의 원리(*The Principles of Mathematics*)』에서 논의되었다. 그는 프레게의 연구를 바탕으로 자신의 연구를 진척시켰다.

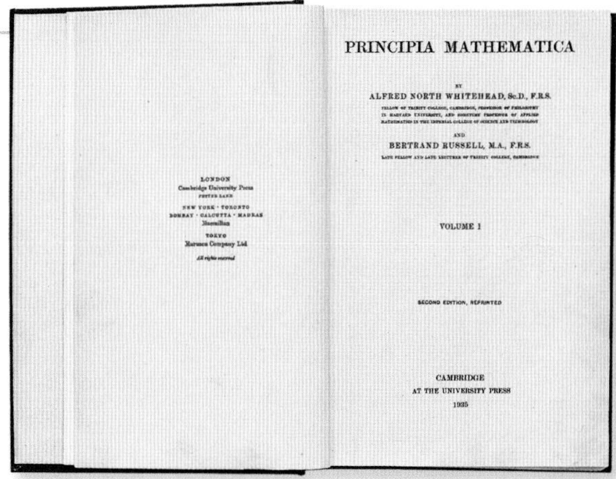
LONDON
Cambridge University Press
FETTER LANE
NEW YORK · TORONTO
BOMBAY · CALCUTTA · MADRAS
Macmillan
TOKYO
Maruzen Company Ltd
All rights reserved

PRINCIPIA MATHEMATICA

BY
ALFRED NORTH WHITEHEAD, Sc.D., F.R.S.

AND
BERTRAND RUSSELL, M.A., F.R.S.

VOLUME I

SECOND EDITION, REPRINTED

CAMBRIDGE
AT THE UNIVERSITY PRESS
1935

『수학 원리』

『수학 원리』에 나타난 러셀과 화이트헤드의 협력은 논리적 관계에 대한 인간의 이해라는 측면에서 유례 없는 진전을 이루었다. 러셀과 화이트헤드에게 가장 귀중한 이 책에서 그들은 수학이 논리학의 한 분야로 될 수 있다는 가능성을 보여 주고자 했다.

그는 케임브리지대학에서 자신에게 수학을 가르쳤던 뛰어난 인물인 알프레드 노스 화이트헤드(Alfred North Whitehead)와 함께 이 연구를 수행했다. 그들은 함께 세 권으로 이루어진 『수학 원리』(1910-13년)를 완성했다. 많은 사람들이 이 책을 논리학 분야에서 아리스토텔레스 이후 최고의 위대한 업적이라고 생각했다. 러셀이 자신의 노력을 일반 철학에 기울인 것은 수학적 논리학에서 엄청난 성취를 거두고 나서였다. 당시 버트런드 러셀은 마흔 살이었다.

확실성의 추구

버트런드 러셀의 최초의 철학 개론서는 1912년에 출간된 『철학의 제문제(*The Problems of Philosophy*)』였다. 이는 러셀의 독창적인 생각을 담고 있는데, 수학적 논리학에 대한 저작들과는 달리 일정한 관심을 가진 초보자라면 쉽게 읽을 수 있는 책이다.

이와 같은 특징은 그의 다른 책들에서도 여실히 드러난다. 물론 그의 후속 작품들은 대부분 위대한 철학자들에 대한 연구이기는 하지만 말이다.

그의 저작들 가운데 특별히 눈길을 끄는 것은 제목부터 철학자로서의 자신의 기획을 상징적으로 드러낸 『철학에서 과학적 방법의 영역으로서의 외부 세계에 대한 우리의 지식(*Our Knowledge of the External World as a Field for Scientific Method in Philosophy*)』(1914년)이라는 책이다.

다른 중요한 저작들로는 『논리적 원자론의 철학(*The Philosophy of Logical Atomism*)』(1918년), 『정신분석(*The Analysis of Mind*)』(1921년), 『물질분석(*The Analysis of Matter*)』(1927년) 등을 들 수 있다.

1928년 그는 정치, 사회, 교육적 활동에 가장 몰두해 있었다. 그러나 그 후 『의미와 진리에 관한 탐구(*An Inquiry Into Meaning and Truth*)』(1940년)와 『인간의 지식, 그 범위와 한계(*Human Knowledge, Its Scope and Limits*)』(1948년)를 완성했다. 그는 스스로 평생의 저작들을 비판적으로 검토한 『나의 철학적 성장(*My Philosophical Development*)』(1959년)을 내면서 철학 분야에서의 활동을 마감했다.

일반 철학자로서 러셀은 스스로를 로크, 버클리, 흄, 밀(밀은 실제로 러셀의 대부였음) 등과 같은 널리 알려진 영국 경험론자들을 직접적으로 계승하고 있다고 생각했다.

그는 외부 세계에 대한 우리의 모든 지식이 우리의 일상적인 지식과 과학적 지식 등 궁극적으로는 경험에서 나온다고 생각했다. 그는 지식을 확고한 토대 위에 흔들림 없이 세우기 위해 그 확실성에 대한 합리적 논증을

> “행복을 얻는 비밀은 세상이 끔찍하고도 끔찍하다는 사실을 직면하는 것이다”
>
> 러셀

러셀과 평화주의

영국은 제1차 세계대전 당시 징병 적령기에 해당하는 남자가 모두 전투에 참여하도록 했다. 반전 운동으로 러셀은 1916년 100파운드의 벌금형을 선고받았고 케임브리지의 트리니티칼리지에서 강의할 수 있는 권한을 박탈당했다. 1918년에는 6개월 동안 투옥되기도 했다. 수형 생활 중 그는 『수리철학 입문(*Introduction to Mathematical Philosophy*)』(1919년)을 완성했다.

연좌 농성

1950년대에 러셀은 철학에서 정치로 관심을 돌리기 시작했다. 1958년 그는 반핵 단체의 의장이 되었다가 좀더 열렬한 조직인 100인 위원회를 세우기 위해 1960년에 사임했다. 위에서 러셀은 런던의 국방성 근처에서 다른 시위자들과 함께 영국의 핵 정책을 반대하며 농성을 벌이고 있다.

화이트헤드

영국의 철학자이자 수학자인 알프레드 노스 화이트헤드(1861-1947년)는 런던대학의 응용 수학 교수(1914-24년)를 거쳐 하버드대학의 철학 교수를 지냈다(1924-37년). 그는 러셀과 함께 『수학 원리』와 『자연의 개념(*The Concept of Nature*)』(1920년)을 완성했다. '유기체 이론'에서 그는 형이상학과 과학의 접목을 시도했다.

"수학은 진리만이 아니라 조각품처럼 냉철하고 엄격한 아름다움도 가지고 있다"

러셀

발견하고자 노력했다.

우리가 말하는 것을 분석하기

그러나 예전의 철학자들이 지식은 인식론의 문제라는 것을 당연하게 여기고 이러한 용어로만 접근한 반면, 버트런드 러셀은 여기에 자신과 화이트헤드, 그리고 프레게가 발전시켜 온 논리학이라는 도구를 적용했다. 버트런드 러셀 또한 처음에는 기존 학자들처럼 수학에 전혀 빈틈없는 논리적 토대를 제공하려고 노력했다. 하지만 시간이 흐르면서 과학을 포함하여 외부 세계에 대한 우리의 지식에까지 빈틈없는 논리적 토대를 제공하고자 애썼다. 이는 모두 절대적 확실성 위에 인간의 지식을 세우기 위한 노력이었다. 어느 경우에도 끝까지 성공하지는 못했지만 그 과정에서 매우 뛰어난 성과를 이룩했다.

이러한 기획에 따라 어느 정도 초기 연구가 이루어진 상태에서 논리 분석의 기술을 지식에 대한 우리의 일상적인 주장에 적용하는 것은 러셀로서는 자연스러운 일이었다. 곧 러셀은 아주 분명하게 보이는 단순한 진술에서조차 의미와 진리에 관한 심각한 어려움을 이끌어 냈다.

"영국 왕위를 계승한 사람은 대머리이다."라고 말하는 경우 우리가 뜻하는 바는 분명한 것으로 보인다. 이 명제의 진리치를 점검하면 우리는 거짓임을 쉽게 알 수 있다.

그런데 우리가 진술을 "프랑스 왕위를 계승한 사람은 대머리이다."로 그 형태를 약간만 바꾼다고 가정해 보자. 프랑스는 입헌군주제가 아니기 때문에 왕위는 존재하지 않는다. 그러니까 이 진술이 지칭하는 사람도 사물도 없는 것이다. 그러면 어떻게 참인지 거짓인지를 정할 수 있는가? 이 진술이 도대체 무엇인가를 의미하고 있기는 한가?

버트런드 러셀이 사물에 대해 우리가 말하는 일상적인 방식을 이러한 종류의 논리적 분석에 종속시키는 것은 문제와 함정의 지뢰밭을 건드리는 셈이었다. 위의 예에서처럼 러셀은 두 진술이 정확히 동일한 문법적 형태를 가지지만 전혀 다른 두 개의 논리적 함축을 가질 수도 있음을 보여 주었다. 따라서 최소한 첫 번째의 경우에서 우리가 말하고 있는 언어적 형태는 실제로 큰 문제가 될 만한, 그 본래의 논리적 성질을 감추고 있는 것이다.

분석철학의 탄생

이러한 러셀의 선구적인 연구는 분석철학의 발전을 이끌었고 20세기 영·미 철학의 지배적인 흐름이 되었다. 이 무렵 분석철학은 서로 다른 형태로 발전하고 있었다. 하지만 그 공통 과제는 명제 안에 숨겨진 모든 것을 표면으로 끌어내려는 목적을 가지고 있었다. 즉 명제나 개별 용어 또는 그 용어가 사용하는 개념에서 이끌어지는 내·외부의 논리적 함축에 대해 면밀히 분석하는 것이었다. 이에 대한 보편적인 질문은 늘 "우리가 '그냥 그렇다'고 할 때 우리가 정말로 말하는 바는 무엇인가?"였다.

1920년대 빈에서 활동한 학자들 중 러셀의 접근 방법을 발전시킨 사람에게는 빈 학파(Vienna Circle)라는 이름이 따라다녔다. 빈 학파에는 철학자들보다 수학자와 과학자들이 더 많았고 그들의 주요 관심사는 과학적 세계관에 철학적 토대를 구축하는 것이었다.

이들의 철학은 그 후 논리적 실증주의라고 불렸다. 논리실증주의에 따르면 진술의 참된 의미는 "이 진술의 참 또는 거짓을 입증하기 위해 우리는 무엇을 해야만 하는가?"라고 물을 때 비로소 밝혀진다는 것이었다. 즉 그 참과 거짓이, 사물이 실제로 존재하는 방식에 관찰할 수 있는 차이를 가져오는가? 제아무리 실재에 대한 것으로 의도되었다 하더라도 그 참과 거짓이 어떤 관찰

SECTION C] GENERAL THEORY OF CLASSES 193

$*20{\cdot}21.\ \vdash : \hat{z}(\phi z) = \hat{z}(\psi z) . \equiv . \hat{z}(\psi z) = \hat{z}(\phi z)$ [*20·15 . *10·32]

$*20{\cdot}22.\ \vdash : \hat{z}(\phi z) = \hat{z}(\psi z) . \hat{z}(\psi z) = \hat{z}(\chi z) . \supset . \hat{z}(\phi z) = \hat{z}(\chi z)$ [*20·15 . *10·301]

The above propositions are not *immediate* consequences of *13·15·16·17, for a reason analogous to that explained in the note to *14·13, namely because $f\{\hat{z}(\phi z)\}$ is not a value of fx, and therefore in particular "$\hat{z}(\phi z) = \hat{z}(\psi z)$" is not a value of "$x = y$."

$*20{\cdot}23.\ \vdash : \hat{z}(\phi z) = \hat{z}(\psi z) . \hat{z}(\phi z) = \hat{z}(\chi z) . \supset . \hat{z}(\psi z) = \hat{z}(\chi z)$ [*20·21·22]

$*20{\cdot}24.\ \vdash : \hat{z}(\psi z) = \hat{z}(\phi z) . \hat{z}(\chi z) = \hat{z}(\phi z) . \supset . \hat{z}(\psi z) = \hat{z}(\chi z)$ [*20·21·22]

$*20{\cdot}25.\ \vdash :. \alpha = \hat{z}(\phi z) . \equiv_\alpha . \alpha = \hat{z}(\psi z) : \equiv . \hat{z}(\phi z) = \hat{z}(\psi z)$

Dem.

$\vdash . *10{\cdot}1 . \quad \supset \vdash :. \alpha = \hat{z}(\phi z) . \equiv_\alpha . \alpha = \hat{z}(\psi z) : \supset :$
$\hat{z}(\phi z) = \hat{z}(\phi z) . \equiv . \hat{z}(\phi z) = \hat{z}(\psi z) :$

[*20·2] $\quad \supset : \hat{z}(\phi z) = \hat{z}(\psi z)$ (1)

$\vdash . *20{\cdot}22 . \quad \supset \vdash : \alpha = \hat{z}(\phi z) . \hat{z}(\phi z) = \hat{z}(\psi z) . \supset . \alpha = \hat{z}(\psi z) :$

[Exp.Comm] $\supset \vdash :. \hat{z}(\phi z) = \hat{z}(\psi z) . \supset : \alpha = \hat{z}(\phi z) . \supset . \alpha = \hat{z}(\psi z)$ (2)

$\vdash . *20{\cdot}24 . \quad \supset \vdash :. \hat{z}(\phi z) = \hat{z}(\psi z) . \alpha = \hat{z}(\psi z) . \supset . \alpha = \hat{z}(\phi z) :.$

[Exp] $\quad \supset \vdash :. \hat{z}(\phi z) = \hat{z}(\psi z) . \supset : \alpha = \hat{z}(\psi z) . \supset . \alpha = \hat{z}(\phi z)$ (3)

$\vdash . (2) . (3) . \quad \supset \vdash :. \hat{z}(\phi z) = \hat{z}(\psi z) . \supset : \alpha = \hat{z}(\phi z) . \equiv . \alpha = \hat{z}(\psi z) :.$

[*10·11·21] $\quad \supset \vdash :. \hat{z}(\phi z) = \hat{z}(\psi z) . \supset : \alpha = \hat{z}(\phi z) . \equiv_\alpha . \alpha = \hat{z}(\psi z)$ (4)

$\vdash . (1) . (4) . \quad \supset \vdash .$ Prop

$*20{\cdot}3.\ \vdash : x \epsilon \hat{z}(\psi z) . \equiv . \psi x$

Dem.

$\vdash . *20{\cdot}1 . \supset$

$\vdash :: x \epsilon \hat{z}(\psi z) . \equiv :. (\exists \phi) :. \psi y . \equiv_y . \phi ! y : x \epsilon (\phi ! \hat{z}) :.$

[(*20·02)] $\quad \equiv :. (\exists \phi) :. \psi y . \equiv_y . \phi ! y : \phi ! x :.$

[*10·43] $\quad \equiv :. (\exists \phi) :. \psi y . \equiv_y . \phi ! y : \psi x :.$

[*10·35] $\quad \equiv :. (\exists \phi) : \psi y . \equiv_y . \phi ! y :. \psi x :.$

[*12·1] $\quad \equiv :. \psi x :: \supset \vdash .$ Prop

This proposition shows that x is a member of the class determined by ψ when, and only when, x satisfies ψ.

$*20{\cdot}31.\ \vdash :. \hat{z}(\psi z) = \hat{z}(\chi z) . \equiv : x \epsilon \hat{z}(\psi z) . \equiv_x . x \epsilon \hat{z}(\chi z)$ [*20·15·3]

$*20{\cdot}32.\ \vdash . \hat{x}\{x \epsilon \hat{z}(\phi z)\} = \hat{z}(\phi z)$ [*20·3·15]

$*20{\cdot}33.\ \vdash :. \alpha = \hat{z}(\phi z) . \equiv : x \epsilon \alpha . \equiv_x . \phi x$

Dem.

$\vdash . *20{\cdot}31 . \quad \supset \vdash :. \alpha = \hat{z}(\phi z) . \equiv : x \epsilon \alpha . \equiv_x . x \epsilon \hat{z}(\phi z)$ (1)

$\vdash . (1) . *20{\cdot}3 . \supset \vdash .$ Prop

Here α is written in place of some expression of the form $\hat{z}(\psi z)$. The use of the single Greek letter is more convenient whenever the determining function is irrelevant.

R & W 1 13

수학적 논리학

러셀과 화이트헤드의 공동 저작인 『수학 원리』는, 산술학은 논리적 진리에서 나올 수 있다는 점을 프레게의 기호법을 이용해서 보여 주고자 한 것이었다. 위의 사진은 수학적 논리학을 다룬 부분으로, 분류의 가설을 보여 주고 있다.

사실을 점검하기

빈 학파 사람들은 진술의 참된 의미는 우리가 스스로에게 참 또는 거짓을 입증하기 위해 무엇을 해야 하는지 물을 때 검증의 양식을 통해 드러날 수 있다고 믿었다. 사진 속의 계보 문장원에 있는 남자는 가문의 문장(紋章)의 세세한 것을 확인하기 위해 정보를 수집하고 있다.

가능한 차이를 가져오지 않는 진술이라면 이는 결국 아무런 의미도 가지지 않으며, 아무것도 말하지 않은 것이다.

이러한 믿음에서 논리실증주의자들은 미국 실용주의자들과 근본적인 공통점을 가지며, 논리 실증주의의 주장이 좀더 체계적이라고 할 수 있다. 경험적으로 검증될 수 있는 진술만이 경험적으로 의미가 있으며 주어진 진술의 실질적인 의미가 그 검증 방법에서 드러난다는 것이다.

이러한 방식으로 논리실증주의자들은 독일 관념론의 전통은 물론 과거에서 물려받은 의미를 확정할 수 없는 견해들을 모두 잘라 낸다. 세계를

빈 학파

독일 철학자 모리츠 슐리크(Moritz Schlick)가 설립한, 과학자, 철학자, 수학자들의 집단인 빈 학파(Wiener Kreis)는 1920년대 과학적 언어와 방법론을 연구했다. 빈 학파의 연구는 과학적 이론의 형태에 대한 관심이라 할 수 있다. 그들은 또 명제의 유의미성은 경험과 관찰에 의존한다는, 검증 가능성의 원리를 만들었다.

케임브리지의 트리니티 칼리지

1546년 헨리 8세가 설립한 트리니티 칼리지는 케임브리지대학에 있는 가장 큰 단과대이다. 여기서 지금껏 노벨상 수상자 20명, 영국 수상 6명, 조지 고든 바이런(George Gordon Byron), 앨프레드 테니슨(Alfred Tennyson) 등과 같은 위대한 시인이 배출되었다. 1890년 트리니티에 입학했던 러셀은 이곳에서 20세기의 지성인 무어, 화이트헤드, 비트겐슈타인 등과 교류했다.

블룸즈버리 그룹

1907년에서 1930년 사이에 런던의 블룸즈버리에서 영국의 작가, 철학자, 예술가들로 구성된 그룹이 생겨났다. 무어의 『윤리학 원리(*Principia Ethica*)』(1903년)에 영향을 받고 러셀과의 친분으로 만난 이들은 미학적·철학적 문제들을 토의하는 모임을 가졌다. 이 그룹에는 소설가 버지니아 울프(Virginia Woolf), 수필가 리톤 스트레이치(Lytton Strachey), 미술 평론가 로저 프라이(Roger Fry), 화가 덩컨 그랜트(Duncan Grant), 경제학자 존 케인즈(John. M. Keynes) 등과 같은 유명한 인물들이 포함되어 있었다.

검증 가능한 진술
논리실증주의자들은, 차이를 만들지 않는 진술은 아무런 의미를 가지지 않는다고 주장한다. 즉 오직 검증 가능한 주장만이 의미를 가지는 것이다. "기름탱크에 호랑이를 넣으세요."라는 광고 문안은 효과적인 은유를 가지고 있으나 경험적으로는 아무런 의미도 없다.

다루는 종교적 방식과 당시 독일 철학에서 전체주의 이데올로기를 위해 마련된 정치적 담론을 잘라 내는 일은 무자비하기까지 하다. 논리실증주의는 새로움을 지향하는 젊은이들에게 매우 호소력 짙은 철학이었다.

논리실증주의를 영·미 학계에 소개한 책은 앨프리드 에어가 20대 초반에 완성한 『언어·진리·논리(*Language, Truth and Logic*)』(1936년)였다. 나치가 권력을 장악하면서 독일뿐 아니라 오스트리아에서도(이 두 나라는 1938년 히틀러 치하에서 한 나라로 합병되었음) 빈 학파에 속하는 사람들이 대부분 미국과 영국으로 망명했고 이들 나라에서 주요 영향력을 발휘했다.

> *철학적 방법은 감각의 세계와 과학의 세계에 다리를 놓으려는 시도에 있다*
>
> 
>
> 러셀

상식

이 무렵 영국에서 활동한 러셀의 평생지기인 조지 에드워드 무어는 논리학이나 과학적인 도구가 아닌 상식을 이용해 일상적인 언어로 이루어진 진술(명제)을 분석해 왔다. 이는 존 오스틴(John Austin, 1911-60년)의 중개를 통해 마침내 논리 실증주의를 대체할 철학의 한 양식으로 발전할 것이었다.

이는 '언어철학(linguistic philosophy)' 또는 '언어 분석(linguistic analysis)'으로 알려졌는데, 이 기준은 언어의 일상적 사용이었다. 언어 분석 철학자들은 논리실증주의자들이 모든 종류의 발화(發話)에 과학적 기준이라는 구속을 강제하는 실수를 저질렀다며 그들을 비판했다.

인간의 삶을 구성하는 무수히 많은 자발적인 담론들은 저마다 논리를 가지고 있다. 철학적 문제는 어느 한 양식에 적절한 발화의 형태를 다른 맥락에서 잘못 사용하는 실수를 할 때 일어나는 개념적인 혼동이다. 철학자의 임무는 언어의 일상적 사용을 자신의 잣대로 삼아 그러한 혼동을 없애는 것이다. 철학자가 그러한 혼동이 어떻게 일어나는지 보여 줄 때는 문제를 해결하는 것이 아니라 해소시키는 것이다. 따라서 모든 문제가 분명해질 것이고 더 이상 문제로 보이는 것은 없게 될 것이다.

언어의 오용
논리 실증주의자들은(위의 포스터와 같이) 나치 선전의 허황된 수사를 분석하는 데에 노력을 아끼지 않는다. 이들은 파시스트 정치 이념에 대해 유효한 비판을 했다. 1938년 나치가 오스트리아에서 권력을 장악했을 때 빈 학파 사람들은 주로 미국과 영국으로 망명할 수밖에 없었다.

언어의 사용
언어철학자들은 즉각적인 대화가 저마다 나름대로 논리를 가진, 인간의 삶을 구성하며 혼동은 발화(發話)의 양식이 잘못된 맥락에서 사용될 때 일어난다고주장한다. 예를 들어 증권 시장에서 일하는 이 사람들은 저마다 효과적인 손동작들을 보여 주고 있지만 이는 사랑을 전하는 데에는 부적절할 것이다.

세계를 이해하기

언어철학의 매력은 우리가 다음 장에서 다룰 비트겐슈타인의 후기 저작 덕분에 부각되었다. 그러나 논리실증주의처럼 언어철학도 제2차 세계대전 이후 특히 영국에서 가장 인기 있는 철학으로 자리를 잡았다.

그 후 철학은 유행에 그리 얽매이지 않고 또 결코 과학에 국한하지 않는 폭넓은 영역의 주제를 다루게 되었다. 그러나 철학의 임무는, 숨겨진 의미를 밝히기 위해 언어로 객관화된 문제에 대한 논리적 분석이라는 생각이 폭넓은 지지를 얻었다. 이는 러셀이 생각한 철학의 임무이기도 했다.

그런데 러셀은 20세기의 새로운 논리학을, 우리 외부에 있는 실재의 본성을 이해한다는 철학의 전통적인 임무에 적용하고자 노력했지만 이후의 철학자들은 점점 더 분석만을 위한 분석으로 쇠락하고 있다—이들은 철학을 분석으로 생각하게 되었다—고 느꼈다.

> “실재의 의미는 논리학의 필수 요소이다”
>
> 러셀

무어

영국의 철학자 조지 에드워드 무어는 1920년에서 1939년까지 케임브리지대학의 철학 교수로 일했다. 그의 가장 유명한 책 『윤리학 원리』는 블룸즈버리 그룹에 영향을 주었다. 이 책에서 그는 “선이란 무엇인가?” 라는 도덕의 질문을 분석한다. 윤리적 문제에 대한 무어의 분석적 접근은 영·미 철학자들에게 많은 영향을 미쳤다.

러셀의 영향

러셀은 20세기의 가장 영향력 있는 지성인이었다. 그는 철학, 과학, 수학, 윤리학, 사회학, 교육, 역사, 종교, 정치 등의 폭넓은 주제를 다룬 책들을 출간했다. 수학과 논리학에 대한 러셀의 연구는 서양철학에 많은 영향을 미쳤다. 러셀은 말년에 핵무장 반대 운동과 베트남 전쟁을 반대하는 시위에 적극적으로 참여했다.

맨체스터대학

맨체스터대학은 1851년에 설립되었지만 그 성장이 빨라 영국에서 가장 규모가 큰 대학에 속하게 되었다. 이 대학은 비트겐슈타인 당시에는 원자 구조에 대한 연구의 세계적인 중심지였다. 이 연구는 1908년 노벨 화학상을 수상하고 1909년에 원자핵을 발견한 영국의 물리학자 어니스트 러더퍼드(Ernest Rutherford)가 이끌었다.

"말할 수 없는 것에 대해서는 침묵해야 한다"

비트겐슈타인

폴 비트겐슈타인

루트비히 비트겐슈타인은 8남매 중 막내였다. 비트겐슈타인의 형제들은 모두 예술적이고 지적인 재능을 가지고 있었다. 그의 형 폴은 천부적인 재능을 가진 피아니스트였는데, 제1차 세계대전에서 오스트리아 군대의 장교로 참전했다가 한쪽 팔을 잃었다. 그렇지만 그는 연주 활동을 계속 했으며 국제적인 명성을 얻었다.

비트겐슈타인과 언어철학

언어와 논리를 넘어서지 않는 철학

비트겐슈타인의 철학은 전기와 후기로 나눌 수 있지만 그 영향력만큼은 한결같이 큰 것이었다. 그의 후기 철학은 아주 세련된 언어 분석을 보여 주고 있다.

루트비히 비트겐슈타인(Ludwig Wittgenstein, 1889-1951년)은 빈에서 태어나고 독일에서 활동했지만 철학자로서의 대부분의 시간을 영국의 케임브리지대학에서 보냈다. 또 그는 영국 시민이 되었는데, 유대인 혈통을 가지고 있어 나치 시대에는 오스트리아로 돌아갈 수 없었기 때문이었다.

그의 아버지는 오스트리아의 가장 부유한 철강 사업가였고 덕분에 루트비히는 많은 재산을 물려받았다. 그의 가족은 8남매였는데, 그중 남자 형제가 넷이었다. 넷 중 셋은 자살했고, 나머지 한 명인 폴(Paul)은 세계적으로 유명한 피아니스트가 되었다.

폴은 제1차 세계대전에서 오른쪽 팔을 잃었다. 그래서 폴은 모리스 라벨(Maurice Ravel)이나 세르게이 프로코피에프(Sergei Prokofiev) 등 당시의 뛰어난 작곡가에게 왼손을 위한 피아노 작품을 의뢰하기도 했다.

비트겐슈타인

러셀의 저작을 읽고 1911년 수리철학을 연구하기 위해 케임브리지대학으로 가기 전에 비트겐슈타인은, 1906-08년에 베를린에서 공학을 공부했고, 1909년부터 맨체스터대학에서 항공학을 연구했다.

흥미진진한 모험

비트겐슈타인은 평소 기계에 많은 관심을 가지고 있었다. 그는 물리학과 수학을 중심으로 공부를 했다. 그가 1908년 영국으로 온 것은 항공 기술을 배우기 위해서였다.

맨체스터대학에서 3년 동안 그는 자신이 연구해 왔던, 수학에 대한 철학적인 문제에 매료되었다. 따라서 러셀의 『수학의 원리』를 읽고 큰 감명을 받았다.

비트겐슈타인은 이에 대해 토론하기 위해 프레게를 찾아갔다. 그는 프레게의 충고에 따라 맨체스터대학에서의 모든 공부를 포기하고 러셀 밑에서 철학을 배우기 위해 케임브리지로 떠났다. 러셀은 나중에 "비트겐슈타인을 알게 된 것은 나의 삶에서 가장 흥미진진한 모험이었다."고 회상했다.

감각이라는 한계

10대 시절 비트겐슈타인은 쇼펜하우어를 연구하며 그가 근본적으로 옳다는 결론에 이르게 되었다. 그 후 비트겐슈타인은 실재를 한편으로는 우리가 그에 대해 어떠한 개념적 이해도 할 수 없고 아무것도 말할 수 없는 영역과, 다른 한편으로는 우리가 말할 수 있고 이해하려고 시도할 수 있는, 우리의 경험으로 이루어진 현상적인 세계로 구분했다.

그는 늘 철학이란 우리가 말할 수 있는 세계에 대한 것에 국한해야 한다고 생각했다. 그 경계를 넘어서면 우리는 의미 없는 헛소리를 하게 될 뿐이라는 것이다.

언어와 실재

그러나 처음에 그는 프레게와 러셀의 선구적인 연구에서 현상계에 대한 쇼펜하우어의 견해를 좀더 확고한 토대,

즉 인식론뿐 아니라 논리학에 적용할 수 있는 가능성에 주목했다. 이는 어떻게 세계가 언어로 표현될 수 있는지에 대한 설명을 가능하게 했다. 따라서 또 언어와 실재 사이의 관계를 밝힐 수 있었다. 그리고 나아가 이는 언어로 표현될 수 있는 것의 한계가 어디까지인지를 분명히 설명할 수도 있는 것처럼 보였다. 따라서 이해 가능한 개념적 사유의 한계를 분명히 밝힐 수 있게 되는 것이었다.

'쇼펜하우어가 근본적으로 옳다'고 생각한 그에게 이는 철학이 수행해야 할 유일하고 중요한 임무였다. 따라서 비트겐슈타인의 초기 철학은 인간이 파악할 수 있는 영역의 한계를 구축하고자 하는 칸트-쇼펜하우어의 기획에 그 바탕을 두고 있다. 비트겐슈타인은 논리학과 언어 분석이라는 20세기의 새로운 도구를 가지고 이를 발전시켜 나갔다.

> "이름을 붙이는 것은 사물에 표찰을 붙이는 것과 마찬가지이다"
>
> 비트겐슈타인

논리적 형식

이는 비트겐슈타인의 처녀작 『논리철학 논고(*Tractatus Logico-Philosophicus*)』(1921년)의 주된 내용이다. 무어가 제안한 이 낯선 제목은 스피노자의 『신학 정치론』에서 따온 것으로 보인다. 비트겐슈타인의 책은 종종 단순히 『논고(*Tractatus*)』라 불리기도 한다.

진정 그는 이 책을 완성함으로써 철학에서 다루어야 할 중요한 문제들을 모두 해결했다고 믿었다. 따라서 그는 다른 연구에 관심을 가지게 되었다.

그의 책은 빈 학파의 성서로 여겨졌고 철학에 지대한 영향을 끼쳤다. 그러나 그 자신은 이 책이 중요한 오류를 가지고 있다는 결론에 이르게 되었다. 그래서 처음에는 어느 정도 머뭇거리기도 했지만 1929년 케임브리지 철학계로 복귀한 후 남은 여생을 주로 이곳에서 활동했다.

이 무렵 그는 실제로는 아무것도 출판하지 않았다. 그러나 그의 죽음 이후 많은 저작들이 출판되었다. 유고집 가운데 가장 중요한 것은 1953년에 출판된 『철학적 탐구(*Philosophische Untersuchungen*)』이다. 이는 적어도 영국에서는 제2차 세계대전 이후 가장 영향력 있는 저작이었다.

이 책은 비트겐슈타인의 이름을, 철학을 비롯하여 사회학에서 문학 비평에 이르는 영역까지 널리 알렸으며 그로 인해 그는 당대의 지적 숭배의 대상으로 떠올랐다. 따라서 비트겐슈타인은 크나큰 영향을 끼친 두 가지 철학을 내놓은 셈이 되었다.

이 두 가지 철학은 '전기 비트겐슈타인'과 '후기 비트겐슈타인'으로 지칭된다. 비트겐슈타인의 전기 철학에서 가장 중요한 것은 이른바 의미의 '그림 이론(picture theory)'이다. 이 표현은 그림과의 유비에서 나온 것이다.

캔버스에 담긴 시골 풍경은 실제와는 완전히 다른 대상이다. 그런데 화가는 캔버스 위에 시골 풍경을

언어와 실재

비트겐슈타인은 프레게와 러셀의 연구를 통해 쇼펜하우어의 현상적 세계관을 좀더 논리적으로 설명했다. 이는 그로 하여금 어떻게 세계가 언어로 표현될 수 있으며 세계와 언어의 관계는 무엇인지를 설명할 수 있도록 했다. 그는 언어와 개념적 사유의 경계를 밝히는 것이 가능하다고 여겼다.

주요 저작

『논리철학 논고』(1921년),
『철학적 탐구』(1953년),
『수학의 기초에 관한 고찰(*Bemerkungen über die Grundlagen der Mathematik*)』
(1956년).

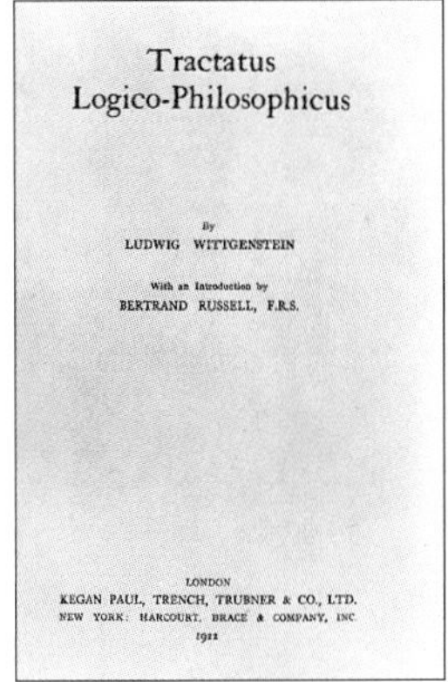

Tractatus Logico-Philosophicus

By
LUDWIG WITTGENSTEIN

With an Introduction by
BERTRAND RUSSELL, F.R.S.

LONDON
KEGAN PAUL, TRENCH, TRUBNER & CO., LTD.
NEW YORK: HARCOURT, BRACE & COMPANY, INC
1922

『논리철학 논고』

제1차 세계대전 동안 비트겐슈타인은 논리학과 철학에 대한 생각을 정리한 노트를 가지고 다녔다. 그 결과 1921년 『논리철학 논고』가 출간되었다. 비록 75쪽에 지나지 않는 얇은 책이지만 폭넓은 주제를 담고 있으며, 언어의 한계에 대한 생각을 다루고 있다.

마가렛 스톤버로우 비트겐슈타인

비트겐슈타인의 부모와 7명의 형제들은 모두 타고난 지적·예술적 재능을 나타냈다. 특히 누이 마가렛(Magaret Stonborough-Wittgenstein, 1882-1958년)은 그에게 쇼펜하우어의 책을 소개해 주는 등 큰 영향을 끼쳤다. 그녀는 예술의 후원자였으며 프로이트와 편지를 주고받기도 했다. 1905년 클림트는 그녀의 초상화를 그렸다

즉각적으로 알아볼 수 있도록, 풍경에서 대응하는 요소들이 맺고 있는 관계와 동일한 일련의 색깔의 조합을 표현한다.

이러한 일련의 내적 관계에 비트겐슈타인은 자신의 전·후기 철학에서 공통적으로 '논리적 형식(logical form)'이라는 이름을 붙인다. 그리고 이는 논리적 형식이 어떤 하나가 다른 하나를 표현할 수 있는 두 경우에 모두 동일하기 때문이라고 말했다.

이와 마찬가지로 그는 우리가 사물을 상징하는 낱말을 그 문장이 묘사하는 사태와 동일한 논리적 형식을 가지는 문장이 되도록 모을 수 있다고 주장했다. 그러므로 실재를 정확하게 (또는 부정확하게) 언어로 표현할 수 있다는 것이다. 따라서 우리로 하여금 세계에 대해 말할 수 있도록 하는 것은 논리적 형식이다.

삶의 양식

비트겐슈타인은 언어가 수행할 수 있는 많은 임무 가운데 하나를 골랐다고 스스로 느끼게 되었으며 그로부터 의미 이론을 일반화시켰다. 언어는 실재를 묘사하는 것 외에도 다른 많은 일들을 할 수 있다. 언어는 질서를 부여하고(이는 그의 첫 번째 반례였다) 그림에서 표현되는 은유로 설명할 수 없는 종류의 다른 일들을 할 수 있다.

그는 어떻게 의미가 작용하는지를 설명하기 위해 그림이라는 은유를 포기하는 대신 도구라는 은유를 택했다. 그는 언어가 무수한 서로 다른 임무에 사용될 수 있는 도구이며, 그 의미는 그것으로 의미할 수 있는 다양함으로 이루어진다고 주장했다.

만일 여러분이 사적인(개인적인) 언어나 개념을 사용한다면 그 의미는 그 언어나 개념의 가능한 사용의 합계로 이루어질 것이며, 이는 또 매우 다양할 것이다. 그것을 '상징하는' '딱 하나의 것'이라는 것은 필연적으로 존재하지는 않는다. 그 의미가 하나의 얼굴만 가지고 있는 것은 아니다. 비록 그 많은 얼굴에는 가족 유사성(가족끼리 서로 아주 똑같지는 않을지라도 유사한 모습을 가지는 것-옮긴이)이 있을 테지만 말이다.

그러나 의미란 의미할 수 있는 것에 대한 완전한 설명을 했을 때 비로소 완전히 드러나고 마침내 아무것도 남지 않게 된다. 그러한 설명은 전통적인 두 가지 의미 이론을 거부한다.

> "낱말의 의미는 언어의 사용에 있다"
>
> 비트겐슈타인

하나는 어느 개별 낱말이 어느 개별 사물을 나타내는 고정된 의미를 가지고 있다는 것이다. 다른 하나는 낱말의 의미는 사용자의 의도에서 나오므로 누군가의 말을 이해하기 위해서는 그 사람의 마음에 있는 뜻을 알아야 한다는 것이다.

언어는 공적(公的)이라고 비트겐슈타인은 주장했다. 우리는 사회의 다른 사람에게서 언어와 그 사용법을 배운다. 그는 사적 언어와 같은 것은 없다고 말한다. 사적 언어는 언어의 본성에 어긋난다는 것이다.

사실상 비트겐슈타인은 낱말이 궁극적으로는 전체 생활 양식에서 의미를 가진다고 믿었다. 이를테면 과학적 활동의 전체 세계가 있고 과학적 용어의 의미는 이 세계 내에서 그 용어가 사용되는 방식에서 나온다. 그리고 이러한 작용이 여러 차례 일어나는 것은

루돌프 카르나프

독일 철학자 루돌프 카르나프(Rudolf Carnap, 1891-1970년)는 논리실증주의 학파의 주요 인물이다. 그는 과학철학, 논리철학, 개연성 이론 등에 중요한 공헌을 했다. 1926년 그는 모리츠 슐리크에게서 빈 학파에 참여하라는 권유를 받았다. 그리고 그는 빈 학파에서 좀더 영향력 있는 인물이 되었다. 카르나프의 가장 중요한 저작으로 『세계의 논리적 구조(*Der logische Aufbau der Welt*)』(1928년)가 있다.

언어는 공적이다

비트겐슈타인에 따르면 사적인 언어는 없다. 우리는 다양한 사회 환경에서 언어를 사용하는 방법을 배우기 때문이다. 런던 하이드파크의 '스피커스 코너(Speakers Corner)'에서 군중에게 연설하는 연사가 이를 잘 보여 준다.

의미의 그림 이론

캔버스가, 그려지는 대상과는 매우 다른 것이라고 해도 화가는 그 장면을 표현할 수 있다. 따라서 이 대상과 캔버스는 동일한 '논리적 형태'를 공유한다. 마찬가지로 비트겐슈타인은 언어와 실재가 동일한 논리적 형태를 공유한다면, 언어가 실재를 표상할 수 있다고 생각했다.

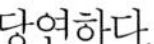

건축가 비트겐슈타인

1926-28년까지 비트겐슈타인은 건축가 폴 엥겔만[Paul Engelmann, 빈 출신 건축가 아돌프 루스(Adolf Loos)의 제자]과 함께 자신의 누이 마가렛(203쪽 참조)을 위해 빈에 집을 지었다. 그는 건축의 체계적인 이론을 배운 적도 없고, 자신의 철학적 사상을 거기에 반영하려 한 것도 아니었지만, 이 집은 뛰어난 독창성을 보여 주고 있다. 그는 "나의 이상은 열정을 방해하지 않는, 열정을 위한 환경을 제공해 주는 전당을 짓는 것이었다."라고 말했다.

당연하다.

이를테면 고유의 언어를 가진 종교적 행위의 전체 세계, 음악 활동의 세계, 사업의 세계, 군사적 세계, 연극의 세계 등이 있다.

분명히 동일한 개념이지만 세계마다 각기 다르게 쓰인다. 즉 변호사에게 '증거'로 여겨지는 것은, 역사가나 물리학자에게 '증거'로 여겨지는 것과는 아주 다르다. 소문은 종종 역사가가 가진 유일한 증거인 데 비해 법정에서는 증거로 받아들여지지 않는다. 역사가는 소문을 신중하게 사용할 수도 있지만 물리학자에게는 이는 고려의 대상조차 되지 않는다. 물리학에는 소문이라는 것이 존재하지 않기 때문이다. 따라서 이러한 비트겐슈타인의 견해는 사회학자나 인류학자들에게 유용한 도구로 받아들여졌다.

언어로서의 철학

비트겐슈타인이 케임브리지에서 활동하고 있을 때, 오스틴이 옥스퍼드에서 철학을 지배하던 시기가 있었다. 그 당시 이들의 방법은 중복되는 것이었다. 이들은 철학의 문제를, 우리 스스로가 발견한 세상의 근본적인 미스터리에 의해 우리에게 드러나는 것－시간, 공간, 물질, 인과 관계 등－이 아니라 언어 오용의 결과로 우리가 겪게 되는 혼동으로 보았다.

말하자면 어떤 맥락에서만 적절한 '증거'라는 용어를 다른 맥락에서 사용함에 따라 우리 스스로 논리적 혼란에 빠지게 되는 것이다. 이는 설명하기 위해 매우 단순한 예를 든 것이지만 철학자들이 관심을 두는 혼동은 이보다 훨씬 더 미묘한 것이다.

철학자들의 임무는 우리의 언어 사용에 대한 아주 주의 깊은 분석으로 모든 논리적 혼란을 해결해 내는 것이다. 따라서 언어에 대한 다양하고 가치 있는 경험적인 연구를 통해 흥미로운 언어 분석의 정밀함과 명석함을 드러낼 기회가 마련되었고, 이는 언어 학자들에게 큰 기쁨을 안겨주었다.

그러나 전체적인 접근 방법은 그 문제의 언어와 논리에서 더 나아가는 것이 없다고 보였다. 언어 분석은 이에 대한 이론적 근거를 설명해 준다. 경험적 문제는 그것이 상식, 과학, 정치, 사법 체계의 영역을 막론하고 경험적 방법으로

언어 분석
비트겐슈타인은 철학의 문제를 언어의 오용에 따른 혼동으로 생각했다. 위의 군인들은 폭탄의 뇌관 제거법을 배우고 있다. 여기서 혼동이나 애매함이 개입된다면 목숨이 위험할 것이다.

단어의 의미
비트겐슈타인은, 단어의 의미는 그 단어가 사용되는 세계에서 나온다고 생각했다. 동일한 의미를 갖는 하나의 단어는 오페라의 세계에서와 사업계, 종교계, 과학계 등에서 매우 다른 개념으로 쓰일 수도 있다.

다루어져야만 한다. 예전에 많은 사람들이 그렇게 믿은 것과는 달리 철학은 이 단계에서 기여하는 바가 없다.

철학의 과제는 개념적 문제를 정리하는 것, 즉 개념과 개념의 사용을 분석하고 분명히 밝히는 것이다. 이를 바탕으로 많은 영·미의 철학이 언어에 집중하게 되었다. 영·미 철학의 주요 관심은 의미, 지시체, 진리 등과 관련한 문제에 있었다.

언어 행위

그러나 시간이 흐르면서 언어철학자들은 언어 분석의 장점을 인정하면서도 그 영역이 지나치게 협소하며 너무 비판적인 경향으로 흐르고 있음을 깨닫게 되었다. 에어가 오스틴의 연구를 지루하다고 표현했을 때 많은 동료들이 이에 동의했다. 오늘날 분석철학자들은 논리학과 언어 밖의 문제－사실 철학자들이 예전에는 거의 고려하지 않았던 음악, 성(性), 인종 등에 관련한 사회 문제에 지속적으로 추구되는 좀더 전통적인 종류의 문제들을 덧붙여－에 그 가공할 분석 기술을 점점 더 많이 적용하는 경향을 보여 주고 있다.

그러나 이러한 접근은 여전히 그러한 영역에서 특징적으로 사용되는 개념의 분석과 발화의 양식에 대한 분석을 통한 것이다. 오스틴은 특히 '언어 행위

(speech-act)'라는 성과적인 개념으로 철학에 공헌했다. 그는 우리가 무엇인가를 말할 때마다 우리는 무엇인가를 하고 있다 — 묘사, 부정, 격려, 주문, 질문, 제안, 설명, 경고 등 — 고 지적했다.

그러한 행위를 전혀 하지 않고 말하는 것은 물론 불가능하다. 오스틴은 사람들이 행하는 천 가지 다른 행위를 단어의 발화로 구분할 수 있다고 주장했다. 그는 보통 하나의 진술에 대한 자신의 분석을 다음과 같은 물음을 제기하면서 시작한다.

"사자가 말을 할 수 있다 해도 우리는 사자의 말을 이해할 수 없을 것이다"

비트겐슈타인

"그가 이렇게 말한다면 그는 무엇을 하고 있을까? 그리고 어떤 상황에서 이 말이 사용될까?"

그리고 그는 만약 그 진술이 사용될 수 있는 상황을 상상할 수 없다면 그 진술은 의미를 가지지 않는다고 주장한다. 그가 정의한 어떤 언어 행위는 특히 사람들의 흥미를 끄는데, 이것이 바로 '수행적 발화(performative utterances)'이다. 이는 자신이 묘사하는 행위를 스스로 수행하는 진술이다. 예를 들면 "나는 당신에게 고맙습니다.", "나는 당신을 축하합니다.", "나는 약속합니다.", "나는 사과합니다." 등이다.

오스틴
영국의 철학자 존 오스틴(1911-60년)은 1952-60년까지 옥스퍼드대학의 도덕철학 교수를 지냈다. 오스틴은 말이 어떻게 일상적으로 사용되는가를 처음으로 탐구한 인물이었다. 그리고 그의 생각, 특히 언어 행위 개념은 제2차 세계대전 이후에 많은 영향을 미쳤다.

언어의 세기

그러나 오스틴의 이름은 비트겐슈타인만큼 다른 문화에 알려지지는 않았다. 비트겐슈타인이 주장한 '삶의 양식'의 독창성 때문에 사회학자들과 인류학자들이 그에게 관심을 가졌던 것처럼, 언어의 의미에 대한 그의 정밀하고 독창적인 분석 때문에 많은 문학 비평가들이 그를 주목했다.

20세기는 그 어떤 시대보다도 철학을 비롯해 모든 예술과 학문에서 언어의 역할이 지대했으며 좀더 자기 인식적인 언어 사용이 중요하게 받아들여졌다. 따라서 20세기에 발전된 언어철학은 당시의 분위기와 잘 어울렸고 어느 시대보다도 일반적인 지적 공동체로부터 효과적으로 받아들여졌다.

철학에 적합한 주제가 언어와 관련된 것이라고 믿은 사람들은 예전부터 없었다. 그리고 20세기의 많은 철학자들도 이를 믿지 않았다. 참고할 만한 것은 분석철학의 아버지인 버트런드 러셀이 누구든지 이를 적절한 개념으로 고려할 수 있었는데도, 그 자신은 말문이 막혀 있었다고 선언한 사실로 이루어졌다. 그리고 러셀의 방법과는 아주 다른 과정을 추구한 다른 중요한 인물들이 있었다.

말하기와 행위하기
오스틴이 구분한 언어 행위 중 하나는 '수행적 발화(performative utterances)'라고 불리는 것이다. 이는 보통 그 발화가 지시하는 행위를 수행하게 만드는 방식이다. 예를 들면 "나는 당신에게 고맙습니다.", "나는 당신을 축하합니다."와 같은 것이다.

키에르케고르의 주요 저작

『이것이냐 저것이냐(*Enten-Eller*)』(1843년), 『두려움과 떨림(*Frygt og Bæven*)』(1843년), 『불안의 개념(*Begrebet Angest*)』(1844년), 『철학적 단편(*Philosophiske Smuler*)』(1844년), 『인생의 여러 단계(*Stadier paa Livets Vei*)』 (1845년), 『죽음에 이르는 병(*Sygdommen til Døden*)』

실존주의

키에르케고르에서 하이데거까지

인간은 자신의 정체성이 문제임을 발견하고 나서 자신의 실존의 비밀을 밝힘으로써 삶의 의미를 찾기를 바라게 된다.

> *"삶은 나중에 이해될 뿐인데, 우리는 그보다 먼저 살아야만 한다"*
>
> 키에르케고르

제2차 세계대전 직후 유럽에서 가장 유행했던 철학은 실존주의였다. 실존주의는 대학뿐아니라 신문, 잡지, 지성인들의 카페, 시, 소설, 희곡, 영화, 심지어는 카바레와 나이트 클럽에서까지도 유행했다. 실존주의는 의심할 바 없이 20세기의 두드러진 지적 흐름이고 오늘날의 사유 방식에도 그 중요한 흔적이 남아 있다. 오랫동안 상연되고 널리 읽히는 실존주의 희곡과 소설도 많이 있다.

한 가지 흥미로운 점은 이러한 유행이 실존주의 철학이 등장한 후 매우 오랜 시간이 흐른 뒤에 나타났다는 것이다. 20세기의 주요 실존 철학자인 마르틴 하이데거(Martin Heidegger, 1889-1976년)는 주로 1920년대에 활동했고 그 뒤를 키에르케고르 프리드리히와 니체가 잇고 있다.

이들은 물론 19세기 사람들이다. 1940년대와 1950년대에 딱히 어디에서라고 할 것 없이 갑작스럽게 나타난 실존주의의 유행은 사실 나치의 지배와 억압의 경험에 대한 반발이라고 할 수 있다.

키에르케고르

키에르케고르는 코펜하겐에서 태어나 생애의 대부분을 그곳에서 살았다. 그의 사상은 특히 20세기 실존주의 철학자들에게 영향을 끼쳤다. 키에르케고르는 어떠한 사상 체계도 개인의 고유한 경험을 설명할 수 없다고 믿었다.

나와 신(神)

실존주의의 창시자는 흔히 덴마크의 철학자 쇠렌 키에르케고르(Søen Kierkegaard, 1813-55년)로 여겨진다. 그는 당시 사회의 주도적인 사상 흐름이었던 헤겔의 철학을 연구했다. 키에르케고르는, 사실 존재하는 것은 모두 개별적인데도 헤겔은 모든 현실적인 것들(개별적 실재)을 애매모호한 절대 이념으로 환원시켜 설명했다고 비판했다.

키에르케고르에 따르면 헤겔의 추상화 및 일반화는 개별적 실재들과 공존할 수 없다. 키에르케고르는 이러한 추상화나 일반화는 개별적 실재를 아우르는 보편과의 관계 형성을 위해 고안해 낸 궁여지책에 불과하다고 생각했다.

키에르케고르에 따르면 만약 우리가, 무엇이 존재하는지를 이해하기를 원한다면 우리는 고유한 개별 실재로 눈을 돌려야 한다. 이는 특히 인간에 대해서는 참이다. 그는 헤겔이 개인이 좀더 크고 좀더 추상적인 유기적인 실재(현실에서는 국가—옮긴이)로 포섭될 때 의미가 있는 것으로 생각했다고 믿었다.

> "모든 사유 중에서 최고의 모순은 사유를 통해 생각할 수 없는 것을 발견하려는 시도이다"
>
> 키에르케고르

그러나 키에르케고르에 따르면 최고의 도덕적 실재는 개인이다. 그러므로 가장 중요한 것은 인간 삶의 개인적이고 주관적인 면이다. 도덕적 고려라는 초월적인 가치 때문에 가장 중요한 인간의 행위는 의사 결정이 된다. 우리가 삶을 창조하고 자신을 결정하는 것은 우리의 선택을 통해 이루어진다.

키에르케고르에게는 이 모든 것이 종교적 함축을

의사 결정

사진 속 남녀는 많은 사람들이 해야만 하는 가장 중요한 개인적 결정의 하나인 결혼을 하고 있다. 키에르케고르는 최고의 도덕적 실재는 개인이며, 우리의 고유한 삶을 만들어 내는 선택을 통한 의사 결정이 가장 중요한 인간의 행동이라고 했다.

가지고 있었다. 그는 개신교의 중요한 전통에서 가장 문제가 되는 것은 개인의 영혼과 신의 관계라고 생각했다.

두 가지 실존주의

많은 사상가들이 키에르케고르의 신에 대한 견해에는 동의했지만 그와는 달리 신을 믿지는 않았다. 따라서 실존주의의 두 가지 전통 — 유신론적 실존주의와 무신론적 실존주의 — 이 나란히 형성되었다. 이 둘에 대해서는 20세기에 가장 활발한 연구가 이루어졌다.

여기에서는 실존주의의 종교적 흐름에 대한 상세한 설명은 생략하고 20세기의 주요 신학자들 중 키에르케고르에게서 중요한 영향을 받았다고 인정하고 있는 몇몇을 설명하는 것으로 대신하고자 한다. 이런 신학자들에는 칼 바르트(Karl Barth, 1886-1968년), 폴 틸리히(Paul Tillich, 1886-1965년), 루돌프 불트만(Rudolf Bultmann, 1884-1976년)이 있다.

또 여기에서 우리는 무신론적 실존주의에만 관심을 두고 살펴보도록 하자. 무신론적 실존주의는 키에르케고르와 무신론자인 니체에게서 영향을 받았다. 20세기 무신론적 실존주의의 가장 두드러진 대표자는 하이데거였다.

나치에 물들다

마르틴 하이데거는 비트겐슈타인이 빈에서 태어나던 해 독일의 바덴에서 태어났다. 하이데거는 평생 독일 학계에서 활동했다. 하이데거는 프라이부르크대학의 그 유명한 에드문트 후설(Edmund Husserl, 1859-1938년)에게서 철학을 배웠고 그의 현상학적 방법을 계승했다. 하이데거는 후설에게 헌정한 그의 걸작 『존재와 시간(*Sein und Zeit*)』(1927년)에서 이 방법을 주요 골자로 삼았다.

하이데거는 나치당에서 활동했으며 1933년 나치가 정권을 장악했을 때 프라이부르크대학 최초의 국가 사회주의 총장이 되었다. 그러나 후설은 유대인이었다. 따라서 이 무렵 하이데거는 공식적으로 후설과의 관계를 끊은 셈이 되었다.

이 행위는 평생을 두고 씻을 수 없는 오명을 남겼다. 일 년 후 그는 총장직을 사퇴했다. 독일이 제2차 세계대전에서 패한 뒤 하이데거는 과거의 나치 전력 때문에 6년간 교단에 서는 것이 금지되었다. 그 후 하이데거의 오명은 논란거리가 되었고 그의 철학에 동의하지 않는 사람들이 하이데거를 비판하는 데 이용되었다.

하이데거

실존주의를 이끄는 주요 인물인 하이데거는지성계에 여전히 중요한 영향을 끼치고 있다. 그는 프라이부르크대학에서 후설의 후계자가 되기 전에는 예수회 수도사로 교육받았다. 나치를 지지한 그의 전력은 그의 명예를 훼손시켰다.

바르트

20세기의 가장 영향력 있는 신학자라고 할 수 있는 스위스 태생의 칼 바르트(1886-1968년)는 개신교 사상에서 급진적인 변화를 개시했다. 그는 독일의 괴팅엔대학, 뮌스터대학, 본대학의 신학과 교수를 역임했고 나치를 강력하게 반대했다. 바르트는 "바르멘 선언"의 초안을 작성했는데, 그 내용은 반나치 고백 교회의 기본 교의가 되었다. 그의 『교회 교의학(*Die Kirchliche Dogmatik*)』(1932-67년)은 예수의 부활을 그리스도교의 핵심 내용으로 다루고 있다.

> *오직 인간만이 존재의 소리가 울릴 때 가장 경이로움을 느낀다. 도대체 무엇인가가 왜 없지 않고 있느냐 하는 경이 말이다*
>
> 하이데거

하이데거의 주요 저작

『존재와 시간』(1927년),
『칸트와 형이상학의 문제』(1929년),
『형이상학이란 무엇인가?』(1929년),
『사물에 관한 물음』(1935-36년),
『철학이란 무엇인가?』(1955년)

Sein und Zeit

von

Martin Heidegger

Erste Hälfte

『존재와 시간』

난해한 문장 때문에 읽기 까다로운 『존재와 시간』은 하이데거의 가장 뛰어난 걸작이다. 이 책에서 그는 후설의 방법을 사용하여 인간 현존의 구조를 탐구했다. 그는 이 저작의 목적을 "존재의 의미는 무엇인가?"를 묻는 것이라고 천명했다. 이 책은 사르트르와 다른 실존 철학자들에게 큰 영향을 끼쳤다.

"나는 존재한다. 그리고 나를 제외한 모든 것은 단지 현상적 관계로 되는 현상일 뿐이다"

후설

그러나 사실 공산주의자였다는 이유만으로 사상가로서의 자격을 박탈당하지는 않듯이 나치의 전력이 하이데거로부터 사상가로서의 자격마저 박탈할 이유가 될 수는 없다. 위대한 사상가가 도덕적으로도 존경할 만한 인간이어야 한다는 생각은 낭만적이고 다소 유치하다. 우리로 하여금 이 문제를 심각하게 생각하도록 하는 반례가 철학사에는 매우 많다.

경험만을 점검하다

하이데거는 『존재와 시간』을 원래 두 권으로 완성할 생각이었지만 제1권밖에 쓰지 못했다. 제2권을 쓰는 대신 하이데거는 자신이 추구하는 철학의 방향을 전환했다. 따라서 우리는 그의 사상을 '전기 하이데거'와 '후기 하이데거'로 구분할 수 있다.

하이데거는 후기 철학에 대해 체계적인 저작을 출간하지는 않았지만 자신의 사상을 다른 사람들과 토론 — 특히 니체와 소크라테스 이전의 사상, 노발리스와 같은 시인의 작품을 통해 — 하는 과정에서 개진하는 경향이 있었다.

『존재와 시간』은 하이데거의 대표적인 걸작으로 여겨지고 또 20세기 실존주의의 본원(本源)으로 인정된다. 『존재와 시간』의 내용을 연구하기 위해서는 후설의 방법을 반드시 먼저 이해해야 한다. 후설의 현상학적 방법은 『존재와 시간』의 매우 중요한 부분을 이루고 있기 때문이다.

현상학적 방법에 대해서는 다음과 같은 방식으로 접근해 볼 수 있다. 후설은 우리가 그 존재를 의심할 수 없는 확실한 현존을 가지고 있으며 그것은 우리의 의식이고, 따라서 우리가 실재에 대한 개념을 확고한 토대 위에 형성하기를 원한다면 우리의 현존을 출발점으로 삼아야 한다는 데카르트의 견해에 동의한다.

그는 또 내가 탁자를 본다면 나의 의식은 탁자를 향한 것이지, 탁자를 보는 경험을 가진 나를 향한 것은 아니라는 점에서 흄에 동의한다. 일상적인 경우에 나의 의식은 이러한 형식을 취한다.

즉 나는 직접적으로 대상을 의식하는 것이지 나의 의식을 대상으로 삼지는 않는다. 그러나 이러한 대상이 독립적으로 존재한다는 것을 증명하려는 모든 시도는 실패할 수밖에 없는 것처럼 보인다. 외부 세계의 존재를 입증하는 일은 불가능한 것으로 악명이 높다.

여기에서 후설은 천재적인 제안을 한다. 그는 우리 스스로를 의식의 대상과 독립적인 존재에 대한, 해결되지 않을 문제에 빠뜨리지 말라고 말한다. 그것이 다른 현존으로서 지위를 가지고 있든 그렇지 않든 간에 우리 의식의 대상으로서 존재하는 것은 의심할 여지 없이 확실하다.

그러니까 의식의 대상과 독립적인 존재에 대해

르네 마그리트, "삶의 피곤함"(1927년)

후설은 예를 들어 사람이 탁자를 볼 때는 그 대상인 탁자를 의식하는 것이지, 자기 스스로를 의식하는 것은 아니라는 점에서 흄에 동의했다. 그는 철학이 직접적으로 경험되는 것을 고찰하는 방법에 바탕해야 하며, 다른 존재에 대해 증명되지 않은 가정을 해서는 안 된다고 생각했다. 이를 현상학적 접근이라고 한다.

후설

에드문트 후설은 의식적으로 경험되는 것이 무엇인가에 관심을 두는 현상학의 창시자로 여겨진다. 현상학의 영향은 과학철학, 언어철학, 종교철학, 사회과학 등에까지 두루 미친다.

아무것도 가정하지 않은 채 그것들이 그렇게 존재하는 절대적 확실성을 바탕으로 의식의 대상과 독립적인 존재를 지각의 대상으로 탐구하라는 것이다. 지각의 대상으로서 의식의 대상과 독립적인 존재는 모두 우리의 탐구에 직접적으로 열려 있다. 따라서 대답이 불가능한 문제들은 그저 한쪽으로 치워 두고(이른바 '괄호 안에 넣어두기'를 말함) 탐구할 수 있는 문제들만을 가지고 씨름하자는 것이다.

우리가 살고 있는 세계

따라서 후설은 의식과, 의식의 대상을 고찰하는 완전히 새로운 접근법을 내놓는다. 이는 경험에 대한 체계적 분석으로서 모든 것을 현상으로 다루기 때문에 현상학이라고 불린다. 현상학이라는 용어는 철학에서 일반적으로 사용되어 왔다. 어느 행위의 '현상학'이라고 하면 이는 행위와 관련된 의식적 경험에 대한 기술이나 분석을 의미한다.

예를 들면 수학의 철학은 수학의 논리적 토대, 즉 수(數)와 그 증명의 성질 등과 같은 문제인 반면, 수학의 현상학은 의식적 행위로서의 수학과 이 의식적 행위에 따르는 경험에 관한 것이다. 물론 물질적 대상을 지각할 수 있는 현상학뿐 아니라 예술, 종교, 과학 등을 지각할 수 있는 현상학, 그리고 우리 고유의 사상, 느낌, 기억, 고통과 같은, 우리 자신의 '내적인' 것에 대한 현상학 등이 있다. 실질적으로 우리가 경험하는 사물의 총합은 우리가 경험에 대해 의심할 바 없이 확신하는—비록 현상으로서라도—것의 총합이다.

하지만 이것은 우리의 세계, 우리가 사실상 경험하는 우리의 세계, 우리가 실제로 살고 있는 우리의 세계이다. 이러한 이유로 생활 세계(Lebenswelt)라는 용어는 세계와 바꿔 쓸 수 있는 표현이다. 후설의 철학이 가져다주는 것은 우리의 생활 세계에 대한 철저한 탐구이다.

무엇이 실존인가?

하이데거는 후설 밑에서 이러한 접근법을 스스로 연구했다. 그러나 그는 이 접근법을 다른 출발점에서 적용하고 있다. 하이데거는 데카르트 이래로 지식의 문제가 서양철학에서 중심 문제로 다루어져 왔다는 사실과 씨름하고 있었다. 이러한 데카르트식 접근은 실재란 정신과 물질, 주체와 대상, 관찰자와 관찰 대상, 인식자와 인식 대상으로 구분되어 있다고 여긴다.

젊은 시절 하이데거는 미국 실용주의에 대해 전혀 몰랐을 것이다. 그런데 전통적인 인식론에 대한 그의 반대는 실용주의와 통하는 면이 있다. 그는 인식론이 실제 상황에 맞지 않는다고 생각했다. 우리는 세상 바깥에서 세상을 보는 것이 아니다. 우리 자신이 곧 세상의 일부이다. 그리고 우리의 존재는 어떤 다른 세계에 있는 것으로 생각될 수조차 없다. 좀더 깊이 생각해 보면 중요한 문제는 지식이 아니라 존재, 즉

후설의 주요 저작

『논리적 탐구(*Logische Untersuchungen*)』(2권)(1900-01년), 『순수현상학과 현상학적 철학의 이념들』(1913년), 『제일 철학(*Erste Philosophie*)』(1923-24년), 『논리학(*Formale und transzendentale Logik*)』(1929년).

침묵의 사유와 느낌

19세기 후반 앙드레 콜랭(André Collin)의 유화 "가난한 사람들"은 내적 성찰의 분위기를 물씬 풍긴다. 침묵 속에 고요히 앉아 있는 인물들은 어떠한 자기 인식도 없이 자신의 내적인 감정에 대한 성찰에 몰입해 있는 것처럼 보인다.

지식인들에 대한 나치의 통제

나치는 모든 사상을 통제하려고 했다. 공공 계몽과 선전을 담당한 장관은 학교, 대학, 영화, 미술, 출판, 교회 등 독일 문화 전체에 대해 통제했다. 따라서 많은 지식인들이 독일을 떠나거나 강제 수용소에 보내져야만 했다.

형태 심리학

형태 심리학의 주요 원리는 부분에 대한 분석이 전체에 대한 이해를 제공해 주지 않는다는 것이다. 19세기 말에 나타난 형태 이론은 현상학을 이용해 직접적인 심리 경험에 대해 설명했다. 형태 심리학의 목적은 개인과 환경을 통합함으로써 신경증과 정신병에 따른 파편화된 행위와 혼란을 제거하는 것이다.

실존의 자각
하이데거는 우리가 우리의 현존에 대한 즉각적인 의식을 가지고 있다고 믿었다. 따라서 그는 행동이 일어나는 장(場)이 없는 한 우리는 의식적 자각을 가질 수 없다고 생각했다. 그러므로 '존재'와 '세계'는 분리할 수 없다.

> "우리는 스스로를 이해하는 존재이다"
>
> 하이데거

현존이다.

우리 스스로에게서 우리 스스로와 함께 발견되는 이 현존은 무엇인가? 어떤 것이 존재한다는 것은 무엇인가? 어느 것이 되었든 그것은 도대체 어떻게 존재하는가? 왜 아무것도 없지 않고 무엇인가가 있는가?

존재에 대한 분석

즉각적이고 의심할 수 없는 의식을 가진 존재는 우리뿐이다. 그러므로 하이데거는 우리 스스로를 현존의 문제로 제기하는 방식은, 우리가 우리의 현존을 의식할 때 우리가 의식하는 것은 무엇인가에 대한 현상학적 분석을 수행하는 것이라고 생각했다. 그리고 이것이 바로 『존재와 시간』에서 선택한 방법이다. 그는 성심껏 체계적이고 의도적으로 단조로운 방식을 사용하여 우리 고유의 현존에 대한 의식적 자각을 구성하는 요소를 분리해 낸다. 예를 들어 그는 어떤 종류의 의식의 장(場), 국면, 마당, 즉 상황이 있지 않는 한 우리가 그 요소를 가질 수 없다는 것을, 즉 우리는 세계 내에 있는 존재라는 것을 보여 준다. 우리로서는 존재함과 세계를 분리할 수 없다. 또 우리는 계속 진행되고 있다는 의식이 없는 한 그 요소를 가질 수 없다. 그러나 이는 시간을 필요로 한다. 그러므로 우리가 의식하는 존재는 본래 시간적이다.

다시 말하지만 고유의 현존이 우리의 의식에 닿지

존재는 시간이다
하이데거는 존재가 시간이라는 결론에 이르렀기 때문에 자신의 가장 중요한 저작의 제목을 『존재와 시간』이라고 붙였다. 말하자면 실존은 시간으로 표현되고 객관화된다고, 즉 인간은 시간상의 존재라고 생각했다. 따라서 하이데거의 철학이 어떻게 그리스도교 신학에 깊은 영향을 주게 되었는지 알 수 있을 것이다.

않는 한 우리는 우리 고유의 현존에 대한 의식을 가질 수 없다.

즉 우리가 고유의 현존을 의식하려면 그 고유의 현존이 어떤 방식으로든 우리에게 관련되어야 한다. 마음씀은 최소한의 요소이다. 우리는 우리 고유의 현존에 대한 의식이 즉각적이고 직접적이며 투명하기 때문에 분석할 수 없다고 생각한다. 그러나 하이데거는 우리의 현존에 대한 풍부하고 깊이 있는 통찰을 통해 이를 논박했다.

하이데거의 철학 중 중요한 부분에서 그가 궁극적으로 도달하는 결론은 우리의 존재 양식이 과거, 현재, 미래에 대응하는 요소를 가진 3중 구조를 가지고 있다는 것이다. 따라서 최종 분석에서 존재는 시간이라는 결론을 이끌어 낸다. 그래서 책 제목이 '존재와 시간'이 된 것이다.

스스로가 되기

이러한 출발로부터 하이데거는 인간의 상황을 분석한다. 하이데거는 우리가 다른 사람과 접촉하는 문제에 직면하는 고립된 개인이라는 것에서 시작하지 않는다. 원래 우리의 존재는 공동체의 것을 나누어 가지고 있는 사회적인 인간이며 우리의 과제는 개인 현존의 본래적인 방식을 규명함으로써 실존을 이루는 것이다. 우리는 늘 알 수 없는 미래로 내몰린다. 결과를 알지 못한 채 선택을 해야 한다. 죄책감과 불안은 우리의 숙명이다. 특히 죽음에 대한 불안은 더욱 그러하다.

우리는 우리의 삶이 어떤 형이상학적 근거나 토대를 가지고 있기를, 그리고 의미를 가지고 있기를 갈망한다. 그런데 우리는 근거나 토대가 객관적으로 존재한다는 어떠한 확신도 없다. 그리고 어떤 것이 객관적으로 존재하지 않는다면 우리의 삶은 결과적으로 그저 무의미하고 부조리할 뿐이다. 그렇지 않다면 삶이 가지고 있는 의미는 우리가 삶에 부여하는 것에 불과하다.

신과 무관하게 찾은 의미

이 주제는 20세기 실존주의를 지배했다. 20세기 실존주의는 니체의 도전을 통해 신이 없는 우주를 대면하고자 했다. 그리고 어떠한 객관적인 중요성도 없는 세상에서 가치를 위한 기반을 발견하려고 했다. 또 내세의 삶을 가지지 않는 개인들의 덧없는 삶의 의미를 발견하거나 창조하는 방법을 찾으려고 노력했다. 제2차 세계대전 이후 실존주의는 다른 철학에서는 거의 상상하지도 못할 정도로 대중화되었다. 당시 실존주의의 국제적 중심지는 파리였고 하이데거보다 프랑스 실존주의자들이 더 유명해졌다. 실존주의를 전 세계에 알린 사람은 사르트르였다. 사르트르는 철학자이자, 세계적으로 유명한 소설가이며, 희곡 작가였다. 우리는 사르트르의 실존주의를 다음 장에서 살펴볼 것이다.

실존적 불안

하이데거는 결과에 대한 어떠한 확신도 없이 — 우리의 유일한 확신은 우리가 죄책과 불안의 삶에 맞닥뜨리고 있다는 것이다 — 우리가 선택을 감행해야 한다고 말한다. 노르웨이 화가 에드바르트 뭉크(Edward Munch)의 "비명"(1893년)은 실존의 혼란과 고독에서 나온 화가의 불안과 염세주의를 강렬하게 표현하고 있다.

베르그송의 주요 저작

『의식에 무매개적으로 주어진 것에 관한 시론』(1889년), 『물질과 기억』(1896년), 『창조적 진화』(1907년), 『도덕과 종교의 두 원천(*Les deux sources de la morale et de la religion*)』(1932년)

베르그송과 현대 프랑스철학

문학의 한 분야로서의 철학

프랑스에서 철학은 20세기 문학의 한 흐름으로 발전했다.

“우리가 현재를 앞으로 다가올 것이라고 생각할 때, 현재는 아직 존재하는 것이 아니다. 그리고 우리가 현재를 존재하고 있는 것으로 생각할 때, 현재는 이미 지나간 것이다”

베르그송

앙리 베르그송(Henri Bergson, 1859-1941년)은 프랑스에서 영국인 어머니와 폴란드계 유대인 아버지 사이에서 태어났지만 프랑스어를 모국어 삼아 성장했다. 그는 평생 대학에서 철학을 가르쳤는데, 일반 대중에게 큰 영향력을 행사한 매력적인 작가이기도 했다.

그는 1927년 노벨 문학상을 수상하기도 했다. 그의 유명한 책으로는『의식에 무매개적으로 주어진 것에 관한 시론(*Essai sur les données immédiates de la conscience*)』(1889년),『물질과 기억(*Matièrer et Mémoire*)』(1896년),『창조적 진화(*L'évolution réatrice*)』(1907년) 등이 있다.

그는 말년에 종교적 관심으로 돌아섰고, 임종을 앞두고는 로마 가톨릭으로 개종한 것으로 보인다. 만일 그러했다면, 그 개종은 매우 조심스럽고 비밀리에 진행되었을 것이다. 왜냐하면 유대인들이 나치에게 박해를 받고, 프랑스가 독일 점령 하에 있는 동안 베르그송 스스로 유대 민족을 배반한다는 인상을 주고 싶지는 않았을 것이기 때문이다.

베르그송
제1차 세계대전 중에 베르그송은 몇몇 외교적인 임무를 수행했다. 1920년 국제 연맹이 창설되었을 때 베르그송은 지식인 협력 이사회의 초대 회장이 되었다.

직관

베르그송은 일차적으로 인류를 진화적 과정에서 설명해야 한다고 생각했다. 그는 유기적인 생명체가 갖고 있는 감각의 특징을 다음과 같이 파악했다. 즉 유기적인 생명체의 감각 기능은 유기체에 자신을 둘러싸고 있는 '표상(représentations)'을 제공하는 데 있는 것이 아니라, 생명 보존을 위한 반응을 자극하는 데 있다. 따라서 처음에는 감각 기관, 중추 신경 체계, 다음에는 정신이 생존을 위한 유기체의 장치 또는 행동의 부속물로서 오랫동안 발전을 거듭한 것이다.

또 오늘날 그 기관들이 우리에게 제공하는 것은 주변 환경에 대한 객관적 사진 같은 것이 아니라 일정한 방식으로 우리 행동을 이끄는 유전자 정보(message)이다. 주위 환경에 대해 우리가 갖고 있는 개념은 정확하게 찍힌 사진 같은 것이 결코 아니다. 그 개념은 매우 선별적이고 늘 실용적이며 자기 보존적이다. 우리는 자신에게 중요한 문제에만 관심을 기울인다. 주위 환경에 대한 우리의 개념은 단지 우리의 관심이나 자신의 안전에 우선하는 것들에 따라 형성되는 것이다. 이런 방식으로만 참된 인간의 본성이 이해될 수 있다.

진화에 대해 베르그송은 환경이 선택하는 기계적 과정은 실제로 발생하는 진화 과정을 설명할 수 없다고 보았다. 비록 비판받거나 공격당하기는 쉽지만, 진화 과정에서는 좀더 우월한 개체로, 그리고 동시에 좀더 복잡한 것으로 발전시키는 지속적인 어떤 것이 있다고 보았다. 이런 식으로 진화를 이끄는 것을 베르그송은

생명의 힘
베르그송은 생명 진화론을 통해 좀더 뛰어나고 좀더 복잡한 개체로 발전시키는 지속적인 어떤 것이 있다고 주장한다. 베르그송은 이를 생명의 약동 또는 '생명의 힘'으로 부른다.

'생명의 약동(élan vital)'이라고 표현했다. 이 말은 '생명의 힘'이라고 할 수 있겠다. 베르그송은 모든 것이 늘 변화하고 있기 때문에 시간의 흐름은 모든 실재하는 것들에 근본적이라고 생각했다.

우리는 우리 자신 안에서 개념이나 감각을 통해서가 아니라, 가장 직접적이고 무매개적인 방식으로 이런 흐름을 실제로 경험한다. 베르그송은 이런 무매개적 지식을 이끄는 인식 방법을 '직관'이라고 부른다. 베르그송은 우리가 행동을 결정하는 측면에서 직관적 지식을 갖고 있기 때문에 우리가 자유 의지라는 무매개적인 지식을 가진다고 생각했다. 그러나 이러한 사물의 내적 본성에 관한 무매개적인 지식은 우리의 지성이 우리에게 외부 세계에 대해 제공하는 지식과는 완전히 다른 성격의 것이다.

측정할 수 있는 단위
베르그송에 따르면, 지성은 우리가 다룰 수 있는 세계를 제공하고, 시간과 공간의 측정 단위로 구분되는 개별 대상의 세계를 제공한다. 그러나 이러한 측정할 수 있는 세계가 우리에게 실재를 보여 주는 것은 아니다.

실재의 흐름

우리의 지성이 제공하는 것은 언제나 행동에 필요한 재료이고, 우리의 행위는 예견될 수 있고, 사건을 제어할 수 있다. 따라서 지성이 제공하는 세계는 조작하거나 사용할 수 있다. 그리고 지성은 우리에게 측정할 수 있는 단위로 나뉘는 세계를 제공하고, 공간과 시간의 측정 단위로 구분되고 분리되는 대상을 제공한다. 이러한 세계는 일상 생활과 상식의 세계, 그리고 과학의 세계이다. 이 세계가 우리에게 주는 이익은 현대 과학 기술의 발전에 따라 충분히 드러난다.

그러나 과학으로 파악된 세계는 우리가 살아가는 세계 전체라고는 할 수 없고, 단지 이성으로 파악된 하나의 양식에 불과한 것이다. 이는 마치 지도 제작자가 실제 지형을 방위 눈금으로 표시하는 행위와 같다. 이렇게 파악된 세계는 매우 유용하며, 우리가 하고 싶어 하는 일들을 가능하게 만들어 준다. 그러나 이런 세계는 실재를 드러내는 것이 아니다.

실재는 연속체이다. 그리고 참된 시간에는 순간이 없다. 실제 시간은 연속적인 흐름이고, 측정 가능하게 나뉠 수 있는 단위가 없다. 또 공간도 마찬가지이다. 실제 공간에는 점도 없고, 분리된 장소도 없다. 이런 것들은 모두 정신이 고안한 것이다.

존재와 시간

그러므로 우리는 동시에 두 세계에 살고 있는 것이다. 무매개적인 지식으로 파악된 내적 세계에서 모든 것들은 연속체이고, 영원한 흐름이다. 지성을 통해 파악된 외부 세계에는, 측정될 수 있는 일정한 시간과 공간을 차지하여 다른 것들과 구분되는 대상들이 존재한다. 그리고 외부 세계 즉 초시계로 계산되는 시간은 지성에 따른 고안물이지, 우리가 직접 내적으로 경험하는 연속적인 흐름의 '참된' 시간이라고 할 수 없다.

베르그송 철학의 핵심은 생명 그 자체, 생명의 힘, 즉 계속 전진하는 진화 과정을 가능하게 하는 생의 도약과 내적 시간의 경험을 동일하게 여기는 것이다. 이는 하이데거의 철학이 존재와 시간의 동일성으로 요약된다는 점과 비교할 만하다. 물론 두 철학자는 저마다 다른 방식으로 동일한 결론에 이른 것이다.

베르그송이 활발히 활동하고 있을 때, 그는 러셀과 같은 동시대 철학자들에게 날카로운 비판받기도 했다. 베르그송의 비판가들은 그가 세련된 유비와 시적

실재는 연속적인 흐름이다
베르그송은 외적 세계의 개별 대상이나 단위는 정신의 고안물이고, '참된 시간'은 사실상 구분되지 않는 단일한 무언가가 연속적으로 흐르는 것이라고 생각했다.

> *"강물의 흐름은 구불거리는 물길과 일치하지만 강바닥과는 구별된다"*
>
> 베르그송

프루스트

프랑스 소설가 마르셀 프루스트(Marcel Proust, 1871-1922년)는 학창 시절 베르그송의 작품에 직접적인 영향을 받았다. 프루스트의 가장 유명한 소설 『잃어버린 시간을 찾아서(*Á la recherche du temps perdu*)』(1913-27년)는 시간의 본질에 대한 탐험이면서 19세기말 프랑스 한 지방에서의 생활에 대한 회상이다. 이 소설은 연대기적 서술이 아닌 기억의 연합과 현실화를 통해 인간 경험을 서술한다.

은유를 사용하기 때문에 그의 철학이 매력적이지만, 합리적인 논증 방식으로 그 내용을 보증하는 것은 아니라고 한다. 베르그송은 자신의 사상을 독자의 직관에 맡긴다는 것이다. 또 그의 사상이 논리적 분석에 바탕한 것이 아니라고 비판한다. 베르그송의 지지자들은 그가 매우 창조적인 작가로서의 특징을 모두 지니고 있으며, 아울러 논리적 논변보다는 통찰을 제공하고 있다고 말한다. 어쨌든 그의 사상은 매우 호소력 있고, 20세기 철학의 매우 독특한 요소로 남아 있다.

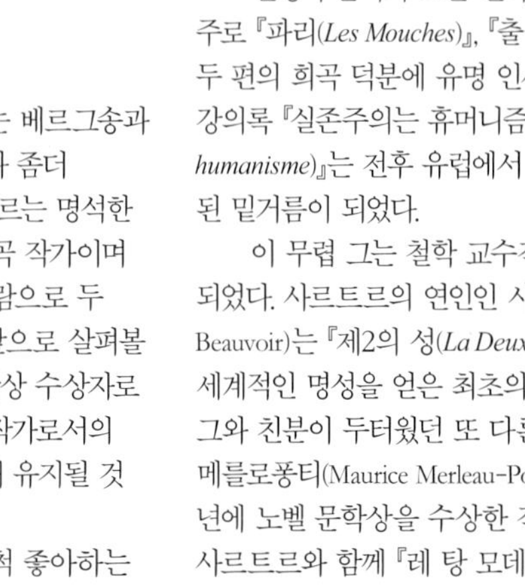

"지옥이다, 타인은"

사르트르

소설가이자 희곡 작가

장 폴 사르트르(Jean Paul Sartre, 1905–80년)는 베르그송과 공통점을 많이 가지고 있지만 베르그송보다 좀더 풍부한 특징을 가진 것처럼 보인다. 사르트르는 명석한 철학자일 뿐 아니라 세계적으로 유명한 희곡 작가이며 소설가이다. 그나마 사르트르와 비슷한 사람으로 두 권의 성공적인 소설을 쓴 루소와, 우리가 앞으로 살펴볼 카뮈가 있다. 1964년 사르트르는 노벨 문학상 수상자로 선정되었으나 수상을 거절했다. 아무래도 작가로서의 그의 명성이 철학자로서의 명성보다는 오래 유지될 것 같다.

사르트르는 파리에서 태어나 책을 무척 좋아하는 아이로 성장했다. 사르트르는 자전적 소설 『말(*Les Mots*)』(1964년)에서 자신의 유년 시절에 대해 썼다. 1929년 24세의 그는 철학 교수 자격 시험에 합격했고 26세에 중·고등학교의 철학 교수로 임용되었다. 1938년에 출판한 『구토(*La Nausée*)』는 파편화(disintegration)의 과정에 있는 정신에 대한 현상학적 분석을 보여 주고 있다. 1940년에는 철학적으로 중요한 저작인 『상상력(*L'Imaginaire*)』이 나왔다.

제2차 세계대전은 사르트르의 삶을 바꾸어 놓았다. 그는 프랑스군의 일원으로 전쟁에 참여했다가 독일의 포로가 되어 수용소 생활을 했다. 이 무렵 그는 하이데거의 철학을 연구했고 최초의 희곡을 완성했다. 그는 수용소를 탈출해 점령된 파리에 살았고 여기서 가장 중요한 저작인 『존재와 무(無)(*L'être et le néant*)』(1943년)를 완성했다.

전쟁이 끝나자 그는 철학 서적 때문이기도 하지만 주로 『파리(*Les Mouches*)』, 『출구 없음(*Huis-clos*)』이라는 두 편의 희곡 덕분에 유명 인사가 되었다. 그의 1946년 강의록 『실존주의는 휴머니즘이다(*L'Existentialisme est un humanisme*)』는 전후 유럽에서 실존주의가 크게 유행하게 된 밑거름이 되었다.

이 무렵 그는 철학 교수직을 포기하고 전업 작가가 되었다. 사르트르의 연인인 시몬 드 보부아르(Simone de Beauvoir)는 『제2의 성(*La Deuxième Sexe*)』(1949년)으로 세계적인 명성을 얻은 최초의 페미니스트 작가이다. 그와 친분이 두터웠던 또 다른 동료에는 카뮈와 모리스 메를로퐁티(Maurice Merleau-Ponty)가 있다. 카뮈는 1957년에 노벨 문학상을 수상한 작가이고 메를로퐁티는 사르트르와 함께 『레 탕 모데른(*Les Temps Moderne*)』을 창간한 철학자이다.

사르트르

사르트르는 실존주의의 주요 주창자이다. 그는 사람들이 자신의 고유한 자유를 자각하는 것이 불안을 느끼게 만들고, 자기 기만 속에서 이 불안을 회피한다고 생각했다. 위의 사진 속 사르트르는 파리의 보나파르트 거리에 있는 자신의 아파트에서 찍은 모습이다.

사르트르는 혁명적인 좌파 정치에 깊이 관련했고 자주 공산주의를 옹호하거나 변호했다. 스스로를 역사적 유물론자라고 지칭하면서 마르크스주의와 실존주의의 조화를 목표로 대작 『변증법적 이성 비판(*La Critique de la Raison dialectique*)』을 쓰기 시작했다. 그러나 이를 완성시키지는 못했고, 미완성의 원고만이 책 한 권으로 나와 있다.

철학자로서 사르트르의 모습은 세 단계로 나눌 수 있고 각 단계마다 큰 영향을 끼친 주요 사상가가 한두 명씩 있다. 후설은 『구토』, 『상상력』, 『정서론(*Esquisse d'une théorie desémotions*)』(1939년) 등 첫 번째 시기의 저작에 영향을 끼쳤다. 하이데거는 사르트르가 가장 강력한 영향력을 가지고 있었던 두 번째 시기의 저작 『존재와 무』, 『실존주의는 휴머니즘이다』에 영향을 끼쳤다.

보부아르

사르트르와 평생 독특한 관계를 유지했던 프랑스 실존주의자, 소설가, 수필가인 시몬 드 보부아르(1908–86년)는 현대 여성 철학의 창시자라고 할 수 있다. 그녀는 또 『제2의 성』(1949년)의 작가로 유명하다. 이 책에서 그녀는 변하지 않는 "영원한 여성성"의 신화를 폐기할 것을 주장했다.

사르트르의 주요 저작

『구토』(1938년),
『상상력』(1940년),
『존재와 무』(1943년),
『실존주의는 휴머니즘이다』(1945년),
『철들 무렵(*L'Age de raison*)』(1945년),
『변증법적 이성비판』(1960년),
『방법의 문제』(1960년)

『구토』

르 아브르 학교의 철학 교수로 있는 동안 사르트르는 처녀작 『구토』를 완성했다. 일기 형식으로 쓰인 이 책은 자신의 신체를 포함하여 물질 세계에 직면했을 때 느끼는 혐오의 감정을 주인공의 입을 통해 이야기한다.

그리고 마지막 단계는 헤겔과 마르크스가 영향을 끼친 가장 오랜 기간이다.

첫 번째와 두 번째 단계에서 사르트르는 자신이 전파시키던 사상의 철학자인 후설과 하이데거보다도 훨씬 더 유명했다. 그리고 이러한 현상은 사르트르가 널리 알린 사상이 대중의 생각 속에서, 원래의 사상가와 연결되는 것이 아니라 사르트르를 떠올리는 결과를 가져왔다.

우리는 스스로를 만들어 간다

사르트르의 가장 중요한 개인적 공헌이면서 그의 철학을 유명하게 한 것은 개인의 자유를 극화시킨 방식이다. 사르트르는 신이 없는 세계에서 우리는 우리 고유의 가치를 창조하는 것 외에 다른 선택의 여지가 없다고 주장했다. 자신의 고유한 가치를 창조하기 위해 우리는 먼저 삶의 근본 원칙을 세우게 된다. 그리고 근본 원칙을 세우면서 어떻게 우리의 인성이 전개될 것인지 결정한다. 즉 우리가 우리 자신을 창조하는 것이다.

많은 사람들은 이 자유와 책임에 직면하는 것을 너무 두려워한다. 따라서 자신들이 이미 기존의 규범과 규칙에 묶여 있어 어쩔 수 없다고 변명하면서 이를 회피한다. 그러나 이는 사르트르가 "자기 기만"이라고 부르는 것이다. 어떤 사람은 '완전히 자기 자신이 되는 것'을 선택한다. 스스로를 실현하면서 살아간다는 것은 이 선택에 따른다는 것—즉 사르트르의 용어로는 참여(앙가주망, engagement)—을 의미한다. 많은 젊은이들은 이 사상에 전율했다. 어떠한 이유로든 사회에 참여하기를 원하지 않는, 사르트르와는 다른 생각을 하는 많은 사람들도 전율하기는 마찬가지였다. 그러나 점점 마르크스주의로 기울어지면서 사르트르는 스스로 개인이 사회의 압력에서 자유로워질 수 있는 범위와 한계를 과장되게 표현했다고 털어놓았다.

부조리

사르트르의 친구 알베르 카뮈(Albert Camus, 1913–60년)는 인간이, 그 자체로는 아무 의미도 목적도 없는 무심한 우주에서 자신의 삶이 중요한 의미를 가져야 한다고 요구하는 상황은 '부조리하다'고 주장했던 작가이다. 그는 이것이 결코 채워질 수 없는 요구라고 생각했다. 그러나 일단 인간 삶의 무의미함을 충분히 이해하고 받아들인다면 정녕 산다는 것의 본질은 무엇인가?

그는 유명한 글 『시지프의 신화(*Le Mythe de Sisyphe*)』(1942년)로 포문을 연다. "유일하게 진지한 철학적 문제가 있는데, 그것은 바로 자살의 문제이다. 삶이 살 만한 가치가 있다고 생각하든 그렇지 않든 간에 이러한 판단을 통해서만 철학의 근본 문제에 답할 수 있게

자기를 실현하면서 살기

젊은이들은 종종 사회의 고정된 규칙과 규범에 도전한다. 이러한 이유로 많은 젊은이들은 '스스로를 완전히 선택해야 한다'는 사르트르의 자유론에 열렬한 지지를 보냈다.

카뮈의 주요 저작

『시지프의 신화』(1942년),
『이방인』(1942년),
『페스트』(1947년),
『반항적 인간』(1951년),
『전락』(1956년)

된다."

카뮈는 스스로를 파멸시키는 것은 일종의 항복이라고 결론 내린다. 공개적으로 자존심에 호소하는 것에서—인간의 자존심만큼 벅찬 것은 없다—그는 무의미한 우주에 스스로를 적응시키는 것에 대해 거절하는 삶, 그러한 의미에서 한 사람의 우주적 환경에 반역의 형태를 취하는 삶을 요구한다.

그는 『시지프의 신화』는 물론이고 『반항적 인간(*L'Homme réolté*)』(1951년), 『이방인(*L'Étranger*)』(1942년), 『페스트(*La Peste*)』(1947년), 『전락(*La Chute*)』(1956년) 등 일련의 소설에서 이러한 사상을 전개했다. 1960년 그는 자동차 사고로 죽었는데 그 당시 쓰고 있던 미완의 소설 『최초의 인간(*Le premier homme*)』은 1994년에 출간되었다.

비범한 매력을 지닌 카뮈는 '신 없는 성자'로 묘사된다. 알제리 출신의 가난한 백인인 그가, 프랑스 좌파로부터 알제리의 민족 해방 전선을 지지하지 않았다고 비난받았을 때 그의 답변은 "나는 정의를 믿지만 정의보다 나의 어머니를 위할 것이다."라는 말이었다. 공산주의자인 친구에게

카뮈

카뮈의 글은 소외와 전후 지식인의 절망을 표현하기 위해 실존주의 사상의 많은 내용을 받아들인 것으로 보인다. 1957년 마흔넷의 나이에 카뮈는 노벨문학상을 받았다.

메를로퐁티의 주요 저작

『행동의 구조』(1942년),
『지각의 현상학』(1945년),
『휴머니즘과 테러(*Humanisme et terreur*)』(1947년),
『변증법의 모험(*Les aventures de la dialectique*)』(1955년)

세계는 내가 생각하는 것이 아니고 내가 살아 내는 것이다

메를로퐁티

그는 "어떠한 경우에도 나는 너를 옹호할 것이다. 그러나 내가 총을 맞으면 너는 그것을 받아들여야만 할 것이다."라고 말했다. 결국 그는 공산주의 테러를 지속적으로 옹호한다는 이유 때문에 사르트르와 절교했다.

몸의 목소리

그다지 알려지지 않았지만 파리에서 활동한 최고의 철학자는 모리스 메를로퐁티(Maurice Merleau-Ponty, 1908-61년)일 것이다. 그의 중요한 저작은 『행동의 구조(*La Structure du comportement*)』(1942년)와 『지각의 현상학(*Phénoménologie de la perception*)』(1945년)인데 『지각의 현상학』이 좀더 중요하다.

메를로퐁티
메를로퐁티는후설 이후의 현상학 발전에 가장 기여한 철학자이다. 그에 따르면 지각은 지식의 원천이고 전통적인 학문에 앞서 연구되어야 하는 것이다.

메를로퐁티의 특별한 공헌은 철학에서 인간의 몸의 중요성을 인정하게 만들었다는 것이다. 현상학자와 실존주의자들은 모두 다른 무엇보다도 인간이 의식적 자각의 중심이고 추상적이거나 비물질적으로 생각될 수 있는 어떤 것이 있는 것처럼—물론 어느 누구도 실제로 그렇게 말하지는 않지만—여기는 경향이 있다. 메를로퐁티는 우리가 물리적 대상이라는 것, 즉 인간은 저마다 시공에서 유일한 위치를 점하고 있으며, 이는 인간으로서의 우리의 정체성에 근본적이라고 주장했다.

누군가에 의해 경험될 수 있는 모든 것이 하나의 고유한 신체 기관을 통해서 경험되어야만 하는 것은 아니다. 즉 실재의 나머지 전체는 신체 기관의 고유한 관점에서만 포착된다. 이 모든 것은 우리가 우리의 몸에 불과한 존재가 아닐지라도 여전히 진실이다. 즉 우리는 영원히 우리의 몸을 느끼고, 우리의 몸이 없으면 지각하거나 행동할 수 없다. 따라서 인간의 몸은 주체이면서 동시에 객체이기도 하다. 그리고 이상하게 들리겠지만 주체도 객체도 아니다.

인간의 몸은 경험의 구현되지 않은 주체이다. 왜냐하면 인간의 몸은 세계에 있는 물리적 대상이지만 다른 모든 물리적 대상과 같지는 않기 때문이다. 또 인간의 몸이 경험을 가지는 자기 의식적인 주체이기 때문이기도 하다.

메를로퐁티는 깊이 있는 통찰로 주관성과 관련한 심오한 철학적 문제에 대해 주관성은 내재적으로 불완전한 성질이라는 문제를 포함해서 연구했다. 이러한 문제들은 매우 어렵기 때문에 그의 저작은 어쩔 수 없이 난해하다. 메를로퐁티는 카뮈와 사르트르만큼의 명성과 대중성을 얻을 수는 없었지만 좀더 깊이 있고, 좀더 오래 지속되는 품격을 가지고 있다.

시간과 공간상의 고유한 위치
메를로퐁티는 20세기 철학에 몸의 중요성을 반영시킨 철학자이다. 베르트 모리조(Berthe Morisot)의 그림 "정원에 있는 여인과 아이"에서 두 인물은 시공간에서 자신의 고유한 위치를 잃은 것으로 표현된다.

구조주의에 발을 들여놓다

1980년 5만여 명의 사람들이 사르트르의 장례식을 지켜보았다. 사르트르는 보기 드물게 많은 청중을 가진 철학자이다. 그러나 죽음에 이를 때까지 지성계의 최전선에 있었던 것은 아니다. 지성계의 판도에는 변화가 있었다. 1960년대 후반 파리에서 구조주의(structuralism)가 유행했는데 철학의 좀더 일반적인 경향은 '언어적 전환'이었다.

간단히 말해 구조주의는, 모든 종류의 담론은—

알튀세르
알튀세르는 『마르크스를 위하여(Pour Marx)』(1965년)와 『자본론 읽기(L'Objet du Capital)』(1965년)를 썼다. 그는 지배 계급의 이데올로기는 계급 통제라고 주장했다.

라캉
프랑스 정신 분석가 라캉은 구조주의적 언어학의 관점에서 프로이트를 재해석했다. 그 결과 구조주의 사상에 중요한 영향을 끼치게 되었다.

미셸 푸코
푸코는 현상학과 실존주의를 거부했다. 그는 모든 담론에는 권력 관계가 있으며, 우리가 지향해야 할 것은 권력 관계의 미시적인 해체라고 했다.

데리다
해체주의의 창시자인 데리다는 1960년대 후반에 두각을 나타냈다. 그는 특히 철학과 언어의 관계에 관심을 두었다.

> 어떻게 우리는 우리가 사기꾼이 아니라는 것을 확신할 수 있는가?
>
> 라캉

그것이 철학적이든 아니든 간에–언어상의 구조에 지나지 않는다는 것이다. 텍스트는 그저 텍스트로서만 우리에게 존재하는 것이지 언어를 '넘어선' 무언가는 없다는 것이다. 이는 구조주의의 추종자들로 하여금 주로 언어의 다양한 사용을 지배하는 규칙의 관점에서 텍스트를 해석하도록 했다. 즉 텍스트를 담론, 언어, 의사소통 등에 관한 것으로 규정했다. 이러한 텍스트에 대한 비판적 접근은 '해체주의(de-constructivism)'라 불렸다.

오래된 사상이 새로워지다

1960년대와 1970년대에 루이 알튀세르(Louis Althusser, 1918-90년)는 구조주의라는 지배적인 사상과 마르크스주의를 통합시키려고 노력했다. 그러면서 지적으로 앞선 입장에서 주도적인 마르크스주의 철학자였던 사르트르를 따라잡았다.

동시에 똑같은 방식으로 자크 라캉(Jacque Lacan, 1901-81년)은 프로이트의 사상과 정신분석학에 구조주의적 접근을 적용했다. 라캉은 해체주의가 무의식을 이해하는 데에 적합한 방식을 우리에게 제공해 준다는 결론을 가지고 무의식은 '언어와 같이 구조화되어' 있다고 주장했다.

미셸 푸코(Michel Foucault, 1926-84년)는, 모든 담론은 그 사용자의 입장에서 다른 사람에게 권력을 행사하려고 하는 시도이기 때문에 이 사실을 마음에 둘 때에만 텍스트가 성공적으로 해체될 수 있다는 견해를 제시했다. 나아가 그러한 권력을 행사하는 사람들의 인성은 자신들이 하는 바에 따라 형성되기 때문에 그들 또한 자신들이 말하고 쓴 바에 대한 해체주의적 접근을 통해 밝혀지고 이해된다는 것이다.

이러한 견해에 동의하지 않은 철학자들은 예전의 선배들이 그러했던 것처럼 국제적으로 폭넓은 관심을 일으켰다. 베르그송, 카뮈, 사르트르가 화려한 문체를 구사한 훌륭한 작가들인 반면에 구조주의자들과 후기 구조주의자들은 복잡하고 난삽한 산문을 쓰는 경향이 있었다. 이들의 문체를 영·미의 분석철학자들은 무시했다. 분석철학자들이 이들의 복잡한 문장의 얽힌 실타래를 풀면 흔히 수사학적으로 공허하거나 아주 모호하고 거의 말하는 바가 없으며, 아니면 시시하거나 거짓이며 자기모순적인 것으로 드러난다.

1992년 케임브리지대학이 당시의 주요 구조주의자인 자크 데리다(Jacque Derrida, 1930–2004)에게 명예학위를 주었을 때 분석철학자들은 거세게 항의했다. 이러한 논쟁은 구조주의를 관심의 대상이 되게 하는 데에 도움이 되었다. 다른 철학자들을 소외시킬 수도 있는 구조주의와 후기 구조주의의 기교적 성질은, 논리적 분석을 통해 언어에 접근하지 않는 사람들에게는–예를 들어 문학도들–아주 매력적으로 다가갈 수 있었다.

사르트르의 장례식
사르트르는 1980년 4월 15일 폐종양으로 죽었다. 4월 19일 5만 명이 넘는 인파가 파리 남쪽에 있는 브루세 병원에서 몽파르나스 묘지로 가는 장례식 행렬을 지켜 보았다. 그중에는 평생의 반려자 보부아르, 프랑스 영화배우 이브 몽탕(Yve Montand), 시몬 시뇨레(Simone Signoret)가 있었다.

포퍼의 주요 저작

『연구의 논리(*Logikder Forschung*)』(1934년),
『열린 사회와 그 적들』(1945년),
『역사주의의 빈곤(*The Poverty of Historicism*)』(1957년),
『끝없는 탐구(*Unended Quest*)』(1976년)

포퍼

과학에서 정치로

과학적 지식은 추측이며 경험에 비추어 지속적으로 수정해야 하는 것으로 판명되었다. 이와 동일한 원리가 정치에도 적용되는 것으로 여겨졌다.

기술 문명의 풍경
현대 산업 시대는 확실한 지식의 본체를 발견했다는 믿음을 사람들에게 심어 준 뉴턴 과학의 적용을 통해 가능해졌다. 그러나 아인슈타인의 이론은 이러한 '지식'이 부정확한 것임을 밝혀 주었다. 이 사실은 철학과 과학에 매우 극적인 영향을 끼쳤다.

> *모든 과학은 일상적 사유의 정제일 뿐이다*
>
> 아인슈타인

뉴턴 이후 적어도 200년 동안 서구의 지식인들은 대부분 새로운 과학을 확실한 지식, 고정된 사실, 그리고 완전히 신뢰할 만한 것으로 여겨졌다. 일단 새로운 과학적 사실이나 법칙이 발견되면 이는 변하지 않는 확고한 것으로 받아들여졌다. 이러한 확실성은 과학의 특수한 성질로 생각되었다. 즉 과학적 지식은 인간이 가진 가장 신뢰할 만한 지식이기 때문에 수정이 필요 없는 진실로 여겨질 수 있다는 것이다.

과학의 성장은 새로이 발견되는 확실성으로 기존의 확실성을 지속적으로 확장시키는 것이라고 여겨졌다. 즉 기존에 있는 것에 새로운 것을 계속 부가하는 것으로 생각되어 왔다.

로크와 흄의 사상에 친숙한 사람들은 과학적 법칙이 결론적으로 입증되지 않는다는 사실을 깨달았다. 그러나 오랫동안 법칙의 적용이 명백하게 실패하지 않는 것을 보면서 사람들은, 이를 무한히 개연적이라고 부를 만한 것으로 받아들였다. 즉 실천적인 목적에는 그다지 차이를 가져오지 않는, 확실함에 가까운 것으로 간주했다.

아인슈타인
독일의 물리학자 아인슈타인은 학교 생활에 잘 적응하지는 못했지만 평생에 걸쳐 역사를 바꾼 천재로서 인정받았다. 그의 상대성 이론은 과학과 철학의 탐구에 혁명적인 변화를 불러일으켰다.

불확실한 지식

20세기로 가는 길목에서 과학의 천재, 알베르트 아인슈타인(Albert Einstein, 1879-1955년)이 등장해 뉴턴의 과학과 양립할 수 없는 이론을 내놓았다. 뉴턴처럼 아인슈타인도 놀라울 만큼 근본적인 사상을 많이 발표했다. 그를 가장 유명하게 만든 것은 '상대성 이론'이다. 특수상대성 이론은 1905년에 발표되었고 일반 상대성 이론은 1915년에 완성되었다.

처음에 이 이론들은 커다란 논쟁을 불러 일으켰다. 그러나 실질적으로 이 영역에 대해 박식한 어느 누구도 이 이론들이 진지한 고려의 대상이 되어야 한다는 것을 부정할 수 없었다. 그리고 그 사실 자체는 당황스러운 의미를 함축하고 있었다. 왜냐하면 아인슈타인이 옳다면 뉴턴은 틀린 것이 되어야 하기 때문이었다.

누가 옳은가가 입증되어야 했기 때문에 두 이론 중 어느 것이 맞는지를 판결할 실험이 계획되었다. 경험적인 증거를 통해 분명히 아인슈타인의 이론이 타당하다는 결론이 내려지게 되었다. 이것이 철학에 미친 결과는 대지진과 같은 것이었다. 데카르트 이래로 확실성에 대한 추구는 언제나 서양철학의 중심부에 놓여 있었다.

서구인들은 뉴턴 과학으로 자신들의 세계와 우주에 대한 신뢰할 만한 지식, 즉 근본적인 중요성을 가지며 막대한 실천적인 유용성을 가지는 지식을 발견했다고 생각해 왔다. 더군다나 지식을 축적하는 방법은 면밀하고 신중하게 정립되었으며, 지식의 정당성과 확실성을 담보할 수 있도록 고려된 것이었다.

그런데 이는 더 이상 '지식'이 아닌 것으로 판명된 것이다. 그렇다면 이는 무엇이었던가? 뉴턴의 이론은

세계에 대한 우리의 이해에 커다란 진전을 이루어 왔다. 기술을 통해 뉴턴 과학을 실천적으로 적용한 것은 완전히 새로운 역사적 단계, 이른바 산업 사회의 지평을 열어 놓았다.

그런데 이제 우리는 그것이 옳지 않았다는 사실을 깨닫게 된 것이다. 이는 우리를 좌절할 만한 상황으로 이끌었다. 왜냐하면 우리는 지식의 대상뿐 아니라 지식의 정체성에 대해서도 잘못 알고 있었다는 점이 분명하게 드러났기 때문이다.

"도전하는 사유만이 우리를 앞으로 나아가게 한다. 사실의 축적만으로는 앞으로 나아갈 수 없다"
아인슈타인

다양한 가르침

우리는 앞에서 로크가 과학에서 뉴턴의 혁명이 철학에 던지는 함축을 어떻게 분명히 했는가, 그리고 그의 가장 중요한 결론이 당시에는 어떻게 정치적·사회적 이론으로 이어졌는가를 살펴보았다.

아인슈타인의 혁명에 대해 이러한 임무를 수행한 20세기 철학자는 바로 칼 포퍼(Karl Popper, 1902-94년)였다. 포퍼는 1902년 빈에서 부유한 변호사의 아들로 태어났다. 유대인이었던 부모가 개신교로 개종함에 따라 포퍼는 루터 교식 교육을 받으며 자랐다. 10대 시절 포퍼는 마르크스주의자였지만, 공산주의가 전술상 필요하다면 평범한 사람들까지 가혹하게 다룬다는 사실에 염증을 느끼고서 사회 민주주의자로 변모하게 되었다.

그는 자신의 사회주의를 실천하면서 노동자의 옷을 입고 실업자들과 함께 살았으며 장애인들과 일했다. 이 무렵 그는 정신의학자 알프레트 아들러(Alfred Adler, 1870-1937년)와 만나게 되었다. 동시에 쇤베르크가 이끄는 전위적인 음악에 심취했으며 작곡가 안톤 폰 베베른(Anton von Webern, 1883-1945년)과도 친분을 가졌다. 등산광이었던 포퍼는 휴일에는 산에서 살다시피 했다. 결혼은 아름다운 동료 여학생과 했다. 빈에서 그는

포퍼
오스트리아의 과학철학자 칼 포퍼는 빈에서 태어나고 교육을 받았다. 1945년 그는 영국으로 귀화했다. 그 후 런던 경제 대학에서 논리학과 과학적 방법론 분야의 교수가 되었다.

아들러

오스트리아의 정신의학자 알프레트 아들러(1870-1937년)는 1900년부터 빈을 중심으로 활동한 프로이트 학파의 일원이었다. 그러나 1911년경 그는 인간 행동의 주요 동기는 성적인 충동이기보다는 "권력에의 의지"라고 여기면서 프로이트와 입장을 달리하게 된다. 그의 주요 업적 중에 하나는 열등감(inferiority feeling)이라는 용어를 도입했다는 것이다. 이는 때때로 열등콤플렉스(inferiority complex)로 오해되고는 했다.

쇤베르크

오스트리아계 헝가리 작곡가 쇤베르크는 아홉 살이 되기 전에 두 개의 바이올린을 위한 소품을 작곡했다. "구레의 노래"(1900-11년)와 같은 초기 낭만적 작품 이후에 쇤베르크는 12음 기법을 창안하여 20세기 음악의 흐름을 바꾸어 놓았다. 이는 전통적인 조성이나 화음을 사용하지 않고 옥타브 안에 들어 있는 12음을 모두 동일하게 다루는 작곡 기법이다. 쇤베르크의 대표적인 무조 음악으로는 "5개의 협주곡, 작품번호 16"(1909년)과 "바이올린 콘체르토, 작품 번호 36"(1934-36년) 등이 있다.

런던 경제 대학

런던대학교의 일부인 런던 경제 대학은 1895년에 영국의 사회 개혁가인 시드니 웹(Sydney Webb, 1859~1947년)과 베아트리체 웹(Beatrice Webb, 1858~1943년)이 설립했다. 런던 경제 대학에는 포퍼와, 영국의 정치 이론가인 해럴드 라스키(Harold Laski, 1893~1950년) 같은 많은 석학들이 있었나. 현재 런던 경제 대학은 사회과학의 연구와 교육에서 유럽의 중심이라고 할 수 있다.

> "과학은 오류가 체계적으로 비판되고 적절한 시기에 수정되는, 아마도 유일한 인간 행위일 것이다"
>
> 포퍼

매우 부유한 생활을 했고 다양한 분야에 걸쳐 열정적으로 참여하였다.

그 무렵 나치가 등장했다. 히틀러가 오스트리아를 합병하기 1년 전인 1937년 그는 뉴질랜드대학에 일자리를 얻게 되어 제2차 세계대전 동안 뉴질랜드에서 지냈다. 1945년 전쟁이 끝나자 포퍼는 영국으로 건너와 런던 경제 대학의 논리학과 과학적 방법론 분야의 교수가 되었다.

영국에서 그는, 빈에서의 어린 시절과는 완전히 다른 삶을 살았다. 매우 폭넓은 분야의 주제를 다루는 책을 쓰기 위해 그는 의도적으로 스스로를 고립시키면서 살았다. 그는 아흔둘이라는 나이에도 새로운 사상을 여전히 내놓고 있었다.

과학에 확실성은 없다

포퍼는 뉴턴 과학에 따른 확증이 참이 아니라면 과학 이론이 참이라는 것을 입증할 수 없다는 사실을 깨달았다. 이른바 과학 법칙들은 세계에 대한 절대 불변하는 참이 아니다. 과학 법칙은 이론이며 인간 정신의 산물이다. 어떤 과학 법칙이 실천적인 면에 적절하게 적용될 수 있다면, 이는 그 과학 법칙이 참에 가깝다는 것을 의미한다.

그러나 몇백 년에 걸쳐 실천적인 면에 성공적으로 적용되어 왔다 하더라도 누군가가 좀더 참에 가까운 좀더 나은 이론을 내놓을 가능성은 늘 존재한다.

포퍼는 이러한 통찰을 본격적인 지식 이론으로 발전시켰다. 그에 따르면 물리적 실재는, 인간의 경험과는 아주 다른 질서로 이루어진 것이다. 바로 이러한 이유 때문에 실재는 결코 직접적으로 포착될 수 없다. 물리적 대상을 설명할 수 있는 이론이 언제나 성공적인 실제 결과를 이끌어 낸다면 우리는 그것을 신뢰할 수 있다. 과학 이론은 늘 어떤 면에서 부적합하다는 것이 입증되어 우리를 어려움으로 곧잘 몰아 넣는다. 그러면 우리는 좀더 나은 이론, 즉 기존의 이론보다 좀더 타당한 것을 찾기 위해 노력한다.

우리는 과학뿐 아니라 일상생활을 포함한 다른 모든 행동 영역에서도 이러한 노력을 기울인다. 이는 사물에 대한 우리의 접근이 기본적으로 문제를 해결하기 위한 방향으로 나아가고, 기존의 이론에 어떤 새로운 확실성을 덧붙이는 방식이 아니라, 좀더 나은 이론으로 끊임없이 대체함으로써 발전해 간다는 것을 의미한다.

데카르트에서 러셀에 이르는 위대한 서양철학자들은 확실성을 추구하기 위해 온갖 노력을 기울여 왔다. 하지만 이러한 확실성은

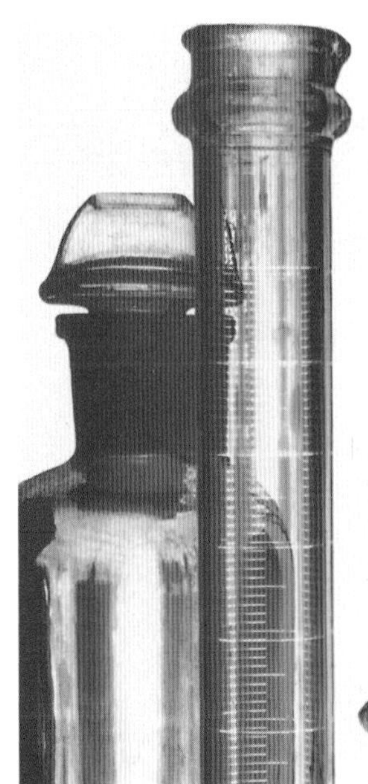

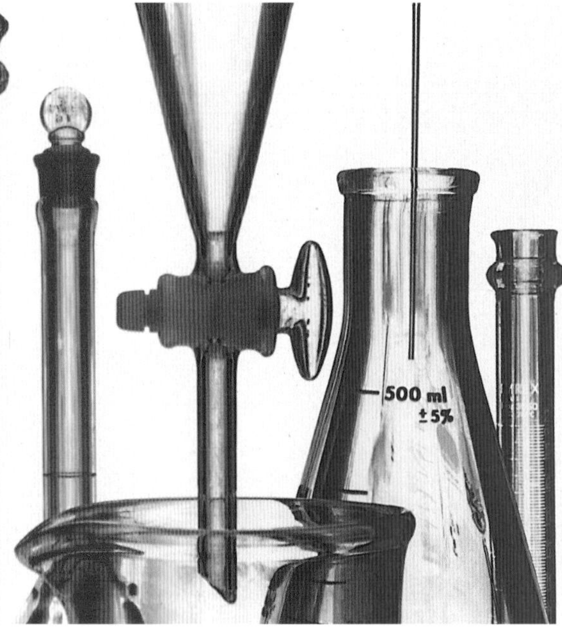

실천적 결과의 이용

포퍼에 따르면, 물리적 실재는 인간의 정신과 별도로 존재하는 것이기 때문에 우리는 결코 그것을 파악할 수 없다. 우리는 물리적 실재를 설명하기 위한 이론들을 만들어 내고, 그 이론들이 유효할 때까지 사용한다. 하지만 결국에는 각각의 이론의 부적합성이 입증될 것이고, 우리는 좀더 나은 이론으로 이를 대체할 것이다.

가능하지 않기 때문에 그러한 노력들은 마땅히 포기되어야 한다.

영원히 확정적으로 과학 이론의 참을 입증하거나 과학 또는 수학 그 자체를 궁극적으로 확실한 토대 위에 세우는 것은 불가능하다. 포퍼에 따르면 논거주의(Justificationism)는 완전히 잘못된 것이다. 만일 여러분이 습지에 터를 잡고 집을 지으려 한다면 전체 구조를 지탱할 수 있을 만큼 기둥을 훨씬 깊이 박아야 할 것이다. 그러고는 집을 확장하려고 할 때마다 기둥을 점점 더 깊이 박아야 할 것이다. 이 과정에는 정해진 한계가 없다. 즉 어떤 것을 떠받치는 토대에는 '궁극적인' 단계가 없는 것이다. 어떤 것이든 '자연적'으로 주어진 토대는 없다.

신의 실존은 결코 과학적인 사실이 될 수 없다
일반론은 증명될 수는 없지만 하나의 반박 사례만 있어도 부정된다. '신은 존재한다.'와 같은 선언은 – 비록 그것이 사실일지라도 – 반증될 수 없으며, 따라서 검증될 수 없고, 과학적 진술로 간주될 수도 없다.

그러나 어떠한 일반 이론도 입증될 수는 없을지라도 반증될 수는 있다. 이는 시험해 볼 수는 있다는 의미이다. 우리가 앞에서 살펴보았듯이 아무리 많은 하얀 백조를 관찰할 수 있다 하더라도 "모든 백조는 하얗다."라는 진술의 참을 입증할 수는 없다(115쪽 참조). 검은 백조가 한 마리만 발견되어도 이 진술은 거짓이 되는 것이다.

따라서 우리는 반례를 찾음으로써 일반 진술을 시험해 볼 수 있다. 그러므로 비판은 사실상 우리가 진전을 이루는 주요 수단이 된다. 관찰을 통해 거짓임을 확인할 수 없는 진술은 시험해 볼 수 없다. 따라서 이는 과학적이라고 여겨질 수 없다. 왜냐하면 만일 가능한 모든 일이 참일 수 있다면 어떤 것도 그에 대한 증거로 간주될 수 없을 것이기 때문이다. 그 좋은 예는 '신이 존재한다.'라는 진술일 것이다. 이는 의미를 지닌 문장이고 참일 가능성도 있다. 그러나 지적이고 신중한 사람은 이 문장을 과학적인 진술이라고 생각하지 않을 것이다.

열린 사회

포퍼의 이러한 사상을 반영한 최초의 저서 『과학적 탐구의 논리(*The Logic of Scientific Discovery*)』는 1959년에 출간되었는데, 이미 1935년에 독일어판 『연구의 논리(*Logikder Forschung*)』로 출판되었던 것이다. 그는 자연 과학과 관련한 이 저작이 사회 과학에도 적용될 수 있다는 것을 깨달았다. 따라서 그는 『열린 사회와 그 적들(*The Open Society and Its Enemies*)』(1945년)을 세상에 내놓았다. 이 책에서 그는 과학적 탐구의 논리를 정치적·사회적 이론에 적용했다. 그는 확실성을 가지지 못하는 것은 과학에서나 정치에서나 마찬가지라고 주장했다. 그러므로 한 가지 견해만 강제하는 것은 결코 정당화될 수 없다. 가장 바람직하지 않고 지지될 수 없는 현대 사회의 형태는 중앙 집권적인 기획이 강제되고 다른 의견을 받아들이지 않는 사회이다.

비판은 사회 정책을 사전에 견제할 수 있는 주요 방식이다. 바람직하지 않은 결론임을 깨닫는 것은 그것이 실행된 이후에 수정하거나 포기하는 즉각적인 이유가 된다. 따라서 정책 입안의 실천적인 문제를 해결하는 데에 비판적 토의와 반론을 허용하는 사회(포퍼에 따르면 열린 사회)가 그렇지 않은 사회보다 분명 좀더 효율적일 것이다. 그러한 사회에서는 좀더 빨리,

경찰 국가
포퍼는 최악의 사회를 중앙집권화된 사회, 반대 의견이 허용되지 않는 사회라고 생각했다. 그러한 상황은 조지 오웰(George Orwell)의 소설 『1984년(Nineteen Eighty-Four)』(1949년)에 나타난다. 이 소설은 정치가들의 전체주의적 지배를 허용할 경우 나타날 수 있는 사회를 보여 주고 있다.

에클스

오스트리아 생리학자 존 에클스(John Eccles, 1903-97년)는 신경에 관련된 질병 연구에 많은 도움을 주었다. 1963년 그는 중추신경계의 흥분 억제 전도에 대한 연구로 노벨상을 받았는데, 앨런 호지킨(Alan Hodgkin), 앤드루 헉슬리(Andrew Huxley)와 함께 공동수상했다.

"우리가 할 수 있는 모든 것은 최선의 이론에서 거짓을 찾아내는 것이다"

포퍼

아인슈타인의 주요 논문

『운동하는 물체의 전기역학(*Zur Elektrodynamik bewegter körper*)』(1905년) (특수상대성이론 발표에 들어 있음), 『일반상대성이론의 토대(*Die Grundlage der allgemeinen Relativitätstheorie*)』(1916년)

시위
포퍼는 '열린 사회'에서 허용되는 비판과 반대는 사회 정책을 개선할 수 있는 가장 효율적인 수단이라고 생각했다. 이견이 허용되지 않는 사회는 결코 바람직하다고 할 수 없다.

> 점진적인 사회 공학은 목적이 기술의 범위를 넘어선다는 측면에서 물리 공학과 유사하다
>
> 포퍼

곰브리치
오스트리아 태생의 미술사가 에른스트 곰브리치 (Ernst Gombrich, 1909-2001년) 경은 1936년 영국으로 건너가 런던 대학의 바르부르크 연구소에서 일했다. 그의 유명한 저작들은 포퍼의 이론을 미술에 적용한 것이다.

좀더 적은 노력으로 발전이 이루어질 것이다. 이 모든 것은 도덕적 고려와 상관없이 언제나 참이다.

과학과 마찬가지로 정치에서도 지속적으로 기존의 생각을 우리가 희망하는 것으로 바꾸는 것이 훨씬 낫다. 그리고 사회 또한 영구한 변화에 놓여 있다. 그리고 이러한 변화의 국면은 아주 빠르게 변화한다. 따라서 이상적인 사회를 창조하고 지속시키는 것은 우리에게 선택의 대상이 아니다. 우리가 해야 할 일은 끊임없는 변화의 과정을 유지하는 것이다. 그러므로 우리는 문제 해결을 위해 지속적으로 노력해야 한다. 우리는 늘 최고의 사회악—빈곤과 무력함, 평화에의 위협, 잘못된 교육과 의료 서비스 등—을 찾아내 제거하기 위해 힘을 쏟아야 한다. 완전함과 확실성은 성취할 수 없는 것이기 때문에 우리는, 모범적인 시설을 갖춘 학교와 병원을 짓는 일보다는 최악의 것을 제거하고 학교와 병원에 있는 사람들을 개선하는 일에 관심을 기울여야 한다. 우리는 사람들을 행복하게 만드는 방법을 모르지만 적어도 피할 수 있는 고통과 장애는 제거할 수 있다.

마르크스주의를 비판하다

이러한 사상을 펼치면서 포퍼는 이상적인 사회를 다룬 영향력 있는 인물들을 비판한다. 그는 주로 플라톤과 마르크스에 대해 비판하고 있다. 마르크스주의에 대해 제기된 비판들 중에서 포퍼의 견해가 가장 유효하다고 널리 인정된다. 그리고 이는 포퍼의 이름을 전 세계에 알린 계기가 되었다.

『열린 사회와 그 적들』이 출판된 이후 마르크스주의를 표방한 사람들이 많은 국가에서 공산주의 정부를 수립하여 세계를 양분하던 시대가 나타났다. 따라서 이 책은 전 세계적인 관심을 끌게 되었다. 이러한 측면은 공산주의가 무너진 오늘날에는 그다지 절실해 보이지 않는다. 그러나 포퍼가 이 책을 통해 민주주의의 개방성과 관용을 긍정적으로 평가한 것은 여전히 매우 중요한 가치를 지니고 있다고 하겠다.

사회악의 제거
현대 사회는 지속적으로 변화하며 그 결과 완전한 사회를 만드는 것은 불가능하다. 포퍼는 우리가 해야 할 일은 나쁜 교육이나 빈곤과 같은 사회악을 제거하는 데 관심을 가지는 것이라고 생각했다. 1960년 영국에서 이루어진 빈민가 철거는 도시 빈민들의 생활 조건을 개선하려는 시도였다.

우리 시대를 변화시킨 아인슈타인의 혁명, 상대성 이론

과학에서의 대변혁은 지식의 정체성에 대한 우리의 생각과 철학을 전환시켰다. 과학적 지식은 인간이 가장 신뢰할 만하고 유용한 지식이다. 따라서 지식이 무엇인가에 대한 견해나 그 본성에 대한 설명도 과학에 적용해야 한다. 사실상 서양철학사 전반에 걸쳐 지식의 본성에 대한 탐구는 과학이 이끌어 왔는데, 이는 17세기 이래로 더욱 그러했다.

특히 20세기 과학에서 커다란 변화가 일어났는데, 이는 예전과는 아주 다른 가정을 가지고 있다고 여겨졌다. 예를 들어 물리학에서는 두 가지 큰 변화가 일어났다.

아인슈타인의 상대성 이론은 전통적인 과학을 극복했다. 그러나 시간이 흐르면서 상대성 이론과 논리적으로 양립할 수 없는 매우 정밀한 양자 역학이 등장했다. 이 두 이론이 모두 옳다고 하는 것은 가능하지 않다. 실제로 이 이론들은 모두 틀릴 수도 있다. 그러나 이들은 모두 일상에서 사용되며 끊임없이 정확한 결과를 내놓는다.

이는 가장 좋은 지식도 결국 사람이 만들었기 때문에 오차가 나타나고, 따라서 수정이 가능한 이론—우리 스스로가 언제든지 좀더 나은 이론으로 대체하기를 희망하고 기대하는 이론—이라는 자각으로 우리를 이끈다. 지식은 인간이 구축하는 것이기 때문에 확실히 오류가 나타날 수 있다.

그리고 우리는 지금껏 많은 사람들이 믿어 왔던 것처럼 지식이 불변하는 확실성을 가지고 있지는 않다는 생각을 해야 하는 상황에 처해 있다.

과학자들은 지식의 정체성에 대한 우리의 개념만을 급격하게 바꾼 것은 아니다. 과학자들은 '시간,' '공간,' '물질,' '물리적 대상' 등의 개념과 같이 세계에 대한 우리의 경험을 지지하는 근본적인 개념에 대한 이해를 당시의 철학자들보다 더 많이 변화시켰다.

따라서 미래의 역사가들이 우리 시대를 되돌아본다면, 늘 그래왔듯이 새 분야를 여는 과학자들과 선구적인 철학자들을 만나게 될 것이다. 이러한 점에서 세계에 대한 사람들의 철학적 이해를 가장 많이 변화시켜 온 사람들은 과학자들이다.

> "과학적 지식은 인간이 가장 신뢰할 만한 유용한 지식이다"

철학의 미래

끝없는 추구로 계몽이 증진된다

살아 있는 동안에 명성을 누렸던 유명한 모든 철학자들은 오래지 않아 잊혔다. 이 책에서 논의한 주요 철학자들은 지속적으로 명성을 유지해 온 사람들이다. 이 철학자들의 삶이 2,500년의 세월에 걸쳐 있음을 생각한다면 여기서 다룬 철학자의 수가 그리 많지 않음을 알 수 있다.

지면 관계상 이 책에서는 과거의 철학자들만큼 위대한, 현존하는 철학자들에 대해서는 다루지 않았다. 오늘날의 철학자 중 한두 명만이 100년 후까지 명성을 유지하게 될 것이다. 그 밖의 철학자들은 100년 전 유명했던 철학자들처럼 사람들의 기억 속에서 사라지게 될 것이다.

시류에 따라 지성계를 풍미했던 사상들은 시대가 바뀌면서 사라지는 경우가 많다. 이 책에서 우리는 지속적으로 관심의 대상이 되는 중요한 사상을 내놓은 철학자들에만 관심을 두었다. 그중에는 생전에는 빛을 보지 못하였다가 시간이 흐를 수록 오히려 더 큰 영향력을 발휘하는 철학자들도 있다.

예를 들어 로크의 철학은 17세기에 나타났지만 18세기에 이르러서야 비로소 유럽과 미국에 역사적 영향을 끼쳤다. 마르크스는 19세기 사람이지만 그의 사상이 세상을 바꾼 때는 20세기에 이르러서이다. 비트겐슈타인이 죽은 지 50여 년이 지났지만 그는 오히려 요즈음에 중요한 인물로 떠올랐고, 앞으로도 중요하게 생각될 것으로 보인다.

지구 사진
미래에 인간은 우주 전체로 퍼져 나가 여러 세계에서 살지도 모른다. 그러면 사람들은 우리가 선사 시대 인간의 기원이 열대 아프리카에 있다고 생각하는 것과 똑같은 방식으로 행성 지구를 자신들의 기원으로 생각할 것이다.

이러한 사실들에서 우리는 자연스럽게 철학의 가까운 미래에는 가장 최근에 죽은 위대한 인물의 영향을 볼 수 있을 것이라고 생각하게 된다.

니체가 제기한 실존적 도전에 대한 반응으로 하이데거가 내놓은 철학이 있다. 그리고 늘 변화하는 과학과, 점점 더 많이 형성되는 민주 사회가 제기한 도전에 대응하여 포퍼가 수행한 철학도 있다. 민주주의가 출현한 상황에서 포퍼의 연구에 대한 사람들의 지칠 줄 모르는 관심은 이미 두드러진 현상이다.그러나 이는 몇몇 장면에 지나지 않을 것이다. 그렇다면 그 밖의 것은 어떠한가? 무엇이 새로울 것인가? 아마도 주제를 바꾸지 않는 철학자들은 언제나처럼 미래에도 나타날 것이다. 하지만 데카르트나 칸트와 같은 인물들 이후의 철학에서는 예전의 주제가 결코 똑같이 반복되지 않는다.

우리의 과거는 짧고 미래는 무한하기 때문에 혁신은 과거가 아니라 미래의 철학에서 일어날 것이다. 불행하게도 그렇게 혁신을 일으키는 통찰이 예측될 수는 없다. 만일 우리가 지금 예측할 수 있다면 지금 당장 혁신을 일으킬 수 있을 것이기 때문이다.

이는 칸트 이전의 누군가가 칸트를 예측할 수 없는 것과 마찬가지로, 철학에서 가장 중요한 미래의 발전을 예측할 수 없음을 의미한다. 그런데 우리가 확실히 예측할 수 있는, 그리 바람직하지 않은 발전이 있다. 바로 흥미 위주의 발전이다. 앞으로도 점점 더 폭넓은 영역에서 철학적 분석의 기술이 이용될 것이다. 가장 절실한 문제는 공공 정책에 관한 것이라 하겠다. 다른 문제들은 과거의 철학자들이 생각했던 것보다 훨씬 넓은, 음악에서 성의 문제에까지 이르는 주제에서 이끌어질 것이다.

이 입법을 검토하는 일에 관여하도록 정부로부터 초청되는 등의 일이 일어나고 있다.

이러한 현상은 점점 증가하는 추세에 있다. 일반 독자들의 관심이 철학으로 이동하는 일도 생겨나고 있다. 최근의 국제적인 베스트셀러인 요슈타인 가아더(Jostein Gaddar)의 『소피의 세계(*Sophie's World*)』(1991년)는 독특하게도 소설이라는 형식으로 철학사를 소개한 것이다. 이러한 책의 성공은 예전에는 생각도 못한 일이었다.

이처럼 철학의 전망은 밝다고 할 수 있다. 그러나 철학은(현실적으로 여러 용도로 쓰일지라도), 그 가장 중요한 가치가 기능이 아니라 그 자체가 무엇인가 하는 점에 있다는 차원에서 음악과 비슷하다.

우리가 결코 가장 중요한 근본적인 문제에 대해 대답을 찾을 수 없을 것이라는 의미는 우리 인간의 한계에서 비롯된 것이다. 그러나 이 책이 보여 주려고 노력한 바와 같이 우리는 한계가 분명한 인간의 상황에 대한 우리의 이해에서 가치 있는 진전을 이룰 수 있다.

설사 우리가 근본적인 문제를 해결한다는 최종 목적에 결코 이르지 못할지라도, 우리는 이 여행이 그

> “온갖 종류의 미신은 세계 전체를 망상 속에 세운다. 그리고 철학은 그 망상을 깬다”
>
> 볼테르

또한 철학에 대한 관심이 높아지면서 일반 사람들이 철학의 가치를 인정하는 것처럼 보이는 일들이 나타나고 있다. 철학은 최근에 처음으로 영국 중등 학교 교육에 도입되었다. 또 비슷한 시기에 경영 윤리 자문위원이 민간 기업의 회의에 초청되고 철학자들 자체로 가치가 있는 매우 풍부한 경험이 된다는 사실을 깨닫게 될 것이다. 이 여행에서 궁극적인 대답은 찾을 수 없겠지만, 그 길 위에는 아직도 배울 만한 가치가 있는 많은 것들이 우리를 기다린다.

용어 해설

가설(hypothesis)
잠정적으로 참이라고 여겨지는 이론.

개념(concept)
단어나 용어의 의미.

검증 가능성(verifiability)
경험적 증거에 따라 참이라고 밝혀질 수 있는 명제의 속성. 논리 실증주의자들은 의미 있는 유일한 경험적 명제만을 검증할 수 있다고 생각했음. 흄과 포퍼는 과학적 법칙이란 검증 가능하지 않다고 지적했음.

결정론(determinism)
모든 사건은 선행하는 원인의 필연적인 결과이기 때문에 일어난 일 이외의 다른 일은 일어날 수 없다는 견해. 즉 모든 사건은 그 자체로 이전에 일어난 원인의 필연적인 결과라는 것이다. 반대 개념은 '비결정론(indeterminism).' 결정론과 비결정론 간의 논의는 아직도 계속되고 있음.

경험주의(empiricism)
현실적으로 존재하는 모든 지식은 경험에서 이끌어져야 한다는 견해.
1) 경험 세계: 현실의 가능한 경험을 통해 우리에게 드러나는 세계.
2) 경험 지식: 경험 세계에 대한 지식.
3) 경험 명제: 경험 세계에 대한 명제. 즉 경험될 수 있는 것에 대한 명제.

공리주의(utilitiarianism)
행위의 도덕성을 그 결과로 평가하고, 가장 바람직한 결과를 최대 다수의 최대 행복으로 생각하며, '좋다'는 것을 쾌락과 고통의 부재로 생각하는 윤리학 또는 정치학 이론.

관념론(idealism)
실재란 정신, 마음 또는 심성, 영혼 등과 같은 비물질적인 것으로 이루어진다는 견해. 반대 개념은 '유물론.'

귀납(induction)
'연역' 참조.

기호론(semiotics)
기호와 상징에 대한 연구.

ㄴ

논리 실증주의(logical positivism)
의미 있는 경험 명제는 입증 가능하다는 이론.

논리학(logic)
합리적 논변 그 자체—합리적 논변의 용어, 개념, 규칙, 방법 등—에 대해 연구하는 철학의 한 갈래.

ㄷ

동어 반복(tautology)
주어와 술어의 의미가 동일해 필연적으로 참인 명제. 이 명제를 부정하면 자기 모순에 빠지게 됨.

ㅁ

모순(contradictory)
두 개의 명제 중 하나가 참이면 다른 하나는 거짓일 수밖에 없는 관계. 두 명제가 모두 참이거나 모두 거짓일 수는 없음. 반대 개념은 '무모순적(non-contradictory).' 즉 진리치가 서로에 독립적인 경우, 이를 무모순적이라 함.

목적론(teleology)
목적이나 목표에 대한 연구. 목적론적 설명이란 어떤 사건, 사태, 사물 등을 그 결과나 목적에 비추어 설명하는 것을 말함.

미적 태도(the Aesthetic attitude)
대상의 역할이나 기능과는 상관없이 미적 가치를 중심으로 대상 자체를 관조하는 태도.

미학(aesthethics)
예술의 철학, 또는 미(美)에 대한 철학적 물음을 탐구하는 학문.

ㅂ

반대(contrary)
두 개의 명제가 모두 참일 수는 없지만 모두 거짓일 수는 있는 관계.

방법론(methodology)
탐구와 논변의 방법에 대한 연구. 이는 물리학, 심리학, 역사, 법학 등 영역마다 다름.

범주(category)
기본 개념의 하나로, 사물을 나누는 가장 큰 분류. 아리스토텔레스와 칸트는 완전한 범주의 목록을 만들고자 했지만 철학자들은 이제 더 이상 범주의 목록을 완성하는 작업을 하려고 하지 않음.

변증법(dialectic)
1) 문제 제기와 논변의 기술.
2) 플라톤에 따르면 변증법은, 반론들을 신중하게 고찰하고 화해시킴으로써 지식의 최고 형태를 획득할 수 있는 합리적 논쟁의 절차.
3) 헤겔은 실재가 본질적으로 변증법적이라고 보았음. 즉 테제(定立)와 안티테제(反定立)의 대립하는 주장이 다음 단계의 변증법적 절차에서 신테제(合)를 지향하며 다시 이 신테제는 새로운 테제가 되어 변증법적 과정을

지속함. 헤겔은 이러한 과정을 순수한 정신의 활동성이라고 보았음.

4) 마르크스에게 변증법은 유물론적인 것이며, 변증법적 과정은 더 나은 사회로 나아가는 물질적·경제적인 힘들의 투쟁 법칙임.

보편(universal)
'붉음' 또는 '여자'와 같이 일반적으로 적용되는 개념. 보편이 그 존재를 가지는가에 대해서는 많은 논의가 있어 왔음.
즉 "'붉음'이 존재하는가?", "개별적인 붉은 대상들이 있는가?"와 같은 문제를 고민했음. 중세 시대에 '붉음'이 실제의 존재를 가지고 있다고 믿은 철학자들은 '실재론자'라고 불렸음. 반면에 '붉음'이라는 것은 말에 불과하다고 생각한 철학자들은 '유명론자'라고 불렸음.

본질(essence)
사물이나 사태의 본질은 그것을 그것이게 하는 것임. 즉 사물·사태의 가장 특징적인 것임. 예를 들어 유니콘의 본질은 머리에 하나의 뿔을 가진 말인데, 이것이 유니콘이 존재하는가 또는 존재하지 않는가에 대해서는 말하지 않음. 따라서 본질이 존재를 함축하지는 않음. 즉 본질이 규정된다고 해서 그 본질을 가지는 대상이 존재한다고 볼 수는 없다는 것임. 이러한 구분은 철학에서 매우 중요함.

분석(analysis)
어떤 대상을 부분 또는 요소로 나누어 이해하고자 하는 것. 반대 개념은 '종합(Synthesis).' 이는 부분과 요소를 분리시키지 않고 모두 합쳐 전체로서 대상을 파악하는 것을 말함.

분석 명제(analytic statement)
명제 자체에 대한 분석을 통해 참·거짓을 입증할 수 있는 명제. 반대 개념은 '종합 명제(synthetic statement).' 이는 참·거짓을 입증하기 위해 명제 외부의 사실을 필요로 함.

분석철학(analytic philosophy)
철학의 목적을 명료화로 생각하는 철학의 한 갈래. 예를 들어 개념, 명제(진술), 방법, 논변, 이론을 나누어 봄으로써 명료화하는 것.

불가지론(Agnosticism)
어떤 대상에 대한 이해나 지식을 획득하는 것이 불가능하다고 여기는 입장.

생의 약동(élan vital)
진화 과정을 추동하는 원리. 살아 있는 것과 살아 있지 않은 것을 구분하는 생명의 힘.

선전제(presupposition)
표현되어 있지는 않지만 당연하게 여겨지는 것. 모든 발화는 의식적인 것이든 무의식적인 것이든 선전제를 가지고 있음. 선전제가 틀리면 그것에 바탕한 발화는 발화 내의 근거가 명확하지 않기 때문에 오류가 됨. 철학은 우리에게 선전제를 의식하고 분석하라고 가르침.

선험적 또는 선천적(a priori)
경험 이전에 타당한 것으로 알려진 것. 반대 개념은 '후험적 또는 후천적(a posteriori).' 이는 타당성이 경험을 통해서만 결정되는 것을 말함.

세계(world)
철학에서 '세계'라는 용어는 '경험적 실재의 전체'라는 특별한 의미를 지녀 왔음. 이는 실제로 경험할 수 있는 전체라고 할 수도 있음. 철저한 경험주의자들은 세계가 존재하는 모든 것이라고 믿음. 하지만 다른 철학자들은 세계가 전체 실재를 설명해 주지 않는다고 믿음. 그러한 철학자들은 경험 세계뿐 아니라 초월적 영역도 존재한다고 믿음. 경험 세계와 초월적 세계가 모두 똑같이 존재한다고 믿는 경우도 많음.

소박 실재론(naive realism)
실재가 우리의 일상생활에 드러나는 그대로 존재한다는 견해.

소피스트(sophist)
논변의 목적을 진리 추구가 아니라 논쟁에서 승리하는 데에 두고 있는 사람들. 고대 그리스에서 소피스트는 젊은이들에게 논변에서 이길 수 있는 다양한 방법을 가르쳐 정계에 진출하도록 돕는 선생이었음.

속성(property)
철학에서 이 용어는 "횡경막이 있는 것은 포유류의 속성이다."와 같이 성질을 의미하는 말로 흔히 쓰임. 제1성질과 제2성질 참조.

신비주의(mysticism)
합리적으로 설명할 수 없는 어떤 원리나 힘에 따라 지식을 획득할 수 있다고 보는 견해.

신학(theology)
신의 본성에 대한 학문적이고 지적인 문제들을 탐구하는 것. 이와 달리 철학은 신의 존재를 가정하지 않음.

실용주의(pragmatism)
진리 이론. 상황에 대한 정확한 기술, 우리의 경험에 대한 정확한 예측, 이미 입증된 명제와의 일치 등과 같은 요구를 충족시키는 명제가 참이라고 주장하는 이론.

실존주의(existentialism)
우연적 존재인 개인에게서 출발하고 이를 제1의 수수께끼로 여기는 철학. 여기에는 무신론적 실존주의와, 유신론적 실존주의의 두 흐름이 있음.

언어철학(linguistic philosophy)
언어 분석이라고도 함. 철학의 문제가 언어의 잘못된 사용에서 나오며 그 문제를 표현한 언어에 대한 주의 깊은 분석을 통해 철학적 문제를 해결할 수 있다는 견해.

연역(deduction)
일반에서 특수 또는 개별을 이끌어 내는 추론. 예를 들어 "만약 모든 인간은 죽는다. 소크라테스는 인간이다. 그러므로 소크라테스는 죽는다."와 같은 추론을 말함. 연역이 타당하다는 것은 보편적으로 인정됨. 이와 반대로 특수 또는 개별에서 일반 개념을 추론해 가는 과정을 '귀납(induction)'이라 함. 예를 들어 "소크라테스는 죽었다. 플라톤도 죽었다. 아리스토텔레스도 죽었다. 이처럼 하나하나 따져 볼 때 130년 전에 태어난 개인은 죽었다. 그러므로 모든 인간은 죽는다."와 같은 추론을 말함. 귀납은 참인 결론을 필연적으로 이끌지 않는다는 사실이 보편적으로 인정됨. 따라서 귀납이 진정한 논리적 과정인지에 대한 논의의 여지가 있음. 흄과 포퍼는 귀납을 논리적 과정이 아니라 단지 심리학적 과정이라고 생각했음.

예지계(noumenon)
인간 의식에 감추어진, 알려지지 않은 실재. 반면에 드러나는 것을 '현상(phenomenon)'이라고 함. 경험되는 것과 독립적으로 존재하는 그 자체의 것을 예지계라고 함. 따라서 '예지계'는 실재의 궁극적 본성에 대한 용어임. 물자체(thing-in-itself)에 해당하는 독일어 딩 안 지히(Ding-an-sich)도 자주 예지계와 같은 의미로 쓰임.

예지적(numinous)
위에서 살펴본 '예지계'와 혼동하지 말 것. 이는 자연계의 외부라는 느낌을 주는, 신비스럽고 거룩하다고 여겨지는 것을 의미함.

오류(fallacy)
틀린 논변, 또는 그러한 논변에 바탕한 거짓 결론.

오류 가능성(falsifiability)
경험적인 검증에 따라 틀린 것으로 입증될 수 있는 명제, 또는 그러한 명제들의 집합의 속성. 포퍼에 따르면 오류 가능성을 통해 과학과 비과학이 구분될 수 있음.

우연적(contingent)
사물이나 사태의 현재 상태가 반드시 그렇게 되어야만 했던 것은 아닌 것. 반대 개념은 '필연적(necessary).'

우주론(cosmology)
전체 우주에 대한 연구. 우주론에서 제기되는 물음들은 철학적일 수도 있고 과학적일 수도 있음.

유물론(materialism)
모든 실재는 궁극적으로 물질적인 것이라는 견해. 반대 개념은 '관념론.'

유아론(solipsism)
오직 자기 자신만이 존재한다는 믿음.

윤리학(ethics)
우리가 어떻게 살아야 하는가, 옳음과 그름, 해야할 일과 하지 말아야 할 일, 의무 등과 같은 개념들에 대한 철학적 성찰.

의미론(semantics)
언어적 표현상의 의미에 대한 연구.

의인론(anthropomorphism)
날씨나 신 등과 같은 비인격적 존재를 인간의 성질로 설명하는 것.

이율배반(antinomy)
타당한 전제에서 전제와 모순되는 결론이 나오는 것.

이원론(dualism)
어떤 것이 더는 단순화할 수 없는 두 가지 요소로 구성된다는 견해. 가장 익숙한 예로 인간은 완전히 다른 두 존재인 신체와 정신으로 구성됨.

인식론(epistemology)
지식 이론. 우리가 알 수 있는가, 알 수 있다면 어떻게 알 수 있는가, 지식이란 무엇인가 등에 관심을 가지는 철학의 한 갈래.

인지(cognition)
알거나 지각하는 것.

일원론(monism)
어떤 것이 하나의 요소로 형성된다는 견해. 예를 들어 인간은 신체와 정신이 분리되어 있는 것이 아니라 궁극적으로는 하나의 단일한 실체임.

ㅈ

자연(nature)
인류에게 주어진 경험 세계.

자연주의(naturalism)
자연 세계 외부의 것을 참조하지 않고도 실재를 설명할 수 있다는 견해.

전제(premise)
논변의 출발점. 모든 논변은 하나 이상의 전제에서 시작함. 전제에서 시작하기 때문에 전제를 입증하지는 않음. 타당한 논변은 그 결론이 전제에서 나온다는 것을 입증해 줌. 그러나 이는 결론이 참임을 입증하는 것은 아님. 즉 결론이 참임을 입증하는 것은 논변의 몫이 아님.

절대자(the absolute)
모든 것을 포괄하는 단일한 원리로 여겨지는 궁극적 실재. 어떤 사상가들은 절대자를 신으로 생각하기도 함. 또 어떤 사상가들은 절대자는 믿지만 신을 믿지는 않음. 또 어떤 사상가들은 절대자를 믿지 않음. 절대자를 중심으로 하는 사상과 가장 밀접한 연관이 있는 철학자는 헤겔.

정서적(emotive)
철학에서 정서적이라는 용어는 객관적이고 공평하고자 하는 발화에서 배제된 정서를 표현하는 방식으로 사용됨. 예를 들어 '정서적 정의(定義)'와 같은 표현에 사용되는 정서적 태도를 뜻함.

제1성질과 제2성질(primary and secondary qualities)
로크는 물리적 대상의 속성을 그 대상의 위치, 차원, 속도, 질량 등과 같이 경험과는 독립적인 대상에 따라 얻어지는 것과, 대상의 색깔, 맛, 냄새 등과 같이 경험하는 관찰자의 반응과 관련된 것으로 구분함. 앞의 것을 제1성질이라 하고 뒤의 것을 제2성질이라 함.

존재론(ontology)
무엇이 실제로 존재하는가를 탐구하는 철학의 한 갈래. 존재에 대한 지식의 성질을 탐구하는 것은 인식론이라 함. 존재론과 인식론은 함께 철학과, 철학의 역사를 이룸.

직관(intuition)
통찰 또는 감각 지각에 따른 직접적인 앎. 추론을 필요로 하지 않는 지식.

철학(philosophy)
철학이라는 말 자체는 '지혜에 대한 사랑'을 의미함. 철학이라는 용어는 사물에 대한 깊이 있는 이해를 얻으려는 목적을 가진, 일반 원리에 대한 합리적 반성에 일반적으로 쓰임. 교육 과목으로서의 철학은 분석 기술과 이론, 방법, 논변, 모든 종류의 발화, 새로 만든 개념 등에 대한 명료화를 제공해 줌. 이 모든 것의 궁극적인 목적은, 전통적으로는 세계에 대해 좀더 나은 이해를 성취하는 것이었고, 20세기에는 많은 철학이 그 절차에 대한 좀더 나은 이해를 얻는 것이었음.

초월적(transcendental)
경험 세계의 외부. 윤리학이 초월적이라고 믿은 비트겐슈타인과 같은 철학자는 윤리학이 경험 세계 외부에 바탕한다고 믿음. 철저한 경험주의자들은 초월적인 것이 존재한다고 믿지 않음. 니체와 휴머니즘적 실존주의자들도 마찬가지였음.

충족이유율(principle of sufficient reason)
경험 세계의 모든 사건은 이를 설명해 줄 수 있는

어떤 요인–우리가 발견하든지 못하든지 간에–에 의해 발생한다는 것임. 라이프니츠는 이 원리가 모든 추론의 근본이라고 생각했음. 쇼펜하우어의 최초의 저작은 바로 충족이유율에 관한 것이었음.

ㅌ

타당성(validity)
논변의 속성. 논변의 결론이 전제로부터 나올 때 그 논변에는 타당성이 있다고 함. 논변 자체는 타당하다 하더라도 전제가 그르면 결론도 그를 수 있다는 사실을 염두에 두어야 함.

ㅍ

필연적(necessary)
반드시 그렇게 되어야만 한다는 것. 반대 개념은 '우연적.' 흄은, 필연적 관계는 논리학에만 있고 실제의 세계에는 없다고 생각했음. 이러한 흄의 견해를 이후 많은 철학자들이 지지했음.

필요충분조건(necessary and sufficient conditions)
X가 누군가의 남편이려면 X가 결혼한 사람이어야 한다는 것은 필요조건이지만 충분조건은 아님. X가 여성일 경우가 있기 때문임. 따라서 X가 남편이라는 것의 충분조건은, X는 남자이고 결혼한 사람이어야 한다는 것임. 필요조건과 충분조건의 이러한 구분은 아주 중요함. 가장 흔한 오류는 필요조건을 충분조건으로 착각하는 것임.

합리주의(rationalism)
이성이 지식의 주요 원천이라는 견해. 반면에 경험주의는 감각 지각을 사용하지 않고는 세계에 대한 지식을 얻을 수 없다는 견해.

행위자(agent)
인식하는 주체와 구분되는 행위의 주체. 즉 의사 결정이나 선택 행위의 주체.

현상(phenomenon)
즉각적으로 나타나는 경험. 내가 하나의 대상을 볼 때, 나에게 경험되는 대상이 곧 현상. 칸트는 현상을 경험되는 것과, 독립적으로 있는 대상 그 자체로 구분했음. 칸트는 대상 그 자체가 예지계를 구성한다고 생각했음.

현상학(phenomenology)
후설에 의해 시작된 철학에 대한 접근 방법으로, 경험의 독립적인 본성과 같은 대답하기 어려운 문제를 제기하지 않고 경험의 대상을 탐구함.

형이상학(metaphysics)
존재의 궁극적인 성질을 탐구하는 철학의 한 갈래. 형이상학적 물음은 자연 세계를 넘어서는 것임. 따라서 형이상학의 질문은 과학의 방법으로 다루어질 수 없음. 자연 세계를 존재하는 모든 것이라고 생각하는 철학자들은, 인간 사유의 가장 폭넓고 일반적인 틀에 형이상학이라는 용어를 씀.

확증(corroboration)
입증을 필요로 하지 않는, 결론을 뒷받침해 주는 증거.

회의주의(scepticism)
어떤 것도 확실히 알 수 없다는 견해.

휴머니즘(humanism)
인류는 가장 중요한 존재이며 초자연적 세계가 가능하다 하더라도 초자연적 세계에 대한 지식은 있을 수 없다는 가정에 바탕한 철학적 접근 방식. "인류에게 적합한 연구 대상은 인간이다."라는 포프의 견해가 가장 대표적인 명제임.

더 읽을거리

이 책으로 철학에 입문한 독자들에게 위대한 철학자들의 저서를 직접 읽기를 권하고 싶다. 그렇지만 개별 철학자의 저서를 접하기에 앞서 좀더 자세한 안내를 받고 싶은 독자들이 있다면, 옥스퍼드대학 출판부에서 펴낸 "과거의 거장들(Past Masters)" 시리즈를 권하고 싶다. 또 하나 권유할 만한 시리즈로는 "위대한 철학자들(The Great Philosophers)"이라는 제목으로 오리온에서 펴낸 것이 있다(우리나라에 번역된 이러한 종류의 시리즈로는 시공사의 '로고스 총서'와 한길사의 '철학의 거장들' 시리즈 등이 있다—옮긴이).
다음은 직접 각 철학자의 책을 읽으려 할 때 추천하고 싶은 작품들이다

그리스, 그들의 세계

소크라테스 이전 조너선 반스(Jonathan Barnes)가 편집한 『초기 그리스 철학(*Early Greek Philosophy*)』, Penguin Books.
소크라테스 플라톤의 "대화편"(에우티프론, 변명, 크리톤, 파이돈 등)인 『소크라테스 최후의 날(*The Last Days of Socrates*)』, Penguin Books. 황문수 역, 『소크라테스의 변명: 크리톤, 파이돈, 향연』, 문예출판사, 1999.
최민홍 역, 『플라톤 전집: 소크라테스의 대화(에우티프론)』, 성창출판사, 1986.
플라톤 『향연』, Penguin Books.
『국가』, Penguin Books.
아리스토텔레스 『새로 나온 아리스토텔레스 선집(*A New Aristotle Reader*)』, Oxford University Press paperback.
『니코마코스 윤리학』, Penguin Books.
『정치학(*Politics*)』, Penguin Books.
에피쿠로스학파 루크레티우스(Lucretius), 『우주의 본성에 관하여(*On the Nature of the Universe*)』, Penguin Books.
스토아 학파 세네카, 『스토아 철학자에게서 온 편지(*Letters from a Stoic*)』, Penguin Books.
최현 역, 『행복론』, 범우사, 2000.
마르쿠스 아우렐리우스, 『명상록(*Meditations*)』, Penguin Books.
신플라톤주의 플로티노스, 『에네아데스(*Enneades*)』, Heinemann.

그리스도교와 철학

아우구스티누스 『고백록』, Penguin Books.
『신국론』, Penguin Books.
보에티우스 『철학의 위안』, Penguin Books.
아벨라르와 엘로이즈 『편지(*Letters*)』, Penguin Books.
마이모니데스 『길 잃은 자를 위한 길잡이(*Guide for the Perplexed*)』, Dover paperback.

근대 과학의 시작

아서 쾨슬러(Arthur Koestler), 『자면서 걷는 사람(*The Sleepwalkers*)』, Penguin Books.
마키아벨리 『간편하게 읽는 마키아벨리(*The Portable Machiavelli*)』, Penguin Books. 강정인 역, 『군주론』, 까치, 2001.
베이컨 『학문의 진보(*Advancement of Learning*)』, Oxford University Press paperback.
『신 아틀란티스(*The New Atlantis*)』, Oxford University Press paperback.
『수필집(*Essays*)』, Penguin Books.
홉스 『리바이어던』, Penguin Books.

위대한 합리주의자들

데카르트 『철학적 저술 선집(*Selected Philosophical Writings*)』, Cambridge University Press paperback.
스피노자 『윤리학』, Dent paperback.
『지성 개선론(*On the Correction of the Understanding*)』, Dent paperback.
라이프니츠 『철학적 저술(*Philosophical Writings*)』, Dent paperback.
이규호 역, 『라이프니쯔: 단자론』, 휘문출판사, 1995.

위대한 경험주의자들

로크 『인간 오성론』, Oxford University Press paperback.
『시민 정부론』, Cambridge University Press paperback.
버클리 『인간 지식의 원리』,Penguin Books.
『대화 세 편(*Three dialogues*)』, Penguin Books.
흄 『인간 본성론』, Oxford University Press paperback.
『자연 종교에 관한 대화』, Hanger paperback.
버크 『철학적 탐구』, Oxford University Press paperback.
『프랑스 혁명에 대한 고찰』, Oxford University Press paperback.

혁명적인 프랑스 사상가들

볼테르 『캉디드』, Penguin Books.
『철학 사전(*Philosophical Dictionary*)』, Penguin Books.
루소 『사회 계약론』, Penguin Books.

독일철학의 황금기

칸트 『프롤레고메나』, Open Court paperback.
『순수이성비판』, Macmillan paperback.
『도덕법(*The Moral law*)』, Hutchinson paperback.
최재희 역, 『실천이성비판』, 박영사, 2001.
쇼펜하우어 『충족이유율의 네 가지 근거』, Open Court paperback.
『의지와 표상으로서의 세계』, 2권, Dover paperback.
동서양의 비교 칼 포터(Karl Potter), 『인도 철학의 선전제(*Presuppositions of India's Philosophies*)』, Motilal Banarsidass paperback.
왈폴라 라훌라(Walpola Rahula), 『붓다의 가르침(*What the Buddha Taught*)』, One World Publications paperback.
프리초프 카프라(Fritjof Capra), 『물리학의 도(道)(*The Tao of Physics*)』, Harper Collins paperback.
피히테 『인간의 소명에 관하여(*The Vocation of Man*)』, Hackett paperback.
셸링 『자연 철학의 이념(*Ideas for a Philosophy of Nature*)』, Cambridge University Press paperback.
한자경 역, 『자연 철학의 이념』, 서광사, 1999.
헤겔에 대한 책 피터싱어(Peter Singer), 『헤겔』, Oxford University Press paperback.
레이먼드 플랜트(Raymond Plant), 『헤겔 입문(*Hegel: an Introduction*)』, Blackwell paperback.
헤겔 『정신현상학』, Oxford University Press paperback
마르크스주의에 대한 책 에드먼드 윌슨(Edmund Wilson), 『핀란드 역까지(*To the Finland Station*)』, Penguin Books.
마르크스 『자본론』, Penguin Books.
마르크스와 엥겔스 『정치학과 철학에 관한 기본 저술(*Basic Writings on Politics and Philosophy*)』, Fontana paperback.
니체 『선악을 넘어서』, Penguin Books.
『우상의 황혼(*Twilight of the Idols*)』, Penguin Books.
『반그리스도(*Anti-Christ*)』, Penguin Books.
『이 사람을 보라(*Ecce Homo*)』, Penguin Books.

민주주의와 철학
벤담 『도덕과 입법의 원리에 관한 서설』, Methuen paperback.
밀 『자유론』, Penguin Books.
미국 실용주의에 대한 책 에어, 『실용주의의 기원(*The Origins of Pragmatism*)』, Macmillan hardback.
제임스 『종교적 경험의 다양성』, Penguin Books.

20세기의 철학
프레게에 대한 책 마이클 더밋(Michael Dummit), 『프레게 철학에 대한 해설(*Interpretation of Frege's Philosophy*)』, Duckworth paperback.
러셀 『철학의 문제들』, Oxford University Press paperback.
『철학에서 과학적 방법의 영역으로서의 외부 세계에 대한 우리의 지식』, Unwin.
『나의 철학적 발전』, Unwin paperback.
비트겐슈타인 『논리철학논고』, Routledge paperback.
『철학적 탐구』, Blackwell paperback.
하이데거에 관한 책 게오르그 스타이너(George Steiner), 『하이데거』, Fontana paperback.
하이데거 『존재와 시간』, Blackwell paperback.
베르그송 『창조적 진화』, Citadel paperback.
『도덕과 종교의 두 원천』, University of Notre Dame paperback.
사르트르 『정서 이론 개관(*Sketch for a Theory of the Emotions*)』, Routledge paperback. 『상상력의 심리학(*The Psychology of Imagination*)』, Routledge paperback. 『존재와 무』, Routledge paperback.
카뮈 『시지프의 신화』, Penguin Books.
『반항적 인간(*The Rebel*)』, Penguin Books.
메를로 퐁티 『지각의 현상학』, Routledge paperback.
알튀세르 『마르크스를 위하여』, Verso paperback.
라캉 『정신 분석의 네 가지 근본 개념(*Four Fundamental Concepts of Psychoanalysis*)』, Penguin Books.
푸코 『광기와 문명(*Madness and Civilization*)』, Tavistock paperback.
포퍼 『포퍼 선집(*Popper Selections*)』, Princeton University Press.
『열린 사회와 그 적들』, Routledge paperback.
『탐구의 논리』, Hutchinson paperback.
상대성이론에 대한 책 버트란드 러셀, 『상대성의 기초(*The ABC of Relativity*)』, Routledge.
양자 역학에 대한 책 존 그리빈(John Gribbin), 『슈뢰딩거의 고양이를 찾아서(*In Search of Schröinger's Cat*)』, Black Swan paperback.
디랙 『양자 역학의 원리(*The Principles of Quantum Mechanics*)』, Oxford University Press paperback.
하이젠베르크 『물리학과 철학(*Physics and Philosophy*)』, Penguin Books.
슈뢰딩거 『생명이란 무엇인가(*What is Life*)』, Cambridge University Press paperback. 『정신과 물질(*Mind and Matter*)』, Cambridge University Press paperback.

찾아보기

ㄷ

ㄹ

ㅁ

ㅂ

ㅇ

ㅈ

■ 지은이 후기

이런 종류의 책은 처음 시작할 때의 생각과는 달리 상당히 많은 연구를 하게 만든다.
사진과 그림은 모두 다른 사람들의 도움으로 실을 수 있었다. 특히 네일 로클리(Neil Lockley)와 로위나 앨시(Rowena Alsey)에게 고마운 마음을 전하고 싶다. 로클리는 모든 작업을 총괄하는 일을 맡아서 해 주었으며, 그림 설명을 쓰고 글상자를 정리하는 데 도움을 주었다. 앨시는 도안 편집에 많은 도움을 주었다. 라라 마이클렘(Lara Mailklem), 조안나 워윅(Joanna Warwick), 조 휴턴(Jo Houghton), 클레르 레게마(Claire Legemha), 티나 버건(Tina Vaughan) 등의 도움도 많이 받았다. 처음에 이 책을 제안해 준 사람은 돌링 킨더슬리 편집부의 션 무어(Sean Moore)였다. 편집의 매 단계마다 애써 준 그웬 에드먼즈(Gwen Edmonds), 안나 크루거(Anna Kruger), 루시 콜링스(Luci Collings)에게 감사드린다. 돌링 킨더슬리 출판사가 젊은 세대 독자들에게 철학의 세계를 열어 주고 있는 점에도 감사드린다.

돌링 킨더슬리 출판사는 다음의 분들에게 감사드린다.
12쪽 지도를 작업해 준 만디 창(Mandie Tsang), 색인 작업을 해 준 힐러리 버드(Hilary Bird), 에다 본삭(Edda Bohnsack), 에드워드 번팅(Edward Bunting), 미셸 피들러(Michelle Fiedler), 조 휴턴, 조안 미첼(Joanne Mitchell), 마리아나 조넨버그(Mariana Sonnenberg), 로라 스트레븐스(Laura Strevens), 니콜라 토마슨(Nichola Thomasson), 프랜시스 바고(Frances Vargo), 조안나 워윅.

■ 지은이 : 브라이언 매기

옥스퍼드대학에서 철학, 역사, 정치학, 경제학 분야의 학위를 받고, 옥스퍼드 유니언의 회장을 역임했다. 1956년에는 예일대학에서 철학 연구원을 지냈는데, 그 후 학계를 떠나 저술가, 비평가, 방송인으로 활동했다.
그는 1970년 대학으로 다시 돌아와 옥스퍼드의 밸리올 칼리지 철학 교수를 역임하였고 동시에 방송 활동도 계속하였다. 또한 1974년부터 1983년까지 레이턴 의회 의원, 1984년부터 1994년까지 런던대학의 킹스 칼리지에서 사상사 분야의 명예 수석 연구원으로 활동하였으며, 현재 이 대학 초청 교수로 있다.
저서로는 『현대 영국철학*(Modern British Philosophy)*』, 『쇼펜하우어의 철학*(The Philosophy of Schopenhauer)*』, 『어느 철학자의 고백(*Confessions of a Philosopher)*』 등이 있고, 국내에는 『칼 포퍼』, 『위대한 철학자들』, 『현대철학의 쟁점들은 무엇인가』 등이 소개되었다.

■ 옮긴이 : 박은미

이화여대 행정학과를 졸업하고 같은 대학원 철학과 박사 과정을 수료했으며, 현재 방송대와 건국대에 출강하고 있다. 옮기거나 쓴 책으로는 『50인의 철학자』(공역), 『삐딱한 소크라테스에게 말걸기』(공저), 『철학의 눈으로 읽는 여성』(공저)이 있다.

그림 자료 출처

p.1:starclusterp.2:Raphael,TheSchool of Athens, 16th-C, detail, fresco, It. p.3: detail, see p.59 p.4t: see p.20tl. 4c: see p.20 4b: see pp.68-69 p.5tl: detail, see p.84t. 5tr: see p.185tl. 5lc: see p.102r. 5cc: see p.123t. 5cr: see p.216br. 5b: see p.135 p.6: Rembrandt, The Two Philosophers, 1628, detail, Neth. p.7: AugusteRodin,TheThinker,1880,bronze, Fr.p.8:WilliamBlake,TheAncientofDays, 1794, detail, mixed media, Eng. p.9: SalvadorDalí,HomagetoNewton,1969, bronze, Sp. pp.10-11: galaxy M51/ Aphrodite,2nd-CBC,bronze,Gr.pp.12-13: scenedepictingdivination,bearingthe name of Chalenas, a Greek soothsayer, early4th-CBC,bronzemirrorback/Thales ofMiletus,1820,engr.,Ger./oliveharvest, c.5th-C BC, black-figure amphora, Gr./Anaximander, c.AD200, mosaic. pp.14-15:detail,seep.2/Exekias,TheSea VoyageofDionysos,c.540BC,black-figure bowl, Gr./ Pythagoras, marble/silver tetradrachmofAthens,c.445BC,coin,Gr. pp.16-17: Biagio d'Antonio da Firenze, AllegoryoftheLiberalArts,late15th-C,It./ ElementsfromAristotle'sPhysics,14th-C, Ms./Temple of Olympian Zeus, Athens pp.18-19:GiovannidaPonte,TheSeven Liberal Arts, early 15th-C, panel, It./ panathenaic footrace, c.5th-C BC, black-figureamphora,Gr.pp.20-21:after Lysippe,Socrates/SchoolofAthens,see p.2/ Omphalos stone, Gr./tholos in the Sanctuary of Athena Pronaia, Delphi/ AndréCastaigne,SocrateswalkingthroughtheStreetsofAthens,fromTheCentury, 1897,engr., Fr./Eng./ Socrates, 1st-CAD, fresco,Ephesus,Turkey.pp.22-23:scene from Aristophanes' play The Clouds, 19th-C, engr., Ger./Socrates, Aristotle, Plato, and Seneca, 14th-C, Ms., It./ Aristophanes,15th-C,detail/JacquesLouis David, Death of Socrates, 1787, Fr. pp.24-25:Plato,marble/SchoolofPlato, c.100BC,mosaic,Rome.pp.26-27:garden mural, Villa of Livia, late 1st-CAD, fresco, Rome/U. Feuerbach, scene from the SymposiuminGreeceandRome,19th-C, engr.,Ger./Johnthecalligrapher,Clarke Plato,AD895,detail/Plato,Pythagoras,and Solon,16th-C,fresco,Romania.pp.28-29: athletecleaninghimselfwithstrigil,5th-C BC,red-figureamphora,Gr./Milo,Venus, c.100BC, marble, Gr./ dance of the MaenadsbeforeDionysos,c.395BC,detail, red-figurevase,Gr./Plato,Hippocrates, and Dioscurus, Ms., It. pp.30-31: Fra Angelico,VirginandChildwithSaints,early 15th-C, triptychdetail,It./Plotinus'tomb, 3rd-C BC, It./detail, see p.25. pp.32-33: Aristotle,4th-CBC,alabastercopyofGreek bronze, It./ Aristotle and Alexander, 14th-C,bookcover,detail,ivory/detail,see p.2. pp.34-35: Domenico di Michelino, DantereadingfromTheDivineComedy, 1465, panel, detail, It./G.B. della Porta, Aristotle,fromBookofPhysiognomy,1616, engr.,It./Philosopher,poss.Aristotleand followers, 4th-CAD, fresco, It. pp.36-37: Aristotle'sRhetoric,Ms./Michelangelo,The Awakening Slave, 1528, It./Logic of Aristotle,RhetoricofCiceroandMusicof Tubal, 15th-C, fresco, Fr. pp.38-39: ArchimedesmeasuringthepurityofthegoldinthecrownofHeironIIofSyracuse, fromaneditionofVitruvius,1511,woodcut copy/afterDouris,YoungGreeksatSchool, 5th-C BC, detail, red-figure vessel, Gr./ Graeco-Romantheatre,Taormina,Sicily/ FrancescodeFicoroni,GreekActorand MasksfromLeMaschereScenicheeFigure Comiched'Antichi, 18th-C, It.pp.40-41: Ruins of Ptolemy Library at Alexandria, c.1811, print, Fr./ Alexander the Great exploring under water, 5th-C, Ms., Fr./ Diogenes and Alexander, relief, Gr. pp.42-43:Carneades,18th-C,engr./The Alexander Mosaic, Casa del Fauno, Pompeii,c.320BC,detail,mosaiccopyof Greekpainting,c.4th-CBC,It./Alexander directing the building of a wall of fire against Gog and Magog, c.1600, Ms., India/Pyrrho'sSextiEmpirici,17th-C,title page, Eng. pp.44-45: Epicurus, bust/ Bacchus and Maenad, fresco, It./ Epicurean symbols, Pompeii, c.100BC, mosaic, It./Lucretius, DeRerumNatura, Ms.pp.46-47:ZenoofCitium,bust/Mino daFiesole,MarcusAurelius,late15th-C, marblerelief,It./JoosvanGent,Seneca, c.1475,panel,Neth./LeonardoAlenzay Nieto,TheRomanticSuicide,early19th-C, Sp. pp.48-49: image of Christ, Hagia Sophia,Istanbul,12th-C,mosaic,Turkey/ theArchangelMichael,fromPalad'Oro (HighAltar), SanMarco, Venice, c.AD980, detail,enamelandpreciousmaterials,It. pp.50-51: St. Augustine, from his City of God,early15th-C,Ms.detail/baptismof Christ,BaptistryofArians,Ravenna,5th-C, mosaic,It.pp.52-53:AdamandEve,from SpeculumHumanaeSalvationis,c.1360, Ms., Westphalia/ Spanish Inquisition burningheretics,1849,engr.,Ger./Hell, fromAugustine'sCityofGod,15th-C,Ms., Fr. pp.54-55: Patio de Los Leones, Alhambra, Granada, 1238–1358, Sp./ Boethius listens to the Instruction of Philosophy, from The Consolation of Philosophy,15th-C,Ms./AngeloFalcone, Battle of the Romans and Barbarians, 17th-C, It. pp.56-57: crucifixion plaque, 8th-C, bronzeopen-work, Ir./Pernottin, HéloisereceivingAbelard'sVeil,18th-C, print, Fr./The Creation, 12th-C, detail, tapestry,Sp.pp.58-59:TheTrinity,1470, stained glass, Ger./interior, La Sainte Chapelle,Paris,13th-C,Fr./TheReturnof Excalibur,fromLaMorted'Arthur,c.1316, Ms.,Fr./FrancescoTraini,TheTriumphof St.ThomasAquinas,SantaCaterina,Pisa, 14th-C, panel, It. pp.60-61: The Microcosm, Ms./tapestry, see p.57/ JohannesScotusErigena,engr./TheLady and the Unicorn: Sight, c.1500, detail, tapestry,Fr.p.62-63:CamilleFlammarion, The Heavens, from L'Atmosphère MeteorologiePopulaire,1888inthestyleof c.1520,woodcut,Fr./orrery,early19th-C, Eng.pp.64-65:AndreaPisano,Ptolemy, c.1335, relief, It./Andreas Cellarius, CopernicanSystemoftheUniverse,from Harmonia Microcosmica, 1708, print, Neth./Nicolaus Copernicus, 1967, 10zy coin, Poland. pp.66-67: relationship betweenplanetvelocitiesandmusical harmony,fromJohannesKepler'sHarmony oftheWorld,1619,Ms.detail/TychoBrahe in his Observatory, from Brahe's AstronomiaeInstauratae Mechanica,1602, engr./explanation of the planets, from Kepler'sHarmonyoftheWorld,1619,engr./ Trial of Galileo, 1632/ Vicenzo Viviani, Galileo'spendulumdesign,early17th-C, drawing. pp.68-69: Royal Greenwich Observatory, from O. M. Mitchell's The PlanetaryandStellarWorlds,1859,engr., Eng./ Camille Flammarion, Newton discovers the Law of Gravity, from Astronomie Populaire, 1881, engr., Fr./ John Rowley, orrery, 1712, Eng./Isaac Newton'sPrincipiaMathematica,17th-C, title page, Eng. pp.70-71: Château and parterre, Vaux-le-Vicomte, nr. Paris, 17th-C,Fr./library,18th-C,print,Fr./detail, seep.68bl.pp.72-73:LorenzoBartolini, Machiavelli, early 19th-C, sculpture, It./ Santi di Tito, Niccolò Machiavelli, late 16th-C,detail,It./NiccolòMachiavelli'sThe Prince, 1580, title page, Basel/ Giuseppe-LorenzoGatteri,CesareBorgia leaving the Vatican, mid 19th-C, It. pp.74-75:FrancisBacon'sEssayes,1597, titlepage,Eng./GeorgeVertue,Gresham College,1739,detail,engr.,Eng./Paulvan Somer, Sir Francis Bacon, early 17th-C, Belgium/John Bettes, Elizabeth I, late 16th-C, detail, Eng. pp.76-77: arms and crestofBaconfamily/existenceofvalvesin veins, from William Harvey's De Motu Cordis et Sanguinis, 1628, engr., Eng./ EgbertvanHeemskerk,TheElectioninthe Guildhall, Oxford, 1637. pp.78-79: Sir Godfrey Kneller, Thomas Hobbes, mid 17th-C,Eng./WilliamDobson,CharlesIIas PrinceofWaleswithaPage,mid17th-C, detail, Eng./Sir Christopher Wren, St. Peter'sintheWardrobe,London,late17th-C, Eng. pp.80-81: Hendrik Steenwyck, View of a Market-place, late 16th-C, Belgium/AbrahamBosse(attr.),Hobbes' Leviathan, 1651, engr., title page, Eng./ executionoftheregicides,1660,detail, woodcut,Eng./AbrahamCooper,Battleof Marston Moor, 1819, Eng. p.82-83: SebastienLeclerc,AGeometer'sCabinet, 1714,print,Fr./BlaisePascal'scalculator, 1642. pp.84-85: after Frans Hals, René Descartes,18th-C,detail/F.deGaignères, Collège des Jesuites de la Flèche, 1655, detail, pen and wash, Fr./Pierre-Louis DumesniltheYounger,ChristinaofSweden andherCourt,18th-C,detail,Fr./diagram from Descartes' Treatise on Man, 1677, print, Amsterdam. pp.86-87: Claude Monet, (l. to r) Rouen Cathedral: Portal, Morning Sun (Harmony in Blue), 1892; Portal and Alban's Tower, Full Sunlight, 1893–94;Sun'sEffect,Evening,1893,Fr./ diagramsfromDescartes'TreatiseonMan, 1664,print,Fr./diagramfromDescartes' Treatise on Man, 1662, print, Fr./Descartes'universe,fromTheWorld, 1668, print, Amsterdam pp.88-89: Descartes'skull(alleged)/C.P.Marillier, EventsofDescartes'life,18th-C,engr.,Fr./ Descartes'Meditations,1641,titlepage, Fr. pp.90-91: Benedict Spinoza, 17th-C, detail/Rembrandt,JewsintheSynagogue, 1648, etching, Neth./ Robert Hooke's microscope and condenser, from his Micrographia,1665,engr.,Eng./Heidelberg University,1900,engrafteraphotograph, Ger. pp.92-93: statue of Moses Maimonides in Cordoba, bronze, Sp./ Caspar David Friedrich, Ruin in Riesengebirge, 1815–20, Ger. pp.94-95: JanHavickszSteen,MusicalCompany;the Young Suitor, mid 17th-C, Neth./Jean Charles François de la Hay, Baruch Spinoza, 1762, crayon, Fr./Spinoza's Ethics,1876,titlepage,USA/GeorgeEliot, mid 19th-C, Eng. pp.96-97: Gottlieb Wilhelm Leibniz, from Historie der LeibnitzschenPhilosophiebyCarlGunther Ludovici, 1737, detail, engr., Ger./ TheobaldFreiherrvonOer,LeibnizinBerlin, 1855,engr.,Ger./diagramsfromLeibniz's Mathematische Schriften Vol.1, by C.I. Gerhardt, 1849, engr., Ger. pp.98-99: CharlesJervas,CarolineofAnsbach,1727, Eng./G.Adcock,Dr.Pangloss,playedby Mr.HarleyinastageversionofCandide, c.1800, engr., Eng./Leibniz's house, Hanover, Ger./Leibniz's calculating machine,fromHistoriederLeibnitzschen PhilosophiebyCarlGuntherLudovici,1737, engr., Ger. pp.100-01: Sebastian Stoskopff,TheFiveSenses(Summer),early 17th-C, detail, Fr./viola d'amore, 1774 pp.102-03: John Locke's Philosophical EssaysConcerningHumanUnderstanding, 1748,titlepage,Eng./fromapaintingby SirGodfreyKneller,JohnLocke,19th-C, illustration/Sir Godfrey Kneller (attr.), WilliamIIIofEngland,late17th-C,Eng./Sir JamesThornhill,WilliamandMaryinGlory, ceiling,PaintedHall,RoyalNavalCollege, Greenwich, c.1710, detail, fresco, Eng. pp.104-05:BartoloméMurillo,TheHoly FamilywiththeLittleBird,17th-C,Sp./Jan Steen,ASchoolforBoysandGirls,c.1670, Neth.pp.106-07:letterfromLocke,with illustrationofhisbirthplace,1699,Eng./ DavidRyckaertIII,TheArtists'Workshop, 1638, Neth. pp.108-09: Thomas Rowlandson,ABird'sEyeViewofSmithfield Market, 1811, aquatint, Eng./detail, see p.105. pp.110-11: Bell Tower, Trinity College,Dublin/JohnSmibert(attr.),George Berkeley,early18th-C,Anglo-American School/CharlesJervas,DeanSwift,early 18th-C,detail,Eng./Doolittle,AViewofthe BuildingsofYaleCollegeatNewHaven, c.1910,etching,USA/ItalianSchool,Cloth DyersDemonstratingtheirTradeandSkills, 1522,It./Berkeley'sTreatiseconcerningthe PrinciplesofHumanKnowledge,1710,title page, Ir. pp.112-13: Hume's Treatise of HumanNature,1739,titlepage,Eng./Allan Ramsay, David Hume, 1766, Scotland/ James Tassie, Adam Smith, 1787, detail, pastemedallion,Scotland/JeanRaoux,A Lady at her Mirror, 1720s, Fr. pp.114-15: JamesGillray,Billiards,18th-C,print,Eng./ Joseph Wright of Derby, A Philosopher Lecturing,c.1766,Eng.pp.116-17:George Willison,JamesBoswell,1765,Scotland/ Jean-HonoréFragonard,LeVerrou(The Bolt),c.1777,Fr.pp.118-19:C.J.Staniland, EdmundBurkesupportingtheParliamentary MotionfortheAbolitionofSlavery,c.1880, engr., Eng./James Northcote, Edmund Burke,late18th-C,detail,Eng./Mansion House,London,1739,print,Fr./Thomas Gainsborough, Mr. and Mrs. Andrews, c.1749, Eng./Burke's A Philosophical EnquiryintotheOriginsofourIdeasofthe Sublime and Beautiful, 1757, title page, Eng.pp.120-21:TakingoftheBastille,late 18th-C, watercolour, Fr./first edn. of Diderot's Encyclopedia, 1751-72, Fr. pp.122-23: Jean Huber, Le Lever de Voltaire, late 18th-C, Fr./Voltaire in his Study,late18th-C,Fr./ThePeasantweighed down by the Nobility and Clergy, late 18th-C, etching, Fr./Jean-Pierre Houel, ViewofaCellintheBastilleattheMoment of releasing Prisoners, 14.7.1789, late 18th-C,watercolour,Fr.pp.124-25:Carle van Loo, Denis Diderot, mid 18th-C, Fr./ Robert Benard, (l. to r.) Percussion Instruments, Cross-section of a Mine, Papermaking,fromDiderot'sEncyclopedia, late18th-C,engr.,Fr./afterM.Meissonier, DiderotdiscussingtheEncyclopediawith Colleagues,19th-C,engr.,Sp./Daumont, LeGrandCaféd'Alexandre,Paris,18th-C, engr., Fr. pp.126-27: Jean-Antoine Houdon, Jean-Jacques Rousseau, late 18th-C, terracotta, Fr./ Cesare Mussini, TheDeathofAtala,mid19th-C,It./Charon afterBouchet,RousseauinSwitzerland, PersecutedandHomeless,19th-C,detail, engr., Fr. pp.128-29: Education of Jean-Jacques, 19th-C, litho, Fr./Charles Cochinlejeune,Rousseau'sEmile,1780, title page, Fr./L.L. de Boilly, Maximilien Robespierre,late18th-C,Fr./Declaration desDroitsdel'Homme,late18th-C,detail, panel, Fr. pp.130-31: Carl Friedrich Lessing,TheCastleontheRock,Romantic Landscape,1828,detail,Ger./armsofthe King of Prussia, Wilhelm I, late 19th-C, detail,book,Ger.pp.132-33:AntonGraff, FriedrichSchiller,1786,Switz./Gottlieb Doebler,ImmanuelKant,1791,Ger./John EverettMillais,TheBlindGirl,1856,Eng. pp.134-35:WilliamHenryFoxTalbot,Fox TalbotathisEstablishmentnearReading, c.1845, calotype, Eng./Caspar David Friedrich,TwoMenbytheSeaLookingat the Moon Rising, 1817, Ger. pp.136-37: Moses Mendelssohn, late 18th-C, Ger./ Phiz, Footpads attack a Victim, from Benson'sRemarkableTrials,mid19th-C, detail,engr.,Eng./ClemensKohl,Doctors visitahospital,1794,engr.,Ger./Puginand Rowlandson, House of Lords, 1809, drawing and engr., Eng. pp.138-39: Schopenhauer's The World as Will and Representation,1819,Ger./AngilbertGöbel, ArthurSchopenhauer,1859,Ger./halfpenny postage stamps, 1880, GB./ Schopenhauer'sOntheFourfoldRootofthe PrincipleofSufficientReason,1813,title page, Ger. pp.140-41: Johanna Schopenhauer,1835,engr.,Ger./Thomas Eakins,TheBiglinBrothersRacing,c.1873, USA/ Dwingeloo 1 Galaxy, from Isaac Newton Telescope, Canary Islands, compositevisiblelightimage,Dwingeloo Obscured Galaxy Survey/ V. P. Mohn, Hansel and Gretel, from Grimms' Tales, 1892, book cover, Ger. pp.142-43: C. Müller, Krishna, from Friedrich Majer's Mythological Lexicon, v.2, 1804, engr., Ger./GeorgEmanuelOpiz,AHungarian NoblemanwithaPupiloftheK.K.Theresian Knight Academy in Vienna, c.1810, aquatint, Austria/George Stubbs, Lion Devouring a Horse, 1769, enamel, Eng. pp.144-45: Nikolaevich Tolstoy on the Terrace, 1905, panel, Russ./Etienne Jeaurat, A Musical Soirée, 18th-C, Fr./ detail,seep.142r.pp.146-47:Guarientode Arpo, Scenes from the Life of Christ, 14th-C, altarpiece, It./Basavanagudi Temple, Bangalore, mid 16th-C, India/ Buddha, painted rock relief, Tibet. pp.148-49: the Buddha Siddhartha Gautama, 13th-C, gilt copper, Nepal/ thang-ka,c.1900,detail,paintingoncloth. pp.150-51: Shiva dancing on Nandi, 12th-C–13th-C,stone,India/Tibetanburial ground,SichuanProvince,China/Arjuna with Krishna, from the Bhagavad Gita, 18th-C,miniature,India/FriedrichMajer's MythologicalLexicon,1804,titlepage,Ger. pp.152-53:SunYatSen,fromJeSaisTout magazine,1912,print,Fr./GeorgeCurzon, ViceroyofIndia,c.1900/Indianphilosophy students,BarodaStateUniversity,1947/ riotsinShanghai,1948,pressphotograph pp.154-55:JenaUniversity,c.1900,Ger./ Friedrich Jügel, Johann Fichte, 1808, aquatint, Ger./Nicholls and Allanson, Liebig'sLaboratoryatGiessen,1845,engr., Eng./ArthurKampf,FichteAddressesthe German Nation, c.1913, fresco, Ger. pp.156-57:geologyandpalaeontology chart, c.1880, print, Eng./Friedrich Schelling,late19th-C,engr.,Ger./Samuel Palmer, The Magic Apple Tree, 1830, ink and watercolour, Eng./Schelling's Philosophy of Nature, 1799, title page, Ger./E.Finden,SamuelTaylorColeridge, 1837, detail, engr., Eng. pp.158-59: Hegel'sPhilosophyofHistory,1837,title page, Ger./Jakob Schlesinger, Georg Friedrich Wilhelm Hegel, early 19th-C, detail,Ger./MichailWrubel,Christonthe Mount of Olives, 1887, Russ. pp.160-61: Carl Schlösser, Beethoven Composing, 1890,print,Ger./Cottonmanufacture:the DoublingRoom,DeanMills,mid19th-C, engr., Eng. pp.162-63: Elliott and Fry, CharlesDarwin,19th-C,Eng./afterRichard Knötel, Christmas Eve, 1803: William III giving Uniforms to his Sons, from Fifty Pictures of Queen Louise, 1896, chromotype,Ger./HitlerYouth,c.1938, Ger./HeinrichOlivier,YoungWomanata Prie-dieu, 1824, Ger. pp.164-65: H. Mocznay,KarlMarxandFriedrichEngelsat the2ndCommunistPartyCongress,London (1847),1961,Ger./KarlMarx,1880,tinted photograph/Marx'sDasKapital,1867,title page,Ger./TheMobstormsandplunders theArsenalinBerlin,14June1848,19th-C, lithograph,Ger.pp.166-67:Engels,Marx andMarx'sdaughters,1864,Eng./Lifein GoldenLane,London,1872,engr.,Eng./Sir Henry Cole, The Dinner Party, c.1865, watercolour, Eng./family outside their house,Hornsey,London,c.1890/Hetton Colliery,Durham,fromIsaacBrick'sEarly Railway Relics, c.1825, engr., Eng. pp.168-69:Marx'sandEngels'Communist

Manifesto, 1848, Eng./drawing room, Berkeley Castle, 1890, c.1890, Eng./ prisoners in Russian labour camp, c. 1932/AlexanderPetrovichApsit,TheTsar, thePriestandtheRichMancarriedbythe Working People, 1918, poster, Russ./ BritishLibraryReadingRoom,c.1870,print, Eng.pp.170-71:soldiersandworkerson thestreetsofPetrograd,Russia,November 1917/GeorgyTikhonovitchKrutikov,Flying City,1928,drawing,Russ./LeonTrotsky, 1917,Russ./detail,seep.164r.pp.172-73: H.Varges,RichardWagner,c.1910,copper intaglioprintafter1871photograph,Ger./ FriedrichNietzsche,c.1875,Ger./Mount Olympus, Gr./satire on strict Sunday observance,fromLustigeBlätter,1895, magazinecover,Ger.pp.174-75:Richard Burtonincostumeheworeasapilgrimto Mecca,mid19th-C,Eng./Job,Napoleonin the Royal Military Academy at Brienne, c.1910,watercolour,Fr./EdouardDetaille, TheTrophy,1898,Fr.pp.176-77:Zoroaster, c.1900,print,Maharashtra,India/Henry van de Velde, Nietzsche's Thus Spake Zarathustra,1908,titlepage,Ger./Gustav Klimt,TheKiss,1908,detail,Austria/Leni Riefenstahl,TriumphoftheWill(Nüremberg Rally), 1934, film still, Ger./Lou Andreas-Salomé, late 19th-C, Ger. pp.178-79: William Butler Yeats, early 20th-C/MaxBrückner,scenerydesignfor Wagner'sParsifal,1896,Ger./detail,see p.176r.pp.180-81:NathanielCurrierafter JohnTrumbull,SigningtheDeclarationof Independence,1776,mid19th-C,engr., USA/United Nations Building, NYC. pp.182-83:RudolphAckermann,Dartmoor Prison, 1810, detail, print, Eng./W.H. Worthington, Jeremy Bentham, 1823, detail,engr.,Eng./M.Egerton,Dancingthe QuadrilleatSchoolinRobertOwen'sNew Lanark,Scotland,1825,detail,print,Eng./ TheWestminsterReview,1824,titlepage, Eng. pp.184-85: T. Heaviside, The Agapemone,orAbodeofLove,atCharlinch, Somerset, 1851, engr., Eng./ T. H. ShepherdandH.Melville,CentralCriminal Court,OldBailey,1840,engr.,Eng./John Stuart Mill, 1873, engr., Eng./Mill's On Liberty,1859,titlepage,Eng./suffragette demonstration, London, 1905/Harriet Taylor, mid 19th-C, miniature, Eng. pp.186-87: C. S. Peirce, from Collected Papers of Charles Sanders Peirce, vol. 1, late19th-C,USA/TayBridgedisaster,Diving Operations, January 1880, engr., Eng./ refuelling a car, early 20th-C, USA pp.188-89:WilliamRöntgenexamininga Patient,1896,bookillustration,Ger./Wright Brothers'FirstFlightatKittyHawk,North Carolina,1904,magazineillustration,Fr./ AliceBoughton,WilliamJames,fromThe Letters of William James, vol.1, 1907, USA/A.E.Emslie,AMother'sDream,1891, magazine illustration.pp.190-91:John Dewey,mid20th-C,USA/JohnDeweyat the Convention for the League for IndependentPoliticalAction,USA,1936/ elementary science consultant Philip Bloughwatchesanexperimentataschool in Winnetka, USA, 1947/Dewey's The SchoolandSociety,1900,titlepage,USA pp.192-93: rush hour, Osaka, Japan, c.1989/ atomic explosion, Bikini Atoll, 1956.pp.194-95:letterfromGottlobFrege to Edmund Husserl, 1894, facsimile, Ger./GottlobFrege,fromNachgelassene Schriften, early 20th-C, Ger./from Begriffschrift(ConceptScript),1879,Ger. pp.196-97:LordJohnRussell,late19th-C, engr., Eng./ Bertrand Russell, 1950, Eng./A. N. Whitehead and Bertrand Russell's Principia Mathematica, Vol.1, 1935, Eng./Bertrand Russell at CND demo., Ministry of Defence, London, February 1961. pp.198-99: A.N. Whitehead, early 20th-C, Eng./from PrincipiaMathematicaVol.1,1935,Eng./ CollegeofArms,London/TrinityCollege, Cambridge,Eng.pp.200-01:PutaTigerin YourTank,Essoadvert.,1960s,Eng./The Reich'sLabourServiceCallsforYou,1930s, propagandaposter,Ger./stocktrading floor, Chicago pp.202-03: Paul Wittgenstein in NYC, 1934/Ludwig Wittgenstein, 1930/David Battie and customer,BBCTV'sAntiquesRoadshow, 1989, GB/Wittgenstein's Tractatus Logico-Philosophicus,1922,titlepage, Eng.pp.204-05:TexasTimpaintingdesert landscape, New Mexico, c.1995/ Speakers' Corner, London, 1933. pp.206-07:BritishArmysuitabilitytest, 1942, Eng./Lotfi Mansouri directing Margarita Lilova in La Gioconda, San Francisco, 1979/ProfessorJ.L.Austinat jointsessionoftheAristotelianSocietyand theMindAssociation,Birmingham,Eng., August1952/BenHeatleyofGBreceiving silver medal for the Marathon, Tokyo Olympics,1964pp.208-09:Kierkegaard's cousin, Søren Kierkegaard, c.1840, drawing,Den./bridalcouple,1920s,Eng./ SwissProtestanttheologianKarlBarth, c.1960,drawing,Fr./MartinHeidegger, 1950, Ger. pp.210-11: Heidegger's Sein und Zeit, 1927, title page, Ger./René Magritte,LaFatiguedeVivre,1927,Belg./ EdmundHusserl,early20th-C,Ger./André Collin, Poor People, late 19th-C, Belg. pp.212-13:givingdirections,1950s,Eng./ sundial, Berea, Kentucky, 1996/Edvard Munch, The Scream, 1893, Nor. pp.214-15: baby girl, 1989, Eng./ Henri Bergson,late19th-C,Fr./GrandCentral Station, NYC/Hood River, Oregon. pp.216-17: Simone de Beauvoir, Nov. 1945, detail, Fr./Jean-Paul Sartre's La Nausée, 1938, facsimile of 1st edn., Fr./ Sartre at his flat, 42 Rue Bonaparte, overlookingthecaféLesDeuxMagots, Paris,1950s/Kelly'sCellar,Belfast,1954/ AlbertCamusatbook-signing,1957,Fr. pp.218-19:MauriceMerleau-Ponty,1950, Fr./BertheMorisot,WomanandChildina Garden, 1883–34, Fr./ Louis Althusser, 1978, Fr./Jacques Lacan, 1950s, Fr./ Michel Foucault, 1970s, Fr./Jacques Derrida,1993,Fr./Sartre'sfuneral,Paris, 1980. pp.220-21: Albert Einstein at astronomylecture,Pasadena,California, 1931/powerstationcoolingtowers,Eng./ KarlPopper,mid20th-C,Eng./AlfredAdler at an international conference for psychology,Berlin,Sept.1930,detail/P. Gartmann, Arnold Schoenberg, 1930, detail, Ger. pp.221-22: exterior, LondonSchoolofEconomicsandPolitical Sciences,Eng./glasslaboratoryapparatus/ JosephHeinemann,CreationoftheWorld, from Picture Bible, 1906, litho and pen, Freiburg/ 1984, 1955, film still, GB. pp.224-25:Anti-nuclearmarch,Berkshire, Eng.,late20th-C/ErnstHansGombrich, mid20th-C/demolitionofflats,UK,late 20th-C/ detail, see p220bl. pp.226-27: earth in space.

그림 사용권 제공처

Advertising Archives: Esso 200t. Agence France Presse: 218t. Agence Nina Beskow: Gisèle Freund 5cr & 216br. AKG, London: 5cc (& 123t); 13tl; 22tl; 23; 28l; 52b; 62-63; 66tr; 74t; 89r; 91b; 95l; 96-97; 118bl; 132r; 136bl; 138t; 139b; 140tl; 154tr; 155; 158t; 158b; 160; 162r; 163t; 164r (& 171); 165t; 169b; 169bl; 170bl; 172l; 172r; 174l; 174r; 176bl; 177l; 185bl; 200b; 202r Moritz Naehr; 203r; Fritz Eschen 209b; 211t; Erich Salomon 221tr; 221br; 223t/Badisches Landesmuseum, Karlesruhe 29t; Bibliothèque de Sainte Genevieve53;BirminghamCityMuseum&Art Gallery133;HessianStateLibrary,Darmstadt 52t; Kunstmuseum, Dusseldorf 130-131; Louvre,Paris116-117;MaerkischesMuseum, Berlin 136tl; Musée de l'Armée, Paris 175; Musée Marmottan, Paris 86tl; Museo CapitulardelaCatedral,Gerona57(&60r); MuseoRomantico,Madrid47;Museumder Stadt, Greifswald 92-93; Museum für DeutscheGeschichte,Berlin164l;Museumof Russian Art, Kiev 159; Nasjonalgalleriet, Oslo/© The Munch Museum/The Munch-Ellingsen Group/ DACS 1998 213; National Gallery, London 119l; National MuseumofArchaeology,Naples42b(&44b); Nationalgalerie, Berlin 5b (& 135); Palazzo Vecchio,Florence73t;Staatl.Antikenslg.& Glyptothek,Munich14-15;Staatl.Kunstlg. Neuegalerie,Kassel138b;StaatlicheGalerie, Dessau 163b. AKG, London/Archivio Camera photo, Venice: 49b. AKG, London/Erich Lessing: Bibliothèque Nationale121r;ChâteauFerney-Voltaire122l; GallerieimBelvedere,Vienna176r(&179); HistorischeMuseumderStadtWien142r(& 145); Louvre, Paris 24; Musée des Beaux-Arts,Dijon106-107;Muséed'Orsay, Paris 86tc, 86tr. AKG London/ Orsi Battaglini:Duomo,Florence64l.Ancient Art & Architecture Collection: 32b; 43l;150l/TheCathedralatLePuy37.Ann& Bury Peerless: 151l. BBC Photo Archive: 203l. Bildarchiv Preussischer Kulturbesitz: 210t. Bodleian Library: Ms. E. D. Clarke 39 f.105v 27t. The Bridgeman Art Library: 147l/Accademia, Florence 72, 127l;AustrianNationalLibrary,Vienna,Ms. codex 12600 60l; Bargello, Florence 46tr; BritishLibrary8;BurghleyHouse,Lincs.78t; Catacomb della via Latina, Rome 35b; Château de Versailles, Paris 85l; Christie's Images 146, 148; Duomo, Florence 34; FitzwilliamMuseum,UniversityofCambridge 157bl; Galerie Daniel Malingue, Paris/© SalvadorDalí,FoundationGala-SalvadorDalí/ DACS 1998 9; Guildhall Art Gallery, Corporation of London 98t, 108; Harold SamuelCollection,CorporationofLondon94; Harris Museum & Art Gallery, Lancs 81b; Library of Congress, Washington D.C. 180-181; Louvre, Paris 22bl; Musée Carnavalet,Paris123b;MuséeCluny,Paris 61b; Musée Condé, Chantilly 16 (&22tr); MuséedesBeaux-Arts,Strasbourg100-101; MuséedesBeaux-Arts,Tournai211b;Musée Lambinet, Versailles 126; Museo Civico Rivoltello,Trieste73b;MuseoCorrer,Venice 111tr; Museo Diocesano, Cortona 30t; National Gallery of Scotland 105 (& 109), 218b;NationalGalleryofVictoria,Melbourne 6;OrientalMuseum,DurhamUniversity149; PhilipGaleFineArt,Chepstow166-167;Philip Mould,HistoricalPortraitsLtd.,London110bl; Prado,Madrid104;PrivateCollections67l, 75l, 80t, 114, 132l, 137; Royal Albert Memorial Museum, Exeter 118tr; Scottish National Portrait Gallery 78b, 112r, 112bl, 116l; Stapleton Collection 124bl; State Russian Museum, St. Petersburg 144t; VaticanMuseumsandGalleries,Rome12t; Wallace Collection, London 54b, 113. The Bridgeman Art Library/Giraudon: Louvre, Paris 46b. British Library: Ms. Roy.20.B.xxf.77v40-41;Ms.Add.11912f.2 45b; Ms. Add. 10294 f.94 58b; 142l; 151r. British Library of Political & Economic Science: National Westminster Bank 185br. Cambridge University Press: 197t; 198b. Camera Press: John Blair 147tr; Giancarlo Botti 219c; Tom Blau 221bc. C.M. Dixon/ Photoresources: 176tl. Corbis: 99t; 110-111; 127r; Bert Hardy 153t; Michael Yamashita192-193;AdamWoolfitt199l;Dave G.Houser204;IraNowinski206-207;Kevin R. Morris 212b; Sarah Jackson 222t; David Reed 224t /Hulton/Topical Press 205. Corbis-Bettmann: 5lc (& 102r); 161; 178l; 187; 190t; 190b; 191l. Corbis-Bettmann/UPI: 191l; 196r; 202l; 207br; 220bl (& 225). Corbis/UPI: 217b. Jean-Loup Charmet: 17t; 56b; 80b; 152t; 214r /Bibliothèque des Arts Decoratifs40l,70b;BibliothèqueNationale 85r,86b 128t; British Museum 13tr; Musée Calvin, Noyon 209tr. David King Collection: 170tr. Dorling Kindersley: 4b (& 68-69); 43r; Linda Whitwam54;69r;DaveKing83r,101r,214l; 96l; 97r; 99b; 111br; 112tl; 131r; 157tr; 162l; 182r; 183b; 185tr; 186l; 188br; 191r; 194l; 194r; 195 /British Museum 15r, 19; Science Museum/Clive Streeter 63r. E.T.Archive: 35t/CasaGoldini39b;CapitolineMuseum, Rome 15tc; Musée Carnavalet, Paris 122r; Museo Nazionale, Rome 32t; Sucevita Monastery,Romania27b;WagnerMuseum, Bayreuth 178. Editions Gallimard: 216bl. Fine Art Photographic Library: 144b. Fotomas Index: 102tl; 119r. The Garden Picture Library: ErikaCraddock70t.Giraudon:90t;124bc; 124br; 128b/ BibliothèqueNationale84b, 106l; Musée Carnavalet, Paris 125b, 129b; Musée des Beaux-Arts, Lille 129t; Private Collection/©ADAGP,ParisandDACS,London 1998210b;ScottishNationalPortraitGallery 102bl. Hulton Getty: 66l; 76t; 81t; 134, 152b;154tl;156r;166bl;167b;168tr;169br; 197b; 198t; Bill Brandt 206l; G. Douglas 207tr; John Chillingworth 217t/Fox 212t; Keystone 153b. Image Bank: Eric Meola 222b; Frans Lemmens 215t. Image Select/ Ann Ronan: 38t; 38b; 64-65; 65;66br;67r;68tl;68bl(&71);76b;89l;91t; 118tl;156l;196l/E.PGoldschmidt&Co.Ltd. 87r. Kobal Collection: 223b. Koninklijke Bibliotheek den Haag: 95tr. Magnum Photos Ltd.: Guy Le Querrec 219br. Mary Evans Picture Library: 5tr (& 185tl); 21tr; 26b; 42t; 61t; 95br; 98b; 125t; 136r; 141br; 154b; 157br; 167tr; 170tl; 173b; 182l; 183t; 184t; 184b; 186r;188l;188tr;189;209tl/SigmundFreud Copyrights 177r. Mary Evans Picture Library/ Explorer: 75r. Marx Memorial Library: 165t; 166tl; 168l. Michael Holford: 79/ British Museum 11r; Louvre, Paris 28r. Musée de l'Homme: J. Oster 88. Museum het Rembrandthuis, Amsterdam: 90b. National Gallery of Art, Washington: Gift of Mr. & Mrs. Cornelius VanderbiltWhitney/RichardCarafelli140b. National Gallery of Ireland: 110tr. Oronoz:46tl/EscorialLibrary,Madrid36l; NationalArchaeologicalMuseum,Naples25 (& 31); Prado, Madrid 18, 55; Vatican 14t; Villa Albani, Rome 41b. Rex Features: 224br/Sipa Press/Anne Selders 219bc. Rheinisches Landesmuseum, Trier: Thomas Zühmer 13b. Robert Harding Picture Library: P. Craven 110tl; 181r. Roger-Viollet: 208; Harlingue 216t. Royal Naval College, Greenwich: 103. Royal Society: 74b. Scala:Accademia,Florence36r;Biblioteca Laurenziana29b;CapitolineMuseum,Rome 44t; Delphi Museum 21bl; Metropolitan MuseumofArt,N.Y.26t;MuseoGregoriano Profano,Vatican30b;NationalMuseumof Archaeology,Naples45t;Vatican33.Scala/ Archivio Camera photo, Venice: 3 (& 59). Science Photo Library: Chris Butler 10-11; Dr. Jeremy Burgess 87l; 140-141. Science & Society Picture Library:RoyalInstitution5tl(&84t).Sonia Halliday Photographs: 21br; 48-49; 51; 58tr/Darmstadt Museum 58tl. Spectrum Colour Library: 39t; 173t; Dallas & John Heaton 17b, 21br. Stanley Gibbons Ltd: 139t. Still Pictures: Catherine Platt 150r. Sygma: 193r; Jacques Pavlovsky 219t; Guichard 219bl/ Keystone/l'Illustration 224bl. Telegraph Colour Library: Japack Photo Library 199r; Peter Sherrard 226- 227. Tony Stone Images: Jonathan Kirn 201; JeremyWalker220-221;JanFrederick215b. Visual Arts Library: Artephot 4c (& 50); 77;Oronoz/Artephoto92l/BritishLibrary58b; Derby Art Gallery 115; Louvre, Paris/A. Lorenzini4t(&20tl);MuséeCarnavalet,Paris 82-83; Artephoto/ Nimatallah 120-121; National Museum of Ireland, Dublin 56t; PrivateCollection7,TateGallery143;Vatican 2 (& 20-21).
JACKET FRONT: The Bridgeman Art LibraryScottishNationalPortraitGallerytl; Mary Evans Picture Library tc; Hulton Deutsch tr; Scala b. FRONT FLAP: Visual Arts Library Louvre, Paris/A. Lorenzini. SPINE: Giraudon. Back, top l. to r: AKG, London 1; AKG, London Staatl. Antikenslg. & Glyptothek, Munich 2; Science & Society Picture Library Royal Institution 3; Image Select/ Ann Ronan 4; E. T. Archive Musée Carnavalet, Paris 5; bottom l. to r: The Bridgeman Art Library Private Collection 1; Camera Press 2; Scala 3; AKG, London 4. BACK FLAP: Pictorialist t; Visual Arts Library Private Collection b.